PORNOGRAPHIE - DIE PHANTASIE ZUM ANFASSEN?

in memoriam Erica Boyer, John Dough und Trinity Loren

Markus Franz

PORNOGRAPHIE -
DIE PHANTASIE ZUM ANFASSEN?

Die wichtigsten 35 Jahre der Branche,
deren Innenleben und Auswirkungen (1970 bis 2005)

mit ausführlichem Pornostar Lexikon

Bibliografische Information der Deutschen Nationalbibliothek:
Die Deutsche Nationalbibliothek verzeichnet diese Publikation in der Deutschen Nationalbibliografie; detaillierte bibliografische Daten sind im Internet über http://dnb.dnb.de abrufbar.

2., erweiterte Auflage 2018
© 2018 Buchautor Markus Franz
franz.markus@t-online.de

Herstellung und Verlag: BoD – Books on Demand, Norderstedt

ISBN: 9783743180802

INHALT

Vorwort zur 2. Auflage 7

PERSÖNLICHER TEIL **9**

So etwas wie ein (jedoch völlig unscharfer) Anfang 9

„GRAF PORNO" (Eine erste Annäherung, 2005) 14

Und überhaupt: Wie wird man Sammler von „so etwas"? 18

Die Mauer fiel in Berlin, und der Porno ward
auch im Osten entdeckt 26

VENUS EROTIK MESSE BERLIN (1997 bis 2003 und 2017) 29

EXKURS: Erotikmessen 39

Ein zufälliger Anruf eröffnet mir eine Tür 42

Jahrtausendwende - Niveauende? 47

VENUS 2002 Special 55

UPDATE: VENUS MESSE 2017 70

Mein veröffentlichter Brief an eine Pornokönigin 76

WISSENSCHAFTLICHER UND ALLGEMEINER TEIL **78**

Wie alles begann (Frankreich, USA, Deutschland,
Skandinavien und Co) 78

NOCH EINMAL: Was ist pornographisch und was ist richtige
Pornographie? Das Erbe von Arentino und Sade 86

Die Deutung der Pornographie und ihre Ausläufer 89

Die Wirtschaftskraft der Branche 94

EXKURS: Sex im Oktavheft-Format
Die Pornomagazine erobern Europa 97

PORNO - Wirklich anerkanntes Mainstream Produkt
oder nur geduldetes Vergnügen für das Proletariat? 99

Der Star in Amerika und in unseren Gefilden
Wohin mit den vermeintlichen Triumphen? 107

Ein Job wie jeder andere? 121

Das erotische Koloss Buch per excellence: Vanessa del Rio
(mit Dian Hanson) „Fifty Years of Slighty Slutty Behavior" 129

EXKURS: AVN AWARD Verleihung 2004 131

Der Pornofilm als Thema in der ZDF Krimiserie „DERRICK" 134

PORN CHICK - Nur Schnickschnack? 143

EXKURS: „PORNOSTAR" von Jenna Jameson 159

Und was ist mit den männlichen Darstellern? 161

EXKURS: Der Mann, der zum Schwanz wurde 164

Die Definition von „HARDCORE"
(unappetitlich geht es leider weiter) 167

Es geht etwas Weißes auf Reisen 168

PorNO und andere Imponderabilien 171

Die Frauen selbst führten
EMMAS PorNO Kampagne ad absurdum 179

Ein bisschen Onanie sowie Prostitution und Pornographie -
Ein Zusammenhang? 181

Die Sexualwissenschaft hat das Wort 186

Seriös oder tendenziös? - Pornographie im „SPIEGEL"
und anderen Gazetten (1988 bis 1999) 191

Jetzt einmal „KONKRET" 198

Filmbeispiele aus den 70ern, 80ern und
dem neuen Jahrtausend 200

STATISTISCHER TEIL 212

The Best of Porno - Die 100 wichtigsten Darstellerinnen
der Szene (1970 bis 2005) 212

Best of Filme 244

Zusammenfassung und ein versuchter Ausblick 246

Verwendete Literatur, weiterführende Bibliothek 259

Zum Autor 263

Vorwort zur 2. Auflage

Ein Autor der ein Werk wie dieses über Pornographie herausgibt, hat nach der Fertigstellung immer damit zu kämpfen, noch neue Erkenntnisse und Materialien zu erhalten, für deren Einbau es aber dann eben „zu spät" ist. Denn irgendwann ist eben Druckbeginn bzw. Redaktionsschluss. Das ist einerseits ärgerlich, weil man gerne frühzeitiger wichtige Hinweise genutzt hätte, um den Lesern den bestmöglichen Einblick zu vermitteln, andererseits bedingt es die nun vorliegende 2., erweiterte Auflage. Glücklicherweise war ich durch meine mich immer wieder wirklich selbst hinterfragende Arbeitsweise mit der 1. Auflage auch im Nachhinein zufrieden. Ich musste also wirklich „nur" freudig den bestehenden Text erweitern und keine Totaloperation vornehmen, soll heißen; ich zeige mich weiterhin mit meinen bisherigen Zeilen komplett einverstanden. Indes ist der neue Anstrich der 2. Auflage ein höchst lohnenswerter geworden. 26 zum Teil immens relevante Werke konnte ich hierfür nutzbar machen, und das Buch selbst gründlich neudeutsch „updaten". Was sogleich noch dazu führte, dass ich völlig neue Kapitel verfasste, auch um den recht eng gefassten Rahmen der ersten Auflage (von 1970 bis 2005) aufzuheben, und äußerst interessanten Paradigmen aus früheren Jahrhunderten und den Entwicklungen neueren Datums zudem, eben meine Aufmerksamkeit zu widmen.

Man mag gar nicht meinen, wie viel Literatur zu diesem enorm spannenden Thema bereits vorliegt, und wie das Sieben nach echt lehrreichen Stellen auch einen Experten immer wieder herausfordert. Damit ist sogleich ein weiteres Problem angesprochen. So bunt und vielseitig und hilfreich das Angebot auch ist, scheinen weiterhin eher triviale (bebilderte) Werke, vor allem von Frauen geschrieben, am besten „zu gehen". Meine erste Auflage war ein ziemlicher Ladenhüter, was einerseits gewiss an mangelhafter PR lag, andererseits vielleicht auch an anderen Dingen (wie fehlenden Illustrationen). Der Vorteil meines persönlichen „Klinkenputzens" („Hallo Martina, möchtest Du nicht mein Buch bei mir bestellen...?") war jedoch, dass ich quasi direkte Reaktionen erfuhr, die ich auch bereits in einem großen Interview mit der Zeitung DISKRETES DEUTSCHLAND (Ausgabe 3/2017) wiedergab. (Diese Zeitung druckte tatsächlich ein 6-seitiges „Special" über mich und mein Buch.) Schnell hatte sich bei den wenigen Käuferinnen und Käufern ein klares Bild ergeben. Die Damen waren interessiert am Buch, nicht die Herren! Sie verstanden am besten, wie ernst es mir mit diesem Thema war, und dass die persönliche Nabelschau zu Beginn des Buches nur ein guter Wegweiser sein sollte, für alles Weitere. Und die Reaktionen waren durchweg positiv.

Die Herren duckten sich indes eher weg, bestellten es verschämt, wenn überhaupt. Postings in sozialen Plattformen wie „Danke Markus, heute ist dein Buch angekommen!", nebst einem Foto des Buches, waren nur von Frauen für mich und andere zu besichtigen. Als die Autorin Ayn Carillo-Gailey für ihr Buch „Pornology", wo sie sich u.a. aber nicht so vorwiegend wie thematisch erwartet, mit Pornographie beschäftigt, mit einem Bekannten über ihre Arbeit spricht, entgegnet ihr dieser: „Ich bin total dagegen. Männer brauchen bestimmte Lebensbereiche, wo sie von Frauen ungestört sind. Dazu gehören Sport-Bars, Elitetruppen bei der Armee und die Möglichkeit, in aller Ruhe altmodische heterosexuelle Pornos zu konsumieren."

Dem ist wohl nichts mehr hinzuzufügen. Außer: Viel Freude mit der 2. Auflage, meine Damen…

PERSÖNLICHER TEIL

PROLOG
So etwas wie ein (jedoch völlig unscharfer) Anfang

„Mit Buchkritiken, Junge, mit Buchkritiken beginnt man doch kein eigenes Buch!" würde mir mein Verleger sagen, wenn ich nicht schon längst den Entschluss gefasst hätte, besser mein eigener Verleger zu sein, und eben exakt so zu schreiben, wie ich es für angemessen halte.

Denn manchmal, und nun bin ich schon im Thema, muss man doch lächeln, obwohl einem eigentlich gar nicht danach zumute ist. So jedenfalls erging es mir, als ich das Buch „Porno in Deutschland" von einem gewissen Philip Siegel durcharbeite. Bereits auf Seite 10 gerate ich geradezu ins Trudeln. Hier schreibt der Autor:

„Obwohl Pornographie fast täglich Thema in Zeitungen, Talkshows, sogenannten Reportagen und Gegenstand von Kampagnen ist, hat noch kein Journalist den ernsthaften Versuch unternommen, herauszufinden, was tatsächlich in Deutschlands unbekanntester Branche geschieht. Und ergo: „Wieso gibt es keine verlässliche Literatur über das Thema?" Gut, ich möchte auflösen (ohne dass ich das inhaltlich als absolut richtig durchwinken kann, was er da erklärt, es ist eher als unrichtig, respektive als freche Halbwahrheit einzustufen). Denn bereits 1986 hatte ausgerechnet eine Frau, zugegeben in den USA, genau damit begonnen. Denn die „Geburtsstunde der Porno-Kritik" (siehe „The Feminist Porn Book Band 1") war 1986 durch Susie Bright eröffnet worden, die für das „Penthouse" Magazin Film-Kritiken und Hintergründe zur Pornoszene lieferte, und als „Vorreiterin der Sexpositiv-Bewegung hielt Bright als Erste Vorlesungen über Pornografie an einer Universität ab..." (Seite 43 aus besagtem Buch) Bright: „Als das Forum (welches sie im Penthouse-Magazin bearbeitete; Anmerkung des Verfassers) mir den Job gab, existierten jede Menge „Porno-Fanzeitschriften", aber es gab keine unabhängigen Kritiken oder echten Journalismus. Nie sah man in einer Tageszeitung oder seriösen Zeitschrift einen Artikel über die wirtschaftlichen und ästhetischen Aspekte oder die Arbeitsbedingungen der Branche der „Filme für Erwachsene. (...) Keine Reporterin und kein Reporter mit Verbindung zu einer gewerkschaftlichen Organisation besuchte je einen Drehort oder ein Büro, keine Journalistin und kein Journalist außerhalb der Branche kannte die Zahlen."

Aber zurück zu mir: In den Jahren 2005/2006 schrieb ich in „weiser" Voraussicht einen solch „ernsthaften Versuch" mit noch offenem Ende, etwas richtig Ausführliches, Erhellendes über das Fach „Pornographie" zu publizieren, was der Markt eben derart noch nicht besaß. Dabei vermengte ich meine damalige persönliche Fan-Sicht mit wissenschaftlichen und literarischen Querverweisen. Doch während sich mein Werk einem „Finish" näherte, stand ich noch immer ohne Verlag da. (Ein typischer und bekannter

Anfängerfehler, der vermeidbar gewesen wäre.) Es ging dann ein Exposé an einen Verlag aus meiner Heimatstadt, der sich gerne mit Pop- und Sexualliteratur - vorwiegend aus dem Selbsterfahrungsbereich - auseinander setzt. Eine Antwort blieb man mir zwar schuldig (Verlage stehen allmählich zumindest bei mir, wie gewisse Autoren auch, generell unter dem Verdacht, sich nicht nur als Quasi-Erfinder von (deutscher) Sprache, Kultur und Allwissenheit aufzuspielen, sie haben es auch recht selten mit den einfachsten Regeln der Zivilgesellschaft, sprich Fairness, Respekt und Benimm). Diese „Wir - waren - als - Erste - da - und - wissen - nun - alles" - Attitüde nervt mich persönlich wenigstens kolossal. Anstatt einer Antwort also erschien jedenfalls wenige Jahre später ein Werk in eben jenem Verlag über „mein Thema", sie hatten eben lediglich einen anderen Journalisten ins Feld geschickt. Es wurde dann ein Interview-Buch, was zwar annähernd den Umfang, aber bestimmt nicht die inhaltliche Breite und Tiefe meiner bisherigen Arbeit tangierte. (Es half mir natürlich trotzdem meinen Horizont über horizontale Filme zu erweitern, der Arroganz anderer Autoren und Verlage bemächtigt sich unser einer ganz bestimmt nicht.) Aber auch Siegels oben erwähntes Buch „Porno in Deutschland" besitzt nach meinem Dafürhalten bei aller guten Beobachtungsgabe und zweifellos talentierten Schreibe des Autors, eine vermeintliche „Schwäche", es verliert den Abstand zum Thema. Ein „Schmiergeld namens Nähe" schlug wieder einmal zu. Ich möchte hier eigentlich gar nicht aus freien Stücken oder aus einer miesen Laune als „Autor" zu einer fundierten Buchkritik ansetzen, tue dies nur etwaig und lose im Rahmen einer eigenen beinahe Rechtfertigung, um aufzuzeigen, dass der Erwerb dieses meines Werkes dadurch eben zum Glück nicht obsolet geworden ist. Seine journalistische Reportage in Buchform ist lesenswert (auch hier etliches Neue für mich) aber je weiter Philip Siegel eintaucht in die „geile Welt auf Bestellung", wie ich die Pornographie selbst nannte, spürt man förmlich körperlich, wie eine grundkritische Haltung schleichend abgelegt wird, so sie denn überhaupt je vollends vorhanden war. Doch auch daraus sei ihm kein Vorwurf gemacht, er hat ja unter dem Strich etwas echt Ordentliches abgeliefert. Er lobt wie sehr man ihm quasi „freie Hand" bei seiner Arbeit von den Pornomachern ließ, doch, um ehrlich zu sein, wie glaubhaft ist es, dass das was er an Grundton bei den Drehs vorfand, wirklich „Alltag" war, wer kann dies als einigermaßen realistisch annehmen, wenn man sich „off the record" einmal richtig umhört?...

Es ist eine „Reise" durch die (deutsche) Gegenwart des Pornos um 2009, dort wo dieses Werk welches Sie gerade in Ihren Händen halten, natürlich schon vom „Zeitfenster" endet, dem Pornofilm als solches, seine Wirkung, empirische Breite und Bedeutung, wohl in allererster Linie ein Rückblick in die Vergangenheit ist, trägt wenig zur Gegenwartskultur bei, und er hat vermutlich auch keine richtige Zukunft mehr, durch seine schwindenden Inhalte.

(Außerdem hatte es solche gar nicht einmal verfälscht dargebotenen Reportagen - allerdings im TV-Format - bereits seit über 20 Jahren gegeben.)

Zudem beschränkt sich (s)eine Reise auf Deutschland, das ist so gesehen nachvollziehbar und schulisch benotet ein „befriedigend", nur wenn ich die Vergangenheit und vor allem die Korrelation mit anderen, stilprägenden quasi „pornohistorischen" Ländern wie Frankreich, Dänemark oder den USA außer Acht lasse, wirkt dies in Summe eindimensional, und würde, wäre der Porno nicht so verpönt, eher für eine reine Zeitungsserie taugen. Ich komme von diesem arrogant klingenden, „noch kein Journalist ernsthaft den Versuch unternommen" nicht los, es stört mich einfach, da es ungehörig ist. Was für ein „Ich weiß was, ich bin der erste ganz Harte, der sich selbstlos in gefährliche Abgründe begeben hat" Aufgeblase. Und, nein, „Fotzen am Spieß" ist eben kein „fantasievoller Titel" wie Herr Siegel meint, sondern ordinär, peinlich und für mich frauenfeindlich, und man muss auch bei einem gerichtlich belangten Brutalo-Pornomacher aus dem Süden von Deutschland nicht krampfhaft versuchen, eine gesellschaftliche Salonfähigkeit herstellen, der erreichte Niveauabgrund bietet dazu auch kein Potential.

Um dieses meinige Buch nun doch noch fertig zu stellen (das Buch „Porn Chic" von Frau Steffen traf beispielsweise erst zum redaktionellen Schluss ein, ich hätte es einfach ignorieren können, aber auch dieses trieb meinen Blutdruck einfach unfreiwillig in ungeahnte Höhen), und eben nicht nur eine stringente Sichtweise bis zum Überdruss (siehe oben!) mit allen möglichen und unmöglichen Belegen zu manifestieren, musste ich es zwar an mehr als nur einigen Stellen angleichen und abändern, das Grundgerüst blieb jedoch weitgehend erhalten. Dass es im Wesentlichen etwa 2005 stoppt, wird die Leserschaft kurzzeitig verwundern, ich habe jedoch relevante Gründe dies getan zu haben (wie eben kurz angerissen), und werde dies in der Schlussbetrachtung am Ende des Werkes verdeutlichen. So ist es ein Buch über die wohl wirklich entscheidenden 35 Jahre des Pornofilms geworden (mit seiner technischen Anbindung an die sehr entscheidende VHS Video(Kauf)-Cassette), nämlich jenen vom Beginn der 70er Jahre („Golden Age of Porn") bis zur Mitte des ersten Jahrzehnts unseres neuen Jahrtausends. (Es ist aber keine cineastisch angelegte Untersuchung, da gibt es bereits relevante Werke von profunden Kennern, siehe die späteren Literaturhinweise.)

Meine Neutralität war aber nun auch hier nicht dauerhaft aufrecht zu erhalten, das verbietet ein derart emotionales Thema von selbst. Auch ich bin, wie es Philip Siegel korrekt über sich selbst wiedergibt, „eben wie jeder andere Erwachsene auch - ein sexueller Mensch". Oder wie Matthias Frings schrieb: „Das ist es wohl auch, was uns zu Menschen macht. Unsere zeitweilige Hilflosigkeit beim Umgang mit dem Sexuellen. „Es war nur von Anbeginn meiner Arbeit mein wirklich dringendster Wunsch, so viel wie möglich an unterschiedlichen Sichtweisen und Aspekten nieder zu schreiben. Die Leserin und der Leser sollen sich eben ein eigenes, reflektiertes Bild schaffen, und sich an ihren eventuell vorhandenen Vorurteilen unfallfrei abarbeiten können.

In Kooperation mit der eigenen Authentizität und im Spagat zwischen „ehrlicher Socke" und seriösem Sachbuchautor, hoffe ich überwiegend die richtige Wortwahl getroffen zu haben.

Wie dies Beate Hofstadler 1996 in ihrem fantastischen Buch („Stielaugen oder scheue Blicke") zum Abschluss ihrer Studie richtig festhielt: „Wir haben gesehen, daß in der Wahrnehmung und Bewertung pornographischen Materials sexuelle Erregung (Triebe) und Vernunft (Über-Ich) in ein konflikthaftes Mischungsverhältnis geraten."

Man mag mir ankreiden, dass ich dazu auch Bilder aus meinem privaten Fotoarchiv zur Hilfe genommen habe, (in der Erstauflage und als E-Book wird es jedoch ohne Fotos erscheinen!) um noch einmal zu verdeutlichen, dass der Mensch häufig geneigt ist - speziell in sexuellen (privaten!) Angelegenheiten - mit zweierlei Maß zu messen, oder besser: die eigene Erregung - egal ob zugeneigt oder gar angewidert - zu verdrängen. Dass es mir als allererstes nicht immer ganz leicht fiel, meine Emotionen mit den Fakten in eine entsprechende Balance zu bringen, verstand sich wohl von selbst. Auch die amerikanische Autorin Linda Williams brachte es bereits ziemlich genau für ihr Geschlecht auf den Punkt, als sie schrieb: „Weiß ich doch auch, dass ich mit dem Bestreiten jeglichen Vergnügens eine ebenso ärgerliche Doppelmoral perpetuiere, welche besagt, nur die nicht-sexuelle Frau sei die glaubwürdigere, die „gute" Frau."

Zwei Dinge muss ich jedoch - bevor die Kritik losschlagen will - doch noch hinzufügen. Erstens, dass ich hier keineswegs behaupte eine komplette, lückenlose Pornographie-Aufarbeitung hingelegt zu haben. Ein solches Unterfangen halte ich auch von vornherein für zum Scheitern verurteilt. (Allein was ich aus meiner filmischen Sammlung noch hätte herausholen können an Informationen, hätte ein weiteres Buch ermöglicht.) Auch deshalb entschied ich mich für die Unterzeile („Die wichtigsten dreißig Jahre der Branche"). Zweitens unterstreiche ich zwar vor allem das psychologische Moment, zeichne aber weniger die neuesten Entwicklungen nach. Welche XY-Blondine wie viel verdient beim Räkeln vor der heimischen Webcam ist mir nicht so primär wichtig, als vielmehr die zuvor bereits im Buch geklärten Fragen, was die Pornographie für Darstellerinnen im Allgemeinen mit deren Leben macht, wie Fans (wie ich selbst dereinst) den Sex-Ikonen begegnen, und ob das was gemeinhin als eine Illusion gilt, nicht doch direkt erlebbar gemacht werden kann, und unter welcher Prämisse. Und bitte sehr: mit welchen Konsequenzen?

In diesem Sinne wünsche ich mir, selbstverständlich nicht das Rad des Pornos mit dieser Arbeit neu zu erfinden, ich bin lediglich Berichterstatter und kein Mitglied oder Gestalter des X-Business, aber meinem Ziel nähergekommen zu sein, den bestmöglichen Blick auf mehrere Perspektiven für meine Leserinnen und Leser zu gewährleisten. Dass bei der Vielschichtigkeit des Themas alles nur relativ grob umrissen wurde (aber womöglich sicher mehr als nur einen Spaten tief gegraben, aber dafür lieber anschaulich und verständlich gemacht) bitte ich zu akzeptieren, dieses Buch wäre sonst zu komplex und „trocken" geworden. (Ein Begriff der im Zusammenhang mit Porno einfach nicht zu passen scheint, wenn mir der Kalauer erlaubt sei.) Wie der Autor Grahame-Smith es wünscht, nämlich „verängstigte Pornogegner in stolze Fans verwandeln" (wie er in seinem sehr anschaulichen „Das große Porno-Buch" schrieb, in dem er übrigens der „Zukunft des Porno" logischerweise nur eine läppische Seite widmete). Dieses Anliegen bezweifle ich für mein Werk zwar, dafür sind meine Zeilen insgesamt auch viel zu dezidiert kritisch, aber um mehr Toleranz für Andersdenkende/ -fühlende zu werben, und die radikalen Ecken ein wenig ausfegen, das ist gewiss auch in meinem Sinn. In der Inhaltsangabe, spätestens in den Literaturhinweisen können Sie nachsehen, wie recht tief ich mich geradezu liebevoll (und auch voller mentaler Tiefschläge) in die Materie eingegraben habe. Sonst hätte ich wohl auch keine Freude an der Veröffentlichung gehabt, die ich nun - natürlich immer mit Abstrichen - zum Glück ein wenig empfinde. Wichtiger ist mir jedoch primär, dass dies meiner Leserschaft so ergeht!

Markus Franz, im Januar 2017

„GRAF PORNO"
(Eine erste Annäherung, verfasst im Jahr 2005)

Graf Porno! Was für ein aufsehenerregender Spitzname. Ich „verdanke" ihn ausschließlich einem alten Kind-Kollegen, mit dem ich mich bisweilen schon im Kindergarten renitent gezeigt hatte, indem wir Streuselkrümel über die sauber geputzten Tische zu Boden schnippten. Er jedenfalls schrieb eine Postkarte an einen gemeinsamen Bekannten nach München, auf dem sich eine alte Ritterrüstung vorne auf der Ansicht befand. „Grüße vom Landsitz des Grafen Porno" kritzelte er drauf, und meinte damit mich. Der pubertierende Jugendliche der ich war, nahm diesen Pass gerne an, und erfreute sich eines neuen Namens im Freundeskreis. Damit sank meine Seriosität sogleich in den Keller - ein spannendes, herrliches Gefühl. Mit vierzehn oder knapp fünfzehn Jahren („Was verboten ist das macht uns gerade scharf" sang doch einst schon Wolf Biermann) sah ich wohl meinen ersten Pornofilm. Es gab eben in der Schulklasse aufmerksame Gesellen, die genau wussten, wo die Herren Väter ihre heimlichen Filmchen versteckten. In mir implodierte etwas, startete eine Initialzündung, die dazu führte, jene Streifen häufiger sehen zu wollen, bis ich schließlich mit der Volljährigkeit legitimiert war, sie mir selbst zu leihen, oder noch besser: zu kaufen. Das war ein Stück weit ein Trostpflaster wegen der ausgebliebenen, eigenen sexuellen Erlebnisse - und doch weit mehr. Die „Reaktionen im Bauch" wie die Autorin Anette Kuhn das Resultat vom Pornosehen (in 1985) benannte, hatte auch mich gepackt.

„Pornographie ist Masturbationsmaterial. Sie wird als Sexualität benutzt. Sie ist daher Sexualität." (Catherine MacKinnon)

Im Hardcore-Film war alles blank, ehrlich, sichtbar. Und dies empfand ich gerade keineswegs als abstoßend. Sogar etwas Provokantes hatte es, sich zum Konsum von Pornos zu bekennen. Und Provokation war doch etwas, was ich von mir aufgenommenen Punkrock Musiktapes gerne angenommen hatte.

„...und wer keinen Partner hat, der sieht sich eben auf Video Vaters Lieblingspornos an..." sangen Die Toten Hosen 1990 in ihrem Stück „Auf Wiedersehen." Auf dieser Doppel-LP befinden sich auch kleinere Bonmots in Form von Sprechparts von meinem Lieblingskabarettisten Gerhard Polt. Punk, Porno, Polt, die drei großen P. des Markus F. waren alle vermutlich links, geradezu aufmüpfig und doch auch heiter. Hier waren sie nun also auf Vinyl vereint. Kabarettisten erhoben sich spöttisch gegen die herrschende Klasse, Punkrock setzte zur Revolte durch die E-Gitarre und glasklare lyrische Aussagen, und Pornodarstellerinnen zeigten den Rest von diesem „Macht man nicht, weil gehört sich nicht." Ohne jegliche bewusste Verklärung passte diese Kette also für mich damit schon einmal gut zusammen.

(„Die Pornographie ist die Stiefschwester der bürgerlichen Moral" Albrecht Koschorke)

Der männliche Darsteller Bill Margold (u.a. der Entdecker bekannter Damen des Fachs wie Seka oder Amber Lynn) hatte sein aktives Tun ebenso verdeutlicht: „Das wichtigste Wort ist R-E-B-E-L. Wenn du es nicht aus Rebellion machst, machst du es aus den falschen Gründen."

Andererseits; wenn so viele Leute Pornos schauten und wiederum drei von vier Herren in ihrem Leben - natürlich „nur" rein statistisch - in einem Bordell gewesen sein sollen, wen konnte man dann erbosen, in dem man schelmisch über Freier und Pornographie erzählte? War ich auf dem schlechten Weg zum „verstockten Ferkelbürger", wie sich Roger Willemsen einmal wortgewaltig äußerte? Oder zählte ich gar bereits zur „Avantgarde der Frustrierten" wie der Sexualitätsprofessor Hans Giese bereits Anfang der 1970er die dauerhaften Pornokonsumenten betitelte?

Es war von Beginn meiner Sammlerkarriere an so, dass die Pornographie nicht der Hauptbestandteil meines Denkens, Fühlens und Handelns war. Punk, Psychologie, Sachbuch-Literatur, Kabarett, vor allem der Fußballsport (eine weitere Parallelwelt, wo wiederum der Sex offenbar im ersten Moment keinen Einzug erhält, man versucht einen Ball über die Linie zu bringen, und nicht... wobei wie äußerte sich einmal ein Stürmer: „Das Gefühl beim erzielten Tor sei wie beim Sex") waren für mich allesamt tiefsinniger und wichtiger. Aber wer würde schon jemanden der abends ein Schnitzel verspeist, schief ansehen, weil er am nächsten Tag abermals warm speist? Der sexuelle Appetit kehrt eben bei einem 18-Jährigen täglich wieder, die Videothek befriedigte meine Neugierde, den Rest erledigte ich halt selbst. Wo Mädchen in der Schule ihre Freunde fragten, ob „sie ihm nicht mehr reichen" weil er den „Playboy" las, glaubte ich mich mit Pornos nur auf der richtigen Seite zu befinden. Dass ich das Magazin auch gerne las, weil ich lange Interviews mag, erwähne ich nur beiläufig, da einem das ja die wenigsten abnehmen, obwohl es so ist. (Weshalb führe ich denn bis heute wohl gern lange Interviews mit Musikern?)

Natürlich offenbarte mir bereits mein erster gesehener Pornofilm, durch das laute Stöhnen der vermutlich erregten Frau (die Synchronisation blendete ich einfach aus), gepaart mit dem Anblick des Aktes eine schnelle, direkte Verbindung zwischen Großhirn und Unterleib. Da war kein abwartendes „na mal schauen was da so vor sich geht" in mir vorhanden. Sofort pumpte das Herz der stupiden Leidenschaft, rasant ward ein trockener Mund erlebbar und weiteten sich die Pupillen und das andere natürlich auch. Dies allein, eine gewöhnliche in Abermillionen von Schlafzimmern vollzogene sexuelle Reaktion, löst aber weder allein den Sinn aus über Pornos schriftlich zu reflektieren, noch erklärt es meine jahrelange Sammelleidenschaft. Es war einfach eine Art Suche nach dem Optimum oder dem Realen. Svenja Flaßpöhler erklärt dieses Phänomen: „Der Pornokonsument hofft unentwegt, wenn nicht in diesem, so doch im nächsten Film das Reale zu entdecken - und deshalb geht er nicht mit einem, sondern mit fünf Filmen aus der Videothek."

Später sammelte ich Fußballbücher, danach Vinylplatten, seit 1989 war es eben für rund zwölf Jahre Pornographie. Hefte, Videos, lebensgroße Pappaufsteller, Kataloge, Filmplakate, Sachbücher, Originalfotos, Autogramme, Zeitungsartikel. Vielleicht war es ein klein wenig die Verbindung des „Angenehmen mit dem Nützlichen"? Nach Abfuhren von Mädchen fühlte ich mich jedenfalls bestimmt nicht besser, als nach dem Genuss eines Hardcorefilmes... Denn es lag eben beim Pornokonsum auch immer eine gefühlte und reale Aktivität dabei. Slavos Zisek hat dies auch in 2002 so ähnlich geäußert: „Pornographie zwingt den Zuschauer, a priori eine perverse Position einzunehmen (...) Im Gegensatz zu dem Gemeinplatz, daß die Pornographie den anderen (die Person, die auf dem Bildschirm gezeigt wird) zum Objekt unserer voyeuristischen Lust degradiert, müssen wir betonen, daß es eigentlich der Zuschauer ist, der die Position des Objekts einnimmt, die wirklichen Subjekte sind die Schauspieler auf der Leinwand, die versuchen, uns sexuell zu reizen, während wir, die Zuschauer, auf paralysierte Objekt-Blicke reduziert sind."

(„Für Focault ist die Geschichte der Sexualität geprägt durch den „Willen zum Wissen", das Macht bedeutet. Pornographie wäre dann nichts anderes als „Wille zum Wissen", sozusagen die Volkshochschule der Sexualität, wo mittels der Schaulust als Erkenntnistrieb der Diskurs der Macht begonnen hat (...) Schließlich begann auch die Pornowelle mit Filmen, die vor allem Aufklärung auf ihre Fahnen schrieben, wie die Serien des Oswald Kolle (...) schrieb die Professorin für Filmwissenschaft Getrud Koch.)

Die leider geringe Halbwertzeit durch das cineastische Vergnügen entdeckte ich erst später, dazu war oftmals im wahrsten Sinne des Wortes keine Zeit. Eine Dankbarkeit für die sexuelle Offenheit der Frauen aus diesem Gewerbe war hingegen schnell erreicht. Das war kurz gedacht, wohl falsch, ließ mich jedoch wenig später mit dem Besuch von Prostituierten beginnen. Eben durch jenen Grundgedanken, schnell und direkt ans „Ziel" zu gelangen. Doch komme ich zum vermeintlich ästhetischen Gesichtspunkt der drastisch dargestellten Erotik. Denn im Kern war das Konsumieren der Filme für mich mit keinem Ekel, sondern mit dem Hintergrund einer besseren, wenn auch erst später einsetzenden „richtigen" Sexualität behaftet gewesen. Denn die richtige Sexualität blieb mir in meiner Pubertät versperrt (auch aufgrund psychischer Probleme), und dies hätte dauerhaft zu Problemen führen können, wie uns dies Sigmund Freud sehr gut erklärte, als er schrieb: „Der fortwährende Autoerotismus macht es möglich, daß die leichtere momentane und phantastische Befriedigung am Sexualobjekte so lange an Stelle des realen, aber Mühe und Aufschub erfordernden festgehalten wird."

Die Ästhetik welche ich meine, drehte sich nicht unbedingt um Spermamassen die in weibliche Gesichter kleckste, sondern um die hochglanzpolierten Schönheiten, die, meist aus den Vereinigten Staaten stammend, in unglaublicher Manier ihre Körper einsetzten. (Zu einem anderen Zeitpunkt werde ich auf ihre wenig fröhlichen Motive dazu eingehen, weshalb es oftmals überhaupt für sie dazu kam, die Darstellerin Ona Zee lieferte dazu sehr brauchbare Aussagen.) Was war das nur für eine Diskrepanz zu jenen Bildern, mit denen wir im Alter von zehn Jahren im Biologieunterricht unsere „sexuelle Aufklärung" erfuhren. Es schien geradezu von der Lehrerkonferenz bewusst Wert darauf gelegt zu werden, das weibliche Geschlecht zum Zwecke gottgegebener Fortpflanzung abzulichten, wohingegen der Appetit auf die reine Sexualität ganz offenbar vermieden werden sollte. Ungekämmte Frauen mit winzigen Brüsten und einer üppigen Schambehaarung bis beinahe zu den Knien, erfüllten den Zweck, die Theorie zwar zu akzeptieren, die Praxis aber besser auf einen sehr entfernten Zeitraum zu verlegen...

Dass ich hierbei die Schulnote Vier (ausreichend und nicht befriedigend) bekam, zeigte wie wenig eifrig ich mich diesem im Grunde doch so mächtig spannenden Thema näherte. (Was Schamlippen sind erfuhren wir dann auch. Natürlich von einer aufschlussreichen Zeichnung. Na Danke.)

Die klasse Autorin Claudia Gehrke schrieb das in ihrem Buch sehr ähnlich („Heute herrscht Armut - aller angeblichen sexuellen Aufklärung zum Trotz - gerade auch im pädagogischen Sinne (...) Laut geltendem Jugendschutz dürfen Kinder weder scharfe Schamlippen noch aufgerichtete Penisse sehen. (Darum haben die Playboymädels immer so einen unscharfen Fleck zwischen den Beinen.) (...) Aber wie sollen Jugendliche diese Kunst (Liebeskunst, Anmerkung des Verfassers) erlernen. An welchen Bildern können sie sich orientieren. Es gibt keine Schulen der Liebeskunst."

Nun kann man die menschliche Fortpflanzung, die Liebesbeziehung zwischen zwei Menschen und einem Pornofilm nicht in einen direkten Kontext stellen, aber alles hängt mit allem zusammen, und wir bekamen weder einen Wink von der Schönheit der Sexualität (den Begriff Aktfotographie, immerhin eine Kunstform, hörte ich jedenfalls nicht von meiner Lehrerin) noch wurde ansatzweise über die heftigen Probleme, welche die (auch sexuelle) Beziehungen zwischen Menschen ausmachen können, Bericht erstattet.

Für mich erwuchs eben rasch der verstärkte Eindruck der Scheinheiligkeit, genau wie beim Thema bei der Prostitution. Da reichte sich oft die sprichwörtliche deutsche Verklemmtheit mit der Bigotterie im fernen Amerika die Hand. Gab es im Bordell wirklich je die „Happy Bitch", die bei der Auslebung ihrer Sexualität voller Vergnügen den großen Euro macht, oder bleibt dies bloß ein Märchen? Ist die Darstellerin wirklich überzeugt von dem was sie tut, und unter welchem Druck steht sie eigentlich? (1990 fertigte ich einen Flyer, auf dem ich Ginger Lynn und die Überzeugung für ihre Arbeit positiv hervorhob.) Warum werden die Frauen von Produzenten und Fans als „Schlampen" tituliert und dann von den Autogrammsammlern auf diversen Veranstaltungen fast mit einem „Diener" begrüßt? „Das ist doch...Mensch das ist doch eben wirklich Dolly Buster gewesen...Echt? Oh..." Diesen Fragen wollte ich für meine Lesergemeinde nachgehen, auch wenn die endgültige Beantwortung zwar keine Quadratur des Kreises bedeutete, jedoch vielschichtiger angelegt war, als ich dies bei Arbeitsbeginn noch

vermutete. Es war kein Start - Ziel Projekt, sondern ein enormer Prozess. Er bietet Chancen für eine Diskussion über das Thema, nun mehr denn je. Und wenigstens das wäre ja mehr als ich erwarten konnte bei meinem Start im Jahre 2005....
„Pornography is literature designed to be read with one hand." (Zitat von Angela Lambert, auf der Website der Porno-Ikone Ginger Lynn)

Und überhaupt: Wie wird man Sammler von „so etwas"?
(Zweite subjektive Annäherung, verfasst 2013)

Der berühmte Satz von Woody Allen aus seinem Film „Der Stadtneurotiker" war irgendwie ständig präsent, als ich mein Manuskript fertige. „Niemals würde ich einem Club beitreten, der mich als Mitglied aufnimmt." So geht es mir eben ein wenig, wenn ich an die anderen Leute (Männer) denke, die (auch) regelmäßig oder nicht, Pornographie konsumieren. Nur ein Vorurteil? Was nehme ich mir da nur raus? Natürlich sah ich viele krude Gestalten in den Porno-Ecken der von mir aufgesuchten Videotheken, und auch auf den Erotik-Messen gab es viele meiner Gattung zu sehen, bei denen es mich nicht gerade drängt, ein frisches Pils mit ihnen zu genießen. Dennoch eint mich ja mit „denen" immerhin etwas, was der Berliner Jugendbetreuer Rabe-Rademacher unverblümt als „dieses Phänomen, dass man geil ist" nennt. Dagegen ist kein Kraut gewachsen, helfen kalte Duschen nur sporadisch. Und ist in jungen Jahren der Weg zum anderen Geschlecht aufgrund eigener Unsicherheit (noch) versperrt, greift der Jugendliche bisweilen eben zur Porno-Krücke. In meinem Falle könnten sich Psychologen bei gebührender Langeweile dann zusätzlich damit befassen, warum ich auch weiter sammelte, obwohl ich bei den Damen endlich punkten konnte. Doch wen interessierte das? Blicke ich lieber zurück auf meine „verschleuderte" Jugend, als ich alles „in die eigene Hand" nahm, und gleiche sie ab, mit der sogenannten „Generation Porno", die der Autor Johannes Gernert so formidabel nachgezeichnet hat. Gernert kommt nicht umhin, ständig auf das heutige Phänomen des freien Zugriffs auf das Internet zu sprechen, und hier auf das 2006 in der Bundesrepublik groß bekannt gewordene www.youporn.com Portal. Ein solches stand mir in den 80er Jahren freilich noch nicht zur Verfügung. Wahrscheinlich hätte mich eine solche Seite auch eher im ersten Moment verschreckt, aber eher doch das was man „Angstlust" nennt, in mir ausgelöst. Gernert schreibt über zum Teil noch frühere Jahrgänge: „Ein Pornoheft konnte man weder downloaden noch streamen. Man musste es im Laden kaufen." Das war dann bei mir etwas anders, mein erstes Pornoheft entwendete ich im Sommer 1986 an einer Tankstelle...

Besonders dreist im Grunde genommen, Gott sei Dank oder besser durch die richtigen Freunde blieb es bis heute meine einzige Straftat. Das Heft habe ich noch immer hier, die Tankstelle ist längst fort...

Es war im Übrigen das obligate farbige, hochglanzpolierte DIN A5-Heft und hieß in diesem Falle „White Lady" (Nr. 4). (Political Correctness war zu jener Zeit ohnehin nicht im öffentlichen Repertoire.) Auf dem Cover befand sich eine typisch frisierte Blondine mit ausgewachsener Dauerwelle, Hammer und Werkzeugkasten (!). Drinnen ließ sich rasch entdecken, dass Hände nicht nur zum Klatschen geeignet zu sein schienen, hier wurde Höhlenforschung einmal etwas anders betrieben. Ansonsten hatten die teilnehmenden Ladys wenig Busen und noch viel weniger hatten sie sichtlich Lust bei dem, was sie dort mit sich geschehen ließen. Jedenfalls steckte ich das Delikt in eine Fußball Zeitschrift und ging an den Tresen, um es - das Fußballheft! - beim Langzeitstudenten zu bezahlen. Ich behielt es aber in der Hand. Der Typ zog ein wenig am Heft um den Preis zu erspähen (damals wurde noch nicht gescannt) und befingerte damit zum Glück nicht das beiliegende „Extrablatt", das jugendliche Zucken zwischen Bauch und Lendengegend hatte mich also schon nahe ans Kriminelle geführt...

Es war selbstredend nicht das erste Heft, das ich in die zittrigen Finger bekam oder sichten durfte. Dies geschah, als ich schätzungsweise elf Jahre alt war im Hausflur eines Kind-Kollegen. Dieser hatte einen „Frühreifen" in der Nachbarschaft. Eines bösen Tages hielt dieser ein ganz in Schwarz gehaltenes Pornoheft unter unsere Nasen. Dass die Bilder also schwarz umrandet waren, konnte ich mir merken, schwarz war anscheinend die Farbe des Vertuschens, des Geheimen. Schwarz war spannend. Die Paarungsbilder, die prägnant aus dem dunklen Layout hervorstachen, brachten mich also zur bereits erwähnten „Angstlust". Freud und Leid im Pendel der seelischen Waage, eben pornoimmanent. Ich drehte mich weg und schloss die Augen, spürte aber instinktiv, dass das Kapitel Porno für mich damit nicht beendet sein würde.

Im Jahr darauf, ich war zwölf Jahre jung und schlicht noch ein Kind, vor allem optisch, mit meinen Eltern auf Sylt in Urlaub und erfuhr ich unfreiwillig meinen zweiten „Angstlust"-Schub. Meine Erziehungsberechtigten wollten wohl einmal ihre Ruhe haben für was auch immer, was gut verständlich war, und schickten mich einfach ins Kino, welches sich gegenüber unserer Pension am betonierten Weg zum Strand von Hörnum befand. Auf der riesigen Leinwand wurde zuerst jemandem der Kopf abgeschlagen und kurz darauf lag ein Mann nackt auf einer Frau. Über die ganze meterbreite Leinwand nun also nackte Körper, die sich vereinten. „Conan der Barbar" hieß der bekannte Streifen und bei meiner Rückkehr ins Ferienappartement zeigte ich mich auf die Nachfrage meiner Eltern wie mir der Film gefallen hatte, ziemlich einsilbig. Das kindliche Gemüt ward gehörig durcheinander gewürfelt, denn was die da zuvor auf dieser riesigen Leinwand präsentierten, war mir ziemlich neu - und schockierend... Die meinige Porno-Seher-Laufbahn war unwiderruflich geboren, was ich noch nicht wusste, nicht wissen konnte und gewiss auch nicht wollte. Entsetzlich war es. Herr Schwarzenegger, also bitte! (Und geil?) Wenn ich mir nun vergegenwärtige, dass der Film die FSK

Ab 16 Jahren hatte, kann ich kaum verstehen, wieso man mich Milchbubi da seitens des Kino-Personals hineinließ.

Wenn ich eine Studie aus 2009 (Zeitschrift Bravo) lese, in der berichtet wird, dass „79 % der 14 bis 17-Jährigen schon Kontakt mit Pornographie" hatten, kann ich dies auch für meine Zeit bejahen. Andere Forscher fanden angeblich heraus, dass „der Höhepunkt des Pornokonsums zwischen 16 und 17 Jahren" liegen solle. Das wäre etwas verwunderlich, denn dies ist ja offenkundig illegal. (Auch wenn z.b. in Dänemark Pornos ab 16 Jahren freigegeben sind, bei uns sind sie es nun einmal erst ab 18 Jahren.) Hatten andere Jugendliche etwa damals das Thema durch eigene vermeintliche Reife einfach nur richtigerweise früher als unsereiner schon für sich abgehakt? Anzunehmen, diskussionswürdig. Für mich selbst fing es mit 15 Jahren an, und erreichte seinen Höhepunkt zwischen 18 und 25 Jahren...

Welche Erinnerungen hatte ich eigentlich in vorpubertärer Zeit, in der späten Kindheit, der nicht geschlechtsreifen Periode in etwa vom 9. Bis zum 12. Lebensjahr? Ich erinnere mich dunkel aber nicht unkonkret an gleich zwei Dinge, die sich mir ins Bewusstsein drängten, noch bevor ich deren Deutung auf ein späteres Sexualleben verstand. Zunächst waren es erstaunlicherweise die Indianer in den Karl May Verfilmungen. Sie besaßen eine androgyne Optik, und ich vernahm ihre optischen Merkmale mit einer tiefer gehenden Bewunderung. Stark, muskulös, mit freiem Oberkörper (die zwar Männlichkeit meinen sollten, aber mich scheinbar schon sehr an weibliche Brüste erinnerten, braun gebrannt, mit langem schwarzen Haar. Mir stellte sich im Moment der Betrachtung die Frage nach Männlein oder Weiblein einfach (noch) nicht, das war irgendwie erotisch, ehe ich mit dieser Vokabel etwas verband. Die zweite Szene wird die katholischen und evangelischen Bürgerinnen und Bürger womöglich gleichermaßen aufwirbeln, doch kann ich nicht umhin, meine kindlichen Empfindungen mit meinem erwachsenen Denken von Heute zu kombinieren. Und da sage ich; die Kreuzigung von Jesus von Nazareth war die erste Sado-Maso Szene in der Geschichte der Menschheit! Das mag ungebührend hart klingen, und wir sollten wissen, dass Jesus daran leider verstarb (was im Zusammenhang mit SM Spielereien nun gar keine Parallele bietet, aber dieses Bild eines halbnackten Menschen, der ja doch durch das Einschlagen der Nägel in Füße und Hände per se ermordet wurde (wie dies zum Beispiel später grausamer weise später die Guillotine zuhauf erledigte) zielte für mich auf die Verbindung von Lust (am Martyrium) und Leid (verursacht durch übermäßige, außergewöhnliche Schmerzen) auf das Szenario von Sadismus und Masochismus. (Ganz so abwegig ist dies ohnehin nicht, nehme ich mir nur Camilla Paglia zur Hand, die schrieb: „Seit zweitausend Jahren liefern die Qualen der heiligen Märtyrer – und die von Christus – der westlichen Phantasie ihre sadomasochistischen Tagträume.") Weshalb gehen Leute in Sado-Maso Studios? Weil sie die Lust am Schmerz kennenlernen möchten (oder bereits erlebt haben und dadurch Befriedigung erfahren), Vergleiche zu anderen Malträtierten (auch Jesus selbst?) ziehen möchten und auch hier, ein Erledigen getätigter (vermeintlich eigener) Sünde nach Ablauf der Sitzung erleben könnten. Ein weiteres Beispiel: Die gläubigen Pilger die sich heute noch Jahr für Jahr selbst ans Kreuz nageln lassen, um nachzuempfinden, um Erfahrungen extremer Art auszuloten.

Zu einem nicht unbedeutenden Teil meiner sexuellen Sozialisation, zur Bekehrung (späteren) sexuellen Lebens ward mir - wie wohl zahlreichen anderen Menschen - die Musik. Damit meine ich keine Schmusesongs, die wir beim ersten Bluestanz mit einem Mädchen (auch mit 12 Jahren) hörten, an solche kann ich mich wirklich nicht erinnern. Nein, für mich war das eher das Text-Gut der bekannten Rock'n'Roll Band Spider Murphy Gang, die viele weiterhin falsch ins NDW Fach legen. Von 1981 bis 1985 (die Gruppe existiert seit 1977!) brachten die Münchener vier Songs heraus, die viel mit dem Thema Sexualität zu tun hatten. „Dolce Vita Rita" (1981, ein Song über die zunehmende sexuelle Vereinsamung und die Bestellung einer Gummipuppe), „Ich schau' dich an" (Peep Peep 1982), wie unschwer zu erkennen dem Besuch einer Peep-Show, „Beate" (1985, dem Versandhaus- Imperium von Beate Uhse gewidmet und ziemlich zu Beginn natürlich „Skandal im Sperrbezirk" (1981). Dieses Lied spielte im Jahre 1982 ein Klassenkamerad auf seiner Akustikgitarre, bei unserer damaligen Klassenfahrt nach Amrum. Darin sang Günther Sigl eine wohl jedem bis heute sehr bekannte Refrain-Zeile „...und draußen vor der großen Stadt, steh'n die Nutten sich die Füße platt." Nutten? Ich konnte als 11-Jähriger bestenfalls grob ausleuchten, was es damit auf sich hatte, ohne es freilich konkret zu wissen, und Füße, dass mir hübsche Frauenfüße einmal gefallen werden, ahnte ich sicher auch noch nicht. Dennoch, „das", was diese Band da besang, das muss etwas ungeheuer Spannendes sein. Zwei Wörter in einem Lied, käufliche Liebe, Rotlicht, Verbannung... Anfang 1983 gab die Gruppe der BRAVO ein ausführliches Interview, das das Jugendblatt in der heimisch gesprochenen bayrischen Mundart beließ. Ich möchte daraus zitieren, ohne es ins Hochdeutsche zu wandeln, weil es unheimlich ehrlich ist, und mir im Nachhinein noch Mut macht, weil Anfangsschwierigkeiten, die bei mir nun wahrlich fast ausarteten, hatte Günther Sigl offenbar selbst. Nachdem er auf den Song „Ich schau' dich an" angesprochen wurde, antwortete Sigl, dass das Lied „über die Einsamkeit der Menschen" ginge, und um „unterdrückte Sexualität, was für mi selber lange Zeit a Problem war."

BRAVO: „Wieso war Sexualität ein Problem für dich?" Sigl: „Ja mei, des wor damals olles net so einfach. Die Neugier auf das andere Geschlecht war immer scho do. Als Schüler hob i meine ersten Versuche gestartet. Aber i war ziemli schüchtern. Und jeder Schritt war a furchtbarer Kampf. Mit meine Eltern hab i über das Thema net unbedingt red'n woll'n." Der Münchner Abendzeitung gestand Sigl auch Jahre später im selben Sinne: „Ich war früher ziemlich verklemmt. In meinem Elternhaus ist darüber nie gesprochen worden. Dass ich jetzt über Sex schreibe, ist für mich ‚ne Art Therapie." Besonders ehrlich auch die weitere Bekenntnis zum Gang in diverse Etablissements. Nicht, dass die Herren erfolgreichen Rockmusiker nicht auch weiterhin lebten, was sie besangen. Als nämlich eine Münchner Zeitung über das Treiben der Gang vor einer Tour im Jahr 1987 schrieb: „Derzeit machen sich die Münchner Rock'n'Roller in einem Trainingslager mit Tennis, Schwimmen, Joggen und Fußball dafür fit." geriet Günther Sigl ins Lachen: „Da haben Zeitungsschreiber wohl einen PR-Text einfach übernommen. Wir waren vielleicht im Puff in diesem Krisenjahr 1987 - das war alles an Trainingslager." Die u.a. sogar von der SED Partei unterstütze Zeitung „elan" war sicherlich keine allzu relevante, doch bot diese bereits im Jahr 1983 der Gruppe aufgrund ihrer Lieder die Stirn. Es war und ist eben das anscheinend für ewig gleichbleibende Manko, dass das Singen über Sex und den damit oft einhergehenden Problemen, gerne missverstanden wird. „Und wenn dich deine Frau nicht liebt, wie gut, dass es die Rosie gibt", singt Günther über die Nutte Rosie (Skandal im Sperrbezirk). Und in dem Hit Dolce Vita ist die Frau nur eine aufblasbare Sexgummipuppe, die man sich für wenig Geld im Pornogroßversand kaufen kann (Beate Uhse versandte im Übrigen gar keine Pornographie, der Verfasser). Das ist nicht witzig oder ironisch, wie mir Günther weismachen will. Das ist frauenfeindlich. Das sind Reklamesongs für das miese Frauenbild der Spider Murphy Gang: „Frauen als Betthasen." Doch zurück zu den Pornofilmen.

An die ersten Filme die ich zu Gesicht bekam, kann ich mich kaum noch entsinnen. Einer aber hieß „Der Coup" und ich habe ihn noch auf einem lädierten VHS AGFA Band als Kopie im Bestand (was VHS ist bzw. AGFA war wird etlichen nicht mehr geläufig sein, ich komme mir vor als schreibe ich vom Bauernkrieg...). Einen wesentlich bleibenderen Eindruck verschaffte mir ein Qualitätsporno aus Amerika, den die Firma Beate Uhse im Verleih hatte. Ich besuchte eine Oberschule im Märkischen Viertel in Berlin-Reinickendorf (im Norden der Stadt) und ein Mitschüler hatte die mich im Nachhinein mich noch teuer zu stehen kommende Idee, in einer längeren Unterrichtspause seine elterliche Behausung aufzusuchen. Er wusste, wo sein Vater die Pornos versteckt hatte. So wurde der 1984 gefertigte Film „Studhunter Exzesse in L.A." meine erste richtige Erleuchtung mit dem Phänomen, das da Pornofilm hieß und an sich schon ein wahres Schlagwort war. In diesem Streifen wurde alles gesprengt was ich mir erträumt hatte. Die blonde Schwedin Pippi Anderson war hierin die Hauptdarstellerin, über die sogar im „Stern"-Magazin berichtet wurde. Diese vernaschte die Männer selbstbewusst im Minutentakt und den Soundtrack dieses Filmes gab es sogar als 12inch Vinyl Schallplatte. Songs wie „You blow me away" passten hier ins (und zum) Bild. (Vor Jahren wurde das „schwarze Gold" für 39 Euro zum Kauf im Internet angeboten.) Regie führte im Übrigen Suze Randall, eine Frau! Das war, was ich erotisch fand, selbstbewusste, schöne eigenständige Frauen mit Humor, die sich ausdrücken konnten, und es sei es auch vorwiegend in dieser mich sprachlos zurücklassenden Art und Weise.

Spätestens 1984 war ohnehin ein wichtiges Jahr für das Engagement von Frauen in der Pornographie auch außerhalb der Kamera. Man meint immer vorschnell, Porno sei ein Ding, das „von Männern für Männer" gemacht wird, doch das ist zu eindimensional betrachtet. Anfang der 1980er gründeten nämlich Darstellerinnen (u.a. Veronica Hart, Annie Sprinkle, Gloria Leonard und Nina Hartley) die Selbsthilfegruppe „Club 90", welche auch wieder 1984 erstmals zu einem feministischen Kunstforum geladen wurde, wo es um die Frage „Gibt es eine feministische Pornographie?" ging. Gleichzeitig gründete die im „Club 90" auch beteiligte Candida Royalle die „Femme Productions" wo sie Pornofilme, auch speziell von Frauen für Frauen/Paare herstellte. Und ebenfalls 1984 begann die bis heute im Porno-Biz aktive Nina Hartley für das Label „Adam and Eve" Sex-Lehrvideos zu produzieren. Aber auch dies alles wiederum nur weitere begrüßenswerte Schritte von aktiven Frauen, denn bereits 1973 hatte eine gewisse Betty Dodson in New York City eine Vulva-Diashow veranstaltet, wo sie den „elektrischen Vibrator als Lustobjekt vorstellte" (S.31. Feminist Porn- Book Band 1). Und Constanze Penley ergänzt in Teil 2 jenes Buchprojektes etwas Weiteres sehr Einprägsames. Dass nämlich Linda Williams bereits 1989 als „erste feministische Medien- Wissenschaftlerin" mit ihrem Werk „Hard Core: Power, Pleasure and the Frenzy oft the Visible" eine „Beschreibung eines Film-Genes (und einer Industrie) geliefert hat, deren niedriger sozialer und kultureller Status sie bis dato für ernsthafte WissenschaftlerInnen ausgegrenzt" schien oder vielmehr war. Auch hier auf diesem Sektor war es also eine Frau die uns intellektuell voranbrachte.

Frauen nehmen pornographische Filme und auch Bilder mit Nacktheit oder sexuellen Inhalten bekanntlich offenbar anders wahr als Männer, und doch, Porno-Königin Teresa Orlowski (Teresa Moser) antwortete einmal auf die Frage im MDR Fernsehen nach der Erinnerung ihrer ersten Begegnung mit der Pornographie: „Ja, wenn man das so nennen kann, wahrscheinlich als ich 15 war, da hat mir ein Junge ein schwarz-weißes Bild gezeigt, wo fünf Menschen in Aktion waren. Ich weiß es fast bis heute, wie die Positionen waren. Es war wirklich ganz nett, hat mir sehr gefallen. Mir gefiel diese Abbildung, diese Situation, das fand ich ganz gut. Das hat wirklich sehr schön ausgesehen, auch wenn ich mit 15 keine sexuelle Erfahrung gehabt habe, trotzdem, irgendwie war es mir im Magen so mulmig, so nett, also da war ich wirklich wahrscheinlich angetan und angemacht, stimuliert durch das Bild." Und das war von meinen damaligen Empfindungen bestimmt nicht meilenweit entfernt. Außerdem wurde dieses vielfach übernommene Vorurteil (durch den Kinsey- Report aus den 50er Jahren) ausgelöst, und ist inzwischen mehrfach wissenschaftlich widerlegt. So fanden im Jahre 2004 Wissenschaftlerinnen der medizinischen Fakultät Stanford heraus, „dass Frauen beim Betrachten eines sexuell expliziten Films innerhalb von zwei Minuten vollkommen erregt wurden - schneller als der Durchschnitt der Männer." (Mary Lake Polan)

Traurig was mittlerweile daraus geworden ist, es gibt weder aufwendige echte Filmproduktionen in Deutschland, noch haben die aktuellen Darstellerinnen (abgesehen von der äußerst gestrengen Carmen Rivera vielleicht) etwas von diesem „Besonderen."

"...und die sexuelle Porno-Rebellion ist auch leider weitgehend ausgeblieben, inzwischen sind die Darstellerinnen wieder mehr oder weniger zu Unlust-Darstellerinnen mit kurzer Halbwertezeit und ohne jede Message mutiert" bilanzierte ich in einer meiner veröffentlichten OX-Fanzine Kolumnen in 2013 (im Kapitel „Der Star in Amerika und in unseren Gefilden" beschreibe ich detaillierter was ich damit meine).
Mich hatte es jedenfalls (natürlich mit gehöriger Naivität und Verblendung) gepackt seit den „Exzessen in L.A.", so waren wir Kids doch auch ohne dort gewesen zu sein, gefesselt von den Vereinigten Staaten. Wir hörten erst Breakdance Musik, später die Ramones, liebten Kaugummi, tranken Cola und trugen Joggingschuhe von Nike. Wir träumten von den kalifornischen Palmen (die Punkband die auf unsere Schule ging - Disaster Area - sangen doch als Skateboard Freunde „We dream about Del Mar!") sahen diese Palmen im TV oder Kino, und nun auch - wer es mochte - im Pornofilm. Auch hier waren sie also was das große Ganze betraf feder- oder besser schwanzführend. Ich sah den aufklärerischen, lehrreichen „Grafenberg Spot", „Ginger on the Rocks" (Filmkritik im Buch) entdeckte die niedliche Schönheit Ginger Lynn (näheres über meine damals leicht krude Sichtweise im Kapitel „Best of") und die platinblonde verruchte Amber Lynn. Verliebte mich fast in die mit spröder Schönheit und wundervollen Augen daherkommende Tracey Adams (die später als lesbisch geoutet wurde, und ausgerechnet mit jener Amber über viele Jahre eine Beziehung führte, Porno-Herz was erträumst du mehr...) Ja, die hätten mich gerne richtig anlernen dürfen. Die Filme waren lehrreich, durchaus „geil" aber auch erotisch, null unappetitlich und sogar; man lese und zeige sich verwundert - mitunter sehr humorvoll. Die Rolle der Frau war die Maßgebliche. Offensichtlich kein bloßes Objekt, sie hatte Freude an ihrer Sexualität und bestimmte was gespielt wurde, so zeigte es jedenfalls das Endprodukt sehr häufig auf. Selige Zeiten! Meine Sammlung wuchs, die ersten sündig teuren Kauf-Cassetten kamen hinzu (sofern es mein schmales Budget zuließ) ...

„Metamorphose" von Mike Hunter (einem ehedem großen deutschen Porno-Verleiher) war meine erste, Second Hand, 20 DM. Nach heutigen Maßstäben waren die Damen nicht gerade unbedingt „top gestylt", aber der Film hatte einen gewissen Charme und sogar eine direkt nachvollziehbare Handlung. Meine Eltern bekamen zügig mit, dass ich keine Micky Maus Hefte mehr stapelte, sondern „Schweinisches". Im Grunde gingen sie damit aber recht locker um („Besser als wenn er Drogen nimmt"). Zurück zum Sammlertrieb (selten fing eine Vokabel so genau mein damaliges Privatgeschehen ein). Es gab zu jener Zeit Fachmagazine, die sich mit der X-Szene genauso intensiv und mit gewollt seriösem Anstrich beschäftigten, wie es die vermeintlich normalen Kino-Zeitschriften auch taten. Die Frage stand generell im Raum. Bei den damaligen Porno-Skripten, aufwendigen Drehszenen, den technischen Kamerafertigkeiten und witzigen Dialogen, warum sich das Pornofilm-Genre - die so betitelten „Erwachsenen Filme" - hinter der „seriösen" Kinobranche verstecken sollte. In einer Porno-Videoecke standen die VHS-Filmboxen und trugen ziemlich „angezogene" artifizielle Coverbilder, die geradezu züchtig einen wohl geheimen Inhalt suggerierten. (Heutzutage springen einen ja schon die spritzenden Pimmel - nebst teilweise übelsten Beleidigungen der gezeigten Frauen - von alleine entgegen, und lassen nicht die Spur einer inhaltlichen Spannung offen.)

Damals schwärmte ich für Seka, Tracey Adams, Barbara Dare, Trinity Loren, Teresa Orlowski, Ona Zee, Porsche Lynn, Sandrine oder Miss Sharon Mitchell. Damen die ja gar keine im eigentlichen Sinne waren, aber durchaus prall gefüllt mit Grazie, Anmut, Haltung und Aussage. Das Fachmagazin „Videostar Intim" (heute begehrtes Sammlerobjekt) wurde zu meiner Pflichtlektüre, mein „Der Spiegel" für den Unterleib, denn die Auseinandersetzung mit den Hintergründen der Branche besaß für mich eine, wenn auch nicht richtig klar zu definierende, Wichtigkeit. (Mich beschleicht schon wieder das untrügliche Gefühl eine kleine „Entschuldigung" dafür anbringen zu müssen, doch sei bedacht, dass hier von einem nachpubertierenden jungen Mann aus den 90ern in der eigenen Nachbetrachtung die Rede ist, und dass dies fast gar nichts mehr mit meinen momentanen Leben und Denken zu tun hat. So viel an „Reife" sei mir hoffentlich zugetraut...)

Bei meinen Urlaubsaufenthalten in Dänemark entdeckte ich von daher nicht sehr zufällig (die Neugierde ist ein nicht auszuschaltendes Instrument menschlichen Antriebs) ein mir persönlich entgegenkommendes, unverkrampftes Geschäftsgebaren. Die Kioske, und selbst die Supermärkte (!) besaßen VHS-Pornofilme zum Verkauf im Regal! Und dies nicht einmal sonderlich teuer. Frei verkäuflich für Kundinnen und Kunden ab 16 Jahren! Und das Entscheidende: In Dänemark ist das Synchronisieren, auch von regulären Kino-Spielfilmen, zu kostenintensiv. Deshalb gibt es die ausländischen (hier US-amerikanischen) Pornofilme im Originalton, mit dänischen Untertiteln. Endlich die geliebte Tracey Adams mit Originalstimme reden (und stöhnen!) hören, das niedliche Lispeln von Nina Hartley, die abzuschwörende, aber menschliche Pieps-Stimme mancher Aktrice... Ein Erlebnis für meine Wenigkeit, ein weiterer kleiner Schritt zu Ehrlichkeit und Unverfälschtheit. Ja, es gab sie wirklich, und sie taten „es" auch wirklich (und immer wieder). Nicht vergessen werde ich auch die in Kopenhagen auf offener Straße aufgestellten Großautomaten, aus denen man nach dem Geldeinwurf tatsächlich Original VHS Pornofilme erlösen konnte.

Nicht erst der Regisseur Eduardo Cemano meinte neulich übrigens, um einmal in ähnlicher Hinsicht die Brücke zur möglichen positiven Wirkung der Pornographie zu schlagen: „Wenn man Golf oder Tennis spielen will, so macht man keinen Schritt, ohne eine professionelle Anleitung zu haben. Wenn man nun ein großer Liebhaber werden will, warum nicht einfach von den Experten lernen? Warum nicht einfach einmal Helden im Sexgeschäft statt ewig die gleichen Sportidole?" Damit wirklich prima korrespondierend schrieb Claudia Gehrke im Jahre 1988: „Aber daß „Pornografie" als Beschreibung der Liebeskunst, im Sinne von Können und derer, die sie sozusagen beruflich ausüben, vom Wortsinn her die Erniedrigung festschreibt, ist nicht richtig. Die Beschreibung der Liebeskunst war die Aufklärung für die Leidenschaft. Mit der Technik im Hintergrund wird auch Leidenschaft schöner." Doch klar, vom alleinigen Sehen wird man kein fähiger Frauenbeglücker, und das Geschwafel über Sex und Technik besitzt ja auch oft ein schwer grenzwertiges Niveau, aber es zeigte mein Interesse, eben wenigstens ansatzweise nach und nach selbst in diese Richtung zu gehen. So sehr man auch des Öfteren das bekannte Gefühl nach sexueller Entladung hat, schon der Lateiner weiß ja, dass einem Orgasmus die Traurigkeit folgt, erstaunlich wie sehr doch Geist und Trieb sich zumindest bei mir differenziert zeigten, sodass ich mich bei einer eigenen schleichenden „Doppelmoral" ertappe, die mich fast besorgt. Denn zuhauf fand ich jenen Frauentyp in sexueller Hinsicht sehr reizvoll, den ich mir für meinen privaten Umgang nicht recht vorstellen konnte. Doch schließe ich an dieser Stelle vorerst noch einmal mit Woody Allen: „Onanie ist Sex mit jemanden den man wirklich liebt."

Die Mauer fiel in Berlin, und der Porno ward auch im Osten entdeckt...

Eine kleine, private Episode sei eingestreut. Im August 1990, die Mauer war seit einem dreiviertel Jahr gefallen und die deutsche Wiedervereinigung - die sich auch in sexueller Hinsicht weitläufiger abspielte, als wohl so mancher noch erinnern mag - stand vor der Tür. Wir verreisten nach Österreich und sollten in diesen Wochen Besuch aus der DDR ins eigene Einfamilienhaus bekommen. Eine alte Tante aus Sachsen reiste mit ihrem Enkel an, der etwa 15 Jahre jung war. Ich hatte somit die Aufgabe, meine noch zwar nicht opulente, aber im Zimmer stehende VHS Pornofilm-Sammlung gewissermaßen „unsichtbar" zu machen. Ich fand einen tief gelegten Aufbewahrungsschrank als geeigneten Platz dafür, der Junge sollte doch schließlich auch in meinem Zimmer schlafen. Als mein Bruder dann einmal nach dem Rechten im Haus sehen wollte, empfing ihn jedoch die nette Tante schon ein wenig aufgelöst im Hausflur. Im schönsten sächsischen Dialekt sagte sie fragend: „Was findet der Junge nur an diesen Filmen?" Mein Bruder ging die Treppe hinauf, öffnete meine Zimmertür und stutze mächtig. Auf dem Boden saß der Junge. Und vor ihm alle meine Pornofilme, die er interessiert inspizierte...Fand ich damals wenig lustig, heute aber umso mehr, ich hatte also auch meinen kleinen (unfreiwilligen) Beitrag zur pornografischen Grenzöffnung damit geleistet.

Doch ich möchte mich dem Thema „Porno und Erotik in der DDR" dann doch wenigstens mit einer kurzen Abhandlung etwas ernsthafter zuwenden. Eine aktive Sexualität geht nämlich eher selten unmittelbar mit der Verbreitung von Pornographie einher, wie wir auch am Beispiel England sehen, das erst 2010 die Verbreitung von Pornographie freigab, und das trotzdem das europäische Land mit den meisten „One Night Stands" war oder ist. Doch zunächst zu juristischen Fakten der DDR: Pornographie war glasklar per Gesetz verboten, und da sicherten sich die Genossen gleich doppelt ab. Im Strafgesetzbuch von 1968 hieß es da: „Wer pornographische Schriften oder andere pornographische Aufzeichnungen, Abbildungen, Filme oder Darstellungen verbreitet oder sonst der Öffentlichkeit zugänglich macht, sie zu diesem Zwecke herstellt, einführt oder sich verschafft, wird mit öffentlichem Tadel, Geldstrafe, Verurteilung auf Bewährung oder mit Freiheitsstrafe bis zu zwei Jahren bestraft." Das war also der berühmte Paragraph 125. Doch, wir kennen die Problematik, was war denn eigentlich Pornographie? Der richterlichen Willkür waren also auch hier Tür und Tor geöffnet. Doch man sicherte sich von staatlicher Seite doppelt ab, und fixierte den Paragraph 146 gleich noch dazu. Darin hieß es zur „Verbreitung von Schund- und Schmutzerzeugnissen": „(1) Wer Kinder oder Jugendliche dadurch gefährdet, daß er Schund- und Schmutzerzeugnisse herstellt, einführt oder verbreitet, wird mit Freiheitsstrafe bis zu zwei Jahren oder mit Verurteilung auf Bewährung oder mit Geldstrafe bestraft." Und in Punkt 3: „Schund- und Schmutzerzeugnisse sind Druck- oder ähnliche Erzeugnisse, die geeignet sind, bei Kindern und Jugendliche Neigungen zu Rassen- und Völkerhaß, Grausamkeit, Menschenverachtung, Gewalttätigkeit oder Mord oder anderen Straftaten sowie geschlechtliche Verirrungen hervorzurufen." Auch dies war jedoch, wenn man ehrlich ist, reine Auslegungssache. Die Autorin Uta Kalano hat in ihrem interessanten Buch „Kollektiv d`amour" die Sexualität der DDR-Bürger untersucht. So berichtete sie vom ersten Sex Shop in der DDR, der 1990 in Ostberlin eröffnet wurde. „Da posieren gestandene DDR-Ehemänner mit Schmidtmütze und Kunstlederjacke neben einer barbusigen Animierdame, die Sekt ausschenkt. Die Ehefrauen stehen lachend und ungeniert daneben. Der Sexshop befindet sich genau dort, wo noch ein halbes Jahr zuvor ein Intershop war. Ein Symbol. Da wurden nicht einfach Westwaren von anderen Westwaren abgelöst. Mit dem Übergang vom Inter- zum Sexshop wurde offensichtlich, dass Sex und Erotik überhaupt Waren sein können! Das gab es zu DDR Zeiten nicht. Sex sells galt nicht in der Ostzone", um dann eine Seite später zu konstatieren: „Bis 1995 wurden zwei Drittel der Sexshops in Ostdeutschland wieder geschlossen." Und sie beschreibt noch einmal die Szenen der Sexshop Eröffnung: „Dann kommt ein kräftig gebauter Hüne mit Vollbart und nimmt die Dame - vorsichtig - auf den Arm. Siegesbewusstes Lachen. Die Dame hingegen wirkt etwas verwirrt, zaubert dann aber doch ein professionelles Lachen in die Mundwinkel. Schließlich folgt ein gutgebauter Mittdreißiger, der - mit fragendem Blick - der Dame an Brust und Po greift und so für das Foto posieren will. Das lehnt die Dame jedoch energisch ab. Gucken ja, mehr aber nicht. Und danach bitte Geld im Shop ausgeben." (In meinem gleich folgenden 1997er Venus-Messe Kapitel wird es übrigens eine sehr ähnlich gelagerte Szene geben, der Verfasser.) Ob der Grabscher womöglich doch ein sogenannter „Wessi" war? Schließlich sagte die Stripperin Heidi Wittwer (noch zu DDR Zeiten Ende der 80er Jahre die erste Stripperin Leipzigs, Misswahlen waren zudem beispielsweise erst ab 1986 genehmigt) der Autorin Kolano dazu: „Striptease in der DDR - das war einmalig. Erotik gab es ja kaum. Das kannte keiner, dass da jemand auf die Bühne rennt und sich nackt macht - und das Ganze auch noch auf lustige Art. Sowohl den Wessis als auch den Ossis gefiel es. Aber die Wessimänner sagten eher: „Na Baby, kannste ruhig noch ein bissel heftiger machen!" Das hätte sich der Ostmann nicht erlaubt (...) Vor einem Auftritt bei der Landesregierung in Köln beispielsweise hatten uns alle gewarnt: „Vorsicht, die sind dort ja katholisch, da geht bestimmt nichts." Wir sind dann dort hingekommen - und die wollten alles! Die haben getobt - aber die wollten auch anfassen! Das war der Unterschied. Im Osten wollte keiner anfassen."

Allerdings sollte auch der sukzessive Einzug von Erotik in Kino und TV nicht vergessen werden, da wurde - was das Fernsehen betraf - ganz sicher auf einer recht gleichen Ebene zwischen West und Ost gesendet. Ich entsinne mich vor allem an zwei TV-Ausstrahlungen des DDR- Fernsehens, die ich als Westberliner in den 80ern recht erstaunt vernahm. Zum einen „Außenseiter-Spitzenreiter", in der stets eine entkleidete Dame zu sehen war (das gab es bei unseren Quizsendungen nicht!), zum anderen die eingekaufte Serie „Erotisches zur Nacht". In den Kinos ging es noch etwas eher los, 1973 kam „Die Legende von Paul und Paula", der extra vom späteren Pornosammler und Generalsekretär Erich Honecker höchst persönlich durchgewunken wurde. Darin Nacktheit, Liebe, Fremdgehen. 1976 kam dann „Hostess", der sogleich mit einer Bettszene startete. Die Schauspielerin Annekathrin Bürger berichtete später der „Super Illu": „Wenn sich zwei Menschen lieben, ist Sex am Sonntagmorgen normal. Wir sind mit FKK aufgewachsen. Die Prüderie hielt bei uns erst nach der Wende Einzug." Mit den Sexshops und den Pornos? Könnte man süffisant fragen...Die Filme hatten sich natürlich schon längst unter der Hand im DDR-Volk befunden. Es wurden sogar welche gedreht, wie Jan Josef Liefers in seinem launigen Rückblick „Soundtrack meiner Kindheit" erzählt. Nämlich im Armeefilmstudio der NVA in Berlin-Biesdorf. „Für Offiziere und deren privaten Gebrauch oder falls ranghohe Angehörige einer Bruderarmee zu Besuch kamen und ihnen der Alkohol ausging", so Liefers. Dieser Fakt des Drehs an jenem Ort, wurde später in der TV-Doku „Pornographie - Made in GDR" noch einmal bestätigt. Bliebe noch ein letzter Blick auf veröffentlichte pornographische Literatur in der DDR.

Bocaccios „Dekameron" wurde nämlich bereits 1956 im Berliner Aufbau Verlag veröffentlicht. Das meiste andere an erotischer bis konkret pornographischer Literatur kam dann in den 70er Jahren in die Buchläden, und ward fast immer sofort vergriffen. Der erste literarische Pornograph Petro Arentino erschien 1980/81 in der DDR, und zwar die „Göttlichen Gespräche des Pietro Arentino". Und „Fanny Hill" kam zwar erst 1987 heraus, dafür aber erstmalig in einer „ungekürzten deutschen Fassung", wie Uta Kalano zu berichten weiß.

VENUS EROTIK MESSE BERLIN (1997 bis 2003 und 2017)
Mein jahrelanger Rundgang zwischen Technobeats, blanken Busen und roten Teppichen
(inklusive EXKURS: Erotik Messen)

Ein ehemaliger Bekannter hatte mir im Winter 1997 ins Sammlergewissen geredet. „Deinen Nick-Name Graf Porno kannst du abhaken, wenn du am Sonntag nicht mitkommst. Da ist nämlich der letzte Tag der ersten Venus Erotik Messe in Berlin. Sagst du ab, heißt du für mich nur noch Monaco Franze..." Der Obolus betrug damals 25 DM (umgerechnet etwa 12,78 Euro) an Eintritt. Das hatte sich für uns sogenannte Endkunden dann bald auch erheblich verteuert, denn inzwischen liegt der Tageskarten-Preis bei geradezu happigen 38 Euro (VVK 32 Euro). Das nennt man dann wohl nicht wegdiskutierbar: verdreifacht.

„Die größte Erotik Fachmesse Europas. 125 Aussteller auf 10000 m2 Hallenfläche" warb der Veranstalter. Die Juristin Susanne Baer eruierte hierzu bereits 1990: „Es fällt auf, dass die Informanten aus der Porno-Industrie sich auf die kühle Präsentation von Zahlen beschränkten, die mit besonderer Emphase-Arbeitsplätze und Löhne, Steueraufkommen und den Umsatz therapeutischer Hilfsmittel betrafen."

Heute kann ich nur noch aus meiner rudimentären Erinnerung schöpfen, die Atmosphäre jenes 7. Dezembers 1997 ist nicht mehr vollständig herstellbar und die Verklärung lauert bereits erheblich, aber mein damaliger Eindruck war durchweg positiv. Es erfasst mich keine Wehmut, diese Veranstaltung in den letzten Jahren gemieden zu haben, es ist unbestritten, dass es in seiner Wirkung auch nicht ewig ein Großereignis war, und dennoch: das vermeintlich Intime, das Flair (des ersten Males quasi), war bei späteren Besuchen etwa, weniger vorhanden. Wahrscheinlich hatte es dieses auch nie gegeben, was kann schon wirklich „intim" sein, und gleichzeitig öffentlich und allen zugänglich? Aber unser Verstand und unsere Sinne werden überall betörend bis verstörend geleimt. Ob Politik, Kino, Berichterstattungen aller Art, beim Sport oder in der Firma, warum also sollten die Regularien der modernen Welt ausgerechnet in diesem Paralleluniversum außer Kraft gesetzt werden? An irgendetwas Irdischen musste man sich doch festhalten, um nicht verloren zu gehen, dann eben allzu freiwillig an dieser angenehmen Art von Sinnestäuschung. (Und generell, wissen wir doch von Immanuel Kant sei doch das Ohr die moralische Instanz, da wie Christel Dormagen es für uns übersetzt, „das Auge - als Organ, das nur fasziniert ist - nicht entscheiden kann", vielleicht auch mit ein Grund, warum die Pornogegnerschaft oft wohl nur vom „Hörensagen" berichten kann und einmal überhaupt, hört man auf Erotik Messen eigentlich bewusst etwas?)

Dass Austellerfirmen nicht zur reinen Belustigung, und zum Verteilen von Autogrammkarten anreisten, und um zudem aus Spaß allein wahnsinnig kostspielige Standmieten entrichteten, verstand sich doch von selbst. Ich hatte aber das erhebende Gefühl, als hätten die Bescher die Stars der Szene einmal ein wenig für sich. Dieses Gefühl kam bei mir, auch durch die Massenaufläufe, ständigen Strip-Shows zu lauten Disco-Rhythmen immer mehr abhanden. Die visuelle Lust im Schnelldurchlauf verpuffte durch eine Reizüberflutung. Gina Wild, der spätere Star, die wohl fast einzige wirklich sympathische (deutsche) Ikone, war bei dieser Erstausgabe 1997 auch bereits anwesend. Als Fan, wie sie später publizierte, der eben dort die ersten Drehofferten erhielt. Etwas blauäugig („Diese Herzlichkeit gegenüber mir als völlig unbekanntem Wesen, das hat mich schlicht überwältigt."), meinetwegen aber dann doch von Erfolg gekrönt, wenn eine Karriere als Hurendarstellerin erstrebenswert erscheint.

Herbst/Winter 1997, wofür steht diese Zeit eigentlich, in der ich Teilzeit-Pornograph erstmalig über die Venus streifte, und Gina Wild mit einem Griff an das Glied ihres Porno-Idols Rocco Siffredi auf selbiger Veranstaltung ihren Eintritt in die verkappte Scheinwelt feierte, die mir letzten Endes nicht völlig geöffnet wird, bzw. deren offene Tür ich reflexartig und gerade noch rechtzeitig zuschlug.

Die „Prinzessin der Herzen" Lady Diana war kurz zuvor bei einem Verkehrsunfall ums Leben gekommen, und der Politik-Rock'n'Roller Joschka Fischer, der erste und letzte Punk der Bonner Szene hat sich durch sportliche Betätigung um 27 Kilogramm entschlackt. Der Flachbildschirm wird auf den Markt geworfen, und das Tamagotchi, ein computerartiges Kinderspielzeug nervt in seiner Bedeutungslosigkeit.

Über den großen Teich geblickt gab es zu jener Zeit zwei Ereignisse, welche die Realität der Phantasie vorwegnahm. US-Präsident Bill Clinton hatte sich von einer „Praktikantin" (nie war dieser Begriff so passend erfahrbar gemacht worden, wie in diesem Falle) im Jahre 1995 von jener (Monica Lewinsky) oral verwöhnen lassen, und als die erste Venus Messe in Berlin lief stand eine Website bereits in den Startlöchern um dieses ungeheuerliche Geschehen an das Licht der Öffentlichkeit zu zerren. Am 17. Januar 1998, also nur etwa sechs Wochen nach Venus-Ende war es dann publik und die „Washington Post" brachte Clinton im Amt ins Wanken (bitte nicht auf Englisch als „wanken" (onanieren) zu lesen!) Hatte dieser jene „sexual relation" mit Frau Lewinsky - der dies aber auch nicht wirklich schadete, siehe Tantiemen ihres Buches etc. - abgestritten, musste er am 17.8.1998 doch genau dieses doch unter dem Druck von Gerichtsbarkeiten und Öffentlichkeit zugeben. Danach gab es einen Pornofilm, in dem jenes persifliert wurde, jener Film („Sex Gate" vom italienischen Regisseur Luca Damiano) befindet sich auch in meinem Bestand. Doch war es ja obsolet geworden, nun nachdem dies geschehen war, es in Hardcoremanier zu verfilmen. („Der Skandal von dem alle gelesen und gehört hatten, sieh was wirklich passierte", wirbt der Text auf der Cassette.) Die Realität hatte die pornographische Phantasie doch bereits vorweggenommen, eine Schadenfreude oder Erregung kam dadurch ohnehin nicht mehr auf. Es war halt wirklich aus dem wahren Leben gegriffen. Eine betrogene Ehefrau, ein Würdenträger der seiner Libido unterlag, und eine kräftig gebaute aber hübsche Praktikantin, die die Gunst der Stunde für sich nutzte und daraus Kapital schlug. Das „normale Leben" war manchmal nichts weiter, als ein äußerst durchschnittlicher Porno. Die satirische in den Umlauf gebrachte „Cock Sucking Identy Card" mit dem Foto von Frau Monica Lewinsky blieb als letzter Lacher hie und da zurück.

Bereits in 1995 heirateten das US-Topmodel Pamela Anderson und der Heavy-Metal-Drummer von Mötley Crue, Tommy Lee. Als besondere Erinnerung enterten die beiden ein Schiff, um sich dort für den Hausgebrauch beim Sex zu filmen. Doch es kam wie es nicht kommen sollte. Das markante Video geriet in die falschen (für Pornofans richtigen) Hände. Tommy Lee: „Wie gewöhnlich nahm ich meine Videokamera mit. Wir versuchten einen Porno zu machen, einfach um unseren Urlaub zu dokumentieren. Wir sahen ihn uns einmal an, als wir wieder zu Hause waren, danach legte ich ihn in unseren Safe, einem 500 Pfund Monster, versteckt unter dem Teppich in meinem Kontrollraum-Studio in der Garage." Dennoch wurde der Streifen entwendet und 1997 von IEG unter dem Titel „Pam and Tommy Lee: Hardcore and uncensored") veröffentlicht. (Ich erwarb ihn noch als Videocassette, recht stolz, so als besäße ich damit ein Stück Weltkulturgeschichte, heute kann man sich die expliziten Szenen gratis im Internet ansehen, was nach meinem Geschmack aber dennoch nun einmal doch einfach nicht ganz dasselbe ist.) Auch in diesem Fall lag die Realität der Phantasie (wie viele Männer wünschten sich in ihrer Phantasie Pamela Anderson einmal in sexueller Aktion auch nur zu sehen) um mehr als eine Nasenspitze, respektive Gliedlänge voraus.

Doch vergesse ich keineswegs dabei meine Zeitreise zurück zur Venus 1997: „Ich hielt den berühmten Schwanz in meiner Hand, und er wurde immer größer. Superstar Rocco Siffredi lachte mich an. Die Menschen ringsum waren begeistert (...) Das junge Mädchen, das dereinst keiner haben wollte, war im Pornoland angekommen. Ich fühlte mich begehrt." Vier Jahre später nach jener Erotik-Messe wirft Gina Wild diese Ketchup-Prosa in die literarische Umlaufbahn, und glorifiziert somit förmlich eine Unterwürfigkeitsgeste, die aus dem Tierreich zu stammen scheint. Das Buch wird „Ich, Gina Wild. Enthüllung" heißen, und von mir in einem Rutsch durchgelesen werden. Warum ich das Bilderbuch ohne Bilder (erst als es in einem großen Verlag erschien, befanden sich einige wenige Farbbilder darin) so flüssig (dem Leser sind bestimmt die kalauernden Vokabular-Zweideutigkeiten im letzten Absatz bereits aufgefallen, das Studieren von pornografischem Material führt hie und da zu literarischer Hemmungslosigkeit und Infantilität) las, lag an den üblichen menschlichen Reflexen.

Natürlich kannte ich (nur vom Sehen!) das Glied des Herrn Rocco S., begegnete ich Gina Wild zweimal leibhaftig, und war eben auch auf jener Messe anwesend. Hier war zugegebenermaßen ein weibliches Geschöpf nur einen Schritt weiter gegangen als ich, und hatte den reinen Fan-Sektor verlassen, während ich hingegen nur mit vollen Plastiktüten (eine weitere Parallele zu ihr!) am Pornoland vorbeispazierte, in scheinbar sicherer Distanz. Ihr Schritt, der eben kein kleiner war, sondern auch als Plumpsen in eine Falltür hätte ausgehen hätte können, war für meine Person gut denkbar und gleichzeitig von einer völligen Unmöglichkeit getragen. Nicht aus oberschlauen, von Intellekt getragenen Überlegungen (schon Wolfgang Neuß lehrte uns dereinst: „Intellektuelle, das sind Leute, ich sage mal wie es einer aus Neukölln sagen würde, sind Leute die haben weniger gebumst!") sondern höchstens aus instinktivem Ermessen, das mich zwar an jene scheinbar so geile und freie Welt heran trieb, aber eben dann auch hilfreich ein Stoppschild mit ins Gepäck legte.

Ich kam bis in die Videothek, ich verdingte mich vor dem Videogerät, nur erschien ich nie beim Pornodreh. War dies spießig und kleinbürgerlich oder doch die letztendlich vollkommen richtige Entscheidung für mich? War Sex nicht etwas Privates, und hatte es auch zu bleiben? Pornographie war schon mitunter etwas Verwirrendes. Weshalb erregten mich Dinge, die ich mir für mein eigenes reales Leben verbot? Wollte ich wirklich selbst an „Gang Bangs" teilnehmen? Hatte ich Interesse Kunde in Swinger Clubs zu werden? Nein! Die pornofeindliche Feministin MacKinnon setzt jedoch ein eigenes aktives Sexualleben eben keineswegs mit dem Konsum von Pornographie gleich, was mir als damaliger Single ohnehin ohne größere geistige Anstrengungen schmerzlich auffiel. MacKinnon: „Pornographie drücke Erfahrung nicht nur aus oder interpretiert sie, sie ersetzt sie. Sie vermittelt keine Wirklichkeit, sondern springt vielmehr für sie ein."

Gina Wild, befragt nach ihrem Vorbild, gelangt wieder auf die körperliche Ebene: „Tracy Lords, die danach (nach dem Drehen von Pornos, Anmerkung des Verfassers) mit Wesley Snipes und Denzel Washington gedreht hat. Aber sonst hat mich nur Madonna inspiriert. Eine Frau, die immer das getan hat, worauf sie Lust hatte, Tabus gab es dabei nicht. Heute ist sie Mutter und Ehefrau." (Die Frage sei erlaubt, was dem dann eventuell geborenen eigenen Kind später besser vermittelbar ist: „Ich war Sängerin" oder: „Ich war Porno-Queen"...) Es ist wieder der hoch gepriesene „American Way of Life" oder eben die Priorität der reinen Physis, die das Denken bestimmt. Nur eine „Gleich-und-gleich-gesellt-sich-gern" Attitüde kann sich bei den genannten Idolen im Hinblick auf Gina Wild kaum einstellen. Was an Tracy Lords, die mit 17 Jahren bereits Pornos drehte und dereinst von der CIA gestoppt werden musste, vorbildlich oder nachahmenswert erscheint, muss auf den ersten Blick etwas verwundern. Doch muss ich einräumen, dass diese sich jüngst in einem TV-Interview mit einem US-amerikanischen Sender, welches ich im Internet aufspürte, als gereifte, relevante Person gezeigt hatte, die klar ihre Meinung vertrat und auf einem guten Weg war (außerdem kannte ich ihre sehr gute Autobiographie bei der Niederschrift noch nicht!), im Gegensatz zum heutigen Superstar Jenna Jameson die förmlich „angeschossen" wirkte und nicht wirklich fernsehtauglich. Man sieht, ein „Alles über den Kamm scheren" ist wenig ergiebig, aber es scheint dennoch hauptsächlich nur in Amerika möglich zu sein, als Ex-Pornostar neue Wege und Laufbahnen einschlagen zu können, dies mag auch an der Größe des Kontinentes und den Möglichkeiten relativer Anonymität liegen.

(Gina Wild ist jedenfalls nicht der Typ rotzfreche Göre, versehen von schlimmen Kindheitserfahrungen, wie dies bei Tracy Lords unfreiwillig zur Vita gereichte, und sie ausmachen sollte.) Noch eine weitere Dame kommt übrigens als Vorbild in ihren Memoiren vor, die auch in diesem Buch reichlich zitierte Ginger Lynn. „In der Gestik, ihrer Natürlichkeit, ihren sexuellen Praktiken. Ich habe kein Film von ihr gesehen, in dem Grenzen überschritten wurden, die ich für mich selbst gesetzt hatte", lobte sie auch Gingers spätere Wiederkehr vor die Kamera, als sie auch für den Autor jene Lady war, die sie damals andeutete. Ich selbst war, wenn ich ehrlich bin, eher hin- als hergerissen, als ich Ginger nach fast zwei Jahrzehnten wieder pornografisch in Action sah, es war ein „echtes" Seherlebnis, auch getragen von meinen pubertären Zeiten, als ich es wohl zum kleinen „Porno-Pennäler" zu schaffen glaubte, mit meiner voyeuristischen Unersättlichkeit. Doch abermals, so sehr ich beide Frauen sympathisch und sexy finde, sind und waren ihre Ausgangslagen und ihr soziales Umfeld doch weit verschieden. Oder können Sie sich etwa ernsthaft Gina Wild im Knast wegen Drogenbesitzes, und zudem als Koks-Konsumentin vorstellen? Von der rein moralischen Warte daherzukommen ist mir zu simpel, das ist an dieser Stelle nicht meine Absicht, ich streiche es nur als ein Beispiel heraus, dass zwischen dem US-Star Ginger und dem bundesrepublikanischen Star Gina Welten liegen. Dass sich Gina aber Ginger beim Dreh als Vorbild aussuchte, das spricht einfach auch positiv für sie. (Wobei ich auch ganz spießbürgerlich hinzufügen darf, dass ich auch wenn es völlig unmodisch ist, gegen Drogen eingestellt bin.)

Und von Madonna trennt sie dann wohl oder übel endgültig alles Essentielle für eine ernst zu nehmende Laufbahn im Show/Film/Musik-Business. Als da wären: Kaltschnäuzigkeit, Können, Ellenbogen-Einsatz, eigenständiger Geschäftssinn, Kreativität, Machtinstinkt. Auch wenn Michaela Schaffrath alias Gina Wild zweifelsfrei menschlich sympathischer wirkt, war Madonna schon sehr früh und bis heute eine Trendsetterin einer milliardenschweren Branche. Gina Wild war wieder „nur", bei aller Freundlichkeit, Niedlichkeit und bei all ihrer körperlichen Attraktivität ein Produkt auf Zeit, in einer Szene, in denen Autogrammkarten in Sammlerkreisen monatlich an Wert verlieren, und die Gier nach „frischem Fleisch" den Takt von den Porno-Machern vorgibt. Noch dazu in einer Zeit wo Pornos nur noch aus einzelnen Sequenzen bestehen, immer weiter zusammen geschusterten, immer noch heftigeren Szenen, wo ein Wiedererkennungswert nicht mehr gefragt scheint. Haltbar machen können sich die Darstellerinnen dann eben nur noch, indem sie als Produzentin gelistet werden, und hinter der Kamera agieren, sprich von der Befehlsempfängerin zur Taktgeberin mutieren, ein oft unmöglich zu absolvierender Spagat. Wenn eben aus dem Objekt auf Zeit, dem allzeit verfügbaren Männerspielzeug, eine Aufseherin über das Geschehen werden soll.

Sechs Jahre später nach der ersten Venus Messe treffe ich sie (wiederum als Konsument) bei einer Autogrammstunde in Berlin-Reinickendorf. „Wie gefiel dir die letzte Venus?" fragt sie mich, und ich merke, dass sie eine wirklich völlig ungekünstelte Figur abgibt. Nach meinem eher missmutigen Kopfschütteln bestätigt sie mir ihr Gehörtes: „Gut, ich selber war nicht anwesend, habe aber von mehreren Personen gehört, dass es wohl sehr nachgelassen hat. „Dann weist sie mich noch auf die stattfindende Ausbeutung ihres Künstlernamens hin: „Ich darf mich ja nicht mehr Gina Wild nennen, das Copyright hat meine ehemalige Produktionsfirma. Aber die bringen jetzt eine Serie unter meinem Ex-Künstlernamen heraus, bei Filmtiteln in denen ich überhaupt gar nicht mitwirke", zeigte sie sich sichtlich enttäuscht. Auch auf mein Nachfragen, ob ihre damaligen Verträge denn anwaltlich geprüft worden seien, oder ob sie sich wenigstens noch Tantiemen aus dem Verkauf ihrer alten Produkte besitze, muss sie mir die zu erwartende Verneinung übermitteln. Und abermals, drei Jahre später (wir befinden uns nun im Jahre 2006 ,und nein, ich verliere nicht völlig den Faden zur ersten Venus Messe 1997) bringt das Berliner Boulevard Blatt „BZ" ,eine handliche, traditionsreiche aber wenig geistige „Sex and Crime" Gazette am 2. Juni jenen Jahres eine kleine Story unter der Überschrift: „Michaela Schaffrath verklagt Premiere." Darin las man, dass der Pay-TV Sender „Premiere" in seiner Programmzeitschrift mit einem Foto aus ihrer Gina Wild Zeit wirbt, und dazu die reißerische Zeile „Der Herbst wird Wild" nützte. Auf 50.000 Euro Schadensersatz habe daraufhin Frau Schaffrath den Sender verklagt, und sich verbeten eben derartige Werbungen mit ihrem Bild und dem Ex-Künstlernamen zu unterlassen. Doch ein Herr Thomas Steiner, hier Vorsitzender der 9. Zivilkammer sagte dem Blatt die juristische Auflösung, die sich freilich schon erahnen ließ:" Sie muss wohl damit leben, dass „Jetzt wird's schmutzig" (einer Porno-Reihe mit ihr zu „Videorama" Zeiten, Anmerkung des Verfassers) noch ausgestrahlt wird, wenn sie schon als Oma im Lehnstuhl sitzt, weil sie in irgendwelchen Verträgen feststeckt." So wenig dies auch einfühlsam beschrieben war, juristisch ist es korrekt und stützt nur die Szenerie, die ich eben beschrieb. Aber „Gina Wild" heißt heute ohnehin wieder lediglich Michaela Schaffrath, spielt Theater (unter anderem in Bad Godesberg) und ihre Website ist mächtig blankpoliert bis zur Unkenntlichkeit.

(Ein kleines Bonmot am Rande. Michaela Schaffrath warb bei dieser Autogrammstunde für koffeinhaltige Produkte, die in Dosen als Getränk und zudem auch als Bonbons unters Volk gebracht werden sollten. Die Autorin Nicola Steffen nahm sich in ihrem Buch „Porn Chick" auf Seite 29 des zu sehenden Werbeplakates dieser Kampagne an:

„Die Werbung wird immer eindeutiger, die Anspielungen auf die Pornografie sind immer unmittelbarer: 2003 wirbt Gina Wild für ein Koffeingetränk, welches sie wie einen Penis zwischen ihren Brüsten hält, eine Anspielung auf den pornografischen „Tittenfick."

Sehr interessant, eine Autorin sieht etwas, was auch wirklich faktisch stimmt, rein theoretisch jedenfalls, und ich, der womöglich von einigen als verblendet geglaubter Porno-Fan gesehen wird, der Ginas Brüste nun allmählich kennt, ausgerechnet ich sehe auf diesem Plakat etwas völlig anderes, viel Prägnanteres! „Gina" hat sich nämlich in Lockenwicklern, die nichts anderes sind als die kleinen Blechdosen, die man in ihr blondes Haar eingedreht hatte, abfotografiert gezeigt. Getreu dem Motto, erst einmal wach werden, und dafür benötige ich Koffein. Aber es ist doch bezeichnend, dass die Sicht auf die Dinge derart verschieden sein kann. An „Tittenfick" dachte ich überhaupt nicht, gerade weil ich Michaela Schaffrath immer als authentische Person wahrnahm und erst in zweiter Instanz als (Ex-)Porno-Queen, aus der sich Frau Schaffrath gerade im Begriffe zu lösen war...)

ZURÜCK ZUR VENUS 1997!

„Das Wetter stand nicht wirklich in hartem Kontrast zur Eröffnung der größten Erotik-Fachmesse Europas und zur Verleihung des ersten europäischen Filmpreises, des Venus-Award 1997 in Berlin. Zwar war es unfreundlich kalt, aber dabei doch recht feucht. In der gut beheizten Halle 7 am Berliner Messedamm traten dann allerdings alle günstigen Komponenten glücklich aufeinander und vermischten sich zu einer Melange flirrender Erotik." (Erotik Zeitschrift „Blue Print" in einem Rückblick.)

Interessant war bei der ersten Venus Messe, um wieder zum Ursprung meines Erlebnisberichtes zurück zu kehren, vor allem, dass einige Darstellerinnen gerade anfingen populär zu werden, oder mir noch unbekannt waren, und dass auch in den Folgejahren das „Aufgebot" sehr variierte. Die neugierigen Besucherinnen und Besucher erkannten nicht immer auf Anhieb wen sie da ablichteten. Auch mir erging es natürlich so. Ich tat es meinem Kumpel gleich, und nahm eine der jungen Frauen auf den Arm, was sie mit einem „Victory"-Zeichen auch freundlich goutierte. Schnell war das Foto gemacht mit der kleinen Hessin Lydia P., dort noch 21 Jahre alt, die im Jahr darauf bereits die Venus als beste Newcomerin gewann und später beim TV Sender 9 Live in gewisser Weise sogar deutsche Fernsehgeschichte schrieb, als sie als erste Moderatorin splitterfasernackt auf dem Bildschirm erschien.

Messechef Sven Hurum sagte 2016 zum Jubiläum über die Motive diese Venus Messe zu initiieren der Zeitung „Diskretes Deutschland": Er habe sich damals mit Produzenten aus dem Erotik Fachbereich zusammen getan, „um eine Messe für Fachbesucher und Konsumenten zu schaffen (...) Zu Beginn lag der Fokus natürlich auf dem Fachbesucher, nach und nach wurde der Anteil an Konsumenten jedoch immer größer." (Ausgerechnet zu Beginn hatte es also der Konsument noch eher heimelig, intim und in der herrlichen Guckloch-Perspektive.)

Als Sammler und einer von 16.000 Endkunden in jenen Messetagen wollte ich also auf eigenen Wunsch nicht nur meine Pupillen erweitern, sondern auch etwas „Zählbares" mit nach Hause nehmen. Dazu zählten natürlich selbst geschossene Fotos. Einige Minuten liefen wir an jenem Sonntag, dem Abschlusstag wie bestellt und nicht abgeholt durch die Halle 7. Es war noch recht leer und es gab noch keine dieser ohnehin eher abschreckenden Menschentrauben, die plötzlich entstehen, wenn sich eine Lady des Gewerbes entweder zum Tänzchen wagt oder an einem Tisch beginnt, ihre Autogrammkarten zu signieren.(Am Abend zuvor wurde übrigens die äußerst fotogene Sarah Young als beste europäische Darstellerin ausgezeichnet, die zeitgleich ihren Abschied aus dem Biz verkündete, was denn aber nicht völlig abrupt passieren sollte, und Lydia P. wurde als „Best Seller" Deutschland geadelt, doch es wird einem eher verschwindend geringem Teil an Kennern vorbehalten sein, diese Rasta gelockte junge Dame mit den großen Brüsten besser zu kennen, ein Star auf Abruf, siehe ein späteres Kapitel. Viel wichtiger zu erwähnen ist mir aber, dass Frau Beate Uhse, damals 35 Jahre alt, nach der Eröffnung des ersten Sexladens in Deutschland, die Ehren-Venus für ihr Lebenswerk erhielt. Ein wahres Fossil deutscher Erotikgeschichte hatte die Deutschen noch einmal durch ihre Präsenz an ihr eigenes zumeist verstohlenes Interesse an Sex und Porno erinnert.)

Irgendwann fasste ich jedenfalls meinen Mut, oder was immer das auch sonst war, zusammen, und sprach eine junge, hübsche Frau an, um sie für ein gemeinsames Foto zu gewinnen. Schon zwei Jahre zuvor hatte ich mit meinen Jungs Pullover anfertigen lassen, auf deren Ärmel der Schriftzug „Graf Porno Army" prangte. Nun nahm ich also in jenem passenden Sweater diese junge Frau unbekannterweise in den Arm, die ja nur aus dem X-Business stammen konnte. Erst später stellte ich fest, dass es sich um die zu jenem Zeitpunkt erst 19-jährige Monique Covet aus Ungarn handelte.

„Die Deutschen sind cool. Sie bringen ihre Frauen auf Erotikmessen mit." (US-Porno Star Tera Patrick) Eine Quelle, welche das Pornolabel Digital Playground zur Verfügung stellte, bestätigt dies. Demnach habe 1998 der Anteil weiblicher Besucher bei „Messeveranstaltungen der Pornoindustrie" 10 Prozent betragen, im Jahre 2004 aber bereits 50,12 Prozent. Es kann an dieser Stelle aber nicht exakt geklärt werden, ob es um rein US-amerikanische oder andere Besucherinnenzahlen ging.

Eine weitere Darstellerin beim gemeinsamen Foto-Shoot hielt meine rechte Hand fest, offenbar weil sie einen frivolen „Grabscher" befürchtete. Bei ihr schloss sich für mich der Kreis der in meiner Jugend vorangetriebenen Porno-Phantasie. Diese deutsche Porno-Aktrice nannte sich Alexandra Ross und präzisierte visuell in ihrem türkisfarbenen engen Outfit den einstigen Hauptgrund, weshalb ich pornografischer Sammler wurde. Diese platinblonde, attraktive Frau reihte ich gleich in meine verehrten Porno-Ikonen Galerie vom Schlage einer Amber Lynn oder Tracey Adams ein. Weshalb nur zeigten diese durchaus als veritable Schönheiten zu bezeichnenden Frauen derart offen und explizit ihr Intimstes, eine Frage die endlos meine Neugierde herausforderte. Und - dies bestimmt nicht zu verhehlen - nötigte mir gehörigen Respekt ab. (Dass es aber beruflich allzu häufig eingeschränkte Möglichkeiten für die Frauen des Business gab und gibt, arbeite ich noch auf andere Kapitel verteilt heraus.) Nun hatte ich also für wenige Sekunden, die mir warme Ohren und ein immenses Kribbeln im Bauch bescherten, Alexandra Ross aus Düsseldorf im Arm, die ein Inbegriff jener Top-Darstellerinnen war: frivole Stimme, passabler Busen, platinblonde Haare, eine herüber wehende Verruchtheit, was die Kategorie „heiß und willig" blitzschnell im Kopf assoziieren ließ. Durch ihr Nylon Top war ein schwarzer BH zu sehen, der ihre üppige Brust andeutete. Dem TV-Sender RTL 2 gegenüber erläuterte sie dann „oben-ohne" duschend das Geschäft, in dem sie sich problemlos befand, und das sie sozusagen mühelos einer breiten Öffentlichkeit damit fast anpries. Alexandra Ross arbeitete einige Zeit als Domina in Wuppertal. Über ein soziales Netzwerk wollte ich sie allzu gerne für ein Interview zu diesem Buch bekommen, doch hielt sie sich bedeckt, war aber sehr freundlich (wenn es ein Job wie jeder andere wäre, zu dem frau ja „steht", wie dies zu aktuellen Drehzeiten immer heißt, hätte sie sich womöglich doch anders entschieden, wobei sie mir auch juristische Probleme aufgrund ihres damaligen Künstlernamens benannte, auf die ich Rücksicht nehme).Unterschlagen möchte ich aber vor allem eines nicht; dass Alexandra Ross vor ihrer Porno- und Domina-Laufbahn bereits eine Person des öffentlichen Lebens war. Recht populär geworden war sie nämlich Ende der 1980er Jahre als Disco Sängerin Patty Ryan („You're my Love, you're my Life".), womit sie noch heute erfolgreich Konzerte in den USA und anderswo gibt. Als öffentliche Person in das Porno-Biz zu wechseln, damit war sie wahrlich die letzte ihrer Gattung, und dass sie eine Persönlichkeit ist, spürte ich damals auch sofort, kam mit jeder ihrer Fasern herüber. Das tat neben der Schauspielerin Karin Schubert und ihr keine mehr!

Immer noch die Venus 1997, immer noch der meinige steigende Pulsschlag, denn ich war ja hier prinzipiell erstmals so „richtig" mit meiner Porno-Traumwelt in Verbindung. Wir landen bei einer gewissen Marita, die ich nur auf dieser einen Venus-Ausgabe sah (und danach merkwürdigerweise nie wieder...), deren Brust zwei Warzenringe zieren. Auf einmal holt sie in unserer Gegenwart ihre Brüste aus ihrem engen Kleid heraus, und reflexartig lange ich an ihren vollen Busen. Instinktiv (draußen in der realen Welt würde man ja dafür die Polizei anrufen oder gleich besser einen Arzt) merke ich, dass dies von ihr durchaus nicht unerwünscht ist. Marita lacht wissend um ihre Pracht und strahlt herzhaft, bis ihr Produktionschef anrückt, und der eigentlich spielerischen Szene ein abruptes Ende bereitet. "Hey, jetzt reicht es hier, nicht immer nur fotografieren, auch einmal die Produkte kaufen!" pöbelt er in schlechtester Proletenmanier herum und führt jegliches seriöses Geschäftsgebaren ad absurdum. (Wobei es auch zeigt, dass der Mann unter finanziellem Druck zu stehen schien.) Wenige Tage später wurde Marita in einer Schmuddel-Sex Zeitschrift abgelichtet, eben in jenem gleichen schwarzen Kleid. „Nippel Ringe reichen mir nicht. Jetzt will ich welche in der Vagina!" lässt sie darin verlauten.

Ein wirklich ansehnliches Foto entsteht kurz darauf. Chantal Chevalier, der Star jener 97er Messe hat ein rotes Lackkleid an, sowie schwarze Schaftstiefel aus demselben auffälligen Material. Nachdem sie unsere Autogrammkarten signiert hatte, bat sie zum kurzen Fotoshooting. Als mein Bekannter den Auslöser drückt, winkelt sie ihr rechtes Bein an, welches nun meine rechte Hand festhält. Erst bei der Abholung des entwickelten Films entdecke ich überrascht, dass sie damit einen Blick auf ihr „Kätzchen" gestattet hatte. Beglückt, zufrieden und emotional angeregt kehre ich heim.

Am nächsten Tag lasse ich die Filme im Ein-Stunden-Service entwickeln, was damals eine recht kostspielige Angelegenheit war. Doch meine Neugierde kannte keine große Geduld, duldete keinen tagelangen Aufschub. Da waren sie also alle „wieder". Chantal und Marita, Lea, Rita, Lydia und Monique. Von Dolly Buster habe ich, darüber keine Träne vergießend, nichts gesehen. Auch dass sich der amerikanische Star Sunset Thomas (die nur zwei Jahre später gegen Bares in einem Bordell in Nevada die Korrelation von Pornographie und Prostitution tatsächlich lebendig werden ließ) ihre Finger nahe an ihre offene Vagina mitten in einer Halle hielt, entging mir. Dass die anwesenden Darstellerinnen im Laufe der Jahre megastark variierten (einige kamen ständig, die meisten anscheinend bis sicher nur ein einziges Mal) forderte zwar meinen Sammeltrieb etwas heraus, ließ mich aber auch in anderer Hinsicht aufmerken: Es zeigte die Schnelllebigkeit der Branche, oder nenne ich das arme Kind doch beim Namen; deren ausbeuterischen, kraftzehrenden Effekt. Einzige Ausnahme wird das blond gelockte damalige 48-jährige Amateur- Pornomodell Tina aus Duisburg sein, der ich von 1999 bis 2001 dreimal hintereinander auf der Venus-Messe begegne. Beim ersten Mal bittet sie mich hinter eine Stellwand, um ungestört Bilder schießen zu können, und frohgemut knetet sie ihre Brüste vor mir. Tina, im richtigen Leben Isolde, hat einige Pfunde auf den Hüften, aber ihr Charme gleicht das aus. Im Jahr darauf erklärt sie mir ihr neues Geschäftsmodell, welches die Phantasie über den Zugangsweg des Geldes anfassbar werden lässt: „Viele Männer wollen einmal in einem Pornofilm mitwirken, haben aber Angst davor, im Film erkannt zu werden. Nun können sie mit mir drehen, einen Film nur für sich, mein Mann filmt wieder, und der Kunde kann dann anschließend im dafür gebuchten Hotelzimmer übernachten." Kostenpunkt: 450 DM. Tina, das „Orgasmuswunder" bietet aber auch offensichtlich einen ehrlichen Service.

Der meinige unverbrauchte Gemütszustand nach meinem ersten Venus Messe Besuch korrespondierte jedenfalls sehr mit jener klaren Zeile, die Linda Williams in ihr Werk „Hardcore" gesetzt hatte: „Offenbar ist es schwierig, gegenüber der Pornographie eine adäquate Haltung einzunehmen." (Und auch ich selbst benötigte noch etliche Messe Rundgänge und einiges an Literatur um mein Bild weiter zu vervollkommnen, und zu einem immerhin in Summe brauchbaren Resultat zu führen. Wollte es mir ja nie einfach machen.)

Auch die Venus Messe scheint also dem „Überdruck Modell" Genüge zu tun, das da besagt, dass „durch die zunehmende Durchrationalisierung aller privaten und öffentlichen Lebensbereiche die Gefahr irrationaler Ventilreaktionen" wachse (Autorin Christel Dormagen) und der „Genuss wie die Rache der unterjochten Natur; im Genuss würden sich die Menschen vom Druckzwang befreien" zeigen würde. Einleuchtend. Auch Verhaltensregeln unterworfen, bahnt sich hier in jedem Fall ein möglicher Genuss an, oder startet ihn bisweilen.

Es ist mir völlig klar, dass ich es mir nicht erlauben kann, es völlig zu unterlassen, auf den Ursprung des Wortes Venus einzugehen. Deshalb wenigstens einige Sätze. Die Venus war ursprünglich, ehe sie in Gleichsetzung zu Aphrodite in Italien zur Liebesgöttin erschaffen wurde, eine Göttin des Ackerlandes, also der Bauern und Winzer. Ihren Namen verdanken wir in vielen Ländern Europas übrigens den sechsten Wochentag (Freitag). Von dem von ihr abgeleiteten Begriff Veneris entstand beispielsweise in Italien der Venerdi und in Frankreich eben, wie wir bereits ahnten, dann der Vendredi. Nur die Südgermanen nahmen sich die Göttin Frija als Vorbild, um den „Freitag" zu erschaffen. Interessant ist jedoch in diesem Zusammenhang, was der Deutsche Duden als „herabsetzenden Beinamen" unserer Göttin Venus benennt, nämlich die Vulgivaga. Die „Venus Vulgivaga" bedeutet lateinisch (Quelle: www.textlog.de) „die herumschweifende Venus", und auch: „das Freudenmädchen". Bezogen auf die Venus Erotik Messe, die ja für das Publikum stets an einem Freitag (!) öffnete und im Angesicht der darauf herumflanierenden Pornodarstellerinnen (ergo: Freudenmädchen), gibt es also einen natürlichen unmittelbaren Bezug, der sich eben nicht nur auf uns vor Augen liegende Statuen und Bildnissen der populären Liebesgöttin beschränkt.

EXKURS: Erotikmessen

Der einen oder dem anderen wird bereits gedämmert haben, dass mit dem Jahre 1997 natürlich nicht erst der Startschuss für Erotikmessen gefallen war. Es geht in diesem Absatz eben um die dereinst wichtigste Messe in Europa, aber davon abgesehen möchte ich aber dem Thema Erotik-Messen einige separate Zeilen widmen, ehe man mir hier eventuell noch eine Form der Geschichtsvergessenheit zuschreiben mag. Im Jahr zuvor fand beispielsweise im Februar die „Erotik´ 96´ in Berlin statt. Diese wurde vom Bundesverband Erotik Handel (BEH) ausgerichtet und fand im Mode Centrum des Ullstein Hauses statt (nach fünf Veranstaltungen dieser Art am Alexanderplatz, wo die dortige Kongresshalle dafür zu klein geworden war). Das hatte bereits Tradition, dass der BEH hier aktiv war, und es soll - wie soeben bereits angekündigt - keinesfalls der Eindruck entstehen, Erotik-Messen seien eine Erfindung der 1990er Jahre, wobei sie gerade dort besuchermäßig einen regen Zulauf besaßen. (Deshalb auch 1997 die Venus, mit dem größeren Aufmarschgebiet für die Lust, im Vergleich zum Ullstein Haus). Rein historisch betrachtet sind Erotik-Messen eine Erfindung der Skandinavier.

„Die erste Sex-Messe ("Sex 69") veranstalteten dänische Lustgewinnler im vergangenen Oktober in Kopenhagen, nachdem Dänemark als erster Staat der Welt die Zensur für Pornographie abgeschafft hatte. Damals besichtigten 48 000 Schaulustige den Trieb-Betrieb. Diesmal, so hofft Messe-Veranstalter Ernst Penlau, werden noch mehr kommen, vor allem Deutsche. Denn die Messe ist den Sex-Suchern aus der Bonner Republik, die schon 1969 in Kopenhagen das Hauptkontingent der Besucher stellten, ein Stück entgegengekommen. Penlau: „Odense ist für die Deutschen näher. Für sechs

Mark Eintritt erhalten Besucher der Sexpo 70 vorab ein Geschenk, das in Dänemarks Porno-Läden erheblich teurer ist: ein Exemplar der Zeitschrift „Weekend-Sex", wusste das Hamburger Nachrichtenmagazin „Der Spiegel" in seiner Ausgabe 12/ 70 vom 16.3.1970 zu berichten. Die Freizügigkeit der Dänen schwappte direkt über den großen Teich ins als prüde geltende, bigotte Amerika, die dort daraus freilich eine gigantische Industrie auf- und ausbauten, und bis heute den Takt und Ton vorgeben. Die am 21. Oktober 1969 veranstaltete Sex-Messen Premiere in den KB Hallen in Kopenhagen lief im Übrigen acht Tage lang, jeweils vom frühen Nachmittag bis Mitternacht. In geöffneten 76 Stunden kamen 49.000 Besucher und erlebten 40 Stände auf 10.000 m2.Nur vier Monate nach der Aufhebung des Pornographie-Verbots. Ein Besucher nannte die Veranstaltung „den größten Porno-Laden der Welt", während in einer damals stattgefundenen Befragung der Gäste erstaunliches herauskam. Von den 159 interviewten lehnten 60% die Messe ab (!), nur 26% befürworteten sie und 14% zeigten sich unentschieden. „Zu viele Leute" und „zu laut hier" waren die Klagen, die auch heute auf der Venus Messe in Berlin mehr als denkbar wären... Die hiesige Presselandschaft hatte aber auch bereits den Untergang des Abendlandes auf dem Schirm, bzw. witterte das Gespenst des Kommunismus über uns schwebend. So schrieb der „Welt am Sonntag" Redakteur Hans Georg von Studnitz über die erste Sex Messe in Dänemark offenbar verstört: „Soll die Demokratie eines Tages von der Pornokratie abgelöst werden?" „Der Spiegel" vom 8.12.1969 zitiert die Kollegen weiter: „Studnitz sieht, wie sein Blatt-Kollege William S. Schlamm, in der Pornographie „nur eine Variante der auf die Zersetzung der Gesellschaft, von Familie und Staat gerichteten Revolution." Der Kommunismus habe längst erkannt, daß sexuelle Libertinage die menschliche Ordnung „schlechthin" in Frage stelle. Der bürgerlichen Gesellschaft im Westen sei diese Einsicht noch nicht aufgegangen. Sie hält den Abbau des Schamgefühls für einen Teil des Fortschritts, nicht anders als die Mondfahrt."

Matti Bunzel nennt Österreichs Hauptstadt Wien etwaig die „Welthauptstadt der Sexualität", und das bezeugen auch die recht frühen Sexmessen im ehemaligen Kaiserreich. 1970 fand in Wien die erste Messe „Intim 70" statt, im März 1971 die „Sexpo 71" im Wiener Künstlerhaus. Dort gab es bereits an einer Bar weibliche Oben-ohne-Bedienungen und zudem Aufregung über den happigen Eintrittspreis von 40 Schilling (umgerechnet, etwa 6 DM).

Bei uns in Deutschland gab es 1972 in München auch bereits eine Erotik Messe, die damals noch als „Sex Messe" betitelt wurde. (Die ZBV Messe so wurde es 1990 vermeldet, habe in jenem Jahr bereits zum 23. Mal stattgefunden, auch hier anzunehmen, dass dies einmal jährlich geschah, allerdings lediglich für die Branche selbst, ohne Fans und Endkunden.)

1970 erschien übrigens eine Vinylsingle, die den touristischen Aufbruch ins Pornoland Dänemark unterstrich. Nach einem Text von Marco Contadino sang Ellen Sabri auf der A-Seite „He - He Herr Mayer was macht die Lust", während sie auf der B-Seite in 2:20 Minuten mit „Pornoparadies Dänemark" einen infantil bis zum Anschlag gezimmertes Lied präsentierte, dass aus dem Film „Liebesmarkt in Dänemark" stammte. Hier ein Textauszug (ich habe sie hiermit vorgewarnt, wobei man das Lied einfach dazu auch hören muss, die sich etablierende Humorlosigkeit der Branche hatte jedenfalls noch keinen Einzug gehalten, nicht einmal bei jenen die darüber berichteten, sofern man darüber zu lachen vermochte - und ich konnte! Nach dem dritten Bier spätestens! Weil es so schön dümmlich war, und das Lachen über mich selbst, eine mir innewohnende Angelegenheit ist).

„Herr Mayer fährt mit vollen Eiern, ins Pornoparadies nach Dänemark. Und wie ein Panzerrohr so steht sein Zeiger, und wenn ein Mädchen vor sein Rohr kommt drückt er ab.

Bei diesem Riesenpimmel, fühlt man sich wie im Himmel (...), Herr Mayer sieht's und fängt zu wichsen an.

Wichse hier, wichse da, wichse bumsfallerra, das Onanieren muss man probieren - es ist gesund fünfmal am Tag - im Pornoparadies von Dänemark." (Für das Jahr 1970 schon beachtlich frivol.)

Meine subjektive Empfindung, dass die Venus Erotik Messe mehr und mehr nachließ (die Erotik Sternchen, die 2015 für Autogrammstunden gemeldet wurden, brachten mein Blut nun nicht unbedingt in Wallung) wird indes von den nackten Zahlen gar nicht so sehr gestützt. "Spiegel Online" schrieb nach der 2012er Venus Messe, dass „die Besucherzahlen konstant hoch" seien. Das betraf auch die Aussteller in ihrer Anzahl. 1997 (124 Firmen), 1998 (205), 1999 (256 Firmen auf bereits 20.000 m2), 2000 (300), 2006 (358), 2007 und 2008 (rund 400). Bei der ersten Messe 1997 waren 300 Journalisten akkreditiert und auf 10.000 m2 kamen 16.000 End- sowie 2400 Fachbesucher. „Bild" berichtet vor der Venus 2014 von 23.000 m2 und 250 Ausstellern, und dass „die Veranstalter" mit „30.000 Besuchern rechnen", nachdem 2011 beispielsweise bereits 26.500 Besucher (Zeitung „Express") das für Tage erotisierte Messegelände frequentierten. „Extremnews.com" weiß indes am 19.10.2015 vom aktuell gültigen Besucherrekord zu berichten. „250 Aussteller aus mehr als 40 Ländern" zogen nämlich 30.286 Besucherinnen und Besucher an, die folglich „VENUSianer" vom Portal gütig betitelt wurden („Zeitweise mussten die Verantwortlichen den Eingang schließen, um dem Ansturm noch gerecht zu werden", Magazin „Penthouse" 1/16). Und langweilig konnte den Besuchern nicht werden, im Gegenteil, das Programm wirkte reichlich überfrachtet, so hatte man am Freitag, dem 16. Oktober um 15:00 Uhr zwischen elf verschiedenen Programmpunkten zu wählen. Auch die im (kostenlosen) Messe-Programmheft „weit über 100 Pornostars auf der Venus" waren ein euphemistische Übertreibung, doch immerhin wurde durch Julia Pink (die von der evangelischen Diakonie aufgrund ihrer Pornotätigkeiten entlassen wurde) , Micaela Schäfer und Mia Julia (Ex Mia Magma) ein löblicher Spendenaufruf für behinderte Menschen durchgeführt, und dass im Oktober 2016 die 20. Venus Messe in Folge veranstaltet wurde, lässt die Venus durchaus als eine Erfolgsmesse stehen.(2016 konnte Micaela Schäfer für 150 Euro, zu einer Stunde Smalltalk bei Cafe und Kuchen von den Konsumenten „gebucht" werden.) Prägnant im Übrigen die Entwicklung der Besucherzahlen bei den Konsumenten. 1997 kamen 15.439, 2006 waren es schon 25.123 (Quelle Venus Einkaufsführer 2007). Und seitdem hat sich dies ja weiterhin signifikant nach oben entwickelt, mehr Aufläufe, weniger Privatsphäre.

Ein zufälliger Anruf eröffnet mir eine Tür

Was sollte ich mich darüber hinwegsetzen und mir nicht selber eingestehen, dass mein langwieriges Single-Dasein jener 90er Jahre, bezogen auf den liebestechnischen Bereich, aus drei Eckpunkten bestand, die da hießen: Kontaktanzeigen, dem Aufsuchen gewisser Etablissements und der damals innig geliebten Pornographie. Eines schönen Tages im Jahre 1999 kontaktierte mich über das Telefon eine gewisse Anja, die laut eigener Aussage für eine Firma arbeitete, die Filmbeiträge für das TV-Format „Liebe Sünde" (damalige Sendung auf Pro 7) produzierte. „Ja Hallo, hier ist Anja, wir machen eine Umfrage, es geht um das Thema Partnermassage." Es dauerte keine vier Sekunden bis ich merkte, dafür nicht der wirklich richtige Ansprechpartner zu sein. Instinktiv aber ahnte ich, dass hier vielleicht eine Möglichkeit bestand, meine anderen Storys und Erlebnisse zu verarbeiten, bzw. öffentlich zugänglich werden zu lassen. „Nun ja, also dazu kann ich ihnen ehrlicherweise recht wenig erzählen, aber wissen Sie, man nennt mich im Freundeskreis Graf Porno, ich besuche in meiner Freizeit Sex-Kinos (mit „Platzanweiserinnen", also quasi Bordelle) und sammle zudem Pornos. Kann man darüber nicht eine TV-Reportage machen, so getreu dem Motto: Können diese beiden Dinge - selbst über einen offenen langen Zeitraum - eine feste Partnerschaft ersetzen?" Dies würde ich aus heutiger, geläuterter Sicht selbstredend mit einem klaren „Nein" beantworten, in meiner kleinbürgerlichen sexuellen Mini-Revoluzzer-Zeit war dies jedoch sehr gut denkbar, da auch bereits praktiziert. Anja erschien dann mit einem Kollegen (welche Frau würde auch allein in die Wohnung eines solchen wohl leicht fehlgeleiteten Singles gehen, völlig richtig und für mich akzeptabel). Während des bei mir stattfindenden Interviews, das erst einmal provisorisch in die Kladde gegeben wurde, teilten mir die beiden mit, dass sie mich der deutschen Sprache für derart mächtig erachteten, dass man mich „frei" selbst ohne ständiges Nachfragen reden lassen wollte. Geplant war eine abendliche Autofahrt auf der Straße des 17. Juni, vorbei an den dort stehenden Prostituierten. Diese Szenerie sollte ich dann beschreiben. Schier ununterbrochen fragten die mich die jungen Interviewer während dieses Vorgespräches. Und meine aus heutiger Sicht sehr brüchigen, etwas beschämenden Argumente schossen nur so aus mir heraus: „Na seien wir ehrlich, durch meinen harten körperlichen Job verspüre ich wenig Interesse, ermüdet um die Häuser zu ziehen, um dann irgendwelchen Disco-Mädchen ohne jegliche Resonanz

Drinks zu spendieren. Da bestelle ich mir lieber eine Hure nach Hause und da habe ich einen Kick, komme faktisch zum Abschluss und muss mir durch das Kondom keine Sorgen um Geschlechtskrankheiten machen. Und diese wahnsinnige positive Spannung, wer da gleich an der Tür klingelt, war auch nicht zu verurteilen. Im Übrigen sehe ich mein Unterbewusstsein und meine Seelenleben keinen Schaden dabei nehmen, da schöne sexuelle Dinge zu erleben ja nicht ungesund ist. Den reinen Zahlungsvorgang verarbeitet die Seele wohl problemlos, und so bleiben unter dem Strich bei so einem Freier-Hure-Deal die Erfüllung meiner Wünsche und der Dame ihr Auskommen. Wann sie wiederkommt entscheidet mein Geldbeutel. Dies stellt keinen Machtfaktor dar, ist sogar eine Art von angenehmer Ohnmacht, doch der Schutz vor Ablehnung und seelischen Kratzern auf der „freien Wildbahn" mittels Aussortierung ist gegeben. (Ich habe dieses schnelle ins Bett gehen von völlig Fremden immer für mich abgelehnt, es war für mich etwas stupid.) Außerdem besuchte ich wie ich schon erwähnt Sex-Kinos, in dem Frauen aus aller Herren Länder, für 50 DM Oralverkehr plus Akt anboten. Darunter waren oft genug Frauen, die meiner „Kragenweite" (Spötter sagen dazu „Hosenweite") entsprachen, und die ich aufgrund ihrer gelungenen Optik nicht so ohne weiteres bis gar nicht unter normalen Umständen „bekommen" könnte." Man kann getrost sagen, dass ich kein Blatt vor dem Mund nahm. Jedenfalls kam es nicht zum geplanten Dreh, da die Firma wohl in Konkurs ging. Dass ich über mein nicht Erscheinen vor der TV-Kamera - in diesem Fall! - nicht undankbar bin, fällt mir nicht erst seit heute wahrlich wie Schuppen von den Augen. Denn, meine Güte Junge (muss ich mal mit mir selbst schimpfen) dein Lebensmodell wäre auf Dauer keine gute Alternative gewesen!

Auf das wohl beste aufklärende Werk über Pornographie können wir auch an dieser Stelle nicht einfach verzichten („Der Wille zur Lust"). Svenja Flaßpöhler schreibt in ihrem Unterkapitel 3.5 „Hand an sich legen: Die Selbstvollendung des Libertins", wie die Parallele zwischen Sade und dem Porno-Konsumenten von heute, dem vermeintlichen Libertin (natürlich nur in überzeichneter Weise) durchaus möglich ist. Denn die Tücken im Bereich des Pornos lauern wirklich überall. Und die folgenden Zeilen haben dann auch etwas mit meinem damaligen Konsumverhalten zu tun. „Dieser Narzissmus (dass der Genießer also zuallererst an sich und seine Freude denkt, der Verfasser) zeichnet sich dadurch aus, dass das Ich die konstitutive Abhängigkeit vom Anderen verleugnet und sich auf diese Weise als omnipotent setzen kann. Diese Verleugnung (…) geht offensichtlich einher mit einer Realitätsverkennung, d.h. mit einer konsequenten Befolgung des Lustprinzips, wie sie nur in der Phantasie lebbar ist. Dies hat zur Konsequenz, dass der Libertin exakt das vorführt, was sich im Grunde nur in masturbatorischen Phantasien abspielen kann: Nämlich die vollständige Verfügbarkeit über das Sexualobjekt (…)"

Der Bogen zum Porno, und zur Venus Messe spannte sich aber im Zusammenhang mit jenem Interview noch weiter. Anjas Kollege, der auch in den „Genuss" meines damals amateurhaften Kaffees gekommen war, hatte nämlich kurz zuvor eine Berliner Pornofirma interviewt. Er schlug mir unverhohlen vor, dass ich mich bei denen doch mal, auch vielleicht als künftiger Darsteller vorstellen könnte. Und das wollte ich gerne annehmen, trotz des ausgefallenen TV-Clips war offenbar der Weg geebnet worden, der Pornoszene nun doch persönlich auf den Leib zu rücken... Und dieses „hinter die Kulissen" schauen, interessierte mich doch schon immer. „Die sind da wirklich ganz nett", sagte mir der TV Mann. (Wobei, das betonte ich ja eingangs bereits, Journalisten werden natürlich schon aus Selbstschutz der Szene „nett" behandelt, und auch mit Sicherheit die Darstellerinnen und Darsteller, sollte ein Journalist zugegen sein, dies meinte ich mit dem „Schmiergeld namens Nähe".) Ich rief Rolf an, einen der damaligen Inhaber der Firma, der mich in Punkto „mitmachen" auch gleich konkret einwies. „Bei uns braucht man zunächst einen neuen HIV-Test, den kannst du in Berlin günstig für 20 DM, machen lassen. Schon am nächsten Tag hast Du da das Ergebnis. Dann benötigen wir noch einen Hepatitis Test. Bei uns bewerben sich viele neue Darsteller, sodass wir einen Test bei einem Gang Bang (Gruppensex mit deutlichem Herrenüberschuss, Anmerkung des Verfassers) von Zeit zu Zeit veranstalten. Da kommen dann etwa zehn Jungs und zwei Mädels zum Probedreh. Wir zwingen die Darsteller nicht in irgendwelche Rollen, oder geben da nur Anweisungen. Bei uns sollen die Leute vor der Kamera machen, worauf sie selber Bock haben." Rolf ist nett, klingt eher weich am Telefon und bestätigt nicht nur später in einem TV-Interview die mir gegenüber getätigten Aussagen. Er spricht von „Authentizität" und die nehme ich ihm auch gerne ab. Er sagt mir auch zu, dass ich auf der Venus 1999 gerne mal am Stand seiner Firma vorbeischauen könne, damit wir noch mal darüber sprechen können. Es ist klar, dass eine so freundliche, wohlwollende Einladung in dieser Branche mir beim besten Willen nicht selbstverständlich vorkommen kann, und das wirklich eine ziemliche Ausnahme darstellt. Lag es an der Neuheit der Firma, ihrer jugendlichen Frische? Oder wollten da endlich einmal Leute einen wirklich anderen, humaneren Weg gehen? Was sich an jenem 7. November 1999 in meinem Innersten abspielte (es war ein Sonntag und es war der letzte Venus Tag in jenem Jahr) bevor ich von einem Kumpel abgeholt wurde, kann ich mir selbst nicht plausibel erklären. Ich lief aufgewühlt durch mein Wohnzimmer, besprühte mich fortwährend mit Eau de Toilette, hörte für mich völlig anormal discoähnliche Klänge (!) gelte mir die Haare und trug über einem hellblauen Oberhemd meinen schwarzen „Graf Porno Army"-Pullover (plus einer Lack-Hose!) wie ein königliches Trikot umher. Die Abwegigkeit und auch Peinlichkeit jenes Moments ist mir heute schon durchaus bewusst, zu jenem Zeitpunkt trieben mir meine Fan-Emotionen und die Vorfreude, noch wesentlich näher an das Geschehen der Porno-Szene zu rücken, eben meine Phantasie(n) lebendig werden zu lassen, schier die Freudentränen in die Augen. Und in dieser Hinsicht wurde es dann jener aufregende, gelungene Vormittag, den ich mir auch insgeheim erhofft hatte.

Schnell hatte mich Rolf Schmidt von „Inflagranti Film" nach erstem Sichtkontakt hinter die rote Kordel-Absperrung gelassen und mich an einen kleinen Tisch zum Smalltalk gebeten. An den in Schwarz gehaltenen Stellwänden prangten Filmplakate der Firma, unter anderem vom bekannt gewordenen Dreh auf der 1999er Love Parade (einer anderen traurigen Massen-Psychose der ich dereinst beiwohnte), als man sexuelles Treiben am Rande dieser gigantischen Veranstaltung mit eigenen Darstellerinnen abfilmte, und somit die Hauptveranstaltung quasi förmlich persiflierte. Das Privatfernsehen drückte den geneigten Sehern immer wieder kurze filmische Ausschnitte der Handlung aus den Büschen auf das Auge. Rolf berichtet mir von der vorabendlichen Venus Preisverleihung (die Venus ist eine Art goldener körperbetonter Pokal, der etwa drei Kilo schwer ist und jährlich für besten Darsteller, die besten Filme, Nachwuchsdarstellerinnen, die beste Regie etc. vergeben wird, siehe Abbildung) bei der Dolly Buster, weil sie keine „Venus" bekam, vorzeitig und tränenreich den Saal verließ. Der zweite Teilhaber Bodo wuselt auch herum, er ist im Gegensatz zu Rolf der eher maskuline Typ, der auch gut in ein Türsteher-Klischee passen könnte. Die beiden aktuellen Stars des Labels haben nun auch allmählich ihre Position am Messestand eingenommen. Natalie Night, eine spindeldürre exhibitionistisch bis zum Abwinken veranlagte Polin, sowie Monja, eine tätowierte Aktrice aus Hamburg, mit großen schweren Brüsten. Rolf zeigt sich einverstanden, mich mit Natalie auf meiner Kamera zu verewigen. Ich stelle mich hinter das freundliche, im Dauermodus kichernde Girl und umfasse zart ihre kleinen Brüste. Schier besitzergreifend halte ich sie beim nächsten Bild am Bauch fest, während ihre rechte Hand in meinem Schritt verweilt. Beim letzten Bild nuckele ich dann tatsächlich an einer ihrer Brustwarzen. Dass sie gar keinen Slip trägt fällt mir nebenbei auf, dass ich auf diese Bilder nicht stolz sein brauche aus heutiger Sicht leider sofort. „Graf Porno? Wie schreibe ich das?", fragt sie beim unterzeichnen ihrer Autogrammkarte - auch so ein Lapsus-, diese „persönlichen" Widmungen, welche die Karte damit in Sammlerkreisen im Falle eines Falles zum puren Ladenhüter machen. Einige lassen echt „Für Udo" oder „Für Thomas" schreiben, tja da muss der potentielle Käufer dann auch hoffentlich schon zufällig auch so heißen... „Hey Natalie, vielleicht sehen wir uns mal beim Dreh, ich habe mich hier beworben..." „Ja klar, kein Problem, würde mich freuen" sagt sie, ohne dass ich sie für sonderlich wählerisch halte. Rolf erklärt mir wenig später als ich ihm von diesem Kurzdialog erzähle. „Das entscheidet ja nicht Natalie, ob du mit ihr drehst." (Dass Porno kein Wünsch dir was Ponyhof ist, wird mir so noch ein weiteres Mal nur noch verdeutlicht.)

Monja kommt am Tisch vorbei an dem wir wieder Platz genommen haben, und wundert sich über meinen Nicknamen Graf Porno. „Obwohl du noch nie gedreht hast, nennst du dich schon so?" hat sie wenig Achtung für einen vermeintlichen Aufschneider, der ich freilich gar nicht sein mag. "Deshalb kommt er ja nun zu uns", verteidigt mich Rolf, auch um ein wenig die höfliche Form zu wahren. Bei den Fotos mit Monja habe ich dann fleischige, große Brüste in der Hand. (Die papillae der feminae sind für den Bruchteil einer Sekunde nichts weiter als so etwas wie die Arbeitsgeräte der Damen, es kommt einem vor, als dürfe man von einem angehimmelten Boxer dessen Boxhandschuhe überstreifen.) Aber das war nichts wirklich Besonderes gegenüber der Performance, die sie kurz darauf den Messegästen bietet. Obwohl sexuelle Handlungen von der Messeleitung untersagt sind, und lediglich ein obligatorisches „Brust raus" erlaubt ist, reibt sich Monja auch vor meiner Foto-Linse ihren Kitzler. Überboten wurde dieses voyeuristische Feuerwerk lediglich bei einem Kurzbesuch bei der frisch gekürten besten, deutschen Nachwuchsdarstellerin Gina Wild. (Ich hatte mich bei „Inflagranti" bis auf weiteres verabschiedet.) Sie zeigt uns nicht nur ihren Venus-Pokal und durch das Heben ihres blauen, eher biederen Kleides ihre rasierten Schamlippen. Und, nein, auch beim persönlichen Bilderschießen zeigt sie sich alles andere als unnahbar. Ich hocke mich seitlich vor sie hin und stelle ihr rechtes Bein auf meinen linken Schenkel. Da fordert sie mich förmlich heraus „Du kannst ruhig anfassen!" Mit meiner linken Hand umfasse ich also eine wohlgeformte Hinterbacke der neuen deutschen Pornokönigin.

Verehren wir „Fans" die Szene-Frauen wegen ihrer rasant entstandenen Prominenz, ihrer vermeintlichen Schönheit, ergo Attraktivität oder auch genau deshalb - wegen ihres recht selbstlosen Einsatzes nämlich? (In welchem Beruf würde sich ein Mensch mehrfach freiwillig operieren lassen um bessere Voraussetzungen zu seiner Ausübung zu erlangen?) Oder wegen des Aspekts: Das würden wir uns aber dann doch selbst einfach nicht trauen? Vielleicht ist es ein klein wenig von Alledem, erscheint uns doch der Sprung von der reinen Phantasie zur konkreten Tat immerhin vordergründig realistisch und somit zum Anfassen nahe. Der Autor Stephan Maus hat im Rahmen einer Reportage über die 7. Venus Messe dazu zitierungswürdige Zeilen verfasst, in fast schon lyrischer Natur, die den Status der Porno-Königinnen auf Zeit noch einmal veranschaulichen. Geradezu poetisch umschrieb er es wie folgt:

„Den Pornostars wird eine Art heiliger Respekt entgegengebracht, wie man ihn in archaischen Zeiten wohl nur den Sybillen zollte. Die hinten abgesaugten und vorne drall gespritzten Frauen werden wie wissende Abgesandte aus einem fremden Reich behandelt, in dem alles möglich ist, in dem noch die abwegigste Obsession auf Verständnis stößt. Sie sind Hohepriester der Transgression, die ihre monumentalen Plattform High Heels tragen wie antike Kothurne."

(Kothurne waren im antiken Trauerspiel hochsohlige Bühnenschuhe der Schauspieler). Die Firma „Inflagranti" hatte offenbar nicht genügend zukünftige potente Hengste gekannt (die zur richtigen Zeit ihre Bedenken abstellen oder das Denken generell verdrängen konnten) gekannt, sodass sie mich auch noch anriefen, als ich nichts mehr von mir hören ließ (ich erinnere mich leicht, dass ich wohl auch abgesagt hatte, jedenfalls einen Termin den sie mir nannten). Man wollte mich also doch noch zum „Gang Bang" bewegen.

Der Anrufer kaute Kaugummi und berichtete mir über den geplanten Ablauf: „Graf Porno, bist du selbst dran, prima. Pass auf, zehn Jungs, zwei Mädels, erst wird gefickt, die Mädel schön vollgespritzt. Anschließend werden sie dann angepisst, damit sie auch was von haben…". Er lacht vorfreudig und findet das offensichtlich sehr amüsant. Mir hingegen ist das jedoch mehr Zuwider als alles andere.

Jahrtausendwende - Niveauende?

Es macht sich nicht wirklich gut, die Jahrtausendwende im Pornobereich zu ignorieren, geschweige denn diese sogar völlig zu übergehen. Die DVD hatte die VHS Cassette Ende der 90er Jahre im Sauseschritt verdrängt (statt der üppigen, aufklappbaren Buchboxen, gab es nun die platzsparenden CDs in einer nur halb so dicken und weniger hohen Schatulle, und das Spulen der Cassetten fiel auch weg, kein Band konnte lädiert werden, aber natürlich die CD (DVD) auch beschädigt). Doch mit der DVD kam auch nahezu zeitgleich eine weitere technische Umwälzung ins „Spiel": das schnelle Internet. Webseiten mit Pornoclips, Live Web-Cams (wo User sogenannte Porno-Stars zum Spiel an sich selbst verleiten können) und einiges andere waren folglich über den heimischen PC ins Zimmer zu holen, was dem Produkt DVD wiederum nach und nach deutlich das Wasser abgrub.

Kam jedoch ein Bruch mit dem Sprung ins neue Jahrtausend wirklich abrupt? Ganz abgesehen von den eben in aller Kürze erwähnten technischen Veränderungen? War dies ein Zeitpunkt der besonders aufgearbeitet gehört? Das eben erwähnte Telefonat machte mir eines deutlich, auch wenn jener Herr nur ein Macher von vielen war, der Porno hatte spätestens hier an der Schwelle zum neuen Jahrtausend endgültig seine ihm lange Zeit innewohnende „Unschuld" verloren. Wenigstens diese, und vor allem seinen Humor. Der Zug nahm Fahrt auf zu einem dramatischen Abstellgleis. Aber das war kein reines Problem des neuen Jahrtausends. Die Frauen waren wieder oder vielmehr erstmals damit arrangiert durch wüste Beschimpfungen Anerkennung zu finden. „Schlampe", „Viech" und „Fotze" taugten nicht zur Strafanzeige, sondern als verkapptes „Kompliment" für die agierenden Girls. Wobei es auch andere Definitionen gibt. Vanessa del Rio, Porno-Megastar der 80er sagte dazu: "Ich mag das Wort Schlampe. Ein starkes Wort für Frauen, die ihre Sexualität annehmen und sich sexueller Kontrolle verweigern." Die Courage trat ab, die dereinst emanzipierten, eigenwilligen Ladys wurden mehr und mehr ersetzt durch blasse Mädels aus Deutschland oder Osteuropa, die sich dem Patriarchat und primitiven Machotum nicht mehr erwehrten, und wieder verdammt nahe an das Prostitutionsgewerbe aufführen. Die charmanten oder immerhin eigenständigen Damen früherer Jahre, mit dem natürlich öffentlich gemachten aktiven Sexualleben wie Marylin Chambers, Anette Haven, Ona Zee, Teresa Orlowski, Nina Hartley,

Dr. Sharon Mitchell und Co waren nur noch in musealen Pornofilm-Geschichtsbüchern aufzuspüren.

Im „Videostar Intim" Magazin Nr. 1 /1995 wurde der „Anfang vom Ende" schwarz auf weiß dokumentiert, das Abrutschen von sich bereits anbahnender, gesellschaftlicher Akzeptanz bis Toleranz wurde nun aus Gründen des erhofften Gelderwerbs das eigene, vorhandene Niveau abgedreht, (wobei es schon wenigstens zwei Jahre früher damit losging) die einstige Philosophie, die richtig war, sukzessive beendet. Teresa Orlowski schrieb im Vorwort jener Ausgabe, dass sie „selbst ein wenig überrascht" sei, dass es diese Zeitschrift wieder gebe, doch hatten sie wohl auch (!) tausende von Fanbriefen dazu veranlasst. Diese Briefe liegen uns zwar nicht vor, es kann einem aber Böses schwanen, deren Inhalt betreffend. Denn mit einem Male taten sich krude pornographische Nischen auf, bzw. wurden diese nun auch hier von Hannover aus bedient. Da gab es dann „Geile Fick-Omis" (eine abgebildete Frau wird mindestens so um die 80 Jahre gewesen sein), „Sado Maso" Praktiken, „Golden Rain" (Urin Spielereien), „Geil & Speckig" (ungesund übergewichtige Frauen inklusive Urin Spielereien) oder penetrierte Herren zu „bestaunen". Da fiel die hübsche Lydia Channel im ausklappbaren Mittelteil kaum noch ins Gewicht, angesichts dieser inhaltlichen Abkehr von ästhetischer Hochglanz-Pornographie. Die Dämme brachen. Das dereinst geile Ausleben von Sexakrobatik im Pornofilm wurde zu einer Art Wettlauf der Unterbietung von Selbstrespekt gewendet. Ich möchte mich nicht dazu versteigen Senioren ihr Sexualleben zu verübeln, oder anderen Menschen Vorschriften zu machen, doch der Zug in dieses „Jetzt werden wir einfach noch perverser und krasser, um Geld zu generieren." ward unmissverständlich ins Rollen gebracht. VTO war nun nicht die erste Firma die so operierte und sexuelle Randthemen veröffentlichte, gewiss nicht. Doch gerade von ihr hatte ich und sicher abertausende andere Anhänger dies nicht erwartet. Die beigelegte Rechtfertigung enttäuscht dann aber nur noch ein großes Stück mehr. „VTO hat nun auch eine Cassette zu diesem Thema (Urinsex, Anmerkung des Verfassers) zusammengestellt. Zahlreiche Pissszenen aus vielen, vielen Filmen sind hier zu sehen. (...) Man schnitt die Szenen so, dass die Grundsituation (...) noch zu erkennen ist, sodass sich der Zuschauer ohne Probleme mit den handelnden Personen identifizieren kann (sic!). Aber jetzt das Entscheidende an Frevelhaftigkeit: „Da VTO in seiner Geschichte erst recht spät NS-Praktiken aufgezeichnet hat, sind dies alles aktuelle Szenen auf höchstem videotechnischen Niveau." Na das ist ja die Hauptsache, dass dies optisch auch nur astrein rüberkommt. Damit war ja mit solidem Handwerk das Niveau also doch wieder hergestellt? (Ein Insider von VTO erklärt mir in einem Chat: „Na ja gut, das lag nicht nur an VTO. Sie waren zu diesem Zeitpunkt mit Millionen Schulden behaftet, man passte sich dem Markt an, weil es anders nicht mehr ging. Man musste das produzieren, was der Markt haben wollte.")

Nur ein Mosaikstein, denn noch gab es keine youporn Internet-Frequenzen. Doch um die Jahrtausendwende tauchten eben verstärkt sowohl kurze Vögel-Sequenzen auf (in denen man zum Objekt der Handlung im Prinzip gar keine oder jedwede „Beziehung" herstellen konnte), zum anderen wurde es weitergehend respektloser und „perverser." Es gab zwar von den großen amerikanischen Labels noch aufwendige, recht sehenswerte Spielfilme, doch die Grundausrichtung änderte sich fatal. Immer billiger und einfacher wurden nun folglich Körperöffnungen gedehnt, gepinkelt und sogar Frauen vor laufender Kamera betrunken gemacht, bis sie sich übergeben mussten. Das hatte dann mit Sex und Erotik rein gar nichts mehr zu tun, aber nackt, pervers und inhuman ging anscheinend immer wie geschnitten Brot (Bezeichnend für wen, für die Konsumenten oder die Hersteller?) Nun hatte es bereits in den 70er Jahren sogenannte Double-Penetration Szenen gegeben (die Dame wird dabei bekanntermaßen in ihre beiden unteren Körperöffnungen zugleich penetriert) gab es auch schon kurze Ansätze in dem „speziellen" Bereich, doch dieser Umschwung, wo Porno-Aktricen wirklich zu völlig beliebigen Objekten degradiert werden, deren Gesichter und Persönlichkeit keinen Cent mehr wert zu sein schien, war schrittweise vollzogen. Bei einem dieser Alkohol-Vögel-Filme (mir bestätigte eine teilnehmende Darstellerin die Echtheit der Szenen) wurde eine junge Frau nach „getaner Arbeit" einfach am Drehort betrunken im Gras liegen gelassen. Völlig unmenschlich - und natürlich ohne Konsequenzen für die Macher. Wo sind die Frauen mit Courage nur geblieben, die noch einschritten bei solchen Vorfällen. Denke man nur an Anette Haven, die in den 80er Jahren einmal klare Kante zeigte. Sie erzählte dem guten Autor Christian Keßler bezüglich despektierlichem Verhaltens gegenüber einer Darstellerin: „Mir fällt auf Anhieb nur ein einziges Mal ein, wo ich so etwas miterlebte, bei THE GRAFENBERG SPOT für die Mitchells (die Brüder, Jim und Artie Mitchell, welche Porno-Filmgeschichte schrieben, Anmerkung des Verfassers). Einer der männlichen Protagonisten behandelte Ginger Lynn wie Dreck (...) Ich sah das, ging durch das Studio und schiss ihn mördermäßig zusammen (...) Verdammter Abschaum! Die Crew sah sich das Schauspiel wie gebannt an. Ich war einfach stocksauer. In meiner Gegenwart macht niemand so etwas!" Wie sehe dies nur heute mit derart beherztem Eingreifen aus? Wo doch dumpfe Beleidigungen für die Aktricen schon als vermeintliche Belobigungen durchgehen? Vanessa del Rio tickte ähnlich, sie meinte einmal durchsetzungsstark: "In Deep Inside Vanessa hab ich gesagt: "Erzähl mir ja nicht, was ich zu tun habe." Ich wollte nichts hören, was mich unterbrochen hätte, ich wollte die Nummer machen."

Interessantes Bonmot am Rande: Während ich als Pornofilm-Sammler mich hauptsächlich auf die 80er Jahre spezialisierte (die Klassiker der 70er wie „Deep Throat", „Behind the green door" oder „The Devil in Miss Jones" waren aber noch leicht erhältlich, wo bekomme ich diese nur heute in physischer Natur her? Immerhin ist vieles frei im Internet verfügbar) und an diese Zeiten mit roten Wangen und leicht wehmütig zurückdenke, weil der mir verkaufte Traum noch von anspruchsvollen Darstellerinnen und Darstellern präsentiert wurde, die auch in anderen Bereichen des Lebens durchaus eine passable Figur machten oder wenigstens dazu im Stande waren, schrieb der großartige Georg Seeßlen in seinem unverzichtbarem Standardwerk „Der pornographische Film" (1990) über jenen pubertierenden Träumer der 80er Porno Jahre:

„Im Gegensatz zu den Porno-Versionen der 70er Jahre fehlt in diesen Porno-Variationen zu den Moden und Erfolgen der Zeit ein entscheidendes Element: der Humor" (Seeßlen bezieht sich hier konkret auf persiflierende Pornoversionen der 80er Jahre, Modethemen wie Aerobic, Rambo oder Breakdance) Und weiter: „Die siebziger Jahre waren so etwas wie ein zweites goldenes Zeitalter des pornographischen Filmes gewesen. (...) Die späten achtziger Jahre verhielten sich zu den Siebzigern ungefähr so wie die dreißiger Jahre zu den Zwanzigern: Die Produktion wurde quantitativ enorm gesteigert, der Markt wuchs ins Unermessliche, aber Phantasie und Qualität ließen spürbar nach." Was würde Georg Seeßlen denn nur über heutige Produkte des neuen Jahrtausends schreiben?

(Und dass ihm die „Wild Playgirls 2"-Exzesse in der Schönheitsfarm" aus 1984 entgangen sein sollen kann ich im Zusammenhang der so humorlosen 80er Jahre nicht verstehen, ein sexuell sehr anregender Porno mit absolut humorigem Grundton, soll dies wirklich nur eine Ausnahme welche die Regel bestätigte gewesen sein? Aber er schrieb ja „späten 1980er", sodass wir abermals eine Bruchstelle vorfinden.)

„Das ewige Rein und Raus ohne Handlung beleidigt die Intelligenz des Publikums" (Miss Sharon Mitchel, Darstellerin, 1988)

Aus einem einzigen Bruch, den etwa zur Jahrtausendwende, besteht eine Historie eben nie. Und so wie Seeßlen einem Niveauverlust von den 70er zu den 80er Jahren nachtrauert (und zu jener Zeit noch nicht ahnen konnte, was DVDs und erst recht das Internet dereinst für das Niveau und den Humor bedeuten würden) hatte der US-Porno-Experte Jeremy Stone in der Reportage „Pornopoly" 1988 in die gleiche unschöne Kerbe geschlagen. Er konstatierte: „1984 erwies sich als Jahr, in dem die Schleusen vollends geöffnet wurden. Für Video nämlich, was zunächst einmal bedauerlich war: In den Shops legte man mehr Wert auf schnellen Umsatz als auf den Verkauf hochklassiger Filme (...) Die Preise purzelten, die Qualität sank (...) Video überschwemmte den Markt, und als Nebeneffekt wurden die erfahrenen Aktricen des 35-mm-Films durch die „Video Vixen" wie Ginger Lynn oder Tracy Lords ersetzt (...) In der Folge entstanden Adult-Videos, die es im Sex durchaus mit den Golden Years of Porn aufnehmen konnten, kaum aber die erotische Sensibilität dieser Jahre erreichten." Dem kann ich in Gänze gar nicht widersprechen, und doch obliegt es mir irgendwie, „als 80er Jahre „VHS-Kind" die Fahne für Filmprodukte jener Zeit hochzuhalten, als der Gang in die großen Vorführkinos weltweit stoppte, und durch die Pornovideocassette der Rückzug ins Private geebnet wurde, ein Fakt, der mir selbst insgesamt zugutekam, da ich die öffentlich ausgetragene Sexualität nicht unbedingt für erstrebenswert hielt.

Der Musikjournalist Jon Savage erklärte nach dem Ende der Band Sex Pistols den Punk als solches bereits 1978 für tot, eine reichlich kulturpessimistische These. Jeremy Stone verfuhr leider in ähnlicher Art und Weise. Er meinte, dass nach seinem „Dafürhalten" der Porno seit 1980 „keine Geschichte mehr hat - er hat bloß noch eine Vergangenheit." Der Grund dafür ist ganz simpel: Der Porno hat aufgehört eine Kunstform zu sein, je mehr er zum bloßen Geschäft geworden ist." Also war für mich als Anhänger beiderlei Genres (Punk und Porno) mit bereits sieben bzw. neun Jahren der Deckel darauf gemacht? Schon erstaunlich, was danach noch so alles hinterherkam, wo doch alles eigentlich schon ins Museum gehören sollte...

Jeremy Stone legt aber am Ende seines Essays eine einwandfreie Rolle rückwärts hin, als er ausgerechnet in jener VTO Zeitschrift („Videostar Intim") zur Lobhudelei über selbiges Firmenimperium ansetzte, die schon nahe an einer Hofberichterstattung heranreicht. Da ist von „Weltklasse" die Rede, und dass sie (Teresa, und ihr damaliger Mann Hans Moser, Anmerkung des Verfassers) „bessere Filme machen als irgendjemand in den Staaten". Und eine „Rettung der lädierten Adult Film-Welt" scheint damit auch gleich noch einherzugehen. Schon ulkig: Dass Teresa als Zugpferd der Deutschen Porno-Industrie mit ihrer Haltung, ihrem Mut, ihrer Geschäftstüchtigkeit, und ja, auch ihrer derben Erotik ein Alleinstellungsmerkmal in der 80er Jahre Bundesrepublik war, ist zwar unbestritten. Man muss aber auch einmal so ehrlich sein dürfen, wo das Niveau unter dem Gütesiegel VTO-Film lag. Das lag sicher an den technischen Möglichkeiten und fotografischen Fertigkeiten (man denke nur an die hier häufig erwähnten Magazine), doch ein Teil der Erfolgsstrategie waren aus den USA (!) eingekaufte Filme mit Erica Boyer, Amber Lynn, später dann in Deutschland von VTO selbst abgedrehte Streifen, wo man die Landschaft Sylts optisch genießen konnte oder Teresa mit ihrem dicken Schlitten herumfahren sieht, von der Handlung als solches war aber im Hinblick auf Niveau abzusehen (es ist aber schon auch erlaubt, den puren Sex im Film zu verlangen und von überbordender Handlung mit Endlosdialogen nicht immer angetan zu sein). Schließlich wurden die französischen und amerikanischen Top Stars (wie Sandrine, Jerry Butler oder Tracey Adams) direkt nach Hannover in die Studios beordert, wo folglich in einer Art „Porno Puppenstube" auf den ewig gleichen Couches koitiert wurde. (Und dieses Möbel Equipment war tatsächlich auch noch ausgeliehen, von einem befreundeten Möbelhaus.) Man wusste vorher schon, wer gleich ins Wohnzimmer kommt, und was dann geschieht. Die Protagonisten wechselten zwar, die Kulisse geriet aber irgendwann, nicht nur für Dauernörgler, zur wahren Farce.

Es hätte jedoch etwas Ammenmärchenhaftes, wenn ich hier ad hoc behaupten würde, zur Jahrtausendwende wurde sich gar nicht mehr um gute, kostspielige Drehprojekte bemüht, geschweige denn diese verwirklicht. Auf den ersten Blick ist eher das Gegenteil der Fall, die Kosten explodierten bisweilen und es setzte enorm aufwändige Filme, die jedoch zumeist mit einer „Sex and Crime" Thematik versehen waren. Ohne sie empirisch zu prüfen entdecke ich im Netz eine plausible Auflistung der teuerste Pornofilm-Produktionen, und siehe da, abgesehen vom Ranking-Sieger „Caligula" (1979!) mit unfassbaren 17,5 Millionen US-Dollar Budget, sind die folgenden Ränge alle belegt von Drehs aus den Jahren 1995 bis 2008!

„Pirates Teil 2" aus 2008 verschlang atemberaubende 8 Millionen US-Dollar, während der erste Teil (2005) mit einer Million Kosten releast wurde. In beiden Filmen, mit unzähligen Effekten, liegen hier Spielfilme mit Hardcore Szenen vor, spielte der girliehafte US-Star Jesse Jane mit. Im ersten Teil übrigens noch zudem Janine Lindemulder, Teagan Presley und Devon, während im Folgefilm vor allem Sasha Grey den Seherinnen und Sehern zum festen Begriff wurde, da sie nach dem Ausstieg aus dem Porno-Biz als Schauspielerin und Autorin von Büchern erotischer Machart wirkte. Die weiteren Ränge der teuersten Streifen: 10. Conquest (1997: 150.000 Dollar), 9. Flashpoint X (1998: 220.000 Dollar), 8. Manhunters (2006: 250.000 Dollar), 7. Operation Desert Stormy (2007: 350.000 Dollar), 6. Upload (2007: 350.000 Dollar), 5. Fashionistas (2002: 500.000 Dollar). 4. Pirates, 3. Uninhibited (1995: 2,5 Mio. Dollar), 2. Pirates Part 2 (2008), 1. Caligula (1979).

Was sagt uns dies, und konkret, was sagen uns jene erwähnten schwindelerregenden Zahlen nun aber wirklich?

Auffällig zunächst, dass alle Titel aus den USA stammten und die Europäer in dieser Hinsicht nicht mehr mitspielen konnten oder wollten. „Stern View" beschrieb dazu Passendes im Jahre 2006 über das Land, welches den Pornofilm anscheinend nachhaltig in die Moderne gerettet hat. „Allein der Verkauf und Verleih von DVDs und Videos erlöst jährlich über vier Milliarden Dollar, mehr als die drei größten US-Profiligen im Football, Basketball und Baseball zusammen. Tausend Filme werden dafür monatlich produziert. Von rund fünfzig Firmen, die 20.000 Menschen beschäftigen, darunter 1500 Darsteller." (Angeblich 200 Sexfilme pro Woche im berühmt-berüchtigten San Fernando Valley.) Dass bei dieser schon als pure Fließbandarbeit zu bezeichnenden Art und Weise, alles nicht mehr konzeptionell und inhaltlich mächtig aufwändig vonstattengehen wird, liegt nahe.

Bei uns in Deutschland war es zu jenem Zeitpunkt immerhin eine Milliarde Euro (!) die für Pornographie jährlich ausgegeben wurde (Tendenz nun deutlich fallend). Indes, mit Sicherheit für digitale Internet-Geschichten und sicher in verschwindend geringem Maße für Qualitätspornofilme mit seriösem Skript. Ein Insider rechnet mir beiläufig am Telefon vor: „Wenn Sie heute einen Film machen, mit kurzem Drehbuch, ohne größeren Aufwand, dann kostet der mindestens 7.500 Euro. Wenn Sie den dann aber höchstens 300 Mal für 7,99 Euro als DVD verkaufen, können Sie sich ja ausmalen, was dabei herauskommt."

„Stavros" hingegen (Goldlight Production, 1999) tauchte sogar in die Szenerie des Dritten Reiches ein und machte etwas Mut, dass nun wieder verstärkt die Phantasie des Publikums angeregt würde. Madalina Ray, Joaly und Monica Rocceforte taten ihr Übriges dazu. Dieser Film wäre es wert, wie auch der 2002 von Marc Dorcel gefertigte Pornofilm „Paris Pigalle" separat besprochen zu werden, auch um die Diskussion um den angeblich nicht mehr umkehrbaren Verfall des Niveaus um die Jahrtausendwende noch einmal kurzzeitig anzuregen, wenn auch die negative Tendenz hiesiger Produkte in der Breite nicht mehr in Frage gestellt werden konnte. Darüber half auch die pornografische Verfilmung von Goethes „Faust" (2002) abermals aus dem Hause Goldlight nicht wirklich, oder zumindest nicht wirklich dauerhaft hinweg. Und ebenso nicht die gänzlich die dazu hinzugezählten Filme der in Schweden gegründeten PRIVATE Company, die seit vielen Jahren in Spanien ansässig, seit ewigen Zeiten Hochglanzfilme mit Supermodel- ähnlichen Damen fabrizieren, die zwar eine atemberaubende phantastische Optik, aber auch eine nicht zu leugnende Inhaltsleere mit sich bringt.

Angesichts ihres zehnjährigen Firmenjubiläums fasste Teresa Orlowski 1992 richtig aber leider auch sehr pragmatisch, die Entwicklung zusammen. Nicht nur kam bei einem Interview heraus, dass VTO allein im Jahre 1991 ganze 130 Filme produziert hatte, auch die filmische Herangehensweise benannte sie 1992 im Vergleich zu früheren Zeiten: „Die Filme der späten 1970er Jahre waren stark handlungsorientiert, der Sexanteil lag bei unter 70 %. Praktiken, die heute selbstverständlich sind, wie Anal oder DP, waren damals eine Sensation (...) Wir haben vor zwei Jahren, mit einer Serie aufwendiger Spielfilme mit Hardcore Szenen (erinnert sei nur an „Born for Love", Anmerkung des Verfassers), begonnen, den Markt auszutesten. Ergebnis: Die Leute wollen mehr Sex. Also stecke ich mein Geld heute mehr in Sex als in Sets." (Und auch zum Thema, andere Geschlechtsvorlieben hatte sie sich 1989 gegenüber dem „Playboy" interessant geäußert „Was ist schon der ideale Pornofilm? Männer sind beim Sex schneller, für sie ist das oft sogar Sport. Frauen reagieren anders und langsamer. Da müssten wir zwei unterschiedliche Filme machen. Wir haben das schon probiert. Die Männer waren enttäuscht und schrieben böse Briefe. Verkauft haben wir nur 50 Videos. Ich kann einen Film nicht nur für mich machen."

Einen weiteren Aspekt, nämlich inwieweit auch die große Politik, und hier konkret eine Regierung Einfluss auf das Niveau von Pornofilmen haben kann, lieferte die zwischen Berlin und den USA hin und her pendelnde deutsche Darstellerin Dru Berrymore (siehe auch Näheres im „Best of"-Lexikon im Anhang), die im Jahre 2001 in einem Interview mit dem Webportal German-Adultn.news.com nach ihrer abermaligen Rückkehr an amerikanische Drehorte meinte:

„Die restriktive Politik der Bush-Ära kommt uns in einigen Sachen sehr entgegen, denn nun wird wieder mehr auf Erotik geachtet, als nur auf besonders ausgefallene, perverse und abgedrehte Sextechniken. Viele der amerikanischen Firmen haben bis zu 20 Titel aus den Regalen genommen, um etwaige Razzien zu vermeiden. Andere verkauften ihre Läden bereits, um dem Ganzen zu entgehen. Wieder andere müssen sich bereits jetzt schon vor Gericht verantworten." Dass es erst soweit kommen musste...

Weiter gefragt, ob es denn überhaupt „noch mal ein Revival für Big-Budget-Pornos geben" werde antwortete sie kurz nach der Jahrtausendwende nahezu prophetisch, wenigstens auf den deutschen Markt gemünzt:
„Nein, Video hat die ganze Geschichte ins Anonyme und in die Wohnzimmer verdrängt. Mit dem heutigen Stand der Technik braucht man doch nicht mal mehr in die Videotheken gehen. Man kann sich heute das gesamte Material, ohne einmal das Haus verlassen zu müssen, besorgen. Außerdem hat die Branche immer noch, auch nach der gesamten Fernsehaufklärung einen nicht allzu guten Ruf. Leider! Außerdem ist Big-Budget-Porn einfach nicht mehr möglich, denn der Markt ist einfach mit zu viel schlechtem und auch altem, wieder neu zusammengeschnittenem, Material verseucht und übersättigt. Heutzutage versucht fast jeder, der sich eine Videokamera leisten kann, Porno zu drehen, und dann geht es bergab, sowohl mit der Qualität als auch dem Absatzmarkt und allem Weiteren."

Und der Schweizer Autor Tom Kummer, der u.a. für Spiegel und Penthouse arbeitete, ist bekanntlich durch etliche Fälschungen aufgefallen. Dennoch wage ich es hier, einen von ihm interviewten US-Pornoregisseur mit dem Decknamen „Y-Killer" zu zitieren, der in 2010 über die letzten Entwicklungen konstatierte:"…was ich mir schon für einen perversen Mist ausgedacht habe. Anders habe ich keine Chance mehr. Das Internet hat alles versaut. Auch den guten Geschmack."

In der Bar um die Ecke

Ein Dreivierteljahr nach dem Millennium Wechsel befand ich mich eines Abends unweit meiner Behausung mit einem Kumpel in einer schummerigen Bar. Wir saßen da zugegeben ein wenig herum wie gescheiterte Existenzen, und tranken eher gelangweilt unser Bier. Einige Meter weiter stand eine Frau am Tresen, die wohl Ende Dreißig war, und sie fiel uns durch ihr freches Mundwerk auf, sodass die wenigen Besucher mehr oder weniger freiwillig in ihren Bann gezogen wurden. Es war gefühlt unvermeidlich, mit ihr locker ins Gespräch zu kommen. Keineswegs war sie nämlich trotz ihrer leicht herausfordernden Art per se unsympathisch. „Na ick weeß ja nicht, wat du beruflich machst, also ick drehe Hardcore-Filme" fiel sie mit der Tür berlinerisch ins Haus. „Witzig, und ich sammle Hardcore Filme", gab ich etwas schüchtern zurück. Ungefragt schilderte sie uns diverse Erlebnisse ihrer „Laufbahn", die ich nicht undankbar aufnahm. Die Whisky- Cola Trinkerin nannte sich ab und an „Kassy Greece", wohnte nur wenige Straßen von mir entfernt und hatte drei Kinder. „Neulich habe ich einen Gang-Bang gedreht, von einem Typen stank der Urin richtig, beim Anpinkeln. Die anderen Darsteller hatten ja zuvor ausreichend Wasser getrunken, das geht dann immer noch, aber was der sich vorher eingetrichtert hatte…" Kassy hat, wie sie freimütig erklärt, noch nie in ihrem Leben im eigentlichen Sinne gearbeitet. „Auch als Verkäuferin nicht, das könnte ich gar nicht." Ihre Ehrlichkeit ist entwaffnend und traurig. Respekt und Mitleid, jene beiden Pole scheinen beim Thema Porno permanent in einem steten Wechsel angeschlagen zu werden, der Zeiger rotiert ständig zwischen diesen beiden Bereichen in Schwarz und Weiß, und die Grautöne verschwinden.

Wir stellen im Gespräch fest, dass sie ihre liebestechnischen Fertigkeiten noch vor kurzer Zeit in jenem Weddinger Sex Kino angeboten hatte, indem auch ich als Gast mich zeitweilig verlustierte. Innerlich muss ich etwas schmunzeln, war ich doch nur 50 DM entfernt davon, eine aktive Pornodarstellerin zu penetrieren. Filme in denen sie mitwirkte gibt es wie Sand am Meer, zuerst etliche auf Video, dann auf DVD, doch verschwinden ja diese Produkte mehr und mehr. Zu sehen war sie u.a. in „Titten Trip - Mega Möpse zum Reinbeißen", „Sex am Arbeitsplatz", „Meine geile Nachbarin - 5 treulose Ehestuten auf Samenraub!", „Das Syndikat - Sex, Macht & Geld", „Hilfe, Polizei!" (ein billiges Machwerk mit einer für diese Zeiten schändlichen, unerträglichen Sprache!), „Hausfrauen Schande" oder „Schulklasse 2 - strenge Lehrer - willige Schüler". (Apropos schändliche Sprache: die Stupidität der heutigen männlichen Darsteller darf auch einmal gehörig an den Pranger gestellt werden; wo sind sie nur hin, die charmanten, charaktervollen, witzigen Herren früherer Jahre?)

VENUS 2002 Special

Diesmal werden meine Freundin und ich an einem Messestand einer süddeutschen Firma ein bisschen beim Auf- und Abbau aushelfen. Wir putzen Stellwände und ich „darf" am letzten Messetag einen Eisenkäfig abbauen, in dem einige Mädchen aus dem Pornogewerbe ihre erotisch gemeinten Tänze aufgeführt hatten. Unter anderem die Darstellerin Violet Storm, die für ihre zierliche Figur einen viel zu großen Busen hat. Überhaupt Brüste, das fällt auf, entweder sieht man in diesem Porno-Milieu diese melonenartigen Chirurgie-Produkte, die sich anfühlen wie Werbeplastikbälle von Möbelhäusern, oder aber recht magere Mädchen mit sehr kleinen Brüstchen, die der Volksmund „Mückenstiche" nennt. Mit Violet Storm posiere ich auch, und wieder überkommt mich instinktiv die Passion, ihre weichen, großen Brüste anzufassen. Woanders verpönt, hier erwünscht oder immerhin toleriert, ich fahre gesellschaftlich bei Rot über die Kreuzung und dies ungestraft, welch ein Anachronismus, der mit dieser Parallelwelt doch einhergeht. Im TV-Magazin „Wahre Liebe" gibt sie Auskunft über ihre „heiße" tänzerische Einlage vor einer wahren Batterie von unzähligen Kameraobjektiven, die in Stellung gebracht sind, als ob Angela Merkel und Wladimir Putin etwas Neues über ihre bilaterale Beziehung zu vermelden hätten. Hier geht es auch „bi" zu, denn die ansonsten beruflich den männlichen Gliedern zugewandten Frauen befummeln im Trio ihre weiblichen Gliedmaßen. „Das macht mich heiß und geil. Das ist kein Klischee, so eine Show macht wirklich richtig an. Ich werde richtig geil, wenn ich den Gesichtsausdruck der Männer sehe die mich anschauen, und ich habe selbst in der Hand, wie weit ich gehe. Ein solches Gefühl bekommst du bei keiner anderen Sache, das ist einfach cool" (Vielleicht kann sie ja auf längere Sicht ein ähnliches Machtgefühl beim Ergattern der TV Fernbedienung erlangen...) Violet rudert mit den Armen, während sie ihre scheinbar authentische Botschaft mit strahlenden Augen erörtert. Aufgesetzt ist es nicht, innerlich überkommt mich aber der Gedanke an die Perspektivlosigkeit dieses Gebarens und am liebsten möchte ich sie das fragen, was ich jede Pornoqueen in spe fragen will, „Was sagt denn eigentlich deine Mutter dazu?".

Der Sexualwissenschaftler Ernest Borneman, der wirklich etliches Brauchbare publiziert hat, schrieb in 1992: „Die riesigen Verkaufsziffern der Pornozeitschriften, Pornofilme und Pornofotos beweisen, wie gering die Zahl der Menschen ist, die sich heutzutage ohne Krücken im Land der Sexualität bewegen können." So sind die mächtigen, ausgefahrenen Fotoapparate das Medium für die Krückennutzer, und ob Violet Storm ihre (auch) Im Kampf gegen andere persönliche Defizite benutzt, ist nicht klar, aber durchaus anzunehmen. Ona Zee sagte der Autorin Drucilla Cornell im März 1994 darüber wahrlich Erhellendes, und sie ist als aktive Darstellerin der US Top Porno-Garde dazu auch wahrlich befugt genug: „Kein kleines Mädchen wacht eines schönen Tages auf und beschließt, mit Sex Geld zu machen." Zugleich fügte sie aus ihrer persönlichen Erinnerung an, dass alle (!) Pornodarstellerinnen aus zerrütteten Familienverhältnissen stammen. Cornell konstatiert nach dem Gespräch mit Ona Zee (ehemals bekannt als Joanna Collins) in ihrem Fließtext und angeleitet durch die Originalzitate von Frau Zee: „Wie werden Frauen zu Pornostars und warum werden sie es? Die erste Antwort auf diese Frage heißt Geld (...) Ein Topstar der Pornoindustrie kann bis zu 2.500 Dollar verdienen. Dieses Geld stellt eine ökonomische Realität dar, kann aber im Falle von Pornodarstellerinnen, die Opfer von Kindesmissbrauch waren, auch eine symbolische und psychoanalytische Funktion haben. Es kann dazu dienen, einer Frau das zurückzuerstatten, was ihr einst brutal und kostenlos entrissen worden ist. (...) Die Männer werden zur Kasse gebeten." Sogar von einer Art „Wiedergutmachung" könne die Rede sein, so Cornell. Womit sich meine Frage nach diesem „Was sagt denn eigentlich deine Mutter dazu?" wiederum erübrigt hätte. Der Prozentsatz derer, die ihre Töchter aufgrund ihres Pornotreibens „ächten", dürfte - dieses kleine Bisschen an Spekulation sei hier gestattet - eher verschwindend gering sein. Vivian Schmitt, weiterhin aktiver deutscher Pornostar stimmt da indirekt auch mit ein: „Meine Mutter war nicht angetan von meiner neuen Arbeit (...) Muss das wirklich sein?" (...) Es dauerte zwei Jahre, bis meine Mutter sich damit endlich abgefunden hatte. Als ich meinen ersten Venus-Award verliehen bekam, war sie sogar stolz." Eine bloße Rückkehr zur desaströsen „Womit-du-dein-Geld-verdienst-ist-egal"- Haltung? (Und es geht auch noch ganz anders: Als die leider im Jahr 2015 mit nur 64 Jahren viel zu früh (an Krebs) verstorbene Darstellerin und Feminin-Porno-Regisseurin Candida Royalle (Jahrgang 1950) ihrem Vater von ihrem Porno-Treiben unterrichtete, reagierte ihr Vater mit einem großen Maß an Einfühlungsvermögen und Weisheit: „Du musst dich nicht schlecht fühlen, bei dem was du tust. Bei all den Dingen, die Menschen tun in dieser Welt. Politiker lügen jedermann an, Firmen täuschen Leute, die Menschen verletzen und töten einander. Alles was du tust, ist Menschen Lust in ihre Leben zu bringen."). Helena Bochnicková, Mutter von Dolly Buster (jetzige Baumberger) drückte es dem „Stern" Magazin im Herbst 1994 gegenüber schlüssig aus, wie sie mit der Porno-Laufbahn ihrer zum Star gereiften Tochter hielt: „Ich akzeptiere, was mein Kind macht, aber ich muß es mir nicht anschauen (...) Wenn Katja eine Sekretärin wäre, würde ich sie auch nicht fragen, wie viele Briefe sie geschrieben hat. Dolly wollte immer berühmt sein, auf irgendeinem Gebiet die Beste sein. Und das ist ihr gelungen. Sie ist heute jemand, und die Leute haben Respekt vor ihr."

Und dann kommt mir noch ein Absatz aus dem Buch von Nadine Strossen in den Sinn, die 1995 folgendes Statement im Werk „Zur Verteidigung der Pornographie Für die Freiheit des Wortes, Sex und die Rechte der Frauen) " auf Seite 11 abgab: „Frauen sollten nicht vor die Wahl gestellt werden, sich zwischen Freiheit und Sicherheit entscheiden zu müssen zwischen Redefreiheit und Gleichberechtigung, zwischen Würde und Sexualität. Frauen können sexuelle Wesen sein, ohne andere Aspekte ihrer Identität dafür opfern zu müssen. Es steht uns zu, die freudige Erregung beim Sex und in der Wahrnehmung von sexueller Darstellung zu genießen, ohne daß wir dafür unsere persönliche Sicherheit aufgeben müssen."

Wann aber genau das erwähnte Interview mit Violet Storm allerdings geführt wurde, ob am ersten, zweiten, dritten oder letzten Messetag 2002 ist nicht überliefert. Als wir nämlich am Schlusstag in Halle 20 kommen, um erneut beim Abbau zu helfen, sind die gebuchten Damen einfach nur noch fertig. Ich schieße ein Foto von „Vivian Angel", einem wunderschönen Mädchen, das schon einiges an Tanzauftritten (eben auch mit Violet Storm) hinter sich gebracht hatte. Alle paar Stunden wenigstens, geil sein, heiß sein, den schönen Körper präsentieren, absurd. Wie soll das überhaupt real biochemisch möglich sein? Nicht nur zur gierigen visuellen Befriedigung unserer Fotografen natürlich, auch die mit Krawatte direkt seriös wirkenden Vertriebsbosse und anderen Pornogestalten an den Reglern der Branche zeigen sich erfreut. Alles ist oberflächlich so sauber. Wir streifen durch den Stand und hören nichts an bösen Worten oder deftigen Anweisungen an die pornoinfizierten Go-go-Girls. Die Inszenierung der anscheinend sauberen Lust funktionierte an diesen Messetagen reibungslos, so mag man meinen.

„Ist doch sehr anstrengend, oder?", fragt meine Freundin Vivian Angel, so quasi von Frau zu Frau. Sie nickt fast schüchtern, und in ihren schönen aber zugleich traurigen Augen steht deutlich: „Lasst mich doch mit dem ganzen Scheiß hier nur zufrieden..." Kassy Greece schaut zufällig auch noch vorbei („Ja, wir sind schon alles Verrückte Hühner.") und entdeckt den prämierten Darsteller Titus, den sie herzlich umarmt. Er hat kein Problem damit, dass ich seinen Venus-Award Pokal fotografisch festhalte. Ich nehme das Teil in die Hand, meine Gabi knipst. Es ist ein recht massives Teil, und wiegt bestimmt drei Kilo. Was ist diese Auszeichnung wert? Natürlich keine deutsche Meisterschaft im Fußball oder der vom Gewinn eines großen Tennis Turnieres. Aber auch bereits mehr als eine Trophäe des Kegelvereins aus der nächsten Eckkneipe? Ich meine ja, aber das pure analytische Denken, die Ratio, sind in diesen Messe-Szenario-Stunden nicht wirklich meine übergroße Eingabe. Zum Schluss, vor dem nach Hause gehen, räumen wir noch ein wenig ab. Einen grünen Gummivibrator, einige Andrew Blake DVDs, Kondome und anderes Zeugs stecken wir in unsere Tüte. Alle sind nun eher gleichgültig gestimmt, es wird ruhiger in der Halle, der Porno-Kehraus steht unmittelbar bevor. Die Deals sind in trockenen Tüchern (und die Mädels über Gebühr erschöpft). Beim Hinausgehen bücke ich mich noch einmal, und hebe den offiziellen Messe-Ausweis der Darstellerin Lolita Angel auf. Nicht unfroh bin ich über dieses Sammler-Souvenir, das draußen in der realen Welt wohl nichts anderes, als völlig belanglos ist.

Was hatte ich zuvor auf der Venus 2002 erlebenswertes zu verzeichnen? Dort, wo Magmafilm (eine alteingesessene deutsche Pornofirma, die relativ früh eine härtere Gangart mit in die Filmlandschaft brachte), Goldlight (die das Banner von aufwendigen Filmen mit echtem Skript aufrecht zu erhalten gedachten), Private, Trimax und die Orion Sexshop Kette zu den offiziellen Sponsoren dieser 6. Venus gehörten, und Hustler und Porno Herausgeber Larry Flint im goldenen Rollstuhl gastierte, worauf man noch heute in der Messeleitung stolz ist. Zunächst (die Printfotos in meinem Fotoalbum, das wie ein Relikt von Anno dazumal anmutet, soll ich dir mal meine Pornobilder Sammlung zeigen?) hatte ich die reizvolle „Fanny Lazar" und die sehr junge „Jasmin Forever" fotografiert, zwei junge Frauen im Bikini, die ihre Brüste denn sogar noch zeigen. Ohne viel Aufheben kann ich mehrere Fotos schießen. Plötzlich entstand wieder einer dieser Menschentrauben. Die US-Darstellerin Tina Cheri (übrigens Venus Award Siegerin 2000 für die beste Darstellerin der USA) hatte sich oben herum frei gemacht, was zu Schnappatmung bei diversen Herren im Publikum führte. Meine relativ kleine Freundin wollte mir dann einen Gefallen tun, und auch ein Foto schießen, ehe die blonde Frau mit den Silikonbrüsten und dem sehr gut geschnittenem Haar sich wieder vorschnell verhüllen könnte. Dieses Vordrängeln - noch dazu von einer Frau! - sorgt für ein Grummeln in der gierigen Rotte. „Ja", spricht meine Freundin lachend, „ich weiß ja, dass ihr alle geil seid". Apropos Silikonbrüste, ich hatte mich ja schon an anderer Stelle hier gegen operative Eingriffe ohne medizinische Notwendigkeit (etwa durch eine Krebs-Erkrankung, die dann zur „Schaffung" einer künstlichen Brust führt) bereits ausgesprochen, interessant scheint mir aber die Diskrepanz in der Auffassung von Männlein und Weiblein zu sein, die ich als geradezu grotesk empfinde. Die Männer sind kindlich hingerissen, weil das Mehr an Fülle sie symbolisch gesehen bettet, und visuell verwöhnt. Frauen, die diese Art von Operationen über sich ergehen lassen, schieben alles an Schmerz (ein Substitut für ausbleibenden Geburtsschmerz? Denn Porno-Queens sind

selten mit eigenem Nachwuchs unterwegs) fort und loben das Resultat, was sie scheinbar in jedweder Hinsicht aufwertet. (Eine Darstellerin mailte mir einmal, etwa im Wortlaut, wie ich es noch entsinne kann, nach rund 15 Jahren: „Dann werde ich meine Brüste noch einmal operieren lassen, dass sie noch besser stehen. Das wird die Männer staunen lassen, und mich damit glücklich machen.")
Frauen, die solche Operationen ablehnen, nämlich wiederum nahezu alle, die Bange davor sind, durch optische Merkmale beurteilt zu werden, schimpfen auf dieses „Unnatürliche", was „ja auch nicht schön aussieht". Die einen schauen also nur gierig (männlich), die anderen tragen sie mit Stolz (als Beschleuniger pekuniärer Einnahmen) und die „normalen" Anti-Silikon Damen, für die „so was nie in Frage kommen würde", beurteilen blind. Angefasst haben aber diese so bekannten Produkte doch nicht so viele, wenigstens nicht diese „Expertinnen."
Doch meine Sicht ist rein subjektiv-logisch, ergibt sich einfach aus meinen hierzulande gemachten Erfahrungen, von mir aufgenommenen Kommentaren, einfach im auch so gesehen begrenzten Umgang damit. Dass es - siehe da sind die USA wieder helfende Hand um es anders wahrzunehmen - auch anders laufen kann, beweist die Buchreportage von Ian Gittler, der von 1991 bis 1997 in den Motorenraum des amerikanischen Porno-Dampfers geklettert war, und in seinem Buch „Pornstar" eine dies betreffende Anekdote erzählt. Er befand sich im Jahre 1991 in einem Hotelzimmer, mit der damals von der platinblonden Dame mit dem Kurzhaarschnitt zur dunkelhaarigen verwandelten Jeanna Fine und deren Freund, dem Auch Pornostar Sikki Nixx (in Anlehnung an den Heavy-Metal Star Nikki Six). Frau Fine hatte sich ihre Brüste operieren lassen, was gerade zu Anbeginn der 90er Jahre im wahrsten Sine des Wortes raumgreifenden Charakter in den Vereinigten Staaten besaß und sich in Riesenmelonen wie derer von der Darstellerin Lisa Lipps dramatisieren sollte. Brüste die wie kleine Propellermaschinen dem schmächtigen Brustkasten zu entfliegen drohten, und wo sich auch in Windeseile ein blamiertes Wegschauen anbot. (Man denke hier vielleicht an Dolly Buster.) Jedenfalls klopfte es in unserer Episode an die Hotelzimmertür, wo eine farbige Frau in den Fünfzigern um Einlass bittet. Diese kommentierte Fine's neue körperliche Sache in herrlicher Direktheit und Jenna antwortete schlagfertig, sie werde ihrem Doktor mitteilen, dass „du seine Arbeit magst." Ob diese denn „echt" seien fragt die Hotelbedienstete, und ob sie diese mal sehen könne, da ihr so etwas nie zuvor vergönnt war. Und Jenna hocherfreut zieht ihr Top herunter und meint, dass „honey" dies nun könne und natürlich: „Don't be shy". Die Bedienstete drückt ein, zweimal, etwas sacht, dann beim dritten und vierten Mal etwas aggressiver. „Wow" kommt nur heraus, und der Blick auf Ian Gittler (der es versäumt seine Kamera die er für seine Reportage nutzt, in Position zu bringen) und Jennas Freund Nikki. Dann wendet sich Jenna an den Schreiber Ian: „Fühl!" sagt sie, wie ein Befehl. Nun bemächtigt sich Gittler der Kunstprodukte im menschlichen Körper. Er schreibt: „Jeanna starrt mir in die Augen. Ich drücke. Sie sind

schwer, dicht, groß. Die Narben rund um Jeanna´s Nippel schmerzen. Sie sehen wie durchgekaut aus, eine ist gepierct. Drei Operationen hat sie schon hinter sich. Ich habe ein klinisches, entferntes Gefühl. Das Ganze dauerte vielleicht drei Sekunden. Jeanna geht wieder zur Hotelbediensten." (An anderer Stelle in diesem Buch hatte sich Jenna Fine aber über ihre chirurgischen Errungenschaften völlig anders geäußert, siehe später.)

Bei Tina Cheri - um sich auf die Venus 2002 zurück zu besinnen - kam ich zu dem rätselhaften Vergnügen bereits im Vorjahr. Und es fühlte sich gut an. Ein wenig wie ein Plastikfußball zwar, wie man ihn als Werbegeschenk von Kaufhäusern kennt, aber es ist doch letztendlich eine Brust, ein weiblicher stehender Busen, die gemeine ordinäre „Titte", an der wir Männer doch so gerne unseren Nuckel-Reflex ausleben möchten, den wir seit Babytagen doch eingebüßt hatten. Eine Brust, die man staunend in ihrer ganzen Weichheit in der Hand hält, mit weicher Haut bespannt. (Auch an dieser Stelle kann sich die Vernunft (keine unnötigen Brust OPs!) nicht völlig von der Unvernunft lösen.)

Ich schlendere durch die Gänge, meine Freundin hintendran, da kommt mir die deutsche Darstellerin Benita entgegen. Was andernorts als billige Anmache durchgehen würde, und das von mir, dem eher schüchternen Zeitgenossen der Menschen generell mit Respekt begegnet, klappt hier außer der Reihe, und wird schon fast als niveauvoll aufscheinend gesehen. „Hi Benita, kann ich ein Bild von Dir machen?" „Ja klar komm mal mit." Sie geht an einen Stand, wo, oh Zufall, meine Bekannte Kassy Greece mit Schirmmütze steht. Beide kennen sich natürlich und begrüßen sich überschwänglich. „Er hat mich erkannt, also machen wir Fotos", meint Benita und schon holen beide ihre Brüste aus einem schwarzem, bauchfreien Kleid (Benita) und einer schwarz-weiß gemusterten Bluse (Kassy), drücken und pressen sie in die dankbare Umgebung. Was doch lobenswert ist auf diesen Erotik Messen ist die überwundene Distanz in respektvoller Manier. Die eigene Schüchternheit überwinden, anfassen, lächeln, ein Bild. So banal uns dies erscheint, einiges Angenehme bleibt hängen. Ich möchte mich zwar nicht auf dieses dümmliche „Ich-bin-doch-auch-nur-ein-Mann" Gerede einlassen, und eine kleine, eher unbedeutende Geste missdeuten, die Fan-Darstellerin Begegnung ist doch eine verpflichtungsfreie, ergo unsolide und doch herrliche Impulse schaffende. Duft, Wärme, Nähe, Mensch, so heißt die sekundenlang andauernde Kette der Begegnung.

Reichlich skurril geht es nun weiter, nachdem ich Bilder von Sharon da Vale im Album entdecke, die ein weißes, durchsichtiges Netzkleid trägt, das eher nach Nachthemd ausschaut, und ihre blonde Mähne nicht wirklich kontrastiert (Ist mein Fotoalbum etwa so schwer, weil sich darin so viele große Brüste befinden?)

Eine blonde, stark geschminkte Frau, die ich auf Anfang Vierzig schätze, holt nun mitten im Gang in einer der Hallen, ihre großen weichen Brüste unter ihrem Top hervor, das genau wie ihr Rock im Schottenmuster gehalten ist. Dann wird es irreal bis zum Abwinken, mich schocken noch im Nachhinein meine eigenen Fotos. Auch weil ich weiß, dass ich gleich selbst noch ein Teil dieser Aufnahmen werde, die unmittelbar das Phänomen des Fassens und Mitmachens implizieren, einer Wahrwerdung von etwas, was in mir (oder uns) anscheinend schlummert.

Ein Mann mit Leder- und Fellkostüm (aber tatsächlich doch mit Handy an der Gürtelschnalle!) nimmt eine Brust dieser Frau in Hand und Mund zugleich. Dann kommt ein offenbar zunächst unbeteiligter Messe Besucher mit blauer Treckingjacke (zur Erklimmung des Lust-Gipfels am nachmittäglichen Sonntag) hinzu, schnappt sich ihre andere Brust, während unser „Handy-Krieger" sich fingertechnisch im Intimbereich der Frau, die aus den Niederlanden zu stammen scheint (was ich merke als mich nicht entblöden kann, sie anzusprechen) vollauf konzentriert zu schaffen macht. Krieger fummelt unten rum, die Frau verschließt genüsslich ihre Augen, der andere nuckelt an der linken Brust und - es hat sich tatsächlich noch eine weitere Person auf das Foto geschlichen - ein Mann um die (vorsichtig geschätzten) 80 Jahre im mausgrauen Anzug (so als ob er geradewegs von der sonntäglichen Vorstandsitzung des Kleingartenverbandes angereist sei) , drängelt sich ohne auch nur kurz hinzuschauen (!) an unserem Blitzerotik-Knäuel vorbei. Ich beschließe, das muss eigentlich das Coverfoto für dieses Buch werden, besser kann man eigentlich nicht mehr darstellen, was Porno aus Menschen machen kann, doch, rein rechtlich gäbe es unter Umständen Schwierigkeiten, würde sich eine Person auf dem Foto (unerwünschterweise) wieder erkennen. Da wäre dann ja das Persönlichkeitsrecht verletzt. So etwas in der Art. Das Werbemotto „Mittendrin statt nur dabei" würde sich suboptimal gebären. Ich verletzte fast meine eigene Persönlichkeit als ich das nächste Foto betrachte. Die blonde Holländerin mit der fleischigen silikonfreien Brust vorn, ich an den Nippel spielend dahinter, und das Ganze geknipst von meiner Freundin. Nicht das Fummeln an der Brust ist der eigentliche Skandal, von der Dame ja auch nicht anders erwartet und gewünscht, für mich angenehm. Das Foto, das Festhalten von Peinlichkeit und doch persönlicher Schmach ist unverzeihlich, so aus heutiger Sicht. Will ich nun etwa noch die Chuzpe entwickeln, etwas an dieser Frau - die mir, dem sanften, faszinierten legitimierten Grabscher doch einen Gefallen getan hat -, bemäkeln, ihr Verhalten kritisieren? Ohne sie zu kennen, oder generell, es wäre verwerflich hoch drei. Dem Autor Ian Gittler ging es in seinem „Pornstar" Buch gewiss nicht viel anders. Erst lässt ihn Jeanna Fine wie erwähnt ihre Brüste berühren, dann öffnet April Rayne unaufgefordert ihre Schenkel und zeigt ihm am Rande einer Fotosession ihre junge, offene Vagina, Savannah schläft mit ihm sogar und zu guter Letzt führt die respektable Miss Sharon Mitchell seine Finger in den ihren Schoß. Das taten diese Ladys nicht aus purer Vorteilsverschaffung, wie ich annehme, aber einer weiteren kritisch distanzierten schriftstellerischen Tätigkeit, ist damit endgültig die Grundlage entzogen. Weshalb ich mich auch bewusst von Porno-Drehorten fernhalte im Zuge meiner Buchrecherche, vielleicht werde ich dann nämlich noch ungewöhnlich verwöhnt und versinke in gespielter Weichheit…

Doch betrachtet man das Verhältnis von Darstellerinnen und deren Fans noch einmal detaillierter, kann man doch einen Aspekt nun wirklich lupenrein erkennen, dass es ernsthaft durchaus von einer reizvollen Win-win-Situation unterfüttert ist. Sie - allzu leicht hineingerutscht, oft auch durch belastende Kindheitserlebnisse bis hin zum Missbrauch - kaschiert ihre zerstörerischen Erlebnisse in der aggressiv denkbarsten und offensivsten - aber nicht per se verkehrten! - Weise- sie dreht Sexfilme, verdient sich Geld damit, wertet ihren seelischen Zustand mithilfe ihres trainierten Körpers auf und hat sich somit in die Rolle der Selbsttherapeutin begeben. Sie erntet Geld, sie erntet Lob für ihren Mut, ist in den geistigen Hinterstübchen der Männer kein mögliches Opfer mehr, sondern eine Frau zu der man - im Optimalfall bei entsprechendem emanzipierten Auftreten (die Cornell'sche „Wiedergutmachung" die ich eben andeutete leuchtet wieder auf und ein) eben eine Empathie aufbaut. Und auch der Fan hat es ja häufig mit eigenen seelischen oder körperlichen Defiziten zu schaffen. Porno ist ihm eine Art Ersatz für (momentan) ausbleibenden Sex, ist ihm Impulsgeber und Hoffnungsträger, dass er dies dort Gezeigte selbst demnächst doch wirklich für sich erfahrbar machen kann.

Ein bisschen mehr an Niveau und Züchtigkeit gibt es dann für mich am Stand von „Private" zu besehen. Die weiblichen Stars tragen weiße Trägershirts mit dezentem silbernen Aufdruck „Private Girl" was in der Szene als Gütesiegel seine Anerkennung finden wird. Zu „Private" schafft es nicht jede, und eine unübersehbare Grazie besitzen die Frauen auch wirklich. Michelle Wild verzieht zwar sofort nachdem ich meine AF-1 Kamera zücke, die ewig geile halboffene Porno-Schnute („Gleich gehe ich Dir an die Hose" steht in ihren offenen, schönen Augen, und genau dies wird sie - zum Glück! - ganz bestimmt nicht tun). Meine ich, werde aber gleich an anderer Stelle auf dieser 6. Venus noch eines „Schlechteren" (?) belehrt. Überhaupt diese Blicke der Frauen. Diese sind sogar aus sexualhistorischer Perspektive interessant. Frauke Kreutler klärt uns auf: „Blicke sind allerdings keine wertfreien Handlungen, vielmehr bestimmen das soziale Umfeld, die gesellschaftlichen Konventionen und das Geschlechterverhältnis die jeweiligen Blickregime (...) Die männliche Schaulust beziehungsweise der Blick des Mannes auf den nackten Frauenkörper gehört wohl zu den beliebtesten Motiven in der abendländischen Kunst." Zum Glück muss heute niemand mehr wie König David agieren, der seinerzeit sich nach der badenden Bathseba verzehrt. Er zwingt die junge Frau zum Beischlaf und lässt den Ehemann von ihr im Schlachtfeld töten, um freie Bahn zu haben (Auf Erotik Messen zum Glück völlig unnötig). Doch wir waren ja vorwiegend beim weiblichen Blick, und dieser war lange Zeit völlig obsolet. So schrieb August Lafontaine in seinem „Sittenspiegel" im Jahr 1809 eindeutig an das weibliche Geschlecht: „Alle Weiber wachet über jeden eurer Blicke, über jede eurer Bewegungen, über euren Anzug, Lektüre usw. Ihr seyd (sic) das Eigentum eines anderen. Als Mädchen sollen eure Blicke nie umherschweifen, nie auf der Gestalt eines Mannes haften." Und Amalie Wallenburg hatte nur wenig später Ähnliches parat. Sie verfasste im Jahre 1924 in ihrer „Anstandslehre für das weibliche Geschlecht": „Milde und sanft ist ihre Gebärde; Ruhe und Frieden im Blick, gemäßigt ist der Ton ihrer Stimme, und keine Spur von Egoismus und Dünkel liegt in ihrer Rede (...) Nichts erregt mehr Mißtrauen wider unserer Unschuld und der Güte der Gesinnung, als der wilde freche schamlose Blick." Man kann also leicht davon ausgehen, dass die Venus Erotik-Messe für Wallenburg und Lafontaine den moralischen Garaus bedeutet hätte...

Bettina Campell kommt auch aus Holland, ist sehr bekannt in Porno-Kreisen, und ihre Hautfarbe lässt auf Vorfahren aus Surinam tippen (Bettina Campell kam wirklich mit zwei Jahren nach Arnheim und stammt in der Tat aus Surinam). Eine Schönheit könnte man sie glatt nennen, warum auch nicht. Sophie Evans, mit Wasserglas in der Hand und intensivem Blick in meine Kamera legt die Latte hoch, noch höher. Weniger ist eben häufig mehr (bzw. das Einbehalten der Brüste unter dem Shirt geht fantastisch und tut inzwischen auch einmal gut), und Gesichter, hübsche offene Gesichter sollten doch im Porno des neuen Jahrtausends bitteschön nicht nur noch als Randerscheinung durchgehen.

Die Italienerin Ursula Calvacanti lichte ich dann noch ab, dunkle Haare, gespritzte Lippen, üppige Brüste die dem engen schwarzen Stoff fast auflösen könnten, wie es scheint. Sie sitzt, sie thront, sie reizt die pornoimmanenten Impulse in mir. Für mehrere Minuten oder vielleicht gar nicht einmal so vielen. Weniger als drei Jahre später erliegt sie in Florenz einem Krebsleiden, muss unfreiwillig mit 37 Jahren aus dem Leben scheiden. Ein Gruß, drei Fotos, ein Autogramm, das war meine Begegnung, kein Kennenlernen im eigentlichen Sinne. Kann ich deshalb so relativ zügig in meinem Fotoalbum weiter blättern? Müsste ich ein Mitleid erst aufsetzen? Nein, das nicht, es ist jammerschade wenn ein Mensch frühzeitig und so nahezu hilf- und würdelos sterben muss. Und es mahnt uns, immer und immer wieder den Menschen hinter seiner Funktion, Position oder Rolle zu sehen. Die letzte Filmklappe des Lebens ward für sie also gefallen und Porno als reiner Begriff kann das wahre Leben doch somit niemals ablösen oder übertünchen. Die Eigenliebe habe ich bei ihrem Anblick glücklicherweise mangels Filmmaterial nie vollzogen, fühlte ich mich dann gar noch heute wie ein pietätfreier Depp, hätte ich es getan? Wer ahnt schließlich schon ein so böses Schicksal? Auch sie wird, wie sie da an jenem Nachmittag saß, wie ein pornographisches Monument mit ihrer dreisten Sexausstrahlung, noch nicht geahnt haben, was passieren würde. Ich muss unterbrechen, kann meinen Faden nicht weiterführen, wer denkt noch an Pornogeilheit, wenn der Tod aus Florenz grüßt? Ruhe in Frieden Bella Ursula, das hast auch Du einfach nicht verdient.

Zwei Szenen bringt mir mein blau-schwarzes Fotoalbum in die Erinnerung zurück, die ich nicht ungern unter den Tisch kehren würde, doch so leicht möchte ich es mir mit mir selbst nicht im Sinne einer Sauberkeit machen. Plötzlich, es passieren auf der Venus wirklich etliche Aktionen „plötzlich", weil sie durch eine Ankündigung für mich auch enorm ihren Reiz verlieren würden. „Am Stand von XYZ erwartet nun Linda Lindakowski ihre Fans

zur Autogrammstunde", ginge an mir vorbei, wie eine Supermarktansage: „Rindfleisch, 100 Gramm heute für nur 2,49 Euro..."
Plötzlich also steht eine Frau mit dem Rücken zu mir, und fragt an die um sie stehenden Leute: „Na wo ist denn mein kleiner Freund?", als ein Mann vor ihr im schwarzen Anzug steht, seine Hose öffnet und folglich sein Glied durch ihren willigen Mund bearbeiten lässt. Blasen im Gang, verboten, verwirrend, ich falle schier vom nicht vorhandenen Glauben ab. Was es hier alles gibt. Oder wie Christel Dormagen in der Erinnerung an ein Gespräch über das Überdruck-Modell so passend wiedergab: „Mit der zunehmenden Durchrationalisierung aller privaten und öffentlichen Lebensbereiche, sagt er, wachse die Gefahr irrationaler Ventilreaktionen. Je vernünftiger die öffentliche Moral, umso heftiger die gewaltsamen Ausbrüche aus ihr. Das bräuchte ich nur bei der Frankfurter Schule nachzulesen. Und er zitiert mir: Der Genuß sei die Rache der unterjochten Natur, im Genuß würden sich die Menschen vom Denkzwang befreien."

Sie hat etwas angeboren Ordinäres an sich, ein unsichtbares Porno-Prädikat, das „Naturgeile", was ihr sicher hilfreich ist. Sie jongliert ihre Brüste aus dem Kleid, die womöglich echte geile Hausfrau von nebenan, fürwahr, doch was ist das, ich lasse mich mit ihr ablichten, nehme sie sogar in den Arm dabei. Mit einem trockenen Mund, während der ihre wohl noch befeuchtet gewesen sein dürfte...

Nur weiterblättern.

Die zweite Szene ist banal, kindisch, leicht diebisch. An dem Stand wo wir beim Auf- und Abbau mithelfen, bedient eine reife Polin als Hostess, schenkt eben u.a. die Gläser der Gäste nach, und lächelt dann berufsbedingt auch jene Leute an, die das gar nicht verdienen mögen. Ich stehe bei ihr und frage sie, ob sie nicht einmal ihre Bluse für ein Foto etwas lüften könnte. Das tut sie auch, allerdings nicht sofort. Dann presst sie ihre Brüste aus dem anbehaltenden Büstenhalter in Richtung meiner Kamera. Wie gesagt, keine Meisterleistung von mir, aber ein schmerzloser Akt des Banalen auf einer solchen Messe.

Philip Siegel trifft den Kern sehr gut (da möchte ich ihn loben) als er die Venus Messe als „aberwitzig" beschreibt und sie als Beleg dafür nimmt, „dass Sexualität verkümmert und nur noch dem Schein nach anwesend ist." Das erfahre auch ich, Blutdruck und Pulsschlag sind beim Rundgang über die Venus bei mir höher angesiedelt als gewöhnlich, die Wärme der Hallen kommt hinzu, die eigene Bewegung (man sitzt dort ja eigentlich nie, sondern bleibt rastlos) und das damalige Filme wechseln (!) tragen dazu bei. Nur eines wird nicht bemüht, die eigene Erektion. Die Irrationalität von Nacktheit und Pornosequenzen, die mittels aufgestellter Fernsehschirme eine Reizüberflutung in Gang setzen, lassen dafür einfach keinen Raum. Der angelernte Reflex, dass Sex und Öffentlichkeit ein Anachronismus seien und die erotischen Handlungen hinter verschlossene Türen, schlicht ins Privatleben gehören, wirkt hier glücklicherweise gerade doch noch. Mir kommt sofort ein weiteres Mal die Autorin Christel Dormagen in den Sinn, als sie schrieb: „Da nach Kant, sagt er (ein Freund von Frau Dormagen), das Ohr die moralische Instanz ist, während das Auge - als Organ, das nur fasziniert ist - nicht entscheiden kann." Deshalb also keine Erektion auf den Venus-Messen, die aufgestellten TV-Geräte zeigten zwar sehr wohl Pornofilme (und so gesehen „heiße Action") aber eben tonlos, was für mich dann zumindest einen himmelweiten Unterschied zum Bild mit Ton ausmacht.

Siegel weiter: „Gerade weil die Venus das große Publikum anzieht, verliert sie ihre Anziehungskraft. Die großen Porno-Produzenten erscheinen vor diesem Hintergrund fast wie Wesen aus einer vergangenen Zeit."

Apropos 2002. Wie ein Wesen aus einer haltlosen Parallelwelt erscheint mir hingegen da eine Porno-Ikone jüngeren Datums, die 1980 geborene Texanerin Jesse Jane aus L.A. (woher auch sonst). In 2002 unterzeichnete sie einen Vertrag bei Digital Playground, einem großen Label, auf dem auch bekannte Namen wie Devon, Teagan Presley oder die naturschöne Tera Patrick Kontrakte besaßen. Sie war bei üppig budgetierten Filmen dabei und ich fand es zunächst erquickend für meine Sammlung, dass ich - wenn auch nur aus zweiter Hand - ein schönes Originalfoto mit ihrer Unterschrift auftrieb. Immerhin war sie, zur Verdeutlichung ihrer Popularität, auch zweimal in der amerikanischen, populären Howard Stern Show zu Gast, und dass sie im Jahr 2015 neuerlich einen Vertrag (diesmal bei Jules Jordan Video) unterschrieb, bedeutet ja unstrittig, dass sich diese brustoperierte Blondine mit dem bei weiblichen Geschöpfen nie unmodisch zu werden scheinenden Mittelscheitel, seit vierzehn Jahren im Gewerbe und zwar im gut bezahlten Bereich aufhält, ein Pornostar sein muss.

Das müsste doch Disziplin voraussetzen, Demut unter Umständen. Doch drei Klicks im Internet, welches ja nie vergisst, reichen aus, um zu wissen, dass hier einmal ein Kalauer eingebaut, keine wirkliche neue Ikone „vorliegt." Jeder Mensch wird ab einem gewissen Alter oder Reifegrad erkennen, dass ein „hinter die Kulissen" Schauen, oder manchmal auch nur ein Ansatz in diese Richtung, desaströse Unlust verströmende Resultate bringen könnte. Jeder Teeny ist doch bei Lichte betrachtet enttäuscht von seinem Pop-Idol, Fußballstar oder ähnlich übermäßig aufgebauten Prominenten. Ich wollte gar nichts sonderlich Investigatives über Jesse Jane zum Besten geben bei meiner kurzen Durchsicht auf einem bekannten Filmkanal, doch die Bilder sind zu tragisch in jedweder Hinsicht und lassen für geraume Zeit nichts als Hoffnungslosigkeit bei mir zurück.

Sollte ich mit meinem Ansatz des „in die Bresche Springens" für - vor allem amerikanische Porno Lebenswege - nicht doch stoppen, hinterfrage ich mich hier selbst. Zuerst sieht man sie, mitten am helllichten Tage, auf dem Boden einer Straße auf dem Rücken liegend. Ihre Augen sind geschlossen, sie steht unter Drogen oder ist volltrunken, oder beides. Ein Mann nimmt ihre Hände und versucht das wie leblos am Boden liegende Stück an verlorenem Selbstrespekt aufzurichten. Richtig gelingen tut ihm das nicht, dafür hört man vereinzelte Passanten, die Kommentare und überflüssiges Gelächter absondern. Mitleid steigt auf, Wut. Was habe ich denn eigentlich erwartet? Doch es wird nicht besser, das nächste Video zeigt sie sturzbetrunken mit ihren Freundinnen aus einer Disco oder einem Club kommen. Wechselweise versucht sich ein anderes Girl an der Aufgabe, Jesse Jane festzuhalten, sogar eine Wand hilft ihr dabei. Die mit ihr zu sehenden Mädels versuchen mithilfe ihrer überambitionierten amerikanischen Freundlichkeit (schließlich sind gaffende Fans ja Kunden) darauf hinzuweisen, dass hier nichts von Interesse wäre, um es zu filmen. Ist es aber doch, unter männlicher Begleitung (was mögen das bloß für Typen sein?) drückt man das Minirock-High Heels Wrack dann in eine - natürlich! - Limousine. Eine Bläserin von trauriger Gestalt hatte den Zapfenstreich überzogen, nein, mir ist wahrlich zu unwohl in der Magengegend, als dies zu verharmlosen. Wäre sie ohne Pornos zu drehen, zum Beispiel als Kindergärtnerin oder Verkäuferin so abgestürzt? Glaube ich nicht, es entfiele ja dort die Fallhöhe als unpopuläre Person mit vorwiegend geregeltem Leben. Und wenn doch, es wäre vermutlich nicht im Internet. Die letzte Einstellung zeigt Jesse Jane auf einer Ausgabe der Berliner Venus Messe bei in einem Interview (das Wort traue ich mich im Zusammenhang mit den jungen „Porno Chicks" kaum noch zu gebrauchen, es handelt sich zumeist um kindergartenartige Konversationen, so leider auch hier wieder). Ein italienischer Moderator, den ich bereits öfters im Internet bei Befragungen von Sex-Arbeiterinnen gesehen hatte, und dessen italienisches Englisch abenteuerlich - verwegen unseriös, und darum dafür angemessen klingt -, hat sie also vor dem Mikrofon. Sie spricht keine richtigen Sätze, nur Versatzstücke ihrer Muttersprache die sich sexualisiert hat bis auf die Stimmbänder. Dann scheitert sie noch beim Auswickeln eines Lollis, ach wie schade im ersten Augenblick, sollte sie doch den Lutscher so bearbeiten, wie sie doch sonst männliche Glieder verwöhnt. Nachdem man ihre sirenenartige Stimme mit dem gestanzten Text nur schwer ertragen kann, nuckelt sie dann noch am Lolli. Das Porno-Child ist glücklich, aber erkennen ob sie da frei von Substanzeinnahmen plappert, das kann ich auch nicht. Jesse ist lediglich neun Jahre jünger als ich, warum werde ich das permanente Gefühl dann nicht los, sie könnte eher meine Tochter sein, als eine (möglicherweise) Freundin?

In meinen Unterlagen finde ich noch einige Zitate von ihr, die so sexy-naiv für viele Männer der absolute erotische Traum sein werden, und mich doch so gar nicht mehr erreichten, weil sich ein Beisammensein mit ihr, selbst für zehn Minuten bestimmt auch noch als zu anstrengend aufzeigen würde. Sie erzählt dort u.a., dass sie „gerne bestimme" und dominant sein soll - bitte? Bei der Kaugummiauswahl im Supermarkt, oder wo? Und dass die Arbeit in der Porno-Branche für sie von Anfang an als „sehr befreiend" wahrgenommen wurde. „Sie" (die Branche) „fasziniert mich, und deshalb liebe ich sie. Ich habe vor, noch lange in der Porno-Branche zu arbeiten." Aber, wenn ich glücklich bin in meinem Beruf (und das erlaube ich mir hier ausnahmsweise einmal geschlechterübergreifend zu behaupten), wohlhabend, gesund, mit sicherlich reichlich Freizeit versehen - so ein Star dreht bestenfalls alle paar Wochen einmal - und angeblich innerlich so „befreit" bin (ihre Mutter soll ihr Treiben zudem unterstützen) liege ich dann vollgepumpt mit Drogen auf der Straße herum? Komme ich dann, nicht mehr ansprechbar, nachts aus einem Club? Das eigentlich sehr schöne Kind scheint noch nicht wirklich bei sich selbst angekommen zu sein, der (obwohl doch so weltumspannende) Mikrokosmos des Pornos hat dies noch verhindert. Eine Eigenverantwortlichkeit oder die Verantwortung für andere, woher sollte sie dies verinnerlicht haben, schon traurig.

Langsam aber stetig merke ich, wie mir meine Empathie für Porno-Darstellerinnen angesichts solcher Clips abhanden zu kommen droht, und ich auf ein scheußliches sich „über jemanden anderes" stellen hin zulaufe, und muss mich daher in diesem Moment wirklich ausbremsen. Denn das möchte ich einfach nicht. Und Im Internet gibt es die elastische Nachbildung ihrer Vagina für 69,95 US-Dollar. Ich werde sie mir leider entgehen lassen, obwohl die wenigstens nicht diese Schrillen, debilen (Sprech-)Laute von sich gäbe. (Bei uns in Deutschland gab es höchstens Spielzeug-LKWs mit den Konterfeis von Gina oder Dolly...)

Ich rufe mir Carl Friedrich von Weizsäcker in Erinnerung, den Universalgelehrten. Auch wenn dies Werk hier selbstredend kein Geschichtswerk im eigentlichen Sinne darstellt, und ich den eigenen Anspruch, die eigene Messlatte mir selbst nicht zu hoch legen möchte, ist es mir doch ein Anliegen zu wachsen, und vernunftvollen Lösungen bei der Problematik einer Umschreibung einer mir fremden Person näher zu kommen. So nahe wie möglich jedenfalls. C. F. von Weizsäcker sagte auf einer seiner Lesungen hierzu folgendes Erhellende: „Spreche ich über einen Mensch der nicht ich selbst bin (hier also Jesse Jane) so muss ich zuerst Dolmetscher sein. Ich muss seine (ihre) Sprache, seine (ihre) Handlungsmotive zu erkennen suchen, gerade auch dort wo sie von meiner Sprache, von meinen Motiven verschieden sind. Wenn man das nicht kann, kann man nicht Geschichtswissenschaftler sein. Zuerst also muss ich das mir Fremde als mir fremd erkennen. Als zweites muss ich dann seine (ihre) Sprache, sein (ihr) Handeln von seiner (ihrer) Denkweise von seinen (ihren) Motiven her verstehen. Und wenn mir dies gelingt, werde ich als Drittes beginnen zu verstehen, inwiefern ich von den anderen her gesehen, ein Anderer bin, ihnen in Sprache und Motiven in vielen Punkten fremd bin. Ich lerne dabei, mich in neuer Weise selber sehen." Ein schöner Hinweis, es sich mit seinem Gesehenen, seinen vermeintlich manifestierten Vorurteilen nicht zu einfach zu machen.

(Kurze Pause.)

Ich besehe mir spaßeshalber auch noch einmal die Fotos und Autogrammkarten der 7. Venus Messe aus 2003, meiner wahrlich Letzten, die ich persönlich aufsuchte. Erkenne ich mich als Individuum überhaupt noch auf den (nicht mehr neuen) Fotos wieder? Bei denen ich selbst (mit) auf dem Bild anwesend war? Glücklicherweise hatte ich bei meinen insgesamt acht Erotik Messen denen ich in Berlin beiwohnte, die ich aufsuchte, vorwiegend das fotografiert, was mir „vor die Linse" kam, soll heißen, zahlreiche Schnappschüsse und entspannte Momente, abseits der offiziellen Szenerie waren häufig dabei. Sexy Anblicke mit Augenzwinkern von weiblichen Geschöpfen die nicht per se Porno-Darstellerinnen waren, sondern in anderer Funktion dort. (Die eine oder andere verteilte zum Beispiel einfach nur Flyer.) Ich klebte die Fotos zum Teil ausgeschnitten oder zugeschnitten in meine Fotoalben, und versah sie mit Kommentaren. Humorvoll, dreist, süffisant, respektvoll, angetan, je nachdem wie ich es spontan für den eigenen Hausgebrauch bewertete. Einmal fotografierte ich beispielsweise eine hübsche, hoch aufgeschossene Mulattin. Ins Album schrieb ich aber „Der Herr rechts..." weil erst nach der Fotoentwicklung - die geweiteten Pupillen sind oft in der Situation selbst überfordert bis sehbehindert - klar wurde, dass die „Mulattin" ein ziemlich großes Glied in ihrem Slip baumeln hatte.

Gut, der fotografische Rundgang beginnt also noch einmal. Venus 2003. Die Vokabel „normal" kommt mir da unweigerlich in den Sinn, gerade bei den ersten Bildern die mir mehr „passierten." Ich sehe mich gezwungen diesen Begriff erst einmal durch den Duden definieren zu lassen. Also normal= „der Norm entsprechend, vorschriftsmäßig, gewöhnlich, üblich, durchschnittlich." Und genau diese Beschreibungen treffen auf die erste von mir abgelichtete Frau an jenem Tage eben wirklich nicht zu. Sie geht vor mir in einen Übergang zwischen zwei Hallen, von der Halle 20 in die 21. Es ist Freitag, der erste Tag der für das „normale" Publikum geöffnet ist (der Fachhandelstag ist inzwischen längst abgeschafft worden), und nicht nur für die Geschäftsleute. Die Sonne flutet durch das großflächige Scheibenglas, in das noch ruhige Geschehen. Die Frau vor mir trägt einen schwarzen Hut und schwarze Schaftstiefel. Ihre Körperhaltung ist ungerade und ihr Rücken nahezu nackt. Danach sehe ich, dass ihre schmalen, windschiefen kleinen Brüste nur von Ketten verziert sind. Klack, klack, ihre Stiefel küssen den steinigen, groß gefliesten Hallenboden, aber ihre Optik allein macht ein Wegsehen wahrhaftig schwer möglich. „Was ist denn hier los? fragen Fußballreporter oft hysterisch, weil eine Außenseitermannschaft anormaler Weise auch einmal Torchancen besitzt. An einer Säule macht sie Rast. Setzt sich auf den Hallenboden, schwingt ihre Beine in die Luft und präsentiert unterstützt von ihren Fingern ihre offene Vagina. Freitag 10:00 Uhr, in Berlin, auf einer Messe. Warum tut sie das, das ist doch nicht normal? Sie möchte offenbar mit ihrem Zeigen etwas kaschieren, mit ihrem Mut aus der Reihe fallen, sich etwas (wieder-)holen. Ich möchte diese mir unbekannte Frau, von der ich nicht einmal weiß ob sie einfach Publikum war, Porno-Darstellerin oder Flyer für einen Club verteilen sollte, nicht in spekulativer Weise begegnen, rufe mir aber das Thema der Aufarbeitung von psychischen Problemen, die oft in der Kindheit entstanden waren, noch einmal unter diesem Aspekt vor Augen, gerade im Hinblick auf Pornographie. Denn die Prozentzahl der Damen aus der Porno-Branche, die in der Kindheit durch (sexuellen) Missbrauch gehandicapt sind oder waren ist bekanntlich enorm hoch, weit über dem Durchschnitt anderer Menschen. Es findet also gewissermaßen durch das neuerliche Abbilden der eigenen Sexualität (nun jedoch in der vorwiegend kostenpflichtigen Variante) eine Art Kompensation und

Katharsis statt. Der „Porno Oscar" gekrönte Regisseur Ron Sullivan (alias Henri Pachard, verstarb in 2008 mit 69 Jahren): „Jeder in diesem Business hat mit einer Art von psychischen Problemen zu tun. Kein Kind wächst auf und will Pornostar werden, um Gottes Willen, aber dieses Geschäft, die Welt des Pornos ist ein Platz, wo eine Menge Seelen gedeihen können und eine vernünftige Gemeinschaft entsteht und sie befähigter werden als in ihrem vorherigen Leben." In dieser Richtung möchte ich die Frau und ihr Verhalten deuten, aber sonderlich gut fühle ich mich dabei nicht, ihre Performance zu sehen. Eine Ausstellung der besonderen Art, ungefragt und anormal.

Goldlight Film wirbt mit einem Plakat für ihren Streifen „La Dolce Vita" von Mario Salieri, das ich mir unterschrieben von der Hauptdarstellerin Bambola sichere. Darauf ist das römische Kolosseum zu sehen. Darunter die Unterzeile „Liebe ohne Zukunft." In weniger Worten kann man Porno ohnehin nicht mehr beschreiben.

Kleiner Nachtrag: Die Venus Messe gibt es wirklich immer noch, wenn auch in veränderter Form, kleiner, ohne große Stars (woher auch beim massiven Abwärtsrend der Branche) und in Konkurrenz zur Hannoverschen „Erofame" Messe, die teilweise zum selben Zeitpunkt eröffnete. Die großen Firmen sind weg, ihnen war auch die zu laute (Hintergrund-)Musik zu nervig, der Tag für den Fachhandel, er ist abgeschafft. Paulina Czienskowski schreibt in der „Berliner Morgenpost" über die 2015er Venus Ausgabe unter anderem: „…anfassen. Man darf das hier. Manchmal auch einfach ohne zu fragen. Es erinnert an Oktoberfest. Dort hat ja auch jeder sozusagen die Legitimation primitiv zu sein." (Aber auf der Venus wird nicht in die Halle gepinkelt, und es gibt keine durch Testosteron gesteuerten Schlägereien.) Aber damit hat sie schon, wenn man ehrlich ist, irgendwie recht, aber das hat eine jede Person, die etwas Negatives über die vermeintlich niederen Instinkte der Menschen (Männer!) erörtert. Doch irgendwie würde dies noch mehr eine Funktion erfüllen, wenn ein männliches Wesen das an uns, seine Artgenossen äußern würde. Ich hatte ja obig hinreichend meine eigenen ambivalenten Gefühle und Gedanken bereits dazu niedergelegt. Als Mann, und doch sensibel.

Auf jener Messe Ausgabe erhielt übrigens die Deutsche Darstellerin Texas Patti den goldenen Venus Award für die „Beste Deutsche Darstellerin". Ein Jahr später ließ sich ein Fan auf der Venus 2016 Originalfotos von ihr (oben ohne und mit der nicht unbegehrten Trophäe) unterzeichnen. Er bekam für 7 original unterschriebene Fotos in einem Auktionshaus noch gerade einmal 1,50 Euro, was bei Gina Wild, Dolly Buster oder Teresa Orlowski und Co evident zu anderen Summen geführt hätte…Diese gebürtige Münsteranerin Texas Patti ist das sympathische Girl von nebenan (als Zahnarzthelferin entlassen, wegen ihrer Sex-Filme) , aber ich diskreditiere sie bestimmt nicht, wenn ich empfinde, dass nun doch kein allzu großer Glanz, keine spürbare Aura von ihr ausgeht. Noch einmal der Regisseur „Y-Killer" über das Szenario dieser Jahre: „…junge Amateure, sie ficken vor der Kamera für ein Mittagessen. Sie prahlen im Freundeskreis mit ihrem bumsfidelen

Hobby, und halten sich ernsthaft für Stars." Damit wäre auch erklärt, warum auf der Venus 2016 laut Veranstalterangaben (und ich bin kein Gegner dieser Messe, wie sie erfahren haben) abermals von „über 100 Pornostars" vorberichtet wurde, während man ein Namedropping erfährt, was einem nur mit einem großen Fragezeichen verweilen lässt.(Würde jemandem einfallen, alle Fußballprofis von Sandhausen, Greuth, Darmstadt oder Ingolstadt als „Stars" zu bezeichnen, nur weil sie jahrelang gegen Geld öffentlich Sport betreiben?) Und welcher Star war beispielsweise aus den USA auf der Venus zugegen? Mir ist keine einzige im Programmheft genannt worden.

P.S. Auf der offiziellen Website zur Venus-Messe 2017 wurde die Berlinerin Lena Nitro zu „Deutschlands erfolgreichster Pornodarstellerin" erhoben. Mit Verlaub, aber auf so etwas muss einer erst einmal kommen, war mein erster Reflex, als ich das las. Doch dann fällt mir auf, es ist gar nicht so weit hergeholt, Lena Nitro heimste binnen 7 Jahren 9 Awards ein, wie sie mir am Telefon selbst sagte (darunter auf der aktuellen 2017er Venus den der „Besten Darstellerin Europas").

Prof. Kurt Starke, Sexualwissenschaftler, 2012 über das Sexuelle in der Öffentlichkeit: „Auf der einen Seite eine absolute Geschwätzigkeit über Sexuelles in der Öffentlichkeit und auf der anderen Seite tiefes Schweigen im privaten Bereich. Der öffentliche Raum wird intimisiert und der private entintimisiert."

UPDATE: VENUS MESSE 2017
Meine Rückkehr als Besucher nach 14 Jahren Abstinenz

(„Prostituierte, Pornographieproduzenten sowie beider Kunden sind Marodeure in den Wäldern der archaischen Nacht." (Ein Marodeur ist laut Duden - aus der Soldatensprache - ein plündernder Nachzügler) Camille Paglia)

In der Tat, vierzehn Jahre war ich nicht mehr auf der Venus. Ging der Reiz vollends für mich verloren? Wurde es mir zu teuer? Ich weiß es nicht mehr so genau. Ich fühle mich jedenfalls schon bei der Anfahrt zum letzten Tag der 21. Venus ganz schön in Aufruhr versetzt. Ein alter Hase wird man bei erotischen Dingen wohl nie, selbst wenn sie sich im öffentlichen Raum abspielen. Womöglich ist dies sogar ganz gut so. Ich musste einfach hin, zumal ich ja auch einen aktuellen Bericht für die 2. Auflage des vorliegenden Buches zu zimmern hatte. Zu probieren, den horrenden Eintrittspreis zu umgehen, wage ich erst gar nicht. Ich, der Pornobuchautor, bei den Bestimmungen, die sich z.B. wie folgt auf der offiziellen Website der Venus-Messe lesen: „Bitte beachten Sie, dass ein Presseausweis allein Sie nicht zur Akkreditierung berechtigt. Die VENUS Berlin GmbH benötigt – besonders bei einer Tätigkeit als freier Journalist – ausnahmslos einen Redaktionsnachweis oder einen Nachweis einer Berichterstattung aus dem letzten Jahr. Ein Recht auf Akkreditierung besteht nicht."

Da wünscht man sich dann mehr als offensichtlich eine Form der Hofberichterstattung, die ich nicht leisten kann. Zu Beginn der Messe hatte mich jedoch ein Redakteur per SMS gefragt, wann ich auf der Messe bin, und so war dies das zweite schlagende Argument, hinzugehen. 38 Euro beträgt das Salär für eine Tageskarte. Zum Vergleich, auf der Autoausstellung IAA (wo Konsumenten kurz nach dem Besuch sicher sündhaft teure Neuwagen erwerben) zahlt man 14 Euro, bei der „Grünen Woche" 15,-. Was ist die Gegenleistung der Venus? Ein dünnes Programmheftchen, nicht mehr und nicht weniger, denn alles andere liefern ja die Ausstellerfirmen. (Nicht unter den roten Teppich kehren möchte ich aber ein „Couponheft" von der Venus, wo es beispielsweise im nächsten Jahr beim Eintritt eine Ermäßigung von 5 Euro gibt.) Etwa 25 Minuten vor der Eröffnung am Sonntag bin ich mit Gabi bei Sonnenlicht vor dem Eingang. Das Publikum ist relativ proletarisch, jung und/oder rustikal, erstaunlich, dass der Eintrittspreis niemanden abschreckt. Aber vielleicht sind viele Besucher wirklich zum ersten Mal bei einer Venus-Messe, der gemeine Deutsche Bürger kommt ja oft erst dazu, wenn Massenaufläufe garantiert sind. Die Sonne scheint, und ich lese die weiteren Bedingungen. Keine Kameras mit einer gewissen Größe, keine Taschen über 20 Zentimeter oder Rucksäcke seien erlaubt. Letztere sollen abgegeben werden. Gabi und ich haben je eine Umhängetasche dabei, in einer unerwünschten Größe. Na das wird ja heiter…vor uns sagt etwa zehn Minuten später ein junger Mann: „Oh, jetzt ist die Schlange doch schon gewachsen…", ich blicke mich um auf dem Hammarskjoldsplatz und sehe eine Menschenansammlung von rund 100 Metern Länge… Viele Frauen haben sich sexy angezogen, viele schlanke, großgewachsene dabei, aber auch junge, die schwer beschäftigt aussehend zum internen Eingang wackeln. Der Einlass selbst funktioniert reibungslos, die Ordner haben ein Lächeln auf den Lippen. Wir schreiten erwartungsvoll die ersten Gänge entlang, es ist ein bisschen ein „nach Hause kommen" nach all den Jahren, indem ich meine Neugierde vermeintlich unterdrückt hatte. An einer hölzernen Bandenfront erspähe ich die ersten Darstellerinnen. Sie warten ganz offensichtlich geduldig auf ihre Fanscharen. Keine Warteschlange, nirgendwo, es ist ein wenig wie damals. Zielstrebig trete ich an die erste junge Frau heran, es ist Mia Luxx. Sie zieht barfuß ihre High Heels an und stellt sich mit mir zum gemeinsamen Foto auf. Ihre kleinen Brüstchen sind deutlich sichtbar, in einem schwarzen Netzteil. Hinter der Holzbande steht ein Herr mit Akkreditierungsausweis und schaut reichlich skeptisch. Ihr Manager? Erst später stelle ich fest, was das blonde Pornosternchen für ihre Anhänger zum Kauf mitgebracht hat, nämlich ein „Poster für ein Trinkgeld von 2 Euro" und, was spricht man denn dazu, „getragene Dufthöschen" für 20 Euro. Was für mich als Pornokonsument immer so angenehm war oder ist, ist die Tatsache, dass es von der Hygiene her vor dem Bildschirm keinerlei unangenehme Überraschungen gibt. Scheinbar dabei, mit vielen eigenen Gedanken und Vorstellungen genießt man Pornoszenen allein am Bildschirm. Hier stören keine unangenehmen Gerüche, die doch hie und da auftreten können. Doch andere Leute haben offenbar andere Vorlieben. Mir gefällt der Parfumduft der Damen wesentlich besser. Oder der Duft frisch gedruckter Hefte und Autogrammkarten. Was folgt als Nächstes? Reagenzröhrchen mit Urin? Aber vielleicht bin ich nur eine Art „feiner Pinkel" und ich bin froh, dass mir der Bestseller von Camille Paglia („Die Masken der Sexualität") noch dazu einfällt. Auf Seite 31 erläutert sie dort: „Ästhetik endet, wo Sexualität beginnt (...) Sexualität hat etwas Feuchtes und Ungestaltes, ist eine Rückkehr zu dem, was Freud als polymorph perversen Zustand des Säuglings beschreibt, ein begeistertes Sich-Suhlen in allen Körpersäften. Augustinus sagt, die Menschen kommen „zwischen Kot und Urin zur Welt." Es ist dennoch die erste sich mir stellende Szene auf dieser Messe, die ich mit dem Begriff des Ausverkaufs verbinden muss.

Die zweite Szene lieferte eine Foto-Box, wo man für sich 10 oder 15 Euro mit einer Darstellerin ablichten lassen kann und posieren darf. Für den ersten Preis ist die Dame oben ohne, für den zweiten dann völlig entkleidet. (Die dritte Szene folgt weiter unten.) Lullu Gun ist eine weitere mit der ich kurz posiere, inklusive ihrem Venus Award Pokal. Nach Rosella Visconti komme ich zu Mia Bitch aus Bremen, deren Name mir dann doch etwas sagt. Auch sie scheinbar größer als ich, zieht ihre High Heels an. Ansonsten haben wir dieselbe Körpergröße. Auch sie bietet ihren Usern einiges an Unterhaltung, wie die Rückseite eine ihrer Autogrammkarten verrät „Anal, Fisting, Natursekt". Unser Foto sieht eher so aus, als hätte ich eine niedliche Studentin im Arm, die so gar kein Wässerchen trüben (oder für alle sichtbar ausscheiden) kann. So kann man sich also täuschen.

Rot bleibt die Auslegware in den Messehallen zu Zeiten der Venus, Rot ist die Farbe der Venus- Messe und Rot ist auch die Farbe der Liebe. Porno und Liebe, soweit haben wir uns längst orientiert, schließen sich so ziemlich völlig aus, indes, der Umgang von Fans und Darstellerinnen - stelle ich abermals fest - ist beidseitig als liebevoll zu bezeichnen. Reden die Menschen nicht heutzutage sehr häufig in Konjunktiven? Ach, ein Lächeln würde so hilfreich sein, ach wären die Menschen doch netter zueinander. Hier wird dies noch lebendig gehalten. Die Darstellerin umgarnt ihren Kunden oder Demnächst-Kunden, der Kunde huldigt dem Mut der Darstellerin, und schon hat das Ganze eine ansprechende Basis. An einem Stand ist ein Fan mit einer Darstellerin (die ich natürlich wieder nicht kannte) derart mit dem Austausch von Komplimenten und Fotos beschäftigt, dass ich beschließe mich davon zu machen. Ich gönne einfach beiden diesen Moment. Die Sache mit den mir unbekannten Darstellerinnen hat auch Gründe. Ich trauere dem obsoleten Begriff vom „Pornostar" nicht hinterher, ich vermisse nur größere Persönlichkeiten heutzutage. Aber vielleicht wird das ja noch hie und da durch das Biz forciert, dass doch noch Persönlichkeiten heranreifen... Hier der Beweis, warum die Pornostars im eigentlichen Sinne vom Aussterben bedroht sind (die drei echten Stars der Venus 2017 Lena Nitro, Rocco Siffredi und Jessica Parker treffe ich leider nicht persönlich an).

Ich verlange von keinem Leser, dass er sich folgende Liste komplett durchliest, es reicht am Ende der Liste wieder weiter zu lesen, es sei denn er/sie ist Hardcore-Fan. Es geht einfach nur darum aufzuzeigen, dass nicht jede ein Sternchen geschweige denn gar Star sein kann, obwohl ich eine jede Frau respektiere. (Ich habe die Namen nicht auch noch extra alphabetisch geordnet.)

Francys Belle, Lena Nitro, Aische Pervers, Crazy Kate, Angel Wicky ,Mila Elaine,JenJen, Lucy Cat, Coco Kiss, Cathrin Any, Tatjana Young, Lovenia Lux, Lena Heart, Indre Baltic, Tracy Haze, Lullu Gun, Marry Fox, Dirty Tina, Kaity Sun, Holly, Vanessa Decker, Didi Diamond, Nina Night, Jessica Drake, Mara Mia, Mistress Celina, Stella Glossy, Biggi Bardot, Talia Mint, Henessy, Lara, La Trisha, Poppsi, Jacky Valentine, Izzy Mendosa, Nikki Dream, Valeria Jones, Bella Klein, Melina Ink, Texas Patti, Lana Vegas, Daynia, Paula Rowe, Saskia Farell, Pussy Kat, Puma Marianne Moore, Micaela Schäfer, Julia Jasmin, Naomi Cole, Anny Aurora, Aby Action, Sophie White, Luna Rival, Chrystal Reynolds, Cassie Fire, Betty Fox , Bonny Devil, July Johnsson, Miss Lupa, Jenny Joy, Lola Taylor, Carmen Rivera, Kara Kane, Helena Valentine, Christina, Samy Fox, Roxxxyx, Lana Giselle, Kate de Fleur, Little Caprice, Miss Peel, Mia Luxxx, Mia Bitch, Josy Black, Mina Massimo, Lia Lucia, Busty Cookie, Katy Rose, Silvia und Eveline Dellai, Mariska, Rosella Visconti, Lady Sensual, Crazy Sue, Lady Doro, Annabel Massina, Hanna Secret, Wild Vicky, Ornella Morgan, Jezzi Cat, Luna Corazon, Kitty Core, Candy Alexa, Klara, Obixxx, Angie Kroxxx, Mimi Sweet, Dacada, Mia Julia, Jenny Smart, Kathi Rocks, Roobie, Maomy, Lucy Heart, Real Barbie Paris, Jacky Lawless, Lara Jolie, Katja Krasavice, Fitness Angel, Nina Vegas, Kitana Lure, Joan Belle, Mia Blow, Bonny Rider, Marie Tyler, Lady Cynthia, Lena Lay, Lilly Vanilli, Josi Goldfinger, Kira Queen, Nancy Ace, Anike Ekina, Lorena Bella, Mia Sophie, Leah Obscure, Mandy Xotoxic, Julia de Lucia, Jenny Smart, Katy Rose, Stella Cox, Patty Mich, Kara Kane, Charly Doux, Sina Longleg, Sexy Susi, Schnuggie 91, Wild Vanilla, Lilly Clay, Lady Vivian, Sandra Sturm, Car Cream, Alina Làmour, Susy Star, Sam Angel, Jessy Cam, Tight Tini, Francesca di Caprice, XXMisses Pornoxx, Princess of Porn, Bibi XXX, Laureen Pink, Lorena Bella, Alexandra Wett, Blanche Bradburry, BJ Cat, Laura Cumkitten, Mia Cash, Lessia Mia, Pina de Luxe, Valentina Bianco. Das wären dann bereits 160 Ladies…

Was mir auffällt, abgesehen noch von dem Fakt, dass etliche Hostessen gar keine Karten hatten und die Männer nicht gelistet sind, ist, dass es sich hier weniger um den Begriff „Pornostar" handelt, als vielmehr um so etwas wie „Prostitution mit Kamera". Das gibt es nicht? Ich mag da widersprechen. Erstens gab es in den 90er Jahren z.B. in Kopenhagen dieses Modell, wo also Huren sich mit ihren Freiern beim Akt gegen Gebühr filmen ließen. Ich stand einmal, etwa 1996, vor einer solchen Wohnung, als die mit einem Farbfoto in einem Touristenprospekt inserierende blonde Hure einem Auto entstieg. Das schien mir natürlich reizvoll, ein derartiges Hurenmodel zu beschlafen und dann noch einen Kurzfilm der besonderen Art als Souvenir nach Hause nehmen… Zum Glück bewahrte mich ein dänischer Herr davor, diesen Fehler zu begehen, er riet mir, diese Idee zu verwerfen, es sei richtig teuer, und „das Zimmer derart abgedunkelt, dass auf dem Video fast nichts zu sehen ist." Ich möchte aber auf etwas anderes hinaus: Wenn eine Pornoakteurin heute gefragt wird, ob sie für meinetwegen 300 Euro einen kurzen Take mit sich und mir drehen ließe, der veröffentlicht werden darf oder eben nicht (so ich das nur für mich zum Anschauen besitzen möchte), dann bin ich sicher (auch aus Mangel an Firmen, die noch richtige Filme drehen) dass die meisten Akteurinnen nichts dagegen hätten. Oft werden ja auch Herren für neue Drehs direkt von der Dame gesucht und gewünscht. Gehe ich in ein Bordell, kann ich für 300 Euro auch einen guten Service mit einer aparten Frau erhoffen, aber eines eben ganz bestimmt nicht, dass sie sich mit mir filmen lässt! Und der Pornostar einstiger Tage eben gewiss auch nicht. Man musste ein Profidarsteller sein, einer der wenigen verfügbaren Exemplare, um dann mit einer Pornoqueen Sex haben zu können. So gesehen ist die Phantasie anfassbarer geworden, und die Pornodarstellerin näher an die Prostitution herangerückt. Was nicht zu werten, und erst recht nicht per se zu verurteilen ist. Aber es ist noch mehr Futter für alle jene, die schon immer behauptet haben, beim Porno ist doch der Darsteller der in erster Linie Ausgenutzte. Das zeigt auch ein Interview mit einer Darstellerin namens Isabella (vom Internetportal Big 7) im Penthouse Magazin (Ausgabe 10/11/2017), die ihre zahlenden User auch zu Drehs bestellt. Sie formuliert das alles ganz frech und frei, wann ein solcher Herr in Frage kommt: „Also ich persönlich mache es schon davon abhängig, ob der User ein wirklicher Fan von mir ist. Wer mich schon über längere Zeit in der Cam besucht oder auch meine Clips anschaut, hat deshalb wesentlich bessere Chancen. (…) Was gar nicht geht, sind User, die eigentlich gar kein Interesse daran haben, einen Clip zu machen und einfach nur mit mir in die Kiste möchten." Sowie: „Wenn es am Anfang nicht klappt, dann hilft es auch meist nicht, sich länger Mühe mit seinem besten Stück zu machen… Ich bin Usern dann absolut nicht böse, aber muss ihnen schon zu verstehen geben, dass sie für einen Clip-Dreh nicht mehr infrage kommen." Das liest sich zwischen den Zeilen mehr als eindeutig als ein „stehle mir bloß nicht die Zeit; wenn du es nicht kannst, bleib zuhause Junge…". Geld gibt es dafür sicher auch nicht, und die Anfahrt wird wohl niemanden erstattet. Hier wird einfach ein Pornoturner auf Zeit geordert, der neues Material zu verkaufen hilft, ganz simpel erläutert. Ist das ein hehres Ziel für „User"?

Auch an einer anderen Anlaufstelle meines Messebesuches habe ich meine liebe Müh nicht in eine intolerante Abseitsfalle zu laufen. Es ist die oben bereits angesprochene dritte Szene des „Ausverkaufs". An einer weißen Stellwand steht in großen roten Lettern „LIVE SHOW HARD CORE SHOW LESBI SHOW". Davor sitzen sieben Mädels in High Heels, teils bestrumpft, teils nicht. Es ist wie eine hundertprozentige Szene aus einem Bordell, die „Hühner" sitzen auf der Stange, und warten auf Kundschaft… Eine tätowierte Frau hat auch noch ein Mikrofon, und sie weiß es zu nutzen. Es ist etwa 11:45 Uhr „Gleich beginnt unsere erste Liveshow für heute… 15 Minuten für

15 Euro... mit Blasen auf der Bühne und Dildo-Show, die Männer können ganz dicht an die Bühne", beherrscht sie eine Art Marktschreierin Attitüde nahezu perfekt, aber das hat irgendwie nichts Subtiles mehr, es ist für mich der völlige Ausverkauf. Ich habe in meinem ganzen Leben (gerade als einstmals bekennender Freier) nie ein einziges schlechtes Wort über Prostituierte gesagt, aber diese Damen hier, die unterwandern meine Toleranzgrenze auf das Äußerste. Haben die einen „Fuffi" bekommen um hier im Minutentakt einen auf geil zu machen? Ich will es gar nicht wissen. Gabi fotografiert sie, auf meinen Hinweis, während ich innerlich nur denke: „Du meine Güte." Es ist fast wie auf St. Pauli, nur überdacht. Die Herren Messebesucher Mitten in den Fünfzigern, mit blauen Hemden und in Turnschuhen, treten eiligst hinter einen sich öffnenden Vorhang. Da sitzen sie dann aufgeregt im gleißenden Scheinwerferlicht. In ihren Augen stehen für mich zwei Dinge, einerseits: „wann geht dann mein Kasperletheater für Erwachsene endlich los?" und auch „...hoffentlich sieht mich jetzt mein Chef hier nicht..." Es ist alles so dermaßen billig, die Frauen tun mir leid, ich weiß nicht wie ich es sonst für mich im Kopf ordnen soll.

Unser Rundgang neigt sich dem Ende entgegen, doch bevor wir einen Abstecher in die „Kinky Area" gehen, nehmen wir noch eine Cola und ein Wasser zu uns. Dabei entdecke ich etwas Heiteres. Die Tragetasche aus Pappe, die wir beim Eintritt bekommen hatten, welche in der Form aus Mode-Boutiquen bekannt ist, und auch einen gut gekleideten Herrn abbildet, erkenne ich; verdammt, das ist ja Rocco Siffredi! Und drauf steht „1800 Filme 5000 Frauen Ein bester Orgasmus", es ist Werbung für ein Sexspielzeug für Damen. Das ist ja eine Idee, juble ich innerlich. Zuvor habe ich noch Conny Dachs gesehen und gehört, er moderierte am Stand von VISIT-X TV. Ich mag ihn und erkenne seine Leistungen völlig an, nur zum Verweilen ist mir nicht zu Mute. Dieses aufgeregte Mikrofongerede, diese „Bummbumm"-Musik, es wird merklich immer lauter und voller, wie auf einem Rummel, ich habe bereits Bedenken, dass uns gleich ein Zuckerwatteverkäufer entgegenkommt. Vor der „Kinky Area" läuft eine kleine, korpulente Frau herum, die ihren eigentlich zu dicken Hintern nackt herzeigt. Eine andere Frau zieht an Leinen zwei unförmige Männer mit einer Art Gasmaske hinter sich her. Wirklich nicht so meines, aber immer noch besser als diese „St. Pauli überdacht Szenerie" von kurz zuvor. In der Fetisch-Arena hält uns eigentlich gar nichts, auf der Bühne verstricken sich gleichgültig wirkende junge Damen, völlig langweilig. Von draußen scheint durch die kleine Notausgangtür die Sonne herein, ein Zeichen für uns, jetzt wieder ins normale Leben zurückzukehren. Am besten gefallen haben mir übrigens Crazy Kate, Lilly Vanilli und vor allem die Mittelfränkin Daynia, die mit ihrer Grazie wehmütig an frühere Zeiten erinnert. Vor der Halle erinnere ich mich noch einmal an vergangene Zeiten. Vor 20 Jahren fing hier alles an. Gina Wild war damals als Besucherin dort, Chantal Chevalier, Sunset Thomas, Monique Covet... Gut, Michaela Schaffrath alias Gina Wild spielt heute in der ARD Dauerserie „Lindenstraße" mit. Doch die meisten Stars und Sternchen von einst, und selbst auch jene, die vor nur wenigen Jahren hier Wind um sich aufziehen ließen, sind wie die Blätter vor der Halle, vom Winde verweht und längst in Porno-Rente.

("Wie würde es unsere Ansichten über Pornografie verändern, wenn wir die Menschen im Porno nicht als schäbig-glamouröse Pornostars ansehen würden, sondern als arbeitende Spießer und hungrige Künstler?", Constance Penley, Professorin für Film und Medien, die an der Universität in Santa Barbara auch das Fach Pornographie lehrt.)

Mein veröffentlichter Brief an eine Pornokönigin

Über meine Wenigkeit könnte man vieles sagen, In jedem Falle aber, dass ich für mein jeweiliges Hobby eine geradezu disziplinäre Haltung freilege. Ich gebe meinen letzten Groschen (neudeutsch: nun Cent) für jenes, was mich gerade interessiert, fresse mich in die Materie. In den Jahren 1989/ 90 war dies nun einmal alles Fleischige. Mit nur 100 DM an monatlichem Taschengeld, war es gar nicht so einfach „Playboy", „Penthouse", den „Hustler" und eben die richtig „zünftigen" Zeitschriften erwerben zu können. Pornohefte nämlich, und Pornofilme sowie Videoleihgebühren für Pornos fielen auch nicht selten an... Völlig untätig konnte ich aber auch hier nicht bleiben, etwas Kreativität ward vonnöten und so verfasste ich zu Jahresbeginn 1990 einen Leserbrief (!) an das DIN A5-Pornomagazin „Foxy Lady" aus dem Hause Teresa Orlowski. Ich hatte die Ausgabe Nr. 41 an einem Kiosk in Berlin-Westend frisch erworben (allein die fast immer mit Madame Orlowski herself verzierten Titelseiten des Heftes besaßen für mich einen unschlagbaren Erotikfaktor, waren ein pures Kaufargument). Was ich dabei aus den Augen ließ, war, mir die Folgenummer käuflich zu erwerben, doch wie beschrieben, 15 bis 18 DM war schon nicht ohne für mich jugendlichen Erwachsenen. So staunte ich nicht wenig, als ich mir sieben Jahre später (!) die Nr. 42 (vom April 1990) aus Second Hand zulegte, und darin meinen Brief samt Antwort von der Pornokönigin a. D. auf Seite 22 vorfand. Ein Anspruch auf jedwede literarische Qualität kann nicht nachgewiesen werde, keinesfalls, aber ich möchte diesen Briefwechsel doch zum Besten geben. Es ist einfach zu drollig, womit ich 18-jähriger sexueller Selbstversorger mich doch so beschäftigte...

„Hi Teresa!

Bisher besitze ich vier Ausgaben von FOXY LADY und vor kurzem habe ich auch VIDEOSTASR INTIM kennen gelernt. Beide Magazine sind qualitativ hochwertig und schlagen die Konkurrenz um Meilen. Dein Readers Corner, der auch dieser Brief gilt, ist hervorzuheben, wobei ich viele Briefe Deiner Leser absolut daneben finde. Daß Du „tolle Titten", eine „geile Möse" und einen „scharfen Arsch" hast mag zwar stimmen, wer sich aber nur so ausdrücken kann, ist zu bedauern. Du bist eine reife Frau, die sich verkauft und wohl auch ein bisschen exhibitionistisch ist. Du bist sicher sehr lieb (sic!), aber in meinen Augen eine Geschäftsfrau, die privat sicherlich nicht mit jedem Seppl ins Bett steigt, wie sich einige Deiner Leser offenbar denken. Toll finde ich an Dir Deine Meinung und wie Du sie durchsetzt. Schick mir doch bitte ein Autogramm und beantworte mir folgende Frage: Kannst Du nicht mal ein Extra-Magazin über Pornostars herausgeben? So eins von Tracey Adams, eins von Amber Lynn etc. Ich wäre froh, mehr über solche Frauen zu lesen und natürlich zu sehen. Markus F., Berlin"

„Hi Markus!

Zuerst zu Deiner Frage. Das von Dir gewünschte Magazin gibt es ja schon, Du hast es sogar in Deinem Brief gelobt: Videostar Intim soll diese Aufgabe erfüllen. Ein ganzes Heft nur über einen Star wäre doch etwas wenig und zu stark von persönlichen Ab- und Zuneigungen abhängig. VIDEOSTAR INTIM stellt Pornostars auch privat vor (Nr. 3/90 zum Beispiel enthält ein sehr ausführliches Interview und viele scharfe Bilder der von Dir geschätzten Tracey Adams) und dazu noch vieles mehr. Auch in der Musik- und Filmszene die ja auch von ihren Stars lebt, gibt es kein regelmäßiges Magazin, das sich nur mit einem Star beschäftigt, oder?

Ich finde VIDEOSTAR INTIM bewältigt diese Aufgabe sehr gut. Auch wenn Eigenlob stinkt. Nun zu Deiner Kritik an den Leserbriefen. Ich finde jeder soll sich so ausdrücken, wie er es für richtig und angemessen hält. FOXY LADY kümmert sich ja auch sonst nicht um Konventionen und Normen. Deshalb sollen sich auch die Leser frei äußern dürfen, ganz so, wie ihnen „der Schnabel gewachsen ist". Ich glaube, das macht Readers Corner auch so interessant. Jeder kann schreiben was ihm am Herzen liegt, ohne auf geschliffene Ausdrucksweise achten zu müssen. Das finde ich gut und so will ich es auch weiter halten. Teresa."

(Da wollte ich also schon in jungen Jahren auf eine mögliche „sauberere", niveauvollere Pornographie hinweisen. Denn bei der Ausdrucksweise fängt es nun einmal auch irgendwie an. Ein völlig naiver, obwohl richtiger Ansatz, aber Frau Orlowski konnte ihrer breiten Klientel natürlich kein Kontra geben. Höchstens mir als Einzelperson, die wieder einmal) auszuscheren mochte. Wobei sie im Punkte Videostar Intim völlig recht hatte, da das Heft eigentlich ausreichend Infomaterial über die damaligen Darstellerinnen transportierte, heute wäre ein solches Heft ja überflüssig, was soll denn bei den Interviews mit heutigen Aktricen herauskommen, außer überwiegend purer Langeweile? Der Leserbrief als solches ist meiner Meinung nach wahnsinnig ehrlich, (naiv!) respektvoll und zugleich mahnend. Sowie, wie wir alle inzwischen wissen, auch leider komplett überflüssig.)

WISSENSCHAFTLICHER UND ALLGEMEINER TEIL

Wie alles begann
(Frankreich, USA, Deutschland, Skandinavien und Co)

Unter dieser und der folgenden Headline bieten wir der geneigten Leserin/dem geneigten Leser ein Sammelsurium an Daten und Fakten des Konsumgutes Porno, welche auch ein ziemlich schlüssiges Resultat offenlegen. Nicht, dass nun ein jeder Fakt als unumstritten eruiert oder einen eindeutigen Charakter besitzt, aber diese historischen Hausnummern tragen schon ihren Teil zu einer Art Allgemeinwissen bei, das auch beim Thema Pornographie Interesse wecken kann. Selbst für die oder den, der dieser Art von Unterhaltung eher abgeneigt ist. Etliche Angaben, vor allem des Boulevards waren immer mit einer gewissen Vorsicht zu genießen, ich bemühte mich von daher vorwiegend aus Büchern, die mir solide Quellen darstellen konnten, zu zitieren. Vor allem war Seeßlen's „Der pornographische Film" hier eine enorme und verlässliche Stütze. Die meisten dieser Inhaltsquellen sind hinten bei den Literaturhinweisen genannt. Einiges ist natürlich auch dem Internet entnommen.

Der Ursprung der Pornographie ist natürlich nicht mit unserem Corpus Delicti - dem gemeinen Pornofilm - gleichzusetzen, das wäre ja schon rein technisch unvorstellbar. Besieht man sich die Historie von der Antike, von Vasen Malereien und anderem obszön genannten Dingen sind sogar die Filme lediglich der Ausläufer einst geschaffener Werke, die vor allem durch den Buchdruck ihre Verbreitung fanden. Was als obszön (heute also pornographisch) gilt oder galt, darüber gab es vor zweihundert Jahren freilich größere (juristische) Auseinandersetzungen als heutzutage, wo das Verbotene klar definiert ist. Der alte Roman, das anstößige Gemälde werden heute nur noch milde belächelt von Sittenwächtern und Konsumenten. (Andererseits war Pornographie immer schon auch politisch, wie es auf dem Backcover eines Buches heißt: (Sie sei) „als literarische Praxis im Rahmen der Demokratisierung der westlichen Kultur entstanden (...) Die frühe Pornographie kritisierte nicht nur politische Autoritäten, sondern darüber hinaus soziale und sexuelle Beziehungen.")

Claudia Gehrke ruft uns in ihrem Buch „Frauen und Pornografie" (S.7) ins Bewusstsein: „Und zwar geht es in dieser Kunst (Liebeskunst) hauptsächlich um Technik, um Können. Es hängt mit den Liebesdienerinnen und Liebesdienern zusammen, die diese Kultur gelernt haben und beherrschen. Die ersten bekannten Schriften über „Erotik" stammen von Frauen, von Hetären, Liebesdienerinnen." Und auch ganz wichtig: (Seite10) „Daß Sexualität - jenseits aller Triebbefriedigungstheorien - etwas zutiefst Kulturelles ist, lehrt die gesamte Geschichte. In vorabendländischen Kulturen mit Religion und Magie verknüpft, bei den Griechen zur Kunst geworden, gleichwertig der Philosophie und anderen Künsten."

Kennen Sie Pornofilme aus Uganda, Mexiko oder Australien? Schon einmal von peruanischen Pornos gehört? Da geht es Ihnen dann im Wesentlichen wie dem Verfasser. Und richtig, in nur wenigen Kerngebieten wo Pornographie in hohen Auflagen erscheint, liegen auch gewissermaßen die Urheberrechte. Frankreich, Italien, Skandinavien, dann erst Nordamerika und fast zeitglich die Bundesrepublik (aber nur wenn es konkret um die „richtige Pornographie" geht) das sind im Wesentlichen die Pioniere der heutigen „Erwachsenen-Unterhaltung", des „X-Business (bedeutet unter 17-Jährigen ist der Zutritt untersagt) respektive „Hardcore." Und es sind bis heute die wahren Hochburgen, auch wenn die „BZ" Berlin angeblich vor Jahren wusste, dass in Brasilien heutzutage die „zweitgrößte Pornoindustrie der Welt" beheimatet sein soll, ein Fakt den ich bei meiner Buch-Recherche keineswegs fundiert oder auch nur ansatzweise etwaig bestätigt sah.

Wobei in Frankreich, dem Land des Savoir Vivres, seinem Paris der Stadt der Liebe, das erotische Moment - die Korrelation von romantischem Liebesduft und konkreter sexueller Leidenschaft - ohnehin eh und je zum unverkennbaren Lebensgefühl gehörte, und dass auch deswegen dem Land eine Vorreiterrolle gebührt. 1886 erscheint der Streifen „Le Bain" der schon eine Striptease Szene beinhaltet, einer erotischen Darstellungsform die ebenfalls von dort stammte. 1907 gab es „Le Voyeur", und ab 1905 wurden in Pariser Bordellen in einem Raum Filmprojektionen gezeigt, wenn man so will ein Vorläufer der heutigen Sex-Kinos mit „Platzanweiserinnen." Der älteste Film der Pornogeschichte wird mit „A Lecu d´or ou La Bonne Auberge" benannt. „El Sartorio von 1907, ein argentinischer Film gilt jedoch für den Boulevard wiederum als ältester Pornofilm der Welt. Dieser soll auch noch erhalten sein.

Auch Österreich hielt nicht lange hinter dem Berg in Sachen Erotik zur Jahrtausendwende. So verfasste ein unbekannter Autor 1906 die Geschichte einer Hure aus Wien-Ottakring namens „Josefine Mutzenbacher" (bei uns 1970 in den Kinos mit Christine Schuberth). Die erste Auflage betrug 1.000 handnummerierte Exemplare. Mittlerweile sollen laut Magazin „Focus" allein in Deutschland noch 1,3 Millionen Exemplare vorhanden sein. Hellmuth Karasek kürte das Buch in der „Zeit" am 21.11.1969 zum „…grotesk mechanischen Ballett des Geschlechtsverkehrs".

Auf deutschem Boden sorgt zunächst der Berliner Oskar Messter für Erotik Film-Gut, bereits seit 1896. Es entstanden Filme, „die Frauen zeigte (n) die sich in seinen kurzen Filmen auszogen, nackt oder spärlich bekleidet tanzten oder ein Bad nahmen. Sie nannten sich „Vom Ernst zum Lachen. Die Mimik des Gesangskomikers Franz Anton" (1897), „Salome" (1902) Desdemonia" (1910) oder „Die große Sünderin" (1914). In Italien begann dann ab 1911 nach dem „dekadenten Geschmack der Großbürger und Aristokraten" der Pornofilm, in dem zahlreiche lesbische Spielereien vorkamen. Den ersten Lesbenporno setzt die Hamburger Ska-Punkband Rantanplan übrigens schon ins Jahr 1902 (Textauszug: „1902 wurde der erste Lesbenporno auf SW Film gedreht, und immer noch maßt sich so mancher an, dass er Gut und Böse voneinander differenziert"). Im Land der „unbegrenzten Möglichkeiten", den USA wird die Geburtsstunde des Pornos in die Jahre 1905/ 1906 gesetzt.

Im Jahre 1873 wurde angeblich in den Staaten das erste Antipornogesetz erlassen, das liest sich als „früh", aber angesichts der Gesamtgeschichte von Pornographie ergo Obszönität eine fast schon als verspätet zu bezeichnende Tatsache, denke man nur an das europäische England, wo 1868 durch den berühmten Urteilsspruch des Oberrichters Cockburn (Cock= Schwanz, „burn"= brennen, Anmerkung des Verfassers) im Hicklin Fall der Zensur Tür und Tor geöffnet wurde, abermals hatte also das alte England dem neuen England eine Steilvorlage geliefert, die dort dann auch wohl zeitverzögert zur Anwendung kam. Nämlich konnte folglich ein jedes Buch „auf Grund einer einzigen Stelle, eines Ereignisses oder eines obszönen Wortes als verdammungswürdig angesehen werden, auch wenn das Werk im Übrigen vollkommen einwandfrei war" (Montgomery-Hyde). Über die ersten Darsteller in den USA weiß Georg Seeßlen, dass sie „aus dem Milieu der Elendsprostitution oder aus den Kreisen der „Hinterwäldler"(kamen) , die nichts mehr zu verlieren und nichts mehr zu verkaufen hatten, als ihre Körper und den Rest von Selbstachtung." Was sich freilich zum Guten änderte, wenn auch erst 80 Jahre später. Auch eine intelligente Frau wie Tracey Adams ging des Geldes wegen - aber konkret um sich ihr Gitarrenstudium zu finanzieren - zu Nacktaufnahmen und Porno über, aber sie finanzierte sich zudem dadurch Immobilienkäufe, und verpraste ihr Einkommen nicht gleich wieder. Voraussetzungen, die 1906 leider noch nicht gegeben waren. In den 20er Jahren war dann der Humor fast so entscheidend, wie das sexuelle Geschehen, wie überliefert wird. In den 30er Jahren geriet es schon zur Mode, den männlichen Orgasmus außerhalb der Vagina zu zeigen und von 1920 bis 1960 zeigte die Hälfte aller Filme jeweils nur ein sexuell aktives Paar.

Was natürlich illegal war, und im Untergrund nur einer sehr begrenzten Zahl von Sehern vorbehalten. Nun ist die Geschichte des pornographischen Filmes immer auch mit der Geschichte von „Sex im Film" generell direkt oder unmittelbar verwoben, bzw. kann nicht von diesem getrennt werden. So ist die 1932 gedrehte tschechisch-österreichische Kinofilm-Produktion „Ekstase „(Deutsch „Symphonie der Liebe") die am 20.1.1933 in Prag Premiere hatte, zwar mit recht wenig Nacktheit ausgekommen, doch Schauspielerin Eva Maria Kiesler (die später als Hedy Lamarr in Hollywood ihre Filmkarriere vorantrieb) zeigte darin in einer Liebesszene eine, wie es hieß, „gezeigte sexuelle Erregung." Am 8. 1. 1935 wurde der Film dann erst - stark zensiert, man lebte ja bereits im Dritten Reich - am Kurfürstendamm im Kino gezeigt. (Hedi Lamarr erfand im Übrigen das sich so innovativ später auswirkende Frequenzsprungverfahren.) Besieht man sich diese Filmszene heute (selbstredend in Schwarz-Weiß) wirkt diese im ersten Moment leicht mild, weil Lamarr in der expliziten Szene auch gar nicht entkleidet ist. Doch man sieht ihre gespielte Erregung hört kurz darauf ihr beruhigtes Ausatmen, als sie wohl ihren Orgasmus erlangt hatte. Kein Mensch konnte also behaupten, diese Szene nicht zu verstehen oder anders auszulegen, und das war - wir rechnen hier nicht weniger als über 80 Jahre zurück - und sprechen vom Kino, nicht von privat gedrehten Takes, ein enormer, aufwühlender Skandal. Auch und vor allem an diesem Beispiel kann man ersehen, dass öffentlicher, komplett gezeigter oder eben auch nur angedeuteter Geschlechtsverkehr in seiner Wirkung einen recht ähnlichen Charakter besitzen kann.

In den 50er Jahren setzte dann eine Verrohung und Hässlichkeit ein, die sich in einigen Fällen am Namen Alex de Renzy festmachen ließ. Wie es Georg Seeßlen schilderte. Doch de Renzy ward als 1935 geborener beim Dreh von „Smart Alec" selbst 16 Jahre alte und hatte nicht direkt etwas damit zu tun, sondern er brachte den Film 1970 selbst nur noch einmal heraus, „(...) gewalttätige Menschentiere stürzte sich auf Frauen, denen man vor allem den Wunsch ansieht, das alles möge bitte möglichst bald zu Ende sein", war laut Georg Seeßlen in diesem Streifen ersichtlich gewesen. (Im Kino zeigte sich indes in 1951 Hildegard Knef in „Die Sünderin" kurz nackt, auch ein ziemlicher Skandal, den Georg Seeßlen damit erklärte, dass 1951 „moralische Sauberkeit gewissermaßen zum Ersatz für politische Sauberkeit geworden war".) In Österreich wurde am 31.3. 1950 ein Pornographiegesetz zur „Bekämpfung unzüchtiger Veröffentlichungen und den Schutz der Jugend gegen sittliche Gefährdung" verabschiedet. Kurioserweise hatte der SPÖ Angeordnete Peter Strasser einen bis heute im Grunde gültige Einwand parat. Er meinte, dass es ältere Leute seien, die am häufigsten Pornographie konsumieren. Es müsste also „Gesetz zum Schutz der Alten" heißen...Dieses Gesetz zog jedoch lange seine juristischen Bahnen. Noch 1973 wurde der Wiener Buchhändler Wilhelm Herzog zu einem Jahr Haft und einer Geldstrafe zu 500.000 Schilling verklagt, weil er das Buch „Wiener Blut", welches unzüchtige Abbildungen und zotige Liedtexte erhielt, vertrieb. Allerdings wurde das Verfahren am 26.8.1975, nach mehreren Verhandlungen, dann doch noch eingestellt.

Der Schauspieler Thomas Fritsch, der einmal neulich in einer TV-Doku über die berühmte Knef seinen Auftritt im Kinofilm „Das große Liebesspiel" schilderte, und für den Spätsommer 1963 war das gewiss auch nicht von Pappe, erinnerte sich genau, wie er als 19-Jähriger entkleidet vor sie treten musste. Knef spielte ein Callgirl, und er einen (ihren) studentischen Liebhaber. Dann musste er sich vor dieser großen Mimin ausziehen, und sie sagte zu ihm, dass sie schon genügend nackter Männer gesehen habe, was sie wiederum sagte, um ihm dadurch ein wenig die Aufregung zu nehmen. Auf die heutige Zeit bezogen, hatte das aber schon etwas von einem Pornodreh (Filmisches Callgirl bestellt nackten Jungschauspieler), wenn auch ohne anschließendes Eindringen...

In der Bundesrepublik entsteht indes 1962 der erste „Sex Laden". Beate Uhse eröffnete das „Sex Institut für Ehehygiene", doch Sex war einerseits nicht automatisch Porno, und doch war dies ein ziemlich früher Zeitpunkt, und half der späteren Sexwelle mit zu seinem Erfolg.1969 gibt Dänemark als erstes Land der Welt die Pornographie frei (einige nennen dies auch deshalb, weil da das erste Heft der „Color Climax Corporation" erschien). Präziser lernen wir aus dem Vorwort der deutschen Ausgabe von „Pornographie und Sexualverbrechen. Das Beispiel Dänemark". Dort heißt es: „1967 wurde das gesetzliche Verbot pornographischer Schriften vom dänischen Parlament aufgehoben, 1969 das Verbot erotischer Abbildungen und Gegenstände." Daran erkennt man erst, wie gewaltig lang, zäh und zumeist unerlaubt all die ganzen Vorläufer des Pornofilmes waren, ehe die Gattung ihre - wenigstens immerhin juristische - Legitimation fand. 1969 kann man in San Francisco Pornofilme im Kino sehen, und in den 70er Jahren wurde auch damit das Phänomen geboren, dass die Darstellerinnen oft auch den bewussten Weg der Popularität anstrebten, und nicht mehr verheimlichen wollten, was sie denn so „Unanständiges" trieben. Der Weg zum Titel des „Pornostars" war endgültig geebnet, erschaffen von Frauen wie Veronica Hart, Marylin Chambers (die zudem zuvor jahrelang als Werbegesicht für das Waschmittel „Ivory Snow" posierte), Seka oder Anette Haven. Wenn auch nicht immer allen diese plötzliche Popularität behagte.

Erstaunlich war und bleibt jedoch, dass es das kleine liberale Dänemark, im Verbund mit den schwedischen (Pornoheft-)Pionieren um Berth Milton von „Private" überhaupt erst, zwar nicht rein auf Sex bezogen, der Stein des Anstoßes war, aber dass Porno eben doch eindeutig begann, sodass im großen Amerika der Pornofilm überhaupt erst seine gesellschaftliche Durchdringung und Legalität erfahren durfte. Die skandinavischen, häufig zerstrittenen Schwestern Schweden und Dänemark waren also die wahren Porno-Taktgeber. Da war zum einen Leo Madsen in Kopenhagen, ein gelernter Schmied der sich „Dänemarks Pornokönig" betiteln ließ und regen Zulauf durch seine Landsleute und von Deutschen Touristen erfuhr. Ein zweistöckiges Fotoatelier mit 5 Studios, 130 Angestellten (1971!), zehn Porno-Shops und ein dreistöckiges „Sex House", wo Mädchen „barbusig bedienten" (wie „Der Spiegel" schrieb, was sogar bis heute noch der Fall ist) schuf er zum Zwecke des erträglichen Gelderwerbs. Peter Theander war der andere Däne der mit seinen „Color Climax" Produkten Pornogeschichte schrieb. Ein gewisser Curth Hson-Nilson aus Schweden war indes der Erste, der mit Magazinen wie „Pat" oder „Peter" vorstieß. Doch die hohen Weihen der internationalen Pornoheft-Szene konnte er damit nicht erringen. Dies war Berth Milton vorbehalten, der 1965 mit „Private" das jahrzehntelang eindeutig beste, drastische, erotische Pornoheft im bekannten Format 165/230 cm herausgab. Schon 1971 hatte er einen Chrysler mit Chauffeur, eine Stadtvilla und ein Privatflugzeug (mehr dazu im „Exkurs Pornomagazine" im Kapitel „Die Wirtschaftskraft der Branche").

Der amerikanische Filmemacher John Waters macht das Pornofilm-Pioniergeschehen in Dänemark unverblümt deutlich, als er sagte: „Für mich wurde der Pornofilm hier 1969 legal, als sie „Pornography in Denmark" in einem kommerziellen Kino in New York City aufführten, und das nicht ruiniert wurde. Ich trampte von Provincetown, Massachusetts bis nach New York, weil ich wusste, das ist historisch „Pornography in Denmark" umschiffte das Gesetz, weil es ja „eine seriöse Dokumentation" war, richtig? (...) Er öffnete die Tür für andere Filme, wie „SEX U.S.A." und eventuell „Deep Throat (...) Es war eine große Sache, denn danach gab es kein Zurück mehr". („SEX U.S.A" war dann laut Darsteller Harry Reems der erste 35-mm-Film diesen Interviewtyp-Stiles in den Staaten. Auch die spätere Linda Lovelace agierte in diesem Film mit, allerdings noch unter ihrem bürgerlichem Namen Linda Boreman.)

Durch Porno-Kinofilme wie „Deep Throat" (mit Linda Lovelace, deren Leben zuletzt als Dokumentarspielfilm noch einmal aufgearbeitet verewigt wurde) oder „Behind the green door" (Marylin Chambers) entstand eine gesellschaftliche Neugierde, die der weit gefächerten Akzeptanz schon mehr als deutlich die Hand reichte. „Plötzlich gilt es als schick, im Pornokino gesehen zu werden. Die unterschiedlichsten Leute stellen sich brav an der Kinokasse an - vom New Yorker Literaten bis zur Hausfrau aus der Vorstadt" resümiert Grahame-Smith. Der Fortlauf in den 80er Jahren bis nahezu heute findet sich bekanntermaßen im bisherigen und weiteren Text.

Bei uns in der Bundesrepublik wurde die Pornographie erst Ende 1973 freigegeben, was einige chronologisch leider anders interpretieren und sogar etwas von 1970 schreiben. Doch erst mit dem vierten Gesetz zur Reform des Strafrechts, das am 23.11. 1973 verkündet wurde, trat die wirkliche Legalisierung ein. Die Folge war binnen weniger Jahre ablesbar, und dies nicht nur in puren Zahlen. Die Fahrten ins Bahnhofsviertel von Kopenhagen waren zwar keineswegs obsolet geworden, doch tauchten in der BRD sogenannte „Sex-Kinos" auf, die nicht nur einen phänomenalen Umsatz zu verzeichnen hatten, sondern die auch eine Korrelation von Pornographie und Prostitution darstellten. (In Kopenhagen erlebte ich diesen Zusammenhang Mitte der 90er, dies noch hautnah, man trudelte mehr oder weniger automatisch von einem Sex-Shop (wo ich mich für amerikanische Original-Pornos mit dänischen Untertiteln interessierte) an Huren vorbei, die sich bisweilen auch in diesen Shops aufwärmten. Und, ja, ich erlebte die von der in soliden, seriösen Reiseführern als „abgeschafft" geltenden Live-Shows. Nachdem ich mit einer Hure ein Etablissement verließ, standen zwei leicht bekleidete Frauen auf einem Tresen, vor dem zwei Bier trinkende Männer saßen. Und die eine verwöhnte die andere tatsächlich oral. Das war im schummerigen Licht eines verwegenen Urlaubtages etwas nicht Alltägliches. „Komm, hier dürfen wir nicht bleiben", delegierte mich die blonde Hure, die ursprünglich aus Deutschland stammte, davon weg. Ich hatte auch genug gesehen, irgendwie. Eine deutliche Sprache über die Ausbreitung der Pornographie-Filme in großen Massen gibt uns das legendäre Werk „Sex in Wien". Darin heißt es: „Es wird geschätzt, dass zwischen 1900 und 1970, unter den Bedingungen der Illegalität, weltweit etwa 1.800 Pornofilme hergestellt wurden, nach 1970 hingegen jährlich 500 bis 700." Ähnlich der geschichtlichen Entwicklung des Fußballsportes (wo Akademiker, Lehrer und besser gestellte den Sport betrieben, und (noch) lange nicht die Arbeiter) war auch die Pornographie keineswegs in den unteren Schichten „en vogue". 1967 wurde in Wien-Währing ein illegales Porno-Atelier enttarnt, in dem vorwiegend die „High Society" verkehrte, wie Werner Michael Schwarz berichtet. Denn einhergehend mit der Sex-Welle war noch lange keine komplette Durchdringung der Gesamtgesellschaft zu jener Zeit erreicht. Weder juristisch, noch moralisch (gleichgesetzt der heutigen, heuchlerischen „Porno ist Mainstream"-Debatte). „Denn in der Gesellschaft, in der Sexualität kein Problem ist, wäre Pornographie völlig reizlos und überflüssig." (Andreas Guha, „Sexualität und Pornographie" S.11) Und der Autor, der in der Frankfurter Rundschau seinerzeit explizit über diese Thematik berichtete, eruierte 1971 noch weit mehr. So sei beispielsweise nur jeder „fünfte Bundesbürger (...) trotz der Sex-Welle der Ansicht, daß Sexualität eine schöne Sache sei." Und als es am 20. Oktober 1970 im Ersten Deutschen Fernsehen „zu äußerst später Stunde", einen Bericht gegeben hatte, der sich „Obszönität als Gesellschaftskritik?" nannte, riss es die Emotionen förmlich hoch. Da meckerte das CSU-Organ „Bayernkurier", dass da „eines der übelsten pornographischen Machwerke" ausgestrahlt wurde, „wie sie in dieser schamlosen und krassen Form noch nicht einmal von den ekelhaftesten Sexblättern zu verbreiten gewagt wird". Und die „Deutschland-Stiftung" wandte sich gar an den Vorsitzenden des Rundfunkrates, dem man vorwarf, Züge eines „öffentlichen Bordells" angenommen zu haben. (Guha, S. 33). Und was konnte da Abhilfe schaffen? Na klar, der Ruf nach Zensur. In der angeblich liberalen Wochenzeitung „Die Zeit" „sprach sich z.b. der offenbar völlig verunsicherte Haug von Kuenheim dafür aus, Politiker und nicht Sachverständige darüber entscheiden zu lassen, ob Pornographie für Erwachsene freigegeben werden sollte oder nicht" (Guha, Seite 15). Die Angst vor der (Sex-)Angst war allgegenwärtig und die anstehende Lockerung des Paragraphen 184 brachte Unruhe in den moralischen Gesellschaftskörper. „Der Staat, eine jahrhundertelange Stütze der „öffentlichen Moral" bringe sich damit „ohne notwendigen Grund selbst zum Einsturz", klagt der Chor christlich-frommer Kommentatoren. Die beiden großen christlichen Kirchen schlossen sich zu einem ökumenischen Schutz-und-Trutz Bündnis zusammen (sieh an, da geht's dann, Anm. d. Verfassers), sittlich gefestigte Bürger gründen „Aktionen Porno-Stop", um die Liberalisierung des Paragraphen zu verhindern. Sie scheinen kurzfristig Erfolg zu haben." (Guha, S. 14)

Die Korrelation von Sex-Kino und tatsächlich ausgeführtem Sex, durch sogenannte „Platzanweiserinnen" möchte ich jedoch noch kurz an dieser Stelle erläutern, weil sie auch abermals mich persönlich betraf. Die Debatten und die Mobilmachung gegen die öffentlich gezeigten Sexfilme, die zwischen 1974 und 1976 entstanden waren, galt es jedenfalls zu umgehen für die Macher der Branche, zu denen ja nicht nur die Filmverleiher, sondern eben auch die Kinobesitzer zugehörig waren. So wurde eine Lücke im Sexualstrafrecht entdeckt, die blitzschnell genützt wurde, und die bis in die Jetztzeit führt, und offenbar weiterhin gültig ist. Georg Seeßlen schildert diesen Vorgang in seinem Porno-Standardwerk „Der pornographische Film", mit der ihm inne wohnenden Präzision: „Danach war die Vorführung pornographischer Filme gestattet, wenn der Eintritt überwiegend nicht für den Film, sondern für Getränke oder etwas anderes (zum Beispiel Magazine) entrichtet wurde. Damit hatte man vordem den pornographischen Film in den Bereich des Rotlichtbezirks, ins Ghetto der sexuellen Subkultur abzudrängen gehofft. Gegen die neu entstehenden Porno-Kinos wurde nichts unternommen, da ihnen die Werbung, sogar die Nennung des oder der Filmtitel untersagt war. Das sexuelle (Film-)Bild war also wieder „eingesperrt", und es brauchte eine halbe Dekade, um in Ansätzen aus diesem Gefängnis wieder auszubrechen - was prompt zu einer neuen Anti-Porno Movement führte", so Seeßlen. (Man bedenke nur die tätlichen Angriffe auf „Sex-Kinos" in Berlin, die in diesem Buch ihre ja doch traurige Erwähnung finden werden.) Die Zahlen indes belegten abermals den wenigstens in Valuta sichtbaren Erfolg dieser Häuser, die oft auch (gerade im Berlin der 90er Jahre) ziemlich dunkle Spelunken waren. Die Bauer AG nannte 1974 beispielsweise, dass nur in einem von ihr betriebenen Sex Kino in Hamburg satte 9.290 DM an Gewinn übrig blieb, und das Porno-Kino „Lux" benannte im selben Jahr einen Monatsgewinn von 48.680 DM.

Ein Synergieeffekt war somit auch für den Autor dieses Buches zeitweilig hergestellt, denn ich suchte die „Sex-Kinos" nicht auf, um Filme zu konsumieren. In der Praxis sah es also in den zahlreichen Etablissements dieser Art in Berlin so aus, dass man in diesen „Sex-Kinos" einen Obolus von 10 DM entrichtete und dafür entweder ein (Porno-)Magazin oder ein Getränk erhielt (zumeist ein Dosenbier, da Schankgenehmigungen in diesen Läden nicht möglich waren). Die Läden wurden auch in großen Boulevardblättern beworben, allerdings nicht die Filme selbst, wie Seeßlen bereits richtig konstatierte, sondern die „Platzanweiserinnen", die einem direkt nach dem Hineingehen abfingen, um die Herren entweder kurz ins Kino zu locken (wo dann eben ein Pornofilm auf Großleinwand liefen) oder direkt das obligatorische „Zimmer gehen?" erfragten, und erbaten. Binnen Sekunden hatte man also am helllichten Tage - die Läden öffnen oft rund um die Uhr, jedenfalls zumeist vormittags bereits ab 10:00 Uhr um das spätere „Büropausengeschäft" nicht zu versäumen - eine wahre Parallelwelt betreten. Diffuses Licht drinnen, zehn Mark Eintritt, Pornofilme im Second Hand Verkauf, ein Bier oder Kaffee in der Hand, Porno auf der großflächigen Leinwand und käufliche Damen aus aller Herren Länder für einen Dumpingpreis für Verkehr mit oraler Begleitung. Und wieder war die Pornographie, ohne ihr konkretes Zutun, ein Stück weit an die Prostitution gerückt, auch durch die frei gelegten Verdienstmöglichkeiten.

NOCH EINMAL: Was ist pornographisch und was ist richtige Pornographie?
ODER AUCH: Das Erbe von Arentino und Sade

„Der Begriff Pornographie konstituierte sich über die Ausbildung wie auch Kontrolle des Marktes für gedruckte Werke." (Lynn Hunt)

Wir werden sogleich sehen, dass meine Kapitelüberschrift eine enorm herausfordernde ist. Denn so in drei Sätzen lassen sich vor allem die feinen Unterschiede nicht terminieren, bzw. zu einem für alle Zeiten gültigen Resultat führen. Doch wie schon bei mir als Individuum früh im Eingangskapitel festgestellt, ging es bei der Pornographie seit je her um eine Revolution, ein Aufbegehren gegen Kirche, Zensur und Gesellschaft. Lynn Hunt konstatiert überzeugend: „In der frühen europäischen Moderne - d.h. zwischen 1500 und 1800 - war Pornographie meistens ein Vehikel, um durch Schock, den Sex auslöste, religiöse und politische Autoritäten zu kritisieren." Sie schreibt weiter in ihrem erhellenden Werk „Die Erfindung der Pornographie" (auf S.21): „Obwohl die französischen Bücher den Kern der pornographischen Tradition des 17. und 18. Jahrhunderts ausmachten, zitiert jeder Pornographie-Experte - und jeder, der einer sein möchte, als erste moderne Quelle den italienischen Schriftsteller des 16. Jahrhunderts Pietro Arentino (...) Sein „Ragionamenti" (1534 - 1536) wurde zum Prototyp der pornographischen Prosa des 17. Jahrhunderts." Aber auch nach meiner historischen Recherche kann ich keinen anderen als Arentino erkennen, der derart früh, derart explizit erotisch wurde:

„Dreh dich um!"
„Deine zauberhafte Zunge!"
„Mach schon!"
„Nimm ihn!"
„Stoß härter!"
„Warte, jetzt komme ich!"

Dies ist nämlich kein Dialog aus einem zweitklassigen 70er Jahre Pornofilm, sondern sind Dialogzeilen Arentinos von 1536 (!) Und er ließ seine in jenem Werk die Antonia heißende Prostituierte sogar sagen: „Drück dich unzweideutig aus und sage: Ficken, Schwanz, Möse und Arsch". Doch nicht nur die Drastik ist für jene Zeit bis heute aufsehenerregend, auch gab er in einem Brief seine geistige Haltung allzu offen und authentisch preis (und wurde damit zu einem ideologischen Vorläufer des späteren Marquis de Sade): „Ich lehne die falsche Meinung und ungute Verhaltensweise ab, die den Augen verbietet, sich das anzuschauen, was ihnen am meisten gefällt."

Ein Pornograph durch und durch! David Foxen sagte, dass die „Pornographie Mitte des 17. Jahrhunderts geboren wurde und zu ihrer vollen Blüte gelangte." Denn zu dieser Zeit gab es (1660!) in London zum ersten Male Kondome, und Dildos aus italienischer Produktion. Aber einer muss es ja zuvor gewesen sein, der den Stein des Anstoßes, das literarische Gut des Pornos in den Umlauf brachte, bzw. diesen am ehesten anschob. Und da kommen wir eben wieder zu unserem Italiener. Denn zum Beispiel „Lècole de filles" (entstand ebenfalls Mitte des 17. Jahrhunderts, und galt laut Lachévres als „eines der perversesten Werke, die je ans Tageslicht gelangten...") und wies laut der immens lehrreich schreibenden Lynn Hunt „Spuren auf, Arentinos Frauendialoge mit Elementen des entstehenden Romans zu kombinieren." Und die französische „Mädchenschule" war für Lynn Hunt sogar noch weit mehr: „Wäre die französische Pornographie ohne die strenge Zensur der Literatur, die auf Fronde folgte, überhaupt entstanden? (...) Die Geburt der Pornographie könnte somit als literarisches Signal für die bevorstehende Revolution gewertet werden, als Entfesselung einer Kraft, die dazu beitragen würde, die französische Gesellschaft und Nation von Grund auf zu verwandeln." Wenn jetzt noch jemand den Zusammenhang der Nützlichkeit von der Freiheit des unzensierten Wortes nicht verstanden hat, dann weiß ich es wirklich auch nicht. Der Bogen zum Marquis de Sade ist jedenfalls hier längst und unweigerlich gespannt. Lynn Hunt weiß: „Gegen Ende der 1740 Jahre hatte sich eine pornographische Tradition etabliert, die der Form nach dem Roman angelehnt war. Zu diesem Zeitpunkt überwogen in diesem Genre die französischen Veröffentlichungen mit der einen bemerkenswerten internationalen Ausnahme von „Fanny Hill". In Frankreich wurde das Ganze dann auch zunehmend politischer und der gewisse Marquis de Sade (geboren als Donatien-Alphonse- Francois de Sade) der von 1740 bis 1814 lebte, hatte daran maßgeblichen Anteil. Noch ein weiteres Mal Lynn Hunt: „Tatsächlich sind bei Sade bereits alle Themen der modernen Pornographie zu finden: und seine Spezialität war die Aneinanderreihung pornographischer Effekte. Vergewaltigung, Inzest, Heiligenschändung, Sodomie und lesbische Liebe, Pädophilie und die schrecklichen Formen von Folter und Mord wurden in den Schriften von Sade mit dem sexuellen Begehren in Zusammenhang gebracht." Auch er schrieb, wie wir im folgenden Beispiel gleich unschwer erkennen werden, deftig und modern. Erinnern wir uns, dass seine essentiellen Werke genau 220 Jahre weit hinter uns liegen (der Doppelroman „Justine" und „Juliette" von 1797), ist man nur noch erstaunt über die heutigen (Schein-)Diskussionen über Pornographie.

Ein kleiner Auszug aus „Justine oder die Vorteile des Lasters" (Ullstein Verlag, S.7): „Nach einigen Augenblicken drehte uns die Schelmin um, so daß wir ihr den Po darboten, und sie kitzelte uns von unten, während sie uns den Po leckte. (...) Dabei wirst du mir dieses Goldmiché in meine Scheide hineintreiben", fuhr sie fort, und gab mir ein derartiges Ding, „und du Euphrosine, du wirst dich mit meinem Popo befassen. Du wirst ihn mit diesem kleinen Werkzeug kitzeln." Dann wandte sie sich wieder zu mir: „Du darfst meine Klitoris nicht im Stich lassen, Juliette, reibe sie, bis sie blutet, ich bin abgehärtet und erschöpft und bedarf starker Dinge. Ich will mich in euren Armen auflösen, ich möchte bei euch zwanzigmal nacheinander entladen."

(„In seinem Werk verleiht Sade diesen Phantasien materiellen Ausdruck: Er formt sie zu einem Textkörper, der seinen Lesern „Ficksaft" entlocken, sie zur Masturbation reizen soll. Denn nur wenn der Mensch sich in einer Endlosschleife postorgasmischer Zustände halten kann, ohne in Abhängigkeit von Anderen zu geraten, verhält er sich authentisch im Sinne der Sadeschen anthropologischen Wahrheit", Svenja Flaßpöhler.)

Aber Sade war weit mehr als ein lüsterner Sadist (er ließ sich im Übrigen auch selbst auspeitschen bei seinen heftigen Spielereien) und der „schlimmste Wüstling seiner Zeit" (Walter Lening), er war auch quasi eine Art Muse für den späteren eigentlichen Erfinder der Sexualwissenschaft Sigmund Freud. De Sade Biograph Lening bringt es auf den Punkt, als er dem Franzosen attestiert: „...auf dem Gebiet der reinen Katalogisierung (der sexuellen Perversion) hat de Sade der späteren Sexualwissenschaft fast nichts mehr zu tun übrig gelassen als die Ausbildung jener antiseptischen Terminologie, die es heute gestattet, über die meisten dieser Dinge zu plaudern, als handle es sich um eine Blinddarmreizung." Sade war wild, unbelehrbar, trickreich, ein Spieler, ein Philosoph, ein Schelm und ein Visionär (er zeichnete sich für erste Vorschläge zu Sexualreformen aus). Gesellschaftskritisch bis revolutionär war er gar, und die großartige Autorin Camille Paglia hat mit ihrem Werk „Die Masken der Sexualität" vor allem ihm zuallererst ein Denkmal gesetzt. Es ist eben bezeichnend, dass wir Marquis de Sade flach halten, verschweigen, weil wir der Pornographie, und vor allem ihrem Weg in die Moderne so gerne ihre Kultur verblassen lassen möchten. Diesem ewigen „Geld gegen Geilheit"-Tauschgeschäft möchte man nicht auch noch unnötige Beachtung schenken, welch immenser Irrtum, zumindest für jene die eben tiefer zu graben gewohnt sind. Nicht zuletzt missachtete Sade die ewigen Vorwürfe gegen sein buntes Treiben, und benannte noch eine andere Stelle, an der es (bis heute!) gewaltig hakte, nämlich beim bisweilen wenig löblichen Tun der Geistlichen. So schrieb er an seine Tante: „Was den Herrn betrifft, der Ihnen zugetragen hat, was Sie mir vorwerfen, so hat dieser Mensch, obgleich Priester, stets einige Huren um sich. Verzeihen Sie mir bitte, wenn ich denselben Ausdruck wie Sie gebrauche, aber sein Landsitz ist in der Tat ein Harem, mehr noch - ein Bordell." Was des Weiteren bei ihm zu Buche schlug, war sein Experimentieren mit jungen, willigen Mädchen (was irgendwie an die Serie der Pornofirma Videorama „Heiße Teenies" erinnert) und in erster Linie eben solche, die sich dafür bezahlen ließen. Da passt es total ins Bild, dass Schauspielerinnen aus jener Zeit, sich oft von mehreren Herren finanziell aushalten ließen, und bezahlen für so dies und das. Eine erste Parallele zu heutigen Pornodarstellerinnen ist hier unverkennbar. Der Autor und Kabarettist Horst Evers meinte neulich in einem Radiointerview, „dass es im Leben bei allem was man tut, um Sex geht, nur beim Sex selbst nicht, da geht es um Macht", es war, als hätte er den Spielball von Sade antizipiert. Denn Biograph Lening schrieb es auch nieder: „Beim Sexualakt sei es immer der Stärkere von beiden, der die Form seiner Befriedigung durchsetzte, deshalb bleibt selbst im zahmsten Fall ein Rest von Gewalt und Grausamkeit."

Die Deutung der Pornographie und ihre Ausläufer

„Pornographie" (zu griech, porne = Hure)
Unter diesen Begriff fiel ursprünglich das Schrifttum, das sich mit Sitten und Praktiken der Prostituierten beschäftigte. Heute verstehen wir unter Pornographie unzüchtige Darstellungen in Wort, Bild und Ton (...) Wie schon in anderen Bereichen ist die Einstufung in die Sparte Pornographie schon manchen Wandlungen unterworfen gewesen. „Fanny Hill" war vor 20 Jahren noch ein verbotener „Privatdruck". Heute findet man diesen Roman in jeder Buchhandlung" (Rolf Preuß „Die großen Sexual-Geheimnisse in Wort und Bild", 1980). (Der Dichter Wolf Biermann hatte nichts Originelleres in seiner Autobiographie für den Begriff der Pornographie übrig als „ästhetische Syphillis".)

Wir wollen uns diesem Phänomen nun also noch weiter nähern, und nehmen uns dazu gerne Frau Dr. Corinna Rückert zur Hilfe. Sie macht uns deutlich, dass die „Pornographie (...) nicht gleich Sexualität" bedeute, eine Erkenntnis die mir bei etlichen „Porno ist überall" Leuten schon oftmals verloren gegangen ist. „Sexualität bezeichnet die Geschlechtlichkeit und das Geschlechtsleben des Menschen. Pornographie dagegen ist eine Darstellungsweise, die zunächst einmal das Geschlechtliche des Menschen zum Inhalt hat (...) In der Pornographie wird so getan also ob; die dargestellten Handlungen sind technisch und künstlerisch gestaltet, sie werden inszeniert. In den Pornofilmen sind Darsteller zu sehen, die eine Rolle spielen." Svenja Flaßpöhler trifft es ebenso gut. Zum einen konstatiert sie zwar: „Im pornographischen Film scheint diese Wahrheit noch offener zutage zu treten – denn die Darsteller/innen kopulieren tatsächlich miteinander und die Kamera liefert den unwiederbringlichen Beweis." Doch dann fügt sie natürlich etwas Wichtiges dazu: „Allerdings braucht man nur etwas genauer hinzuschauen, um zu merken, dass es sich bei diesen Darstellungen gerade nicht um die „Wahrheit" handelt. Pornographische Körper sind immer medial vermittelt, sei es durch Schnitt oder Bild, sie existieren lediglich auf der Leinwand oder dem Papier, und das nie in einer natürlichen, bedingten, endlichen Verfasstheit, sondern in ihrer Rolle als Erregungsmaschinen."

Frau Rückert indes scheut sich auch nicht, einen fundierten Kenner der Sexualität, Herrn Gunter Schmidt, zu zitieren, der im Jahre 2001 gewichtige Worte zur Materie beisteuerte. „Daneben (gemeint ist das aktive Sexualleben, der Verfasser) besteht die andere, die Phantasiewelt, doch die Vorstellung von der Phantasie in die Realität überwechseln zu wollen, ist sehr naiv (...) Das Schöne an der Phantasiewelt ist ja gerade, daß es eine Welt ohne Kosten und Folgen ist (...) Selbstverständlich dienen Erotik- oder Pornofilme auch zur Animation (...) und natürlich werden die Filme auch als Masturbationsvorlage genutzt. Aber die meisten dieser Stimuli sind heute nicht mehr handlungsgebunden. Sie bleiben in der Phantasie."

(So weit so gut, doch noch tiefer gräbt Svenja Flaßpöhler, die unser (Porno-)Wissen gekonnt erweitert, siehe gleich).

Der kleine Ausschnitt „Macht, Wissen und Sexualität" auf Wikipedia unterstützt uns hier gut beim Erlernen dieses Konstrukts, dass es einen Unterschied zwischen dem „Willen zum Wissen" und der puren Lust, die Pornographie bisweilen auslöst gibt.
„Macht definiert Foucault sehr weit und engverbunden mit dem Wissen als "Wissens-Macht". Sie bildet sich aus den verschiedenen Diskursen über den Sex (Sprechen über den Sex; Beichte; wissenschaftliche Beschäftigung mit Fragen der menschlichen Reproduktion, Diskurse über Fortpflanzung und Vererbung, Familie, Sexualität) und bildet zusammen mit Institutionen (Universität, Kirche, Staat) das Kontrollinstrument eines Wahrheitsdispositivs, das Sexualitätsdispositiv. Eine zentrale Bedeutung für die Entstehung dieser Wissens-Macht-Diskurse über den Sex hat die «scientia sexualis», unter der Foucault die wissenschaftliche Beschäftigung innerhalb der europäischen Zivilisation mit dem Themenfeld Sexualität fasst."

Der Surkamp-Verlag beschreibt das von ihm verlegte Buch „Sexualität und Wahrheit: Erster Band: Der Wille zum Wissen" wie folgt: „Foucaults Hauptinteresse richtet sich auf die Erforschung der ›polymorphen Techniken der Macht‹: in welchen Formen, durch welche Kanäle, mittels welcher Diskurse schafft es die Macht, bis in die winzigsten und individuellsten Verhaltensweisen vorzudringen; auf welchen Wegen erreicht sie die seltenen und unscheinbaren Formen der Lust, und auf welche Weise durchdringt und kontrolliert sie die alltägliche Lust?"

Und die eben bereits erwähnte Svenja Flaßpöhler, die für mich das absolut beste Buch über Pornographie verfasst hat, macht in wenigen Zeilen ihres Werkes „Der Wille zur Lust" den wichtigen Unterschied klar: „Während die Lust innerhalb des Willens zum Wissen nur unerwünschter Nebeneffekt ist, bildet sie für die moderne Pornographie die primäre Intention. Und diese Intention fordert, dass Pornographie nicht vor dem Hintergrund moderner Körperwahrheiten im Sinne Focaults verhandelt wird, sondern vielmehr einzuordnen ist in einen Diskurs, der die Erregung als letzte und einzige Wahrheit des modernen Zeitalters setzt. Deshalb (…) ist die „Pornosophie" (Sophia heißt bekanntlich Wahrheit) Marquis de Sades als Analysefolie adäquater und effektiver als der Focaultsche Wille zum Wissen – ohne dass Letzterer dabei gänzlich aus dem Blick geraten würde."

Nehmen wir nun einige Beispiele aus der Literatur zur Hilfe, und versuchen zu eruieren, worum es sich bei diesem Schrifttum handelt. Zunächst Henry Miller und seine „Stille Tage in Clichy" (1956)

(Seite 21) „Ich zog mich rasch aus, wusch mir höflich den Schwanz und kroch unter die Decke (…) Ich lehnte mich herüber und spielte mit ihrem krausen Vlies, das noch etwas betaut war (…) Ich steckte ihr einen Finger hinein, um den Saft steigen zu lassen. Dann zog ich sie auf mich und ließ ihn dabei bis zu Heft eindringen. Es war wie eine dieser Scheiden, die wie ein Handschuh passen (…) Schließlich sank sie stöhnend mit ihrem ganzen Gewicht auf mich. Ich rollte sie auf den Rücken, zog mir ihre Beine über die

Schultern und legte tüchtig los. Ich dachte, sie würde gar nicht mehr aufhören zu kommen - es strömte wie aus einem Gartenschlauch."
Was ist das nun? Erotische Weltliteratur? Billige Pornographie? Oder aber ganz simpel die normale Beschreibung eines erlebten Vorgangs? Die Frauen hielten sich auch nicht zurück. Erica Jong schrieb in ihrer „Angst vorm Fliegen" (1973) S. 135, Pia in Florenz, in Abwandlung von Robert Browning:

In meiner Möse steht geschrieben: Italien, ich muß dich lieben (...) Eine Woche lang hatte ich es mit jenem verheirateten Italiener, Alessandro, der wollte, daß ich ihm beim Ficken „Scheiße vögeln Votze" ins Ohr flüsterte (...) Er (ein anderer, der Verfasser) wollte Orangenschnitze aus meiner Möse essen (...) allmählich waren die Männer für uns nur noch Sexualobjekte."

Na, wissen Sie es, was das ist? Und vor allem; wer hat dies eigentlich per genauer Definition zu entscheiden?

Corinna Rückert schrieb noch 2004: „Dennoch ist es so, dass es auch Unterschiede zwischen einer Pornographie für Frauen und einer solchen für ein überwiegendes männliches Publikum gibt. Hierbei handelt es sich aber eher um ästhetische als um inhaltliche Differenzen. So hat die umfangreiche Untersuchung pornographischer Produkte ergeben, dass die bisher auf dem bundesdeutschen Markt erhältliche Pornographie von Frauen für Frauen durch eine dezente, verhaltene Darstellungsweise gekennzeichnet wird, die besonders den Handlungsrahmen der sexuellen Phantasien betont." Wir verfolgen das einmal kurz, mit einem Schwenk zu drei Büchern aktuelleren Datums.

Auch bei diesen Werken, müssen wir uns der Frage stellen, ob das denn Pornographie sei, also auf die Erregung der Leserinnen und Leser ausgerichtet. Ich meine ein klares Nein äußern zu dürfen, doch schön der Reihe nach. Im Jahr 2008 brachte Charlotte Roche ihre „Feuchtgebiete" auf den Buchmarkt. Als Roman deklariert, obwohl sie über sich selbst schreibt (auch nichts Neues, man denke z.B. an Christa Wolf.) Darin zieht sie deftig vom Leder (S.21)

„Ich pflege einen sehr engen Kontakt zu meinen Körperausscheidungen. Diese Sache mit dem Muschischleim zum Beispiel hat mich schon früher immer sehr stolz gemacht beim Petting mit den Jungs. Die kamen mit dem Finger kurz an die Schamlippen, schon Wasserrutsche nach innen. (...) Ich esse und rieche mein Smegma sehr gerne. Beschäftige mich, seit ich denken kann, mit meinen Muschifalten."

Wenn ich mir ausmale, dass ich als Mann einen Text an einen Verlag gesandt hätte, mit den Infos, wie es unter meiner Vorhaut riecht, und wie oft ich mir am Hodensack spiele, dann hätte ich wohl nichts anderes als ein schwer mitleidiges Fernlächeln empfangen. Als Frau geht dies aber dann durch. Da ich aber weiß, dass Frau Roche laut eigener Aussage (im RBB Radio) in Psychotherapie war oder ist, sehe ich dieses Machwerk als Therapie an, und wenn frau mit einer Schreibtherapie Bestseller veröffentlicht, dann ist das ja nur begrüßenswert. Unsere grundsätzliche Frage, ob etwas pornographisch ist oder pure Pornographie ist damit ja nicht vom Tisch und ich meine, ein Schreiben über Huren kann ich aus diesen etwas infantil gehaltenen Zeilen nicht ablesen, es ist eine Art leichtsinniger Ekelreport, vielleicht. „Radikal, drastisch und ebenso zart…voller Gegenwart", schwärmte der viel zu früh verstorbene Roger Willemsen, ich bleibe dabei, über ein Machwerk eines Mannes, hätte eine Bewertung wohl etwas anders ausgesehen…

Ihr Nachfolgewerk „Schoßgebete" (2011) trug dann schon etwas reifere inhaltliche Züge und war für mich viel akzeptabler. Roche wird schier politisch. (S.13)

„Dass er (ihr Freund, der Verfasser) einfach so daliegt, ist glaube ich, für ihn auch neu. Früher hatte er immer Frauen, die er bis zum Abwinken bedienen musste, und dann blieb nicht mehr viel für ihn übrig. Na, vielen Dank, liebe Frauenbewegung! So war das doch auch nicht gedacht. Dass nur noch die Frauen kommen und die Männer gucken müssen, wo sie bleiben. Er liebt es, wenn ich seine Sexdienerin bin. Ich wiederhole alles, was ich kann und gerade beschrieben habe, mal in schnellem und dann in langsamen Rhythmus." Für mich eindeutig keine Pornographie.

Ein völlig anderes Kaliber stellt die französische Autorin Catherine Millet dar, die bei der Niederschrift ihres Bestsellers „Das sexuelle Leben der Catherine M." 52 Jahre alt war, hier als quasi „versaute Granddame" rüberkommt, und von ihren erotischen Eskapaden vorwiegend im Paris der 70er Jahre Zeugnis ablegt. Die *Kunstautorin* und Kuratorin kommt einem sofort mächtig reif und erwachsen vor, und ihr Buch mag zudem deutlich sexuell erregen. (S.22/23)

„Wenn ich lag, konnten mich mehrere Männer berühren, während einer sich mit aufrechtem Oberkörper, damit er zusehen konnte und die anderen mehr Platz hatten, mit meiner Möse beschäftigte. Ich gab mich den verschiedensten Berührungen hin; eine Hand rieb mit kräftigen, kreisförmigen Bewegungen den Teil meiner Scham, den sie erreichen konnte, eine andere streichelte meinen Oberkörper oder reizte meine Nippel…Diese Berührungen machten mir noch mehr Lust auf das Vögeln selbst, vor allem die Schwänze, die über mein Gesicht streiften oder die Eichel an meinen Brüsten rieben (…) Diesbezüglich erinnere ich mich an eine Steifheit, die meine Schenkel befiel, nachdem man mich etwa vier Stunden genagelt hatte - umso mehr als viele Männer die Schenkel der Frau gerne weit spreizen, um besser sehen und tiefer stoßen zu können (…)Ich selbst schwitze nur wenig, doch manchmal war ich vom Schweiß meiner Partner getränkt. Zudem kleben auch immer Spermatropfen an Schenkeln, Brüsten, im Gesicht und in den Haaren, und die Männer auf solchen Partys spritzen gern in eine Möse, die schon gekleistert ist."

Pornographie? Ein katholischer Priester würde da nicht diskutieren lassen, aber dennoch, kennen wir per se die Motive der Autorin? Womöglich hatte sie dies gar nicht vorrangig im Blick bei ihrer Niederschrift, Männer und Frauen zu erregen, Lust zu bescheren. Indes, sie tut es ja…

Und verwischt zudem den Spielraum zwischen Realität und Phantasie (was wiederum ja Teil der Pornostruktur ist). (S. 83) „Das musste ich Dutzende von Malen erzählen (...) Ich habe nie ein Abenteuer erfunden, das ich nicht wirklich gehabt hatte, und meine Schilderungen entstellten die Wirklichkeit nicht mehr, als es automatisch bei jeder Umsetzung geschieht. Ich sagte schon, dass Fantasie und Wirklichkeit ähnliche Strukturen aufweisen und bei mir nicht mehr miteinander zu tun haben als ein Landschaftsbild mit dem realen Ort, den es darstellt; ein Bild zeigt eher den inneren Blick des Malers als die Wirklichkeit selbst."

Im folgenden Kapitel „Wie alles begann" können nun noch Ereignisse auch jüngeren Datums zum Thema Meilensteine und Entwicklungen der Pornographie vernommen werden, die natürlich mit diesem Abschnitt harmonieren.

Die Wirtschaftskraft der Branche

„So lange es der Mensch schafft, seine Perversionen masturbatorisch auszuagieren, ist seine gesellschaftlich wertvolle Produktivkraft nicht grundlegend gefährdet." (Svenja Flaßpöhler, „Der Wille zur Lust", S.79)

Der vor allem durch den englischen Thatcherismus und erst recht dem US-amerikanischen Turbokapitalismus inszenierte Glaube an die rein positive Strahlkraft von Wachstum und Beschäftigung, färbt natürlich auch auf die Pornographie, beziehungsweise deren Wirkung für Bruttosozialprodukt und Arbeitsplatzbeschaffung, soll heißen, Teilhabe der Bürger ab. Nun kann man moralische Bedenken nicht generell vom Tisch wischen. Gerade wir Deutschen wissen leider nur allzu gut, was es bedeuten kann, wenn eine erhebliche Arbeitslosigkeit beseitigt wird. Hitler gab den Menschen Arbeit, doch die vorwiegend in der Rüstungsindustrie, dieses an sich soziale Element (dem Bürger einen sicheren Arbeitsplatz zu beschaffen) verkehrte sich also in ihr Gegenteil, mit wie wir leidlich wissen verheerenden Folgen. Auch heute noch dürfte es vielen Leuten ethische Bedenken bereiten, wie viele Menschen Beschäftigungsverhältnisse in der Rüstungs- (und auch in der Zigarettenindustrie) wahrnehmen, also indirekter weise durch ihr Tun, neues Leid in der Welt heraufbeschwören. Auch Aktionäre, die „falsche" Aktien erwerben, tragen oft unwissentlich dazu bei, ökonomisch und ökologisch unschönen Folgen quasi zu pushen. Nun sei die Frage erlaubt, ob ein Mitarbeiter der Porno-Industrie per se in die gesellschaftliche Schäm-Zelle gehört, und ob sein Handeln gar verwerflich und/ oder faktisch amoralisch ist. Doch auch hier gilt es zwischen dem hiesigen Land und denen dort „über dem großen Teich" deutlich zu unterscheiden. Das Rasterdenken: Für Porno oder dagegen (gefördert durch bigottes Eigenverhalten und von der Regierung erlassene Gesetze) hatte die Vereinigten Staaten schon immer im Griff. Doch geradewegs neurotisch führte dies bei den Konsumenten zu einer unüberschaubar offenen oder verdeckten Anhängerschaft, des eigentlich doch so Verpönten. Auf die Bibel kam bald kein Colt mehr, sondern eine neue DVD von Vivid.

Schon die von mir geschätzte Darstellerin Tracey Adams schuf inhaltlich eine Brücke, als sie einmal sinngemäß als gläubige Christin äußerte, dass ja in der Bibel keinesfalls ihr Tun vor der Kamera als verboten stehe... Schon von daher muss das Ganze überdacht werden. Ob ein Arbeitsplatz automatisch despektierlich betrachtet werden darf, bloß weil er Dinge transportieren wird, die nicht jedermanns Sache sind. So ist die von Grahame-Smith übermittelte Zahl von „über 120.000 Menschen" die in Südkalifornien in der dortigen Porno-Industrie ihr täglich Brot verdienen ganz bestimmt nicht als bloßer Makel oder anderweitig ab zu tuende reine Zahl zu betrachten, sie ist die Basis für das Verstehen und Akzeptieren der Branche, und des aus dem ihr abgeleiteten Bedarfs. Man muss hingegen auch an dieser Stelle keine Diskussion vom Zaun brechen, die da besagt, dass die meisten Dinge mit denen heute das meiste Geld verdient wird nicht nur auf USamerikanischem Unternehmergeist beruhen, sondern schlicht nicht unbedingt vonnöten für den täglichen Bedarf, geschweige denn das eigene Überleben sind. Aber, wir haben es soeben schlagartig erfahren, ist es zweifellos lohnenswert, wenn so viele Menschen eine Beschäftigung - auch in dieser Branche! - finden, und eben nicht nur einige Wenige ihren Reibach dadurch machen. Da fällt selbst der einfallsreichsten Feministin auf diesem Kosmos wenig bis gar nichts Erbauliches dazu ein, beschließe ich Mal ein vorläufiges Urteil für mich ganz privat. Zu enorm, zu deutlich, sind diese 120.000 Menschen, die eben auch weiblich, und vor allem nicht als homogen zu umschreiben sind. Sexgierige, gewissenlose Monster dürften sich dabei deutlich in der Minderheit befinden...

(„Auf einigen Wegen wird die Pornoindustrie übler als die Öl-, Tabak- oder Pharmaindustrie gezeigt." Dr. Mireille Miller-Young)

Zufällig stoße ich im wieder einmal äußerst gelungenem Buch von Roger Willemsen („Das hohe Haus") auf opulente Zahlen, der von mir selbst eher abseitig erwähnten Rüstungsindustrie. In Deutschland arbeiten laut CDU Abgeordneten Joachim Pfeiffer „80.000 hochqualifizierte Arbeitskräfte, die in der Verteidigungs- und Sicherheitsindustrie unmittelbar beschäftig sind", und auf deren Wirken Herr Pfeiffer „stolz" sei. Und auch dies noch: „Diese (daraus resultierenden, Anmerkung des Verfassers) Rüstungsexporte tragen nämlich auch zur Friedenssicherung und zum Schutz der Menschenrechte auf dieser Welt bei." Willemsen kommentierte , mit ungekünstelter Empörung: „Das ist der Pegelstand parlamentarischer Schamlosigkeit: dass Rüstungsexporte der Erhaltung der Menschenrechte dienen sollen, bestätigt jeden, der dem Parlament Skrupellosigkeit in Rüstungsfragen vorwirft (...) Verfolgt zu haben, wie fünf der sechs Parteien im Deutschen Bundestag Rüstungstransporte selbst in den Nahen Osten und nach Pakistan verteidigen, sich auf (...) oder Arbeitsplätze herausreden (...) mit welcher Empathie dies geschieht, das wird auch einem Jahr später (nach Abschluss seiner einjährigen Bundestagsbeobachtungen, der Verf.) ein Tiefpunkt aller Debatten sein, die ich im Hohe Haus verfolgte."

(Ein Kreis scheint sich zu schließen. Bomben und Maschinengewehre also für die Umsetzung und Realisierung von Menschenrechten? Nein, das geht nicht auf. Das alte Hippie Argument „Make Love not War" ist jedoch längst pragmatischer Realität gewichen, wo das Geld verdienen die Moral besiegt zu haben scheint, es ist schon in den 90er Jahren vom Punk-Zirkus ein bisschen verschoben worden, als die Berliner „Terrorgruppe" sich ein „Make Sex not Love" erbat. Denn eine Porno-DVD ist kein Rüstungsgut, und ein Arbeiten in der Pornoindustrie damit gesellschaftlich relevant und akzeptabel. Die 120.000 mir völlig fremden kalifornischen Beschäftigten in der Pornoindustrie, sind sie mir näher als die mir ebenso unbekannten 80.000 in der Rüstungsindustrie? Ich meine, ja.)

Und „Porno. Eine Anthologie" des Fischer Verlags zitiert fleißig aus dem Brockhaus 1998 wie folgt: „Pro Jahr werden 5700 Videofilme pornograph. Inhalts mit etwa 4,6 Mio. legal hergestellten Vervielfältigungsstücken auf

dem Markt angeboten. Schätzungen des Gesamtumsatzes der P-Branche schwanken zw. 750 und 1,2 Mrd. DM, die Gesamtzahl der Beschäftigten wird mit 20.000 bis 25000 beziffert."
Die Website news.de vermeldete übrigens im Mai 2014, dass die Deutschen 47 Millionen Euro für Pornographie ausgegeben haben, was exakt 5,67 Euro pro Person entspricht. Ausgerechnet Korea lässt uns aber in dieser Hinsicht erstaunt zurück, dort geben die Bürger 384 Euro pro Person und Nase aus, in Japan immerhin noch 114 Euro. Deutschland rangiere damit im „unteren Mittelfeld". Wie konnte ausgerechnet uns „fast überall Weltmeister" so etwas bloß passieren! (Inzwischen haben wir es aber in der Porno-Geldrangliste wieder in die Spitzenposition geschafft.)

Abschließend möchte ich noch hinzufügen, dass das Eruieren konkreter Zahlen, und vor allem woher diese stammen, und wie sie sich zusammensetzen überwiegend auf vagen Kriterien beruhen. So schreibt auch Constance Penley im Buch Feminist Porn Book 2 auf den Seiten 42/43 unter der Rubrik „Porno ist Geschäft" anschaulich nieder: „Wie kann man zuverlässig behaupten, Porno sei eine 10- bis 12-Milliarden-Industrie (eine Zahl, die sich anscheinend jemand in den 1990ern aus den Fingern gesaugt hat und die von Kritikern, Journalisten und Mainstream-Wirtschaftsanalytikern endlos wiederholt wird), wenn es schon schwer ist, festzustellen, woraus die Industrie überhaupt besteht? Wir können die Unternehmenszahlen nicht kennen, da wenige öffentlich gehandelte Firmen Verbindungen zur Industrie haben – und wenn sie diese haben, sind sie oft in viel größeren Einkommenserklärungen anderer Firmengeschäfte vergraben. Wir können uns nicht auf Einkommenserklärungen von Amateur. Oder Independent-PornografInnen stützen, da sie zu sehr im Untergrund und dezentralisiert agieren."

EXKURS: Sex im Oktavheft-Format
Die Pornomagazine erobern Europa

Allzu schnell hatte Berth Milton in Stockholm eine Marktlücke entdeckt, auf welche die sexuell aufgeschlossene (Männer-)Welt anscheinend nur gewartet hatte. Er erfand 1965 mit „Private" ein Pornoheft im Oktavheft Format für lernwillige Erotikfreunde. Das Format 165/ 230 ward folglich das Pornoheft Format schlechthin. Berth Milton (der später von seinem Sohn abgelöst wurde - das wachsende Imperium zog dann nach Spanien und „Private" wurde ein börsennotiertes Unternehmen -, berichtete: „Das ist ein ganz besonderes Format. Alle Magazine, die heute gemacht werden, haben diese Größe. Wir würden gern im selben Format erscheinen wie „Penthouse" und „Playboy", aber das stimmt nicht mit den Druckrollen überein." „Private" erschien Ende der 80er zweimonatlich „mit gut 100.000 Exemplaren" (Heditch, Anning), doch da lag die einstige Höchstauflage schon meilenweit hinter den Stockholmern. So wusste das Hamburger Nachrichtenmagazin „Der Spiegel" schon im November 1971, dass „Private (damals!) „monatlich für 20 bis 30 Mark sechs Millionen Empfänger in aller Welt animiere" (n), und dass in Schweden seinerzeit noch „300 periodisch erscheinende Porno-Zeitschriften vertrieben werden." Doch keines erlangte den Status und die Hochglanz Qualität von „Private", die auch in Kopenhagen dann ein großes Eckladengeschäft errichteten. Das Magazin hatte zumeist 124 Seiten, war vollfarbig und vielleicht lag es von Anbeginn an der sehr guten Bezahlung für die darstellenden Personen, dass die nicht-subtile Erotik die Betrachter förmlich so mitriss. Doch nicht nur die „blanken" (selten passte die Vokabel „saftig" so gut) Fotostrecken überzeugten, das Magazin hatte auch Texte von aufklärerischer Natur, und wurde dadurch quasi zum Politikum. Das dreisprachige Heft wartete nämlich auch mit inhaltlichen, geistigen Botschaften auf. Meine vorliegenden Ausgaben sind aus den 80er und 90er Jahren. In Heft 95 lese ich, eine ständig wiederkehrende Formel gleich zu Beginn.

„Mit Private möchten wir für freiere Anschauungen im Sexualleben und um Verständnis für sexuelle Ausdrucksformen werben. Wir meinen: Sex ist etwas Schönes und Natürliches, vor dem es keine Geheimnistuerei oder Schamgefühle geben sollte. Wir wissen: Gute Erotografie (sic) hat eine positive anregende Wirkung auf die menschliche Sexualität." Und damit nicht genug, auch unter der Rubrik „Moral" ließ Berth Milton seine Leser an seiner Einstellung zu selbiger teilhaben, und auch „Cicciolina" das Schnuckelchen (Porno-Darstellerin und Politikerin im italienischen Parlament) trug eine Kolumne zur sexuellen Toleranz bei.

Ob ich persönlich - wie in Heft 97 wiederum wirklich sehen wollte -, wie der bildhübschen Sarah Young (von der ich zugegeben immer noch Originalfotos sammle) von einigen Herren in den Mund uriniert wird, ist zwar zu bezweifeln, aber auch das war Teil der Strategie. Da wurden auch Cola-Dosen und Hände in Vaginen gesteckt. Was also später viele Hefte in schauderhaften Abbildungen zeigten, das brachte „Private" zuerst, oder zumindest in der größtmöglich akzeptablen Form, indem sie Erotik, Aktfotografie und Drastik gekonnt miteinander im richtigen Verhältnis mixten. In Kopenhagen brachte später Peter Theander das seinige „Color Climax Corporation" Heftimperium auf den Markt. Auch hier in schwindelerregenden Auflagen, bedenkt man das heutige Aussterben eines solchen Pornoprint Marktes. Beides vom Grossisten ZBF (Private und Color Climax) auch in der BRD vertrieben, brachte Theander mehrere Pornoformate heraus („Color Climax", „Exciting", „Anal Sex", „Rodox Spezial", „Transexuel Climax", „Blue Climax", „Sex Bizarre", „Hard Core", „Lesbian Love", „Teenage School Girls" (mit der aufklärerischen Unterzeile „Learning about Love and lust"), „Sexorama", „Teenage Sex" usw., mein Dachboden und Keller ist voll von diesen bunten Kuriositäten im Pennäler Format). „Teenage Sex" war auch ein recht großer Verkaufserfolg beschieden. So eruierten die Porno-Chronisten Heditch und Anning, dass die Ausgabe Nr. 25 (aus 1982) eine Gesamtauflage von 85.980 Exemplaren betrug. Aber auch die üblichen Ausgaben selbst von etwas härter Gangart wie von „Sex Bizarre" und „Anal Sex", kamen auf 35.000 bis 40.000 Hefte pro Ausgabe! Hebditch konstatierte in 1988 „Rodox verzeichnet wahrscheinlich im Jahr einen Erlös von 750.000 Dollar (1,3 Millionen DM) für jeden der wichtigsten, zweimonatlich erscheinenden Titel."

Ein Schulheftformat sorgte also allseits dafür, dass aus der Bundesrepublik eine wahre Tagestourist-Manie (nach Dänemark wiederum) einsetzte, um sich dieser Hefte zu bemächtigen, oder vielmehr: durch sie erotisiert zu werden. Für großes Aufsehen sorgte hierzulande ein anderes Heft. Die erste Ausgabe von „Foxy Lady" 1982. Zwar gab es in Deutschland schon lange eigene Pornoproduktionen in selbiger Heftform, wie vom Silwa Verlag in Essen (das von dort stammende Porno- und Kontaktmagazin selbigen Formates, „Happy Weekend", startete 1972, hatte in Spitzenzeiten eine Auflage von 90.000 Exemplaren und besaß zeitweilig 270 Angestellte. Im Juni 2016 stellte der Verlag einen Insolvenzantrag), doch die „Foxy Lady" sorgte wahrlich für neue Qualitätsmaßstäbe. Auf dem Cover prangte (und folglich in immer neueren erotisch anmutenden Varianten) bis auf wenige Ausnahmen stetig Teresa Orlowski - und zwar hier in der Nr. 1 mit blondiertem Haar und der Anhebung ihres Busens durch ihre eigenen Finger. Auch in diesem Heft ein Editorial von der Herausgeberin, wo erotisch-gesellschaftliche Themen angerissen wurden. Am 1. September 1985 kam dann auch von ihr der „Videostar Intim" auf den Markt, den wir ja hier im Buch bereits häufiger erwähnt hatten. Dieses kam jedoch im DIN A4-Format heraus, sodass wir unser Sex-Oktavheft an dieser Stelle schließen.

PORNO - Wirklich anerkanntes Mainstream Produkt oder nur geduldetes Vergnügen für das Proletariat?

„Mainstream, der", laut Duden „oft abwertend für vorherrschende Richtung."

„Ob Mainstream oder Rand, Pornographie ist nachdrücklich Teil der amerikanischen Kultur, und es ist Zeit für die Kritik diesen Fakt anzuerkennen" (Linda Williams, Pro-Porno-Feministin). Amerika du hast es besser?

(„Für die meisten Menschen hat das Wort Pornographie einen üblen Klang; bewusst oder unbewusst ist ein Gefühl der Scham damit verbunden. Viele Leute neigen beim Gebrauch dieses Wortes dazu, um sich zu blicken und ihre Stimme zu senken, in der Angst, Kinder oder sonst jemand könnte sie hören. Pornographie deutet ein strafbares Geheimnis an." Montgomery Hyde (dereinst mit Lehrstuhl für Geschichte in und Politologie versehen, Rechtsanwalt und Kriminologe, verfasst in 1964 - und doch irgendwie noch hochaktuell).

Die zur Genüge beschriebene Venus Erotik Messe könnte quasi als eine Art Parteitag der Sexindustrie angesehen werden. Denn das Statement, die Eingangsthese des Veranstalters „Die Pornoszene aus der gesellschaftlichen Schmutzecke zu führen", impliziert schon einen latent politischen Charakter. Staubgesaugte Teppiche, Hochglanzbroschüren, Firmen mit zuhauf weiblichen Mitarbeiterinnen in der Administration (weshalb wohl), ein voluminöser Einkaufsführer (für 2011 fielen 30 Euro für die schwere, bunte Werbebroschüre mit Ausstellerverzeichnis an) und natürlich die ja weltläufig klingende Internationalität von Austellern und Besuchern, sollen bei diesem Projekt weiterhelfen. Und die Journalisten schnappten bereitwillig nach dem Knochen, den man ihnen hinhielt und schrieben im Wortlaut in nahezu „gleichgeschalteter" Manier, dass ja die „steten Verkaufszahlen der Branche ein weiteres Indiz für deren seriösen Erfolg seien." Doch ist dem wahrlich so? Einfachste polemische Gegenargumente können dies doch schon entkräften. Sind rechtspopulistische und rassistische Politiker etwa „gute" Politiker, weil sie Wählerstimmen fangen? Sind Geschäfte mit harten Drogen etwa seriös, weil sie auch für einen großen Umsatz sorgen? Und ist etwa sogar das, was uns allsamstags abends im TV als „heitere Volksmusik" angeboten wird, etwa mit musikalisch wertvollem Charakter versehen, weil sie tatsächlich von Millionen, vorwiegend Rentnern, angeschaltet wird? Doch: „Vergleiche sind gehbehindert, weil sie hinken", wusste schon der bedeutende Satiriker Dieter Hildebrandt (der sich wiederum meiner Ansicht nach nie über Pornos äußerte) und die X-Branche mit harten Drogen oder faschistischem Gedankengut in Relation stellen, das will man ja nun auch nicht. Doch die Pornographie zum wirklichen Mainstream zu erheben, ist von vorneherein zum Scheitern verurteilt, ganz gleich wie oft sich Bilderflut Gazetten wie „FHM", „Penthouse" oder „Maxim" auch darum zur Jahrtausendwende bemühten. Nicht zuletzt - wer will es den dortigen Machern verdenken - mit verkaufsfördernden, fleischfarbenen Ablichtungen.

Die Akzeptanz, welche zumeist durch Aufklärung und Hintergrund gefördert werden könnte, erfährt wiederum eine Vollbremsung, so denn die meisten der heutigen Porno-Darstellerinnen (siehe auch die nächsten Kapitel) sich öffentlich zu ihrem Tun äußern. Ich besehe mir dazu Gina Wilds TV-Auftritt bei Harald Schmidt im Internet, und stelle noch ein weiteres Mal fest, dass sie so umwerfend sympathisch ist, nicht billig wirkt, und ich so nahe dran wie beinahe nie bin bei deutschen Porno-Damen, sie als Hoffnung zu benennen, zumal sie ja auch eine Art des „Absprungs" schaffte, und das Business somit auf längere Sicht ausnahmsweise einmal mit seinen eigenen Waffen schlug. (Dies gelang zuletzt immerhin noch Sibel Kekili, die heute im ARD „Tatort" eine Dauerrolle an der Seite von Axel Milberg inne hat, und wohl niemand wird sie aufgrund ihrer Mini-Porno-Vergangenheit bei „Videorama" zur „Rechenschaft" ziehen, und prinzipiell ihr schauspielerisches Talent in Abrede stellen.) Sehe ich mir aber, mit Verlaub (denn es geht ja in meinem Werk sehr konkret um die Stärkung der fraulichen Würde) das Interview von Vivian Schmitt beim befähigten Trash-Talker Kurt Krömer an, fällt das Mainstream Kartenhaus schon wieder rasch zusammen. Es ist auch kein Interview, es ist ein „Ton-weg-dreh" Ausschnitt, nichts weiter. Es ist traurig, anti-sexy, vollkommen inhaltsleer.

Durch solche medialen Vorfälle wird klar, dass eine intellektuelle Auseinandersetzung mit der Pornographie schwerlich angeregt, geschweige denn überhaupt in Gang kommen kann, so die Protagonisten mit den ewig gleichen Plattitüden und Attributen, sprich der bereitwilligen Unterordnung an das proletarische Patriarchat, aufwarten.

Nicola Stefen möchte solche Auftritte auch meinungsbildend in ihrem Werk nützen, und erwähnen: „Auch in Deutschland zeigen sich Pornostars außerhalb ihres Genres. 2007 zog Annina Hill in das Big Brother Haus. Auch Vivian Schmitt war im Fernsehen zu sehen, etwa in der VOX Sendung „Unter Volldampf". Und Jana Bach moderierte ein Erotikquiz auf dem Privatsender „9 Live". Aber gerade dieses Nichts an Inhalten, dieses orientierungslose Ballyhoo (im Privat TV, natürlich, wo sonst?) belässt die Szene doch im Halbseidenen, Irrelevanten, im Prekariat der Billigvoyeure. Hätte ich in jungen Jahren solche Beiträge gesehen (von „Stars" kann ja bei zwei der Genannten bei allem Respekt auch sehr wenig die Rede sein) hätte ich das Interesse an Pornographie wohl höchstens nur noch schlagartig verloren...

Das Phänomen der psychologisierten Massenbegeisterung (die beim Konsum von Pornographie wahrlich im „stillen Kämmerlein" von statten geht), die ja auf der Ebene der niedrigen menschlichen Instinkte durchaus vorhanden ist, böte doch eine breite Plattform für den Austausch divergierender Argumente. Doch sind die sozialen Hintergründe und Milieus mitunter so verschieden, dass es wieder ein „übereinander statt miteinander" reden bedeuten würde. Der Bezug zur Geschichte mit den pornografischen zeichnerischen Darstellungen der alten Griechen um 400 vor Christi ist zumeist das Einzige und Wenige, was bei Geisteswissenschaftlern noch zu lebhaften Diskussionen führen mag. Eventuell dockt man noch an die Literatur von „Fanny Hill" (John Cleland.), „Madame Bovary" (Gustave Flaubert), „Decamerone" (Boccaccio) oder „Lolita" (Vladimir Nabokov). Ob es interessehalber im kulturellen Sinne und dem eigenen Anspruch bis Henry Miller, Samuel Beckett, Erica Jong oder Anais Nin reicht, sei dann schon in Frage gestellt, zur Interview DVD mit Vivian Schmitt (es ist keine böse Absicht, diese wirklich hübsche Frau hier schon wieder fast zwangsläufig zu nennen), gelangt die gesellschaftliche Elite dann ganz gewiss nicht mehr. Wobei ich mir hier einen abseitigen Einwand schon einmal erlauben mag. Weltliteratur hin oder her, ich persönlich lese kaum derartige Bücher, die mit Penetrationshandlungen nur so um sich schmeißen. Literatur mag zu vielem dienen, zur Förderung erregter Leser bedarf es aber doch textlich nie allzu viel, und ich konsumiere dann wirklich noch eher in dieser Hinsicht einen Pornofilm (!). Doch das „Musikantenstadl"-Publikum bleibt wie der Geschichtsprofessor einfach außen vor, wenn es darum geht in eine spannende Materie einzutauchen, und dies dann doch unterbunden wird, weil erstens Pornographie immer auch Onanier-Vorlage war und ist, und weil zweitens die Protagonisten auch keinerlei Geheimnisse rund um das Thema zu transportieren in der Lage sind. Wer darüber spricht, gilt als ordinär - und meistens stimmt es ja wohl auch…Über Sex kann man in vierfacher Hinsicht sprechen, also auch über Porno. Heiter, medizinisch-ernsthaft, philosophisch und ordinär („Mir tut der Rücken weh, vom Vögeln."). Letzteres zu vermeiden scheint von daher leider fast eine Kunst.

Mainstream? Stellen Sie sich bloß einmal ein Fußball Bundesligaspiel im Berliner Olympiastadion vor, und in der Halbzeitpause, vor 42.000 Zuschauern tönt der berufsaufgeregte Stadionsprecher: „Begrüßen wir zum spaßigen Spaß Elfmeterschießen in der Halbzeitpause, die Frau aus unserer Stadt, die selbst tolle Bälle besitzt, unseren Berliner Pornostar Vivian Schmitt!" Woraufhin die Kinder und Heranwachsenden auf den Tribünen stutzen, und ihre Eltern in Erklärungsnot bringen. Es funktioniert nicht. Pornographie ist privat, hat in einem geschützten Raum abzulaufen. Das Prinzip Zugriff für alle und jeden, jederzeit ist bedenklich. Ich meine einfach auch, dass man die Leute nicht darauf stoßen sollte, sie damit konfrontieren, ohne dass sie dies wünschten. Entsinne mich in diesem Zusammenhang nur an den Lars von Trier Film „Idioten", der in Deutschland auf dem Kunst- und Kulturkanal „arte" ausgestrahlt wurde. Ein Film in der von mir geliebten dänischen Mundart mit Untertiteln, wie zunächst erfreulich. Doch als ich Kopulation-Szenen, die nicht mehr angedeutet sondern real ersichtlich waren, über den Bildschirm flimmern sah, bildeten sich Sorgenfalten auf meiner Stirn. Sollte es etwa künftig in diese Richtung gehen, steife Glieder und offene Mösen direkt nach der „Tagesschau"?

Für mich eher Albtraum, denn ein begrüßenswerter Fortschritt. Wenn es zu nah kommt, verliert es gewissermaßen seinen Reiz, das Private, das bisweilen gewollt Distanzierte, noch Steuerbare, es sollte sich besser nicht völlig auflösen können.

(Als ich für dieses Buch etwas mehr über die Berliner Darstellerin Isabel Golden herausfinden wollte, stolpere ich aber tatsächlich im Netz über einen Artikel, der dann doch eine Art „Mainstream- Alarm" in mir auslöst. Denn ausgerechnet in der Frauenzeitschrift „Brigitte" finde ich einen ausführlichen Bericht in Form einer Home-Story aus dem Juli 2005, unter der Headline: „Von der Friseurin zum Pornostar", über besagte Dame. Und das alles unter der Rubrik „Liebe", was denn nun wieder für ein wenig Heiterkeit in mir sorgt. Aber im Ernst, wie soll man oder frau dazu eigentlich stehen? Habe ich die Leserinnen der Brigitte etwa falsch eingeschätzt? Statt dem Nachgehen von Kochrezepten, Herz- Schmerz Storys, Modehinweisen und Kurzkrimis sei nun eher eine Art Anleitung gefragt, wie es doch unter Umständen zu schaffen sei, sich von einer Friseurin zur öffentlichen sexuellen Frau aufzuschwingen? Vermutlich liegt die Zeitschrift ja einfach nur verstärkt in Friseurläden auf...)

Die „Ab 18 Jahre" DVDs (damals Videocassetten) sind in den Videotheken offenbar deshalb innenarchitektonisch „versteckt", um die „schweinepriesternden" Konsumenten vor den Blicken des „seriösen" Publikums zu bewahren. (Dass die Titelnamen und Inhaltsbeschreibungen mehr Sauereien im moralischen Sinne aufzeigen, als noch so steife Glieder, wird leider offenbar wenig zur Kenntnis genommen, erzeugt kaum mehr einen negativen Grad an Aufregung und Hader bei den treuen Konsumenten.) Doch erwirbt oder entleiht man dann einen Artikel, muss man ohnehin an die Kasse. Mit der „Fotzen Razzia" in der Hand, steht es sich leicht angespannt zwischen Familienvätern und ihrem Harry Potter indoktrinierten Nachwuchs, eine schon unangenehme Sache. (Allerdings bieten sie immerhin tarnende Plastiktüten in dem Pornobereich an, eine imaginäre Einteilung in „normal" und „anormal" habe ich aber irgendwie immer mitempfunden, der „hat es wohl nötig" scheinen alle Anwesenden zu denken.)

Was uns an Literatur zum Für und Wider des Produkts, ergo an faktischer Aussagekraft vorliegt (an ganz intellektuellen Verrenkungen beteilige ich mich absichtlich nicht, um nicht schon wieder auszugrenzen) lässt sich aber gut in Zusammenhang bringen, und ordnen. Auch mit dem, was die Szene selbst als Statements zu ihrer Daseinsberechtigung in die Waagschale wirft. Dabei, müsste nicht eigentlich zuallererst das „Porno ist doch immer nur dasselbe" Syndrom auseinander baldowert werden? Denn vielschichtig sind die Resultate des X-Business durchaus. Für den oder die, welche ohne Scheuklappen tiefer blicken möchten.

Was hat ein artifizielles Epos eines Regisseurs Andrew Blake, der Frauen schön, stolz, machtbewusst meist auf atemberaubenden High Heels den Takt vorgebend zeigt, mit einem platten deutschen „Gang Bang" gemein, bei dem es in erster Linie um die massenhafte Verteilung von männlichem Ejakulat und anderer Flüssigkeit geht? Was hat ein „Happy Video Privat" Film (dessen Macher Harry St. Morgan vor Jahren verstarb, und den sogar der „Der Spiegel" nach seinem Ableben hervorhob) mit zeigefreudigen Nachbarn die ihr Sexualleben per Interview und Action in einer Art aufklärerischer „Oswald Kolle Manier" aufzeigen, mit einem Hardcore Streifen aus den USA mit kriminalistischer Hintergrundhandlung gemeinsam? Abgesehen von den stets gezeigten Kopulationen, auf denen sich Pornofilme naturgegeben immer vereinigt wissen. Sado-Maso-Filme, Lesbenpornos, von Frauen gedrehte Filme ohne ersichtliches Ejakulat, Public-Sex-Streifen, Alternative Pornos oder auch anonyme Filme in denen die Darstellerinnen oder Darsteller vom Gesicht nicht kenntlich gezeigt werden (hier empfehle ich uneingeschränkt die DVD „Buttman Teil 36"ein toller „Film", in dem eine atemberaubende Frau mit Atom-Busen endlos langen Beinen eine Ledermaske trägt, was der erotischen, aufregenden Handlung eines Aktes aber überhaupt nicht konträr läuft) gibt es eben auch.

Was verbindet denn die reifen französischen Darstellerinnen der 80er Jahre in sündigen Nylons mit ihrem damenhaften, leicht rätselvollen Wesen mit den jetzigen häufig aus Osteuropa stammenden einsilbigen Mädchen gemein, denen man förmlich in Sekundenschnelle ansieht, dass es ihnen ausschließlich lediglich ums Geld geht? Kann frau sich durch Porno selbstverwirklichen? Bei den heutigen „Filmen" erübrigt sich die Frage leider eben oft schon im Vorfeld. Nicht nur aus der feministischen Ecke ertönt von daher mitunter schon die Frage nach der unterdrückten, ausgebeuteten Frau, und dies scheint gar nicht so meilenweit hergeholt.

Auch wenn Teresa Orlowski dieses Phänomen der „unterdrückten" Frau beziehungsweise der nicht vor Selbstbewusstsein strotzenden Artgenossin, auf vorwiegend eigenes Verschulden herabstufte. Sagte doch die aus katholischem Einzugsgebiet stammende Polin - die gewissermaßen ihre eigene Feministin und Sprecherin war - Anfang der 90er Jahre in der ARD Dokumentation „La Notte" dazu: „Wir suchen verzweifelt eine aktive Frau. Da liegt sie (eine x-Beliebige) wirklich manchmal wie ein Stück Holz, und dann nach draußen, wenn Frauen sich die Pornos anschauen, dann sagen sie; die Frau wird dabei ausgenutzt, die hat nichts zu sagen, die ist ein totales, armes Opfer. Aber das liegt tatsächlich an ihr. Dass sie einfach nur auf die Uhr schaut und nur denkt: „Hauptsache die eine Stunde ist vorbei, und ich bekomme mein Geld." Es ist sehr selten, dass hier eine Frau hinkommt die sagt: „Ich tue es, ob für Geld oder nicht, dann lieber für Geld. Ich bin gut gebaut, ich zeige wie es geht. Und sie kann die Sache steuern, aber das sind solche kleinen Mädchen..."

Die Dankbarkeit der erfolgreichen Geschäftsfrau, die ja nicht zuletzt durch den Einsatz auch dieser Frauen zu einem (nur vorrübergehend?) gegönnten Vermögen gekommen war, klingt bei ihr nicht einmal ansatzweise durch. Meinte sie es etwa doch grundsätzlich gut? Oder denke ich eher automatisch an Gottfried Benn der sagte, dass das „Gegenteil von Böse nicht gut, sondern gut gemeint" sei? Auch bei den Männern, die sich in diesem harten Metier beweisen wollen, und die ja unter einem - zumindest von der technischen Warte gesehen- größeren Erfolgsdruck stehen, verbreitete sie wenig Mut, zeigte sie wenig Achtung:

„Das sind, muss ich wirklich enttäuscht sagen, Träumer. Das sind Menschen, die sind so naiv, die denken, sie kommen einfach zu VTO (ihrer Firma, Anmerkung des Verfassers) und hier warten schon zehn der schönsten Mädchen, und da wird dann einfach nur verwöhnt. Und die haben wirklich keine Ahnung, dass das hier harte Arbeit ist. Da kommt dann eben das große Problem, VTO ist sehr professionell, hier steckt sehr viel Technik dahinter und da kriegt der Mann einfach Angst, denn diese ganze Potenz spielt sich einfach im Kopf ab." (Womit sie zweifelsfrei wieder völlig Recht hat.) In ihrer Porno Gazette „Videostar Intim" gaukelt sie aber auch schon einmal in einem Vorwort namens „Geschäft und Menschlichkeit" ein bisschen, wenn sie schreibt (oder schreiben lässt): „(...) dass nur Produzenten und Darsteller zusammen die Qualität erreichen können, die der Konsument verdient. Und da man es in diesem Geschäft mit Menschen und nicht mit Dingen zu tun hat, braucht man eine besondere Sensibilität, um Spitzenergebnisse zu erzielen. Dabei sind Menschlichkeit und Geschäftstüchtigkeit keine unversöhnlichen Gegensätze." Was ein solcher Vorgang, die Suche nach neuen Darstellern im Hause VT0 wirklich bedeuten konnte, zeigt sogar ein Kaufvideo (sogar öffentliches Proben wurde hier in bare Münze gewandelt!), bei dem ein Gang-Bang stattfand. Moderator Frank Frießnegg kommentiert die anwesenden, nackt umher stehenden Herren in süffisanter und recht abschätziger Manier, und fördert damit noch deren zeitweiliges „Nichtkönnen." Wenn das in einem Kaufvideo sichtbar gemacht wird, möchte man nicht wissen wie sich die Tonlage beim Dreh ansonsten erst darstellte... Und diese Frage stellt sich somit auch nicht mehr wirklich. („Mir fehlt der Respekt in der Szene.", äußerte sich mir gegenüber einmal eine Darstellerin heutiger Tage.)

Und dies äußerte Teresa Orlowski alles zu einer Zeit, in der Porno (wenigstens subversiv gefühlt) so nahe dran war wie noch nie, in der breiten Gesellschaft wenigstens eine wohlwollende Duldung zu erlangen...Doch zurück zur Eingangsfrage, dem vermeintlichen Ankommen der Pornographie im Mainstream. Es geht hier um die oft zitierte „Gesellschaft" und damit wird schon sogleich nachgehakt, wer dies denn konkret sei, wer sich hinter diesem weiten Oberbegriff verstecke. Meiner Meinung nach zählen dazu - beim Begriff Pornographie - alle erwachsenen Menschen aus allen Schichten. Es gibt gewiss immer Schnittstellen, der Konsument als solches lässt sich nicht als völlig homogen eruieren. Auch DDR Staatschef Erich Honecker sammelte ja bekanntlich diese Filme (gut, das war nun auch nicht so völlig unverständlich...). Von einer Durchlässigkeit durch alle Schichten ist dennoch deshalb nicht wirklich die Rede oder hiervon auszugehen, weil es die vergeistigten Menschen ihrer Ansicht nach diskreditieren würde, sie in die Nähe dieser vermeintlichen oder berechtigt genannten Niveaulosigkeiten zu rücken (so sie denn überhaupt am Thema interessiert sind, ein hoher Prozentsatz dürfte Pornographie für sich ohne jedwede Diskussion komplett ablehnen, da sie ja auch weder wirklich nötig für den eigenen Lebensweg, noch sich generell viele Mitstreiter in ihrem Umfeld finden würden für das Eintauchen in tiefere Ebenen) und die Konsumenten selbst zwischen Prahlerei und selbiger Schweigehaltung verharren, was beides wiederum ganz richtig ist, unter dem Strich aber die Diskussion doch allzu rasch abwürgt. Versuche einer einmal während eines Geschäftsessens, einer Rotweinverkostung, einer Ökonomen Diskussion in einem VIP Raum oder auf einer Stehparty eines Lehrerkollektivs, die Karrieren von Jenna Jameson oder Ginger Lynn in eine Debatte zu bringen! Porno konnte immer nur - und hier präzise durch den Verkauf und Verleih der Videos und DVD Cassetten - als Massenphänomen existieren. In den USA gab es seit 1985 in jedem Videoshop eine Erwachsenenfilm-Abteilung und in jenem Jahr machte die Branche dort 13 Milliarden Dollar Umsatz. Jeremy Stone konstatiert jene Zeit süffisant und drastisch: „Das Publikum wollte seine Pornos billiger (die Preise für ein Original-Tape sanken von 80 auf 60 bis unter 20 US-Dollar binnen weniger Jahre, Anmerkung des Verfassers) und es wollte mehr davon; Porno degenerierte zum Masturbationsfutter für die Massen, worauf es jetzt ankam war ganz allein Sex, Sex, Sex." Dies trug und trägt bereits Züge von geradewegs bereits wieder genussfeindlicher Dauerberieselung, der auch ich zeitweilig - wer mag denn sich denn hier tarnen - verfallen war. So kaufte ich mir 1996 in Kopenhagen Pornographie für insgesamt 1000 DM ein, darunter 33 (!) VHS-Pornofilme, die ich binnen vier Tagen wieder daheim angekommen, verkonsumierte, bis es mir zu den Ohren herauskam, und ich dieses Zeugs nie wieder sehen wollte.

Wo Georg Seeßlen wiederum analytisch und korrekt einhakt, als er schreibt: „Es gibt neben den regelmäßigen Konsumenten von Pornographie (nur sie sind ökonomisch interessant) eine gewaltige Anzahl von Menschen, in deren Kultur Pornographie ganz einfach keine Rolle spielt, die vielleicht nicht einmal deren „Sprache" verstehen." Exakt dies habe ich mit dem gerade gefertigten Essay- ähnlichen Absatz gemeint, die Grautöne fallen bei den in Schwarz und Weiß aufgeteilten Pro und Kontra Porno-Fraktionen schlicht und einfach, das kann man schade finden oder nicht, weg. Auch weil die in der eigenen Kindheit so gepriesene Tugend der Ehrlichkeit mit raumgreifenden Schritten allenthalben zu entschwinden droht, und wir andererseits auch gar nicht so brühwarm erzählt bekommen wollen, welcher Nachbar wie oft onaniert….Die Pornographie böte doch, mit den ihr immanenten Elementen von Sex und Widerlichkeit, Humor und Humorlosigkeit, Wildheit und Berechenbarkeit, Geschäft und Ausbeutung recht viele Dinge, die eigentlich zur Alltagsphilosophie anregen dürften, doch es scheint sich einfach nicht auszugehen, wie man in Österreich sagt. Einigen wir uns vorerst darauf, dass die Pornographie uns Bundesbürger nicht einen kann und wird. Aus Theodor Adorno´s Sicht bestehen (laut der Autorin Regine Robin) „(…) trennende Barrieren zwischen Massenkultur und Hochkultur", was uns als Logik sofort einleuchtet. So gesehen ist aber der Einzug von Pornographie in den sogenannten „Mainstream", ist wohl nichts anderes, als eine deutlich vernehmbare Nuance in Bezug auf die Gesamtgesellschaft.

Es blieb natürlich nie aus, dass willige Frauen, respektive Porno-Queens, die auch mit tänzerischen Darbietungen aufwarteten, Anziehungspunkt der Schönen, Reichen und Prominenten waren. So lud Hugh Hefner Linda Lovelace allzu gerne in sein Playboy Haus ein, nicht nur zum freundlichen Umtrunk, sondern für allerhand sehr krudes Zeugs (so sollte Linda mit einem Hund in seinem Beisein schlafen, was nur deshalb nicht funktionierte, weil der Hund nicht wollte, wie sie in einem ihrer Bücher behauptete, doch war diese „Dog-Linda" Sache schon zuvor häufig Thema und lässt einen förmlich innerlich erschaudern, über so viel an unmoralischem Handeln).

(Zudem wurde mit Elvis Presley und Liza Minelli im Hotelzimmer gefeiert, nach einem Auftritt vom King in Las Vegas.) Auch der Megastar Sammy Davis Junior war sowohl an Linda, als auch an Marylin Chambers interessiert, und ließ sie im Gentlemen Stil als eine Art Mätressen bei ihm an- und vortanzen. Er war zudem 1974 bei der Hochzeit von Marylin und Chuck Traynor (Linda Lovelace erster Ehemann, es war wirklich wie eine Art Vorläufer von Hans Moser VS Teresa Orlowski - Sarah Young) anwesend. Doch das blieb alles ziemlich im Verborgenen, dem Einzug der Pornodamen in alle öffentlichen Kanäle war schon damals kein übermäßiger Erfolg beschieden, wie Marylin Chambers offen zugab, als sie faktisch die Chance erhielt in Sammy Davis Juniors seiner „Tonight Show" aufzutreten. „Wenn Sammy Davis Jr. in der Stadt war, gingen Chuck und ich in seine Suite und machten die ganze Nacht Party. Ich wollte immer schon einmal etwas mit Sammy machen und er wollte mich für seine Sendung. Aber die „Tonight Show" war nicht bereit für mich. Die pornografische Sache hatte einfach eine schlechte Konnotation, und nun sah ich die Konsequenzen."

Also damals wie heute.

Der Star in Amerika und in unseren Gefilden
Wohin mit den vermeintlichen Triumphen?

In den 80er und 90er Jahren war deutlich vorgezeichnet wer als ein Star in der Branche galt. Obwohl die Auflistung der Namen hier eine Telefonbuchoptik bieten würde. Denn es waren einfach zu viele. Ginger Lynn, Taja Rae, Vanessa del Rio, Lois Ayres, Tracy Adams, Traci Lords, Porsche Lynn Nina Hartley, Debbie Diamond, Elle Rio, Trinity Loren, Rachel Ryan, Joanna Collins oder die ausnahmsweise in Italien geborene Sharon Mitchell, in der Regel waren es im Land der angeblich „unbegrenzten Möglichkeiten" geborene Frauen, die sich einen respektablen Namen im X-Business verschafften.

Bei uns in der Bundesrepublik konnten selbst am Ball (oder besser am Glied) bleibende Personen wie Sandra Nova oder Biggi Mondi eher außerhalb eines internen Expertenkreises nicht völlig ins Licht der breiten Öffentlichkeit gelangten, wobei ein Artikel im deutschen Penthouse Magazin „Biggi Mondi bläst am besten", sicherlich nicht ganz unbeachtet geblieben war. (Wer allerdings in oder nach den 90er Jahren geboren wurde, wird sie wohl beide überhaupt nicht kennen, obwohl sie sogar noch für Video Teresa Orlowski drehte.) Letztere Norddeutsche mit dem kurzen blonden „Mecki" Haarschnitt besaß in jedem Falle die richtige Einstellung zur Sache, als sie nicht nur die für Frauen gezahlten 500 bis 800 DM für rund vier Stunden Sexarbeit nannte, sondern auch feiner Weise betonte: „Ich bin selbstbewusst genug und kann es mir leisten, nur die Sachen vor der Kamera zu machen, die Vorhinein (sic!) abgesprochen waren, mit denen ich einverstanden bin. Andernfalls verlasse ich die Produktion. Da kann mich auch niemand mit einem höheren Verdienst locken."

Jasmin Duran aus Bremen oder Alexa Bauer aus Berlin (ein ehemaliger Kumpel kannte sie noch aus gemeinsamer Reinickendorfer Schulzeit, sie drehte u.a. mit Pornostar Rocco Siffredi) könnte ich nun auch noch Semistartechnisch in die Diskussionsrunde werfen, sogar und eigentlich auch Claudia Schäfer, die von Teresa Orlowski als „Bardot von nebenan" 1992 aufgebaut, und nicht nur völlig zufällig an das Deutsche Topmodel jener Zeit (Claudia Schiffer) optisch erinnernd. Eine Internet Quelle vermeldet sogar (gerade im Pornobereich wird auch viel Unfug gestreut), dass sie sogar bis ins Jahr 2005 unter verschiedenen Akteurinnen-Namen Hardcore gedreht haben soll. Doch eine großformatige Autogrammkarte mit ihrer Originalsignatur konnte neulich in einem Auktionshaus für nur noch für einen Euro versteigert werden (an den Verfasser dieser Zeilen!), was die Rede von einem „Star" nicht wirklich aufkommen lässt. Obwohl sie hübsch war und relevante Aussagen tätigte, wie: „Es gibt so viele Dinge, über die kaum jemand öffentlich zu sprechen wagt und die trotzdem ganz natürlich sind. Mit meinen Filmen will ich dafür kämpfen, dass sich das ändert." (Ich entsinne mich meiner kleinen Enttäuschung, als ich 1992 das neue „Videostar Intim in Tape" Video erwarb, auf welchem es eine genauere Vorstellung von Claudia Schäfer geben sollte. Doch VTO Mann Frießnegg stand im Film alleine mit seinem Mikrofon und erklärte, dass Claudia nicht mehr zum Interview käme, da sie nun geheirate habe. Danach zeigte man noch einige Clips mit ihr, doch ein Pornostar würde sie nun also doch nicht mehr werden. Ein weiterer Beweis, dass das Wort damals wie heute viel zu inflationär gebraucht wurde.) Erst mit Teresa Orlowski (Polen) und Dolly Buster (Tschechien) schwangen sich osteuropäische Importe hier in der BRD zu Marken auf. (Dolly Buster drehte übrigens kurzzeitig unter dem Pseudonym Norma List auch für das Teresa Orlowski Imperium.) Aufs Porno-Pferd gesetzt - wenn diese Metapher das eigene Niveau hoffentlich nicht untergräbt, von jenen Produzenten (Hans Moser, Dino Baumberger) die jene Frauen neben der Ehe auch gleich in den Hafen der Pornographie führten - und damit reichlich Umsatz machten. Eine auf den ersten Blick reine Win-win-Situation. Frau Orlowski ließ sich nicht nur mit bisweilen dominierender Gestik und Ausstrahlung vor der Kamera in fast sämtliche Körperöffnungen stopfen, sie machte auch hinter ihrem Schreibtisch alsbald eine gute Figur - vor allem (lange Zeit) von marktwirtschaftlichen Gesichtspunkten aus gesehen. Sehr bald ohne ihren Ehemann Hans Moser, den sie hinauskatapultiert hatte. (Moser, der später auch mit Sarah Young verheiratet war, und Helen Duval, Sybille Rauch und Gina Wild bei ihren Laufbahnen half, starb am 2.7. 2016.) Teresas, unbescheidene Selbstbezeichnung „The hottest Lady on Earth", führte das Video Teresa Orlowski Imperium weiter, es wurde ein neudeutsch „Branding". Orlowski hatte fast mehr Auftritte im öffentlich-rechtlichen Fernsehen als manche Aktrice Filme abgedreht. Ob „La Notte" (ARD Dokumentation), die „rote Couch" (ZDF), „Das Teresa Orlowski Portrait" (MDR) oder auch in der Talkshow „Drei nach Neun" (Drittes Programm, klingt allein schon pornographisch...), sie stieß ein wenig das Kippfenster zur Seriosität auf. Vielleicht ist sie aufgrund ihrer burschikosen Art nie sonderlich angenehm gewesen, ihre inhaltlich gehaltvollen Aussagen gingen stets über das einfältige Einheitsgerede ihrer vor allem späteren „Dreh-Genossinnen" meilenweit hinaus. Der Autor Georg Seeßlen hat sogar das vermeintliche Geschäftsgeheimnis der „Teresa O" (so hieß später ein Soft-Erotik-Magazin aus ihrem Haus) in schier literarische Worte gefasst und dabei sogar fast die Tiefenpsychologie touchiert. Er folgert im Zusammenhang mit ihrer gekonnten Anus-Akrobatik:

„Die anale Fixierung, die psychologisch als Grundlage für Geiz und Habgier gedeutet wird, und die in den Märchen immer wieder in Gestalt von allerlei Dukatenscheißern und Goldeseln auftaucht, findet hier ein fernes Echo. Wenn die Männer Teresa Orlowskis Hintern ausdauernd bewundern und bedrängen und sie so bereitwillig darauf reagiert, dann spiegelt sich darin auf negative Weise auch unterschwellig die Beziehung zwischen Sexualität und Geld, von der die Filme an der Oberfläche so überdeutlich handeln."

Wie dem auch sei, Frau Orlowski hatte rechtzeitig erkannt, dass sie sich nicht mehr mit den eigenen Naturalien an der Front des spritzenden Ejakulates (einer Art von Beifallsbekundung für die Darstellerin, wenn man es bitte sehr nicht chauvinistisch deutet) beteiligen muss, sondern vielmehr auch als Firmeninhaberin der Branche erhalten bleiben mag, sprich; sie hatte erst gar nicht versucht im großen Stil das Genre zu wechseln. Ob unnütze Bücher schreiben, krampfhaft und talentlos Platten besingen, sich auf Promi-Partys zu aalen oder sogar in das vermeintlich „seriöse" Schauspielfach zu drängen (ich wittere bestimmt nicht zu Unrecht auch heute noch hie und da genau dort hochgeschlafene Damen), diesen Kokolores hat sie wohl erst gar nicht für sich in Betracht gezogen.

Sie hat sich zurückgenommen, aber der vorrübergehend finanzielle Erfolg gab ihr recht, bis alles dann doch an die Wand gefahren wurde, die sinnbildlich keine Leinwand mehr war…Aber vermutlich hat sie sich noch rechtzeitig ein „paar" DM zuvor auf die Seite gelegt.

Dolly Buster (bürgerlich geboren als Katja Nora Bochnicková, heute Katja „Dolly" Baumberger) aufgrund üppiger Oberweite und beachtlicher Sex-Action, anfangs in Low-Budget-Filmen (die aus meinem Stadtteil Berlin-Reinickendorf vertrieben wurden) allmählich - durch die Entdeckung ihres späteren Ehemanns zu einem Star gehypt, war auch schnell im öffentlichen Bewusstsein ein Begriff. Da es die nicht unsympathische aber doch in gewisser Hinsicht ein wenig limitierte Ex-Porno-Ikone mit dem verbalen Ausdruck nicht so hat (was überhaupt keine Schande darstellt, dafür hat sie jüngst andere positive Signale gesendet, siehe Lexikon weiter hinten), wagte sie sich im Laufe der Jahre an ganze fünf Buchprojekte, die den Starrummel noch eine Weile am Leben hielten, da der Knaur Verlag nun einmal nicht zu den kleineren Lichtern der Buchbranche zählt, und die Werke entsprechend werbetechnisch ‚medienwirksam ins Licht rücken konnte.

Auch wenn die „Werke" „Alles echt! Durchhänger und andere Höhepunkte", sowie der Roman „Hard-Cut" an Trivialität beispielsweise kaum zu überbieten schienen. Die beliebte Dolly, die tierliebe, etwas unbeholfen wirkende Tschechin (deren Brüste mir in ihren ersten Filmen doch mir so viel kleiner vorkommen, als in Streifen späteren Zeitpunkts, ich wechsle nun in Bälde wirklich den Optiker!) und die Polin Teresa Orlowski, immer etwas attackier-freudig, aber der man sich einer Diskussion bei einem Rotwein wohl bestimmt nicht entziehen würde, das waren also die ersten richtigen „Deutschen" Stars, besser : Stars der Deutschen Pornologen…). Auf der Venus Messe 2001 traten sie dann gemeinsam am Stand von DBM (Dinos Blue Movie) dem verwunderten Publikum gegenüber. Nicht wirklich bis gar nicht einträchtig, was ein sehr einsilbiges Interview der Szene-Zeitschrift „Sign" (für den Endkunden ansonsten leider nicht beziehbar) bereits im Vorfeld der Auftritte verdeutlichte.

„Ansonsten sind wir eigenständige Persönlichkeiten", ließ sich Frau Orlowski gar eine Höflichkeitsfloskel entlocken, die bereits in dieser Art und Weise so nicht zu erwarten gewesen war. Vor allem wenn man sich an früher getätigte Aussagen von Teresa über Dolly erinnerte, etwa jene in einem Interview mit „Jungle World", als Teresa knallhart für sich feststellte: „Sie war das hässlichste Mädchen, das wir jemals hier hatten, total dürr und ganz kaputte Brüste. Sie hat nur zwei Szenen in zwei unserer Filme gehabt („Pleasure Palace 1+2, Anmerkung des Verfassers), weil niemand mit ihr drehen wollte. Ich habe 15 Jahre dafür gekämpft, dass wir ernstgenommen werden und dass Pornographie ästhetisch wirkt. Es stört mich, dass jemand wie Dolly das kaputt macht." Wahrlich, „Ladylike" geht anders.

Ansonsten hatte Deutschland in der Dekade von 1985 bis 1995 wenigstens noch passtechnisch vier einheimische Damen, die aufgrund ihrer auch zum Teil zuvor bereits erzielten Popularität als Stars der Branche gelten durften. Die inzwischen wohl abgestürzte Sibylle Rauch (Kinoserie „Eis am Stiel") sowie die vormals echt seriöse Schauspielerin Karin Schubert, die u.a. mit Yves Montand, Louis de Funés und Richard Burton „reguläre" Kinofilme gedreht hatte, ehe sie mit 42(!) Jahren ins Pornofach wechselte und dort prächtig entlohnt wurde. (Dennoch, was würde man(n) sich heutzutage über derartige Persönlichkeiten in den besten Jahren erfreuen, Im Gegensatz zu den heutigen oft aussageschwachen 20-jährigen „Teenie Gören".) Neben der Düsseldorferin Angela Baron, die von 1987 bis 1993 bei der Stange blieb, muss als vierte Desiree Barclay (Jahrgang 1964) aus Recklinghausen genannt werden, eine weitere Porno-Aktrice, die noch ohne Brust Implantate ihrer „Kunst" nachzugehen vermochte, wobei sie wie die anderen beiden Genannten auch ohnehin keinerlei Veranlassung für Chirurgen boten, und stolz auf neudeutsch „all nature" hätten verweisen können. Über Desiree B. - auch in VTO Filmen agil - schrieb Georg Seeßlen den wundervollen, poetisch angehauchten Nebensatz, dass diese „eine Art Ruhrgebietsausgabe von Vanessa del Rio" sei (wohl durch die großen, natürlichen, leicht hängenden und somit echten Brüste, welch´ nach heutigem Ermessen exorbitanter Anblick!) und sie des Weiteren über „den ordinär aufrichtigen Charme einer Supermarkt-Kassiererin " verfüge (...) der man ansehe, „dass sie sich auf einen heißen Abend freut." (Barclay war im Übrigen auch erst 23 Jahre jung als sie begann Hardcore zu drehen, wirkte aber deutlich reifer, soll heißen in diesem Sinne reizvoller.)

Weitere wie die pornohübsche Blondine Malina May (drehte für Dinos Blue Movie, dem Label von Dolly Busters Ehemann Dino Baumberger) oder die Ostberlinerin Denise Remplace, die durchaus passenderweise rasch den Fall der Berliner Mauer zur sexuellen Selbstentfaltung nützte, die es aufgrund ihrer hübschen weiblichen Optik und ihres Nagelstudio-Besitzerin Charismas durchaus zum Porno-Star-Status hätte bringen können, waren alsbald verschwunden.

Carol Lynn war auch so eine recht spannende Frau für die Szene, eine Erbmillionärin, die ihr ererbtes Gut direkt in die Branche steckte, alsbald nicht mehr selber drehte, sondern Regie führte. Ihr ganzer Auftritt wirkte nicht wie der eines x-beliebigen naiven Go-go-Girls, das irgendwann „zufällig" zu Porno ja sagt, ohne sich über irgendwelche nach sich ziehenden Konsequenzen bewusst zu werden. Bei der Kölnerin spielte sich das alles eben auf der Ebene eines (auch geschäftlichen) Selbsterfahrungsexperimentes ab, mit Netz und doppeltem Boden. Ein Star von außerhalb war dann

Sarah Louise Young (Jahrgang 1971) aus der englischen Grafschaft Kent. Sie posierte - mit gütiger Unterschrift ihrer Mutter - bereits mit 15(!) Jahren topless für die „Sun." Im Jahre 1991 ehelichtete sie dann ihren Porno-Förderer Hans Moser (den Fotografen Sascha Alexander, den wir ja bereits als Ex-Ehemann von Frau Orlowski auf dem Schirm haben). Somit stand einer eigenen Firmengründung nichts im Wege, nachdem sie u.a. auch für „Private" gearbeitet hatte. Überall entstanden Sarah Young-Shops in den Großstädten dieses Landes. 1997 zog sie sich aus dem Business zurück. Dass sie jedoch Jura studieren soll, ist eine im Internet aufgetauchte völlige Fehlinformation.

Erst Ende der 90er Jahre, Sarah Young und Dolly Buster machten allmählich ihre Plätze frei, förderte die bundesrepublikanische Hardcore Landschaft wieder einige Sternchen zu Tage, deren konkrete Halbwertzeit und weitere Entwicklung hier genauer untersucht werden soll. Madalina Ray darf ebenso dazugezählt werden. Die sehr hübsche, dunkelhaarige Aktrice (geb.1979) wurde 1998 zum Beispiel bei einer Erotik Messe in Brüssel zur besten Deutschen Darstellerin gekürt. (Dass sie aus Rumänien stammt, spielte da offensichtlich keine Rolle.) Wobei ich ein wenig meiner sorgsamen Chronistenpflicht genüge tue, und weiß, dass man es in der Bundesrepublik gewohnt ist, einer Detailverliebtheit zu verfallen. Egal ob Rasenmäher, Autos, Schallplatten oder selbst Pornos, etliche Leute werden schon verzweifelt suchen, ob ich eine Dame des Deutschen Porno-Genres wohl vergessen habe, doch erklärt sich ein wirkliches Star-Sein eben nicht durch eine explizite, technische Recherche, sondern eben auch und vor allem durch das persönliche Erinnerungsvermögen. Die in diesem Kapitel genannten „Deutschen" Pornostars haben sich wirklich am Ende auf 21 Personen summiert. Da wird schnell klar, dass es so viele „echte Stars" denn doch nicht waren, was nichts mit Despektierlichkeit zu tun hat, denn das rechtzeitige Aufhören scheint mir, rein auf Deutschland bezogen, oftmals eher produktiv als rückständig. In diesem Zusammenhang muss und soll auch gerne Helen Duval aus den Niederlanden genannt werden, denn nicht zuletzt durch die Venus Messe in Berlin hatte der Porno auch offensichtlich seine Europäisierung erfahren. Und sie war auch eine der wirklichen, respektablen Damen, denen das Business bald hinterhertrauern durfte. (Noch heute werden Original Fotos von ihr im Internet versteigert, die niemand anderer als Hans Moser („Sascha Alexander") gemacht hatte.

Ohne Zweifel müssen aber Kelly Trump (Nicole Heyka, geboren 27.8.1970 in Gelsenkirchen) und Gina Wild (geb. Michaela Jänke am 6.12.1970 in Eschweiler, heute Schaffrath) hier zuerst genannt werden. Auch wenn die Berliner Fraktion um Dru Berrymore, Sharon da Vale und die in der Bundeshauptstadt (auch stimmlich vernehmbar) aufgewachsene Vivian Schmitt (eine Art optisches Fräuleinwunder) sowie Jana Bach Anwärterinnen auf eine ähnliche Präsenz im Gedächtnis der Pornofreaks waren oder sind, und teilweise seit über einem Jahrzehnt sich quasi in Endlosschleife aktiv vor der Kamera verdingen.

Die gesamte Legitimation dessen, was wir unter Stars oder Starlets verstehen, hat sich durch mediale Turboumwälzungen drastisch verändert. In Zeiten wo Bücher von „Autoren" wie Heiner Lauterbach, Nadja del Farrag oder Dieter Bohlen Spitzenverkaufsränge einnehmen, sind selbst Pornoakteure nicht mehr in schmuddelige Schubladen zu stecken, wirkt Prominenz und auch mancher Erfolg derartiger Personen fragwürdig, über jede noch so urdeutsche Neidgrenze hinweg. Da sind dann auch Gina Wild (Michaela Schaffrath) und Kelly Trump (Nicole Heyka) nur noch allzu gewöhnliche Interview Partnerinnen im TV, deren „Exotik" sich auf ein charmantes Lächeln mit blitzweißen Zähnen begründet.

Kelly Trump schaffte es immerhin in Bernd Eichingers Kinoproduktion „Wie die Karnickel" (2002) und auch in eine Gastrolle der populären ZDF Krimi Reihe „Ein Fall für Zwei" in 1997, dem Jahr, als sie in Berlin die Venus als beste deutsche Darstellerin errang und eben die Folge „Einer für alle" ausgestrahlt wurde. Doch sowohl in Eichingers amüsantem, schlüpfrigem Streifen, als auch in besagter Krimifolge, spielt Kelly Trump doch nichts anderes als sich selbst, das fleischgebliebene Abziehbild in Hochglanz, was gar nicht despektierlich gemeint ist. Nicht als per se Schauspielerin eigentlicher Machart, sondern als angehende „Porno-Queen", die auf ihre Vollendung irgendwie noch wartet. (Ihre angedeuteten schauspielerischen Fertigkeiten in Bezug auf Sprechparts in Pornofilmen hatte sie übrigens ganz ordentlich bewältigt.) In „Einer für alle" „spielt" sie eine Prostituierte. Aber wie sie diese Spielszene interpretiert, zeigt, dass sie die richtige Hurenszene entweder nicht genügend kennt, oder aber - was noch mehr anzunehmen ist - ein gen Null tendierendes Mitspracherecht beim Dreh besaß. Vermutlich trifft sogar beides zu. Sie stolziert mit offenem Dekolletee, Lackkleid und Schaftstiefeln in ein mit Sicherheit 4 - 5 Sterne-Hotel, um einen Freier zu verwöhnen. Nach vollbrachter Arbeit verabschiedet sie ihn lasziv in der Tür des Hotelportals, mit einem lockeren „Bis bald!" Gruß, was die Absurdität der Szene nur noch mehr unterstrich. Kein großes Hotel der Welt würde Huren ein derartig offensives, als „kobern" einzustufendes Benehmen am Eingang durchgehen lassen. Fast im selben Augenblick hat sie dann die nächste „Sprechszene." Sie geht an Detektiv Matulla vorbei, auf dem Weg zu einem bestellten Taxi. Als der kecke Detektiv (gespielt von Claus Theo Gärtner) sie süffisant fragt, ob „wir beide denn ins Geschäft kommen" könnten, sagt sie nur im Vorübergehen: „Verpiss dich!"

Die Darstellerin Dr. Sharon Mitchell hat einmal schier protestierend geäußert, in Pornofilmen „spiele ich Huren, aber ich bin doch deswegen keine", bei Kelly Trump muss dann aber mit Verlaub konstatiert werden, dass sie in Pornofilmen vielleicht gute, bis exzellente Sex-Action abzuliefern vermochte („Jeannie" war ihr Paradefilm in 1998), dass sie jedoch mit einer Kleinstrolle als Prostituierte eine gähnende Leere hinterlässt, welche keinerlei Phantasie auf eine schauspielerische Erweiterung mehr zu kolportieren vermochte.

Die jugendlich-unbekümmerte Verwegenheit einer Sarah Young, die Dreistigkeit einer dominanten Teresa Orlowski, der Grande Dame Charme einer Karin Schubert, oder auch die frivol-hintergründige Message einer Sandra Nova oder Desiree Barclay - hier leider doch ziemlich Fehlanzeige. Trotz der ordinären Ausdrucksweise und der aufgemotzten Kleidung. Jetzt muss ich mich selbst an die Kandare nehmen, und nicht einer eigenen wo möglichen Doppelmoral aufsitzen, denn der Porno- affine Mittzwanziger der ich dereinst ja war, wäre einer Kelly Trump in einem Sex-Kino (wo „Platzanweiserinnen" dem Gast sogar „zufällig" die Zimmer des Hauses" zeigen) bestimmt nicht absichtlich aus dem Weg gegangen, das will ich der Ehrlichkeit halber ruhig festhalten, aber das hat nichts damit zu tun, dass ich als kritischer Autor, der das Phänomen der öffentlichen Wirkung von Porno und Porno-Darstellerinnen konstatieren muss, meinen darf , dass Kelly T. weder eine Hure gescheit spielen kann, noch direkt Qualitäten besitzt, als Schauspielerin durchzugehen. Bestürzung, statt Erheiterung und Anerkennung touchiert es mich. Und der oft gültige Merksatz „Schuster bleib bei deinen Leisten", juckt mich auch förmlich bei der Niederschrift.

Ihre Autobiographie, die wahrscheinlich vom Journalisten Werner Schlegel mehr offenbar vom Diktiergerät eins-zu-eins aus Kellys Mund übernommen worden ist, und damit nicht sehr wohlfeil zu lesen, strotzt geradezu - ganz ähnlich wie bei Gina Wild! - vor all den vermeintlichen Widersprüchlichkeiten mit denen sie sich neurotisch herumzuschlagen scheint. Man glaubt beim Werk „Porno Ein Star packt aus" nicht unbedingt, dass diese schon traumwandlerisch naiven Texte eine Frau von (damalig) 35 Jahren von sich geben kann, die erstens viel und weit gereist zu sein scheint, und zweitens durch den Umgang mit zahlreichen Menschen - bedingt durch ihre Prominenz und zahlreichen öffentlichen Auftritten - doch geläuterter oder reifer sein müsste. Ich habe keine Motivation hier zu einer Schelte am Individuum „Kelly Trump" anzusetzen, es stellt sich mir nur die Frage, ob auch noch publiziert werden muss, wenn eine erwachsene Frau sich offensichtlich nicht in der Lage sieht, für sich zu entscheiden, zwischen den Vorteilen von Champagnerlaunen an südlichen Drehorten auf Yachten, der realen Bewertung von Bumspokalen und damit einhergehend dominanten Regieanweisungen oft jenseits jeglicher menschlicher Achtung und einem, wie auch immer gearteten, normalem Berufsleben. (Dass sie sich zudem in einem TV Report genervt zeigte, dass einige Männer vor der Kamera ob der ihrigen „Prominenz" sexuell nicht funktionierten, klingt zudem wenig integer - geäußert von einer Frau, die in ihrer Autobiographie zugab in ihrer Kindheit eine Katze habe verhungern zu lassen, ja was denn bitte noch an Unfug und Inhumanität?)

„Klar, ich könnte heute Millionärin sein. Namen wie Teresa Orlowski und Dolly Buster bei und oder Jenna Jameson in den USA stehen dafür. Eine gute Beratung, die richtige Entscheidung in diesem oder jenem Moment - wer weiß" ließ sie achselzuckend schreiben, und bringt damit abermals auf den Punkt, dass ohne Lebensplanung zu wenig bleibt nach dem GV vor laufender Kamera. Das Geld haben nämlich in der Regel die Herren der Firmen, von welchen sich die Gute dann wohl wenigstens hoffentlich gefühlsmäßig, doch über den Leisten gezogen fühlen müsste. Ihren eigenen sozialen Status kann sie am wenigsten einordnen: „Wir alle verkaufen uns doch auf die eine oder andere Weise. Ich brauche bloß in Gelsenkirchen über die Bahnhofsstraße zu gehen. Da sehe ich massenhaft Kinderwagen, die von jungen Dingern geschoben werden. Ich frage mich dann oft, was wird aus denen in 10, 15 Jahren?" Vielleicht nicht so gemeint, wie es in meinen Ohren klingt, aber recht hochnäsig wirkt es doch. Ob sie sich diese Frage nicht oft genug für sich selbst gestellt hatte? Denn ob angeblich zu junge Frauen Kinder bekommen, obwohl die eigene finanzielle Situation suboptimal ist, verbindet geradewegs diese laxe Herangehensweise doch auch mit jenem zahlreicher Porno-Damen. Man lässt sich treiben, weil es schon irgendwie gut ausgeht, wäre ein beide Seiten einigendes Motto.

Wie auch Gina Wild hatte sich Kelly Trump viel zu leicht und widerstandslos mit patriarchalischen Dogmen abgefunden, der Gedanke an die „unterwürfige" Blondine drängt sich einfach aufgrund ihrer Handhabung auf, unterstützt und flankiert durch das Lesen ihrer Enthüllungsbücher. Für Aufmerksamkeit, Geld und warme bis derbe Worte spielen sie die Rolle des netten, frechen Mädchens von nebenan, die man von ihnen einfach erwartet. Dabei bleiben sie doch von der Vielschichtigkeit der meisten ihrer Vorgängerinnen meilenweit entfernt, wie die X-Szene vom Mainstream. Bei der Recherche was Kelly heute so treibt, entdecke ich Erstaunliches und Logisches zugleich. Nicola Heyka besitzt mittlerweile in Gelsenkirchen ein Studio für Wimperverlängerung und hatte hierfür zuvor eine Ausbildung zur Kosmetikerin/ Visagistin absolviert. Das kann man ja nicht schlecht reden. Irgendwie eigentlich nicht. Und dennoch: Sie, mittlerweile verheiratet mit einem Ex-Mitglied der überflüssigen Band „Scooter", schreibt auf Ihrer Website in gewohnt gleichem Schritt und Tritt: „Diese Arbeit begeistert mich von Tag zu Tag mehr und bereitet mir große Freude. Es ist immer schön zu sehen, wie ich es schaffe, das Auge einer Frau zu verschönern (...)" (Hoffentlich arbeitet sie wenigstens im Plural.) Das Klischee bleibt ihr also ungeheuer treu. Der alles überlagernde Reiz nach Aufrechterhaltung von Fassade hat sich offenbar als durchgängiges Lebensmotto für sie entpuppt, und bewährt. Das hat man als Außenstehender ja auch überhaupt nicht zu verurteilen, aber weder geistig noch emotional weiß es mich persönlich anzuregen. Porno und seine Verzweigungen sind banal. Dergestalt banal, dass es bisweilen schwerfällt, den gelüfteten Vorhang für sich selbst zu akzeptieren?

Gina Wild äußerte im TV, nach dem endgültigen Bruch mit ihrer Hardcore Vergangenheit, dass sie mit ihrem „heutigen Wissen damals nicht ins Pornogeschäft" gegangen wäre. Das ist durchaus ernst zu nehmen, wirft aber schon wieder die nächste Frage auf, nämlich genau jene, auf die der geübte Leser schon ohnehin gelauert hat. Wie sonst wäre die kleinbürgerliche Kinderkrankenschwester Michaela Schaffrath ohne ihre (auch) durch die Medien fokussierte und unterstützte Gina Wild Porno-Laufbahn ins öffentliche Bewusstsein getreten, und vor allem womit? Wären die netten Düsseldorfer Jungs der Toten Hosen je auf sie gestoßen, um sie in Kooperation mit dem bekannten Regisseur Wim Wenders in ihr Video „Warum werde ich nicht satt?" einzubauen, wo sie abermals ihre herrliche Natürlichkeit offeriert und damit ideal zu den Toten Hosen passt („…der sieht sich eben auf Video Papas Lieblingsporno an…"). Im privaten Swinger Club wäre sie dafür bestimmt nicht entdeckt worden (und als Model ist sie zu klein gewachsen). Mit Wertungen möchte ich sensibel umgehen, was beim Thema Porno durch die absichtlich - auch von außerhalb - hochgekochten Emotionen schwerlich ist, aber es kann nicht behauptet werden, dass Michaela Schaffrath/ Gina Wild nichts anderes als Porno „kann", sie spielt heute immerhin Theater und engagiert sich gegen Blutkrebs, sie ist und bleibt einfach unser deutsches (Porno-)Liebchen.

Mit Gina und Kelly, den blonden, gleichaltrigen brustoperierten netten „Frauen von nebenan" hatte der Rummel um Porno-Stars eine andere zugänglichere Dimension angenommen, aber eine, die völlig unaufgeregt daherkam. Der Porno war dem Mainstream damit zwar näher gekommen, aber in seiner Berechenbarkeit soweit auf dem Boden der Tatsachen angelangt, dass er keinerlei Spielraum für weitere echte Entwicklungen mehr bot.

Verruchtheit, Aufbruch, Humor, Revolution, einem versuchten Angehen gegen das patriarchalische Gebaren der Szene – leider nicht mehr durch Gina und Kelly beseelt zu machen, und umsetzbar. Unfair, das diesen etwaig anzulasten, das will auch niemand, nur ist es schade, dass die Phantasie soweit realisiert wurde, dass keine geistig-moralischen Entwicklungen mehr sichtbar wurden. Vivian Schmitt - dem dritten brustoperierten Blondinen Starlet im Dauerrednerinnen-Modus - ward dann auch dem wohl letzten deutschen aufgebauten Pornostar, der Deckel endgültig drauf gemacht. Und das ist im Sinne des Erfinders - und vorwiegend auf den deutschen Markt bezogen - mittlerweile auch wirklich gut so!

Was für Möglichkeiten gibt es eigentlich für Porno-Darstellerinnen überhaupt, um eine Karriereplanung in diesem Genre auf die Füße zu stellen, vor allem für das „Danach"? Liegt ein Muster vor? Oder hat es im Endresultat in der Regel etwas Traurig-skurril-cineastisches aber leider sehr Wahres, wie es der amerikanische Psychotherapeut (der Sex Arbeiterinnen betreuende) Dr. Donald Etkes ausdrückte: „Irgendwann ist die Karriere zwangsläufig vorbei - und was dann? Manche kaufen sich Perücken und verschwinden in der Provinz, andere landen bei Burger King an der Kasse." (So sehr wir auch noch die enormen Unterschiede der Star Lebensweisen in Deutschland und Amerika aufzeigen wollen, an dieser Stelle passt diese Aussage wieder auf beide unterschiedliche Kulturen.)

Zunächst einmal unterteile ich die drei grundsätzlichen, sehr grob eingeteilten Frauentypen, die sich in der Pornobranche versuchen. Für einen Film, oder ein Jahrzehnt und nur rein auf Deutschland bezogen.

Typ eins ist die sexuell aufgeschlossene Frau, die sich einmal beim Sex filmen lassen möchte. Dies gibt ihr einen Kick, vielleicht auch der Gedanke unter Umständen entdeckt zu werden, ob vom Nachbarn oder anderen Produzenten jedweder Couleur. Ihr Auftritt (zumeist mit ihrem derzeitigen Freund oder Ehemann) bleibt unter Umständen einmalig (wie z.b. in den „Happy Video Privat" Interview Pornos der 80er/90er Jahre). Oder sie macht es gleich anonym (abermals sei an die DVD „Buttman 36" erinnert).

Typ zwei ist wohl die hier bereits beschriebene Berliner Darstellerin Kassy Greece. Ein Semi-Profi, die ihr Geld verdienen muss und sexuell wenig bis keine Hemmungen kennt. Ohne richtige eigene Autogrammkarten oder ein Management, nahm sie die ihr entgegengebrachten Drehofferten eben an, und wurde auch wegen ihrer Unkompliziertheit des Öfteren gebucht. Eine Laufbahn auf Zeit, die mit Ende Dreißig vorbei ist.

Typ drei ist dann z.b. eine Kelly Trump, hinein geglitten im wahrsten Sinne des Wortes, im steten Wankelmut, entweder der Szene hold zu bleiben oder nicht. Sie wurde relativ schnell bekannt, was mit entsprechendem Verdienst einherging, und ein Ausscheiden wohl genau deshalb erschwerte. Spätestens nach dem ersten Venus Award „Titel" kommt dann auch prompt jenes „Und was nun/ dann?", wie es Dr. Etkes so schön auf den Punkt brachte. So wie jedem sexuellen Höhepunkt eine Traurigkeit folgt, schwingt bei jedem Titel in dieser Branche das Gefühl eines: „Ich komme hier jetzt nicht mehr raus, jedenfalls nie mehr völlig!"

Aber es geht auch anders wie die österreichische Porno-Darstellerin Renee Pornero bewies, als sie, die etliche anderweitige berufliche Talente vorweisen kann, einmal weitsichtig zum Thema „Gonzos" angesprochen wurde (ein Pornofilm-Genre in dem es schnell, heftig und inhaltsleer zugeht, also dem neuen Internet-Porno-Zeitalter gut angepasst, aber der Gonzo war eher präsent), sagte: „US-Gonzos sollte man als Darstellerin nur aus zwei Gründen in Erwägung ziehen: Erstens als lukrativer Nebenjob für das schnelle Geld oder zweitens mit einem konkreten Business-Plan. Zumindest hatte ich neben dem Geld noch einen Plan."

Der leider viel zu früh verstorbene Literaturwissenschaftler und Bestseller Autor Roger Willemsen konterkarierte mit einem Essay über das Obszöne 1997 selbst diese Aussage noch, und hält irgendwo eine Teilnahme der Porno-Spielereien für eine ungebremst fortzusetzende Fahrt durch das weitere Leben, für den drohenden Untergang des Abendlandes für das mit Porno behaftete Individuum. Willemsen im Band „Die nackte Wahrheit" aus dem DTV Verlag: „Wer immer im pornographischen Kosmos erscheint, wird früher oder später nackt sein, und diese Nacktheit wird niemals für sich bestehen, sondern sich zum Zweck der Lust einrichten müssen. Darin liegen die Monogamie und die Abstraktionsleistung der Pornographie, ihre Unähnlichkeit mit dem Leben und ihre Armut." Wer will ihm da, auch im Nachhinein, ernsthaft und unbesorgt widersprechen?

Eine Frage wirft die Differenz der großflächigen Anerkennung der weiblichen Sex Arbeiterinnen in den USA , zum eher wenig gesellschaftlichen Tribut hiesiger Starlets doch auf (von denen mir keine bekannt ist, die sich anhand ihrer Person, einer Gewerkschaft oder Organisation für die Rechte ihrer Mitstreiterinnen einsetzt, im Gegensatz zu den zahlreichen Sharon Mitchells oder Annie Sprinkles über dem großen Teich). Kann es etwas mit dem Hintergrund der verschiedentlich gearteten Kulturen der Kontinente Amerika VS Europa zu tun haben? Ist es das freundliche, sehr aufgeschlossene, oft als Naivität gebrandmarkte Charakteristikum des amerikanischen Durchschnittsbürgers, der weniger kopfgesteuert ist, und die Körperlichkeit in jedweder Variation (von ultrafett bis komplett durchtrainiert) als eine wichtige Art von Wissen und Selbsterfahrung begreift?

Sind und waren die US-amerikanischen Darstellerinnen nicht sowieso im Schnitt „durchgeknallte crazy Chicks" die den europäischen Frauen auch in Punkto Athletik und eigenständiger Actionbereitschaft oft schlicht deutlich das Wasser reichten?

Dru Berrymore ist eine wirklich kompetente Person, wenn es um die Unterschiede des Porno-Star-Daseins in den Staaten und in der Bundesrepublik geht, da sie beide Felder über viele Jahre aktiv bearbeitet hatte. Sie war zuerst dort ein Star, ehe sie auch in Deutschland und Europa drehte und einen großen Bekanntheitsgrad (vor allem auch durch TV Auftritte bei der Sendung „Wahre Liebe" und einer Doku des Senders VOX, der auch eben erwähnte Sendung ausstrahlte) in Deutschland erfuhr. Befragt nach ihren Vorbildern, sagte sie in einem Interview etwas, was zwar nur indirekt mit meiner Grunduntersuchung dieses Kapitels, oder eher des gesamten Buches zu tun hat, aber doch sehr bezeichnend ist. Dru Berrymore in 2001: „(...) Ich habe auch im privaten Bereich Vorbilder, die aus der Hardcore-Branche kommen. Da gibt es viele interessante Charaktere von denen man viel lernen kann. Ich fühle mich auch privilegiert, dass ich solche Leute kennenlernen und von ihnen lernen durfte. Unter anderem wären das Helen Duval, Kelly Trump, Ron Jeremy, Miss Sharon Mitchell, Herschel Savage, Alan Payer, Fred Coppular, und natürlich der große Marc Dorcel." (Letzterer ist ein prominenter, befähigter Filmemacher.) Ein Name verwundert mich zwar bei ihren Nennungen, aber es ist doch eine nachvollziehbare Listung. Aber, fällt es ihnen auch auf? Nur eine darin vorkommende Person stammt aus Deutschland....

Und generell weitergedacht, um uns dem Star-Syndrom zu nähern. Wer ist oder war denn nun wirklich ein echter deutscher weiblicher Pornostar? Wenn man es weiter fassen würde, kämen eigentlich nur Dru Berrymore und Angela Baron in Frage, Frauen die sowohl hier ihren pornographischen Weg gingen, als auch in den USA, dem wahren Mutterland des pornographischen Filmes, der realen „Endstation Porno Sehnsucht", dem Taktgeber. Angela Baron aus Düsseldorf unterzeichnete nämlich seinerzeit einen Vertrag beim US Porno-Giganten Vivid, dem Hause das unter anderem eine Ginger Lynn unter Vertrag hatte. Dru und Angela waren jene Frauen, die Deutschland in gewisser sexueller Hinsicht vertraten, denn in den USA könnte man mit Gina, Kelly und Vivian sicherlich wenig bis gar nichts anfangen. Das ist nicht verwerflich, doch wenn eine Frau sich „Star" nennt, sollte sie immer auch Grenzen übertreten, auch und gerade in geographischer Hinsicht. (Teresa, Dolly, Helen und Sarah sind hier weitere plausible Paradigmen.) Über dem großen Teich als Deutsche eine bekannte Darstellerin sein, das ist eine Art von Krönung, die weitere Ambitionen nach sich ziehen könnte und dürfte. Und dieser Mut, es dort zu wagen (bei Dru waren es auch rein private Gründe, da sie ihrem damaligen Freund folgte, ich kann aber gut verstehen, dass eine Single Frau nicht einfach das Ticket nach L.A. respektive San Fernando Valley bucht, und einfach an die Türen dortiger Porno-Studios klopft mit der Frage um berufliche Verwendung, das wäre dann die höchste Stufe des Emanzipatorischen, aber eben auch nicht gefahrlos), zollte einem Respekt ab. (Die freche Stockholmerin Puma Swede stellte es aber beispielsweise ähnlich an.)

Gegen Ende meiner Recherche für dieses Buch stoße ich dann sogar noch auf einen weiteren Namen dieser Kategorie - „Lady Berlin", eine in den USA mehr oder weniger bekannt gewordene deutsche Porno-Schauspielerin, 1968 geboren und in Filmen wie „Frankenstein" oder „Black Detail 2" mitwirkend. Sie soll immerhin von 1992 bis 2006 Pornos gedreht haben, Ende der 90er Jahre eben in den USA. Die dunkelhaarige Aktrice drückte ihre Vorlieben für farbige Männer ziemlich drastisch aus: „…raue Kerle mit breiten Schultern und dicken Schwänzen, die mal im Gefängnis waren." Lady Berlin lief an mir Fan völlig vorbei, womit mein eben getätigter, flinker Ansatz vom pornographischen Reüssieren diesseits und jenseits des großen Teiches schon keine echte oder absolut seriöse Gültigkeit mehr besitzt.

Sie, die Porno-Stars von damals und heute, sie sind alle gekommen. Doch gekommen um zu bleiben ist nur einem verschwindend geringen Prozentsatz vorbehalten. „Wenn du Gott zum Lachen bringen willst, erzähle ihm deine Pläne", ist eine alte Weisheit, doch planlos sein ist auch keine echte Tugend und hat im Porno-Genre leider von Darstellerinnenseite einen allzu hohen „Wert."

„Was wir machen, ist ein Spiegelbild unserer Gesellschaft, nicht ihr Abgrund" (Veronica Hart, ehemalige Darstellerin und spätere Produzentin beim Porno-Label VCA.)

Eventuell hilft uns auch das ausführliche Studium einer Kauf DVD bereits ein gutes Stück weiter. Wenn es darum geht zum Kern unserer Untersuchung zu dringen, was denn nämlich die amerikanische Szene mit ihrer Strahlkraft vom hiesigen Markt unterscheidet (siehe gleich folgenden Exkurs: AVN Award).

Mit dem von mir etwas weiter oben in diesem Kapitel benannten „Typ eins" hatte ich dereinst auch eine leicht unangenehme Begegnung, im heimischen Supermarkt. Als ich volljährig war und wild und zügellos Pornofilme jeder Art erwarb, die ich mir eben (zumeist auch aus „zweiter Hand") finanziell leisten konnte, erstand ich einen Pornofilm, der in meinem Bezirk produziert wurde. Jedenfalls war die Herstelleradresse so gekennzeichnet - „1000 Berlin 51" (auch Dolly Buster drehte dort wirklich schmuddelige (uringetränkte) Streifen, in ihrer damals ungesund wirkenden Schlankheit, mit noch nicht operierten Brüsten!). Vermeintliche Frauenrechtlerinnen werden nun unter Umständen zur Schnappatmung ansetzen, doch ging es mir nicht per se vordergründig um billige Erregung, sondern auch um den Faktor Mensch, und was ein solcher alles vor einer Kamera mit sich geschehen lässt. Der mentale Hintergrund, das Psychosexuelle, die Skepsis, ob mir das denn gefallen würde - oder besser nicht -, was die Teilnehmer wohl wirklich empfinden, waren alles Teile dieses Porno-Puzzles für mich. So auch bei jenem Film, in dem es vorwiegend um Körperflüssigkeiten ging, die nicht unmittelbar mit dem sexuellen Akt verbunden waren. Eine Darstellerin wirkte einfach überredet, solche perversen Dinge mitzumachen. Und genau jene Frau sah ich eines Tages in meinem örtlichen Supermarkt, in Begleitung ihres Partners und ihrer beiden kleinen Kinder. Der Reflex „Prominente" zu grüßen, ein Phänomen das vielen bekannt sein dürfte, man grüßt anerkennend, obwohl man weiß, dass dieser einen selbst nicht kennt, überfällt mich zu meinem Glück aber nicht.

Erst muss ich kurz lächeln ob der Absurdität, die jedoch rein geographisch naheliegend ist, doch dann empfinde ich eine mich überkommende Scham, dass ich sie „kenne", aus solch einem primitiven, perversen Film. Nun läuft sie vor mir in der realen Welt, wo sie mit ihren Kindern vielleicht Fischstäbchen und Äpfel einkauft. Alles was ich mir für sie wünsche ist, dass alle anderen sie nicht aus dieser vielleicht einmaligen Angelegenheit kennen, und wenn doch, die Vernunft walten lassen - und den Mund schweigend belassen.

Mir wird die Konsequenz für ihren vielleicht monetär begründeten Ausrutscher allzu deutlich, kann sie ihre Vergangenheit denn im Heute wirklich immer ausblenden? Muss sie permanent die Sorge verdrängen, „entdeckt" zu werden, oder spielt das für sie schon gar keine Rolle mehr? Kann sie davon ausgehen, dass ein solcher Film, der wohl geschätzt in nicht allzu großer Auflage herauskam, in völlige Vergessenheit gerät? Es ist ihr nur zu wünschen, die Chancen stehen aber deutlich gut, dass VHS Video Cassetten verschwinden und dieser Film auch zu 99,9 % nicht auf DVD erschienen war.

Und noch ein Paradigma, nun über meinen „Typ drei", bei dem es genauso um Popularität und dem Erkannt werden in der Öffentlichkeit geht. Die Berlinerin Isabel Golden führte privat ein wildes Sexleben, das als Buch erschien, und des Weiteren im „Happy Weekend" Magazin einer breiten (pornoaffinen) Öffentlichkeit zugänglich gemacht wurde. Dadurch wurde sie (u.a. natürlich automatisch von Harry St. Morgan) entdeckt und sie begab sich folglich als Darstellerin in die Szene (wo sie zum Beispiel für Videorama - was zu „Happy Weekend" gehört -, DBM und Tabu & Love Video drehte). In einem Interview mit dem Sign Erotic Magazine zum Jahreswechsel 2001/02 sagte sie Bezeichnendes. Einerseits gebe sie „sehr gern (...) Autogrammstunden (...) Der Kontakt zu meinen Fans ist mir sehr wichtig. Ich bin eine Darstellerin zum Anfassen und kein kontaktscheuer Star!" So weit, so verständlich.

Doch an anderer Stelle des Gespräches, also ergo: andererseits, um die Form zu wahren, beschwert sie sich indirekt. Es könne manchmal „sehr anstrengend sein" (mit den Fans), „vor allem, wenn die Leute nur „das Eine" von einer Pornodarstellerin erwarten. Dass unsereins ein Privatleben hat, wird leider oft vergessen." Erstaunlich, da ich zum Beispiel „Fans" eher distanziert, und zurückhaltend erlebt habe (und ob diese z.b. im Supermarkt dann sogleich im Porno-Sprech ordinär losledern, wage ich auch etwas zu bezweifeln). Aber unter dem Strich bleibt zu lösen: wie hätte sie es denn gerne? Sie geht mit purem Sex in die Öffentlichkeit, auch um Geld zu verdienen (ihr Ehemann ist selbstredend Porno-Macher!) und möchte sich doch stark von dieser Objektwerdung abgrenzen und zugleich nicht auf „das Eine" reduziert werden. Ein Krimiautor wird aber auch mit „einem" Buch berühmt, und damit verbunden den Durchbruch schaffen, ein Fußball Stürmer auch sehr konkret mit „einer Torflut, einem Torrekord" oder einem Verein, ein TV- oder Kinofilm Schauspieler zunächst mit „einer Rolle", auf die er logischerweise noch lange und immer wieder angesprochen wird. Eines steht für mich fest, eine solche Aussage kann im Kern ihres Wesens nur von einer deutschen Pornoakteurin kommen, sie ist mir von einem amerikanischen Star, der seine Popularität authentisch lebt, nicht erinnerlich oder leicht vorstellbar. Pornodarstellerin sein heißt eben auch oft, ob uns das nun gefällt oder wir damit hadern, die Schublade selbst von innen zuzuziehen, und nur sehr selten, ohne weiteres das Fach wechseln zu können. (Isabel Golden arbeitet nun als Visagistin für die Pornofirma ihres Mannes, wobei sie in besagtem Interview auch keinerlei anderen Ambitionen verlautbaren ließ, es bleibt also „Alles Porno" wie einige Pubertierenden von heute wohl meinen würden.)

Ich falle damit ins nächste Kapitel, das die heutige glückliche Mutter vor mir im Supermarkt wohl genauso wie Isabel Golden (wenn auch mit völlig verschiedenen Gefühlen) nicht ohne Interesse lesen dürften.

Ein Job wie jeder andere?

(„Ich machte das Zeug nicht für Drogen, und ich machte es auch nicht für Geld; ich machte es für die Aufmerksamkeit und den Sex, Ja, definitiv, diese wollten mich", C.J. Laing, Pornostar der goldenen 70er Jahre.)
„Ich liebe Pornographie. Porno ist eine Erweiterung meines eigenen sexuellen Ausdrucks, eine Mischung aus Kunst und Dokumentation. (...) Ich hatte so viele positive Erfahrungen mit Porno, dass ich überzeugt davon bin, dass es einer der besten Entscheidungen die ich je machte war. Wie kann etwas das mein Leben so gründlich beeinflusst hat, schlecht sein?" (Jizz Lee, Pornostar der Jetztzeit)

Wenn menschliche Individuen sich mitunter gezwungen sehen, gefragt oder ungefragt, ihr berufliches Tun zu erläutern, zeigt dies schon die aberwitzigen Kriterien die unsere Leistungsgesellschaft immanent in sich trägt, und wie weit wir alle bereits so gesehen in Gänze adaptiert sind. Nicht unerwähnt lassen möchte ich zwar den Hinweis auf ethische und kulturelle Unterschiede, es summiert und kulminiert sich aber letztlich fast immer in und aus der unterschiedlichen Herkunft, dem Milieu in das man hineingeboren wird, und die damit einhergehenden, völlig ungleichen Bildungschancen, was somit zumeist als Resultat zu Tage tritt. Natürlich ergibt unsere demokratische, soziale Marktwirtschaft meiner Ansicht nach für einen großen Teil seiner Bevölkerung die Möglichkeit sich durch selbstständiges oder freiberufliches Schaffen gewissermaßen „frei zu schwimmen", oder allgemein neue Wege zu beschreiben, doch darf nicht unter den Tisch gekehrt werden, dass es - schlicht und einfach mangels Startkapital - den meisten Menschen gar nicht erst vergönnt ist, ein solches Unterfangen mit dem dafür nötigen langem Atem zu versuchen.

Zwar gilt immer noch der Fleiß als eine Tugend, aber macht er bestimmt nicht den gesellschaftlichen Rang aus, der dann für die weitere Sitzordnung sorgt. Vom Professor bis zum Steuerberater, Fußballprofi bis Hedge-Fonds Manager, Politiker, Arzt oder Rechtsanwalt reicht dann das übertrieben glorifizierte Sahnehäubchen, ganz gleich ob es nicht schon säuerlich geworden ist, meine, gleich wohl, wie weit noch Ethik und Moral eine oberste Maxime der betroffenen Elite auch sein mögen, bzw. sich diese schon vielleicht zu weit von dieser entfernt haben. Unnütz kompliziert wird es, wenn dann rangtechnisch der wohlhabende Mode Designer vor der Krankenschwester kommt, und der gelierte pfade TV Moderator „vor" anderen weitaus relevanteren Berufsgruppen. Diese unsere Gesellschaft muss weiterhin lernen, alle mit einzuschließen. Welches Status dürfen sich eigentlich Sex-Arbeiterinnen erfreuen? Schön, die Prostituierten werden als Ventil von der psychohygienischen Warte zweifellos benötigt, aber werden dies Porno-Darstellerinnen wirklich auch?

Ein Job wie jeder andere ist es nicht. Die Stigmatisierung, die dereinst bei den Huren geradewegs gesellschaftlich legitimiert war (und doch scheinheilig), sie ist auch bei den Damen des Pornogenres in der Bundesrepublik wenigstens subjektiv gefühlt vorhanden. Als ich meinem Vater sagte, dass ich bei der Venus Messe enorm viele Autogrammkarten erhalten hatte, sagte er nur: „Wie, von Nutten?", was sehr hart klang, aber sofort von mir als weniger abwegig verstanden wurde, als von mir in diesem Moment natürlich gewünscht. Eine Frau die Pornos dreht und öffentlich bekennen würde: „Ach, ich bin heute erschöpft, der Dreh mit den drei Typen zugleich war richtig anstrengend", wie würde da eine angemessen erscheinende Reaktion der umstehenden Personen ausfallen? Ich vermute der eine würde gehen, ein anderer mit der Dame darüber Witze reißen und der Dritte sich wohl um eine persönliche Kostprobe ihrer Tätigkeit bemühen...Und was wäre dies alles anderes als kleine offene, oder versteckte Respektlosigkeiten? Echte Anerkennung würde ihre Äußerung bestimmt weniger nach sich ziehen.

Die Zeitung „Diskretes Deutschland" weiß auf ihrem Facebook-Portal zu berichten: „Denn ein Drehtag für einen erotischen Film kann manchmal zwölf Stunden dauern. Daher schwitzen die Darsteller bis zu fünf Liter aus und verbrennen teilweise 3000 Kalorien." Der Fitness Coach Jessica Wielens trainiert zum Beispiel Texas Patti, „Um einen Porno-Dreh durchzustehen, bereite ich Texas Patti mit einem speziellen Trainingsprogramm vor. Wir arbeiten vor allem an ihrer Muskulatur und stärken den Rumpf, damit sie auch schwierige Stellungen halten kann." Viele Konsumenten unterschätzen den körperlichen Aufwand der Szenen - durch die vielen Schnitte der einzelnen Szenen ganz offensichtlich -, aber ich wollte auf etwas ganz anderes hinaus:

Die schwedische Darstellerin Puma Swede inzwischen mit Pornostar Status in Los Angeles versehen, hat in ihrem Buch die Bedeutung und Konsequenzen eines Begebens ins Porno-Biz angemahnt: „Eine Karriere im Porno ist nichts, was du für eine Woche versuchst und du dann einfach wieder zu deinem Bürojob zurückkehrst. Sogar wenn du nur drei Filme gedreht hast, sind die Filme für immer draußen. Deine Umwelt wird es herausfinden und die Menschen werden dann darüber reden. Das ist es."

Ein weiteres lebhaftes Paradigma, warum im wahrsten Sinne des Wortes der Job als Porno-Aktrice kein Job wie jeder andere sein kann, lässt sich aus der Tatsache ableiten, dass die schon aus neurotischen Motiven eines „zu klein Fühlens" stattfindenden Brustoperationen nicht in ein „normales" Berufsbild passen. Welcher „normale" Mensch würde sich denn freiwillig mehrfach unters Messer begeben nur um „im Biz" bessere Chancen zu besitzen, und sich dabei zudem gleichzeitig großen gesundheitlichen Risiken aussetzen?

(„Lasse dir nie deine Brüste machen. Ich wünschte ich hätte meine auch nicht machen lassen", Jenna Fine zur Kollegin Tricia Devereaux)

Der von Superstar Jenna Jameson überlieferte Slogan: „In der Pornoindustrie brauchst du große Brüste. Sie können nicht groß genug sein", darf durchaus mit Argwohn registriert werden, erst recht wenn man sich an die Titelseite der Bild Zeitung (ich weiß, die liest bekanntlich niemand...) vom

24.1.2011 mit anschließender Serie entsinnt als vom „Protokoll eines verpfuschten Lebens" die Rede war, und das frühe Ableben durch eine weitere (!) Brust OP der Darstellerin „Sexy Cora" publiziert und ausgeleuchtet wurde, erinnern kann. Carolin Ebert geb. 1987 in Berlin verstarb im Zuge einer solchen Operation. Nach dem sie als Hure gearbeitet hatte, bei „Big Brother" im TV ihre Popularität steigern konnte und angeblich Unsummen mit ihren Porno-DVDs verdiente, war es offenbar nie genug mit der persönlichen, physischen „Aufrüstung". Tattoos und eine noch prallere Brust mussten her. Die Porno-Szene hatte sie aber ausgelaugt, sodass ihr Ehemann (ein tätowierter Bodybuilder der optisch vollkommen dem Klischee des Mannes einer Pornoqueen entspricht) sogar preisgab, dass sich seine Liebste wieder nach ihrem alten Huren Job zurücksehne, weil sie da - O-Zitat - „(...) mehr Freiheiten hatte." Carolin Ebert nützten Haus und Lamborghini also auch überhaupt nichts, sie verstarb mit nur 23 Jahren - bei ihrer 6. (!) Brust OP. Man könnte sich über einen derart sinnlosen Tod in regelrechter Wut echt aufregen und ihn natürlich auch betrauern, sich aber auch schon wieder fast schämen, Pornos in jedweder Form verteidigen zu wollen oder zu sollen, beim Anblick dieses neurotischen Wahnes einiger Individuen, und gleichzeitig all jenen den erhobenen Zeigefinger bedeuten, die da nur von einem vermeintlichen „Schicksal" sprechen.

    Körperlichkeit als etwas Absolutes zu betrachten, und sich durch mühseliges stemmen von Hanteln, schmerzhaften Tattoos (mittlerweile so individuell wie der Besitz eines Personalausweises und leider wirklich völliger „Mainstream") und dem „Piercen" aller möglichen Körperstellen, um sich als vermeintlicher „Eyecatcher" zu generieren, ist kein reines Phänomen der Porno-Sparte, stoppt aber eben gewiss nicht in ihr. Sicherlich kann die Körbchengröße C (die berühmte „Handvoll") als ausreichende Norm angesehen werden, in der Pornoszene betrachtet man jedoch den wiederkehrenden Gegensatz der Extreme - entweder Ballons oder ganz kleinen Knöspchen als Brustumfang.

    Auch Gina Wild wurde dringend angeraten ihre Brüste „medientauglich" zu machen, wie ihr dies Regisseur Hans Moser mitteilte. Das war bekanntlich der Ex-Ehemann von Teresa Orlowski - und Sarah Young! Moser bezahlte die OP und empfahl einen Chirurgen der auch schon Helen Duval und eben Sarah Young „behandelte. „Klingt fast wie „Familien-Porno" mit immer neuen Ziehtöchtern, eine Welt die besorgt macht, auch wenn man nachliest, dass Gina Wild bereits zwei Wochen nach der OP zum Dreh musste, sodass sogar eine OP Narbe aufgegangen war. Es muss schamvoll für sie gewesen sein, ihre derartige damalige Unvernunft - die wohl vermutlich aus leiser Furcht vor dem Herrn Moser resultierte - auch noch öffentlich zu machen. Für eine Amortisierung bleibt in der Branche offenbar nicht einmal mehr die Zeit für heilende OP Wunden...

    Am imposantesten und reichlich skurril drückte die Porno-Ikone Nina Hartley den Sinn einer bei ihr vorgenommenen Brust OP aus, und ich überlasse es dem geneigten Leser, ob er lachen soll oder weinen darf. Hartley sagte 1989 (und von ihr konnte man davor und danach wahrlich Schlaueres vernehmen), nachdem sie ihren ehemaligen Beschluss sich nicht operieren zu lassen verworfen hatte: „Ich brauchte nur ein wenig Anhebung und nicht mehr Größe. Mein Steuerberater empfahl mir außerdem eine weitere Abschreibung. Bin ich eine gute Geschäftsfrau oder nicht?"

Und Puma Swede lässt beim Aufzeichnen ihres bisherigen skurrilen verrückten Lebens diese Form der Brustthematik ebenso geflissentlich nichts aus dem „Spiel". Als sie einen Mann namens Rex kennenlernt, den sie später unter flachen, äußerst pragmatischen Umständen sogar ehelicht, spricht dieser frei heraus zu ihr: „Möchtest du neue Brüste? Ich kenne Leute. Lass mich dir größere Brüste kaufen", was sie beeindruckt und erfreut kommentiert „Besser ein paar neue Titten als ein Blumenstrauß, Silikon hält länger als Rosen."

Ist der Preis, den das Spiel mit dem Porno-Feuer für alle irgendwie beteiligten Aktiven oder Passiven am Ende nicht einfach - angesichts derartiger Statements und Konsequenzen - doch zu hoch? Ist es nicht leicht schauderhaft zu erfahren, dass sogar millionenschwere Machos vom Schlage eines Produzenten wie Horst Nussbaum („Goldlight Production") auf eine Frage welches Buch er denn gerne lesen würde, ernsthaft mit „Keins" geantwortet hatte? Lauert das gesellschaftliche Abseits nicht bereits ums Eck, wenn wir krampfhaft und radikal versuchen, der alltäglichen Eintönigkeit auf derart drastische Weise zu entfliehen? „Was der Körper braucht, soll er bekommen", diese Metapher bezog sich doch eigentlich auf der Deutschen liebstes Kind, dem Essen und Trinken?

Der Mensch braucht Nahrung (und Flüssigkeit), und hat sogar im Anrichten dieser eine mitunter sinnliche Freude. Wer aber würde nur wegen dem Erwerb eines Kochbuches schräg angesehen werden, oder in pure Erregung verfallen, obwohl es ihr/ ihm in der Konsequenz auch körperliche Lust bereiten wird? Beim Sex ist es dann wohl so. Die Menschheit übt ihn gerne aus, „produziert" dadurch als Nebeneffekt sogar den nötigen Nachwuchs, der sich später abermals durch eben jenen „Sex" vermehrt. Nur die Idee, jene Schiene des sinnlichen Verlangens durch Material - also Porno-Werkzeug - zu mehren passt denn doch so gar nicht ins logische Gesamtbild.

Dabei haben Kochbuch und Pornofilm durchaus noch mehr Gemeinsamkeiten, sie sind im Prinzip in jedem Haushalt zu finden, wobei jedoch das Utensil eine als Wissenslückenschließer gilt („So wird die Gans richtig kross, bleibt aber saftig") während das andere („Jetzt wird die Frau aber in jener Stellung besonders erregt, siehst du die Rötung ihres Gesichts, wie sich ihre Zehen verkrampfen und dazu die Steifheit ihrer Brustwarzen?") nun wahrlich nicht als echt diskussionswürdig erscheint.

Dass die Pornographie ein Teil der Aufrechterhaltung des Patriarchats ist, haben wir bereits argumentativ ausreichend aus der Sexualwissenschaft vernommen, kolportiert und natürlich in diesen Text mit einfließen lassen. Schon in der leider mehr und mehr verrohenden Umgangssprache des Genres (ein konkretes Beispiel zu nennen ist überflüssig, lassen Sie eine neuere

Porno-DVD einfach zehn Minuten laufen, denn allzu oft bis ständig ist die Frau das willige Dummchen, das dem Herren der Schöpfung dann auch trotz herabsetzender Kommentare gefälligst zu dienen hat), zeigt dies schon.

Die Literaturwissenschaftlerin Barbara Vinken schreibt: „Als ein derartiges Konstrukt zeigt sich in der Pornographie nicht zuletzt das Wissen der „immer gleichen" Geschlechtsidentität. „Boys will be Boys" - diesem Mythos entspricht der ebenso aufregende wie beruhigende, von Pornodarstellerinnen wie Callgirls immer neu authentifizierte Mythos der „naturgeilen Frau."

Eine viel größere Sorge, die den Diskurs von Männern in ihrem Umgang mit Frauen und Pornographie befällt, entdeckte der marxistische Philosoph Alan Snoble ‚der, wie es Linda Williams ausdrückt meint, dass aus seiner Sicht: „(...) der wachsende Konsum von Pornographie darauf zurückzuführen (ist), dass die Männer durch die Frauenbewegung Macht eingebüßt haben, und die Frauen nicht mehr bereit sind, ihre Lust auf die der Männer abzustimmen." Männer die von Pornographie abhängig werden, haben nach Snoble den Kampf um die Macht in der Realität bereits aufgegeben. Er charakterisiert also die männlichen Konsumenten von Pornos als Personen die in ihrem ökonomischen, politischen und sexuellen Leben schon verloren haben. Der Rückgriff auf die Pornographie würde laut Snoble in der Tat für diese Männer also die Flucht in eine nostalgische Vergangenheit bedeuten, in der „Vergewaltigung, Schändung und Missbrauch von Frauen folgenlos blieben."

Auch wenn es für den Verfasser schmerzlich sein mag wieder persönlich werden zu müssen (als Konsument, damaliger Single und somit dereinst offenbar Betroffener, der in eine Schublade gesteckt wird, die ihm sichtlich zu eng erscheint) halte ich den ersten Teil von Snobles Aussage noch für durchaus häufig zutreffend und realitätsnah, aber den Zweiten darf ich dann leidenschaftlich ad absurdum führen. (Die enorme Polarisierung von Porno lässt offenbar in allen Kreisen wenig an Grautönen zu, auf zwei maßvolle Sätze folgt zumeist ein vernichtender Dritter.) Ich bediene mich der Hilfe des Autors Thomas Jendrosch, beziehungsweise der von ihm publizierte Daten die er wiederum dem Wissenschaftler Henner Ertel verdankt. „Ertl erforschte, dass 7 % der Männer und 3 % der Frauen zu den Intensivnutzern dieser Medien (zählen, d.h. sie schauen mehr als 100 Pornovideos pro Jahr."

Sind diese im Schnitt 5 % der Dauergeilen nun der im Geschlechterkampf untergegangene, verlorene Aussatz dieser Gesellschaft? Sind es überhaupt aktuell immer noch so viele? Wie schrieb bereits der berühmte deutsche Schriftsteller Thomas Mann, hin und hergerissen zudem zwischen homosexuellen - nicht in die Tat umgesetzten Handlungen; ergo Porno! und der Moral seiner guten (teils unter erotischen Gesichtspunkten drögen) bürgerlichen Ehe: „Woran ich leide? An der Geschlechtlichkeit." (Worin die Vokabel schlecht ja bereits wieder enthalten ist...)

Mit ein Grund, weshalb Pornodarstellerin kein Job wie jeder andere sein kann und darf, ist in einer weiteren zunehmenden Umgehung jeglicher Vernunft zu erkennen, der sich (u.a.) in sogenannten Gang Bang Geschichten, mit deren jeweiligen Rekorden oder Rekordversuchen, äußert. Das was wir uns von Prof. Gertrud Koch noch wohlwollend (in einem früheren Kapitel) als „Wille zum Wissen" gemerkt hatten, wird hier in einer Art und Weise übertrieben und unterminiert, dass einem im wahrsten Sinne Hören und Sehen vergehen. Wie weit ist eine Frau nur sexuell belastbar, wie viele Herren dürfen sie noch in kürzester Zeit bespringen? Welche Frau geht immer noch weiter? Bei meiner Recherche erlebe ich mich abermals bei einer inneren Regung, die mich dazu schier veranlassen könnte, das Buchprojekt hinzuschmeißen. Werde ich pikiert, überheblich, oder ist nur einfach irgendwann die eigene Schmerzgrenze überschritten, wenn man erfährt, wie sich Frauen wirklich selber nur noch wegschmeißen?

Hatte Porno an sich jemals einen tieferen Sinn? Mit „Gang Bang" Rekorden hatte sich diese Frage als obsolet gezeigt, und es macht keinen Spaß, das auch noch chronologisch aufzuarbeiten. Der Respekt vor dem menschlichen Individuum, der mir und wohl hoffentlich den meisten meiner Leserinnen und Leser zu eigen ist, er schwindet rapide, und ich weiß für den Moment noch nicht wer sich mehr Antipathie von mir abholt, die sich jeweils wahllos besteigen lassende „Dame" oder die in langen Reihen anstehenden, dickbäuchigen, verschwitzten Kerle in ihren Badelatschen, die geduldig darauf warten nun doch auch noch (Porno-)„Geschichte" schreiben zu können. Wäre doch zudem ein Prima Tattoo Motiv „Gang Bang Rekord – Ich war auch in ihr!" oder so ähnlich. Mir stockt der Atem. Individualismus und Humanismus müssen die meisten der Protagonisten dieses Unfugs vielleicht einmal im Duden nachschlagen. Sie selbst sind im Begriff sich diese Begrifflichkeiten aus ihrer DNA zu verbannen. Um meine Sammlung natürlich breit aufzustellen, erwarb ich auch (natürlich auch interessehalber) Videocassetten mit solchen Gang Bang Geschichten. Mehr oder weniger begonnen hatte es mit der Darstellerin Annabel Chong, die kameratechnisch veredeln ließ, dass sie binnen zehn Stunden von 70 Männern 251 Mal sexuell beschlafen wurde. Abgesehen davon, dass diese Frau auch vom Äußeren gar nicht über Gebühr interessant für mich war oder ist, konnte ich mit diesem „Film" wenig anfangen. Von Erregung keine erwähnenswerte Spur. Die US-Aktrice Houston toppte dann mit 620 verschiedenen Herren alles noch, und wer sich deren Karriere besehen will, der darf da gerne recherchieren, ich möchte nicht noch weiteres Unästhetische hier aufbauschend ins Buch packen. Auf der Venus 2002 begegnete ich dann einer gewissen Klaudia Figura. Sie hatte kurz zuvor einen neuen Weltrekord aufgestellt (mit 646 Männern!). Auf dem Poster und der kleinen Autogrammkarte die sie mir unterschrieb - auch keine nun großartig auf mich wirkende beeindruckende Persönlichkeit - trug sie stolz einen Polnischen Landesschal - „Polska". Hatte sie sich etwa im Schweiße ihres Angesichts und unzähligen Litern Spermas für ihr Land geopfert? An der Front der erregten Glieder, und voller Heimatliebe?

Ich entdecke mich auf einer inneren Reise zu dem von mir überhaupt nicht gemochten Zynismus, anstatt möglichst meinen Humor zu wahren, keine gute Fahrt, wie mir bewusst wird.

Den Rekord hält jedoch die Porno-Queen Lisa Sparkxxx, die im Jahr 2004 ganzen 919 (!) Männern in 24 Stunden zugegen war. (Wie schade, dass ich noch kein Autogramm von ihr vorliegen habe, vermisse es aber auch nicht wirklich.) Es wurden aber auch Rekorde „vom Munde" abgehalten. So bediente Summer Nyte (2005) 249 Herren in 14 Stunden rein oral, ein wirklicher Topwert den sie als echte Referenz in ihre künftigen Bewerbungsunterlagen eintragen sollte, damit dürfte selbst der wärmende Bürojob möglich werden. „Sexy Cora" inzwischen leider bei einer unnötigen Brust OP wie soeben geschildert ums Leben gekommen, versuchte jenen Blow-Job-Marathon dann auch noch für sich zu entscheiden. Es endete per Kreislaufkollaps, und einem Abtransport per Notarztwagen...

Porno ist also - wenn überhaupt - (und wenn man den zum Würgen veranlassenden Aspekt des zeitweiligen Ekelfaktors a la Gang Bank Rekorden einmal versucht herauszurechnen) nur eine anschwellende Ader des menschlichen Eros, immerhin eine Art Verstärker der Lust oder wenigstens der reinen sexuellen Erregung. Ein Job wie jeder andere kann Pornodarsteller/ in gar nicht sein, wenn nicht einmal für den Konsumenten der Genuss ohne verächtliche Kommentierung seiner bürgerlich geprägten Umwelt ernsthaft möglich erscheint. Und noch einmal; für die Beantwortung meiner - frei von Zynismus - gestellten Frage, eines doch „zu hohen Preises", der als Mitglied der Branche zu begleichen ist, besehe ich mir im Netz einen Clip über „Best of Dead Porn Stars" (was wirklich zynisch klingt, obwohl bestimmt überhaupt nicht so gemeint).

Dort werden in nur 6:35 Minuten die Konterfeis von 81 (!) frühzeitig, also eines unnatürlichen Todes verstorbenen Darstellerinnen und Darsteller (musikalisch untermalt) abgebildet. Einmal war die Todesursache ein Verkehrsunfall, sogar Mord war darunter, häufig eine Erkrankung an Aids, am häufigsten jedoch der Drogen- und Freitod, also Dinge die mittelbar oder unmittelbar deutlich mit dem Leben eines Pornostars zu tun haben. Darunter so bekannte Leute wie John Holmes (der Porno-Geschichte schrieb), die von mir sehr gern gesehene Trinity Loren mit nur 35 Jahren, Shauna Grant, „Savannah" (die sich bekanntlich mit nur 23 Jahren erschoss) Tina Russell, Jon Dough. (Wohl zum Glück nicht Lisa de Leeuw („der letzte echte Hippie im Pornofilm", Georg Seeßlen). Doch da gibt es unterschiedliche Angaben, ein weiteres, makabres Zeichen der „Seriosität" des Gewerbes, wenn nicht einmal klar ist, wo jemand lebt, geschweige denn ob überhaupt noch.) Die jeweiligen Todesursachen hatten jedenfalls sehr viel mit externem, mangelnden Respekt und vor allem Selbstrespekt zu tun, ein heikler, neuralgischer Punkt des Genres, von seinem ersten Tage an. Das Video lässt mich traurig vor dem Bildschirm verweilen, mich wieder kurz daran zweifeln, überhaupt noch ein Buch über Pornographie herauszubringen, ist doch das Thema neben seiner bewirkten, kurzzeitigen hormonellen Wirkung für diverse private Momente, von Leid und Humorlosigkeit durchsetzt. Die Trinity Loren Filme werde ich mir ohnehin nicht mehr anschauen können. Wenn bei der Guten schon leider ihr Selbstrespekt zu wenig ausgeprägt war - ich gedenke ihr mit großem Respekt.

Weiterführende Literatur: Sehr empfehlenswert ist das 2015 erschiene Buch „Coming out like a Pornstar", das Jizz Lee editierte. Darin befinden sich 57 Aufsätze von Pornostars und Sternchen, die von ihrem Coming Out berichten, mit all seinen Vor-, Nachteilen und Auswirkungen. Darunter neben zahlreichen eher weniger bekannten Aktricen auch Annie Sprinkle, die wieder einmal zu glänzen weiß. Um mich nicht einer billigen Abschreibe verdächtig zu machen, empfehle ich jedem sich dieses Werk zu beschaffen, da es etliche Aspekte aufweist, die ich hier teilweise noch gar nicht beachtet hatte.

Das erotische Koloss Buch per excellence:
Vanessa del Rio (mit Dian Hanson)
„Fifty Years of Slighty Slutty Behavior"

Der Taschen Verlag ist ein imponierendes Unternehmen, das Kunst, Erotik und Architekturbände von hoher Qualität und in üppiger Ausstattung publiziert. Der Verlag setzt Millionen um, was natürlich zum einen damit zusammenhängt, dass die Bücher (zu Recht) hochpreisig sind, zum anderen bedingt dies aber eben auch, dass sie in der Lage sind auch kräftig in Vorlage zu gehen, heißt ihren Kunden einiges für sein Geld zu bieten. Das vorliegende Buch aus 2007 (bzw. 2016) ist im Prinzip für weniger betuchte Menschen eher unerschwinglich gewesen. Es konnte in Köln direkt beim Verlag nämlich nur für etliche Euros bestellt werde. Die teure Version (200 Stück, signiert von Vanessa del Rio, mit weiteren Extras, die im richtigen Leben Ana Maria Sanchez heißt) gibt es für 1.250 Euro zu erwerben, die andere Version (1.300 Stück, auch signiert) für 500 Euro. Doch der Taschen Verlag ließ sich nicht lumpen und brachte jüngst eine weitere Version auf den Markt, die für einen „normalen" Buchpreis (inkl. 140 Minuten DVD „Adults Only") erhältlich ist. Als unbestechlicher Autor, der sich dieses Buch selbst im Internet bestellt hat, fällt es mir dennoch schwer, mich hier eines schwärmerischen Tones zu untersagen. Das ist kein bloßes Buch, das ist ein Ereignis, bildlich, textlich, inhaltlich. Es ist nicht leicht in der Hand zu halten und hat innerlich doch ein noch viel schwereres Gewicht. Es ist eine komplette Abrechnung gegenüber der puritanischen, bürgerlichen Gesellschaft durch die völlige positive Energie einer Frau, die wusste was sie will, und wie und wo sie es bekommt. Neben unzähligen explizit pornographischen Abbildungen und immer neuen Bildern von ihr und ihren fleischigen Genüssen aus mehreren Dekaden, indem sich Vanessa del Rio immer wieder neu und selbst erfindet, erfährt die interessierte Leserschaft in drei Sprachen (Englisch, Deutsch, Französisch) das Leben und Treiben dieser einzigartigen Frau. Alles im Gespräch erörtert mit der US-Herausgeberin Dian Hanson (die u.a. Erotik Magazine wie „Leg Show" editierte und wirklich ein Vierteljahrhundert direkter Teil der Szene war). Das sind dann in der deutschen Übersetzung 54 Seiten im Buch, in sehr kleiner Schrift, die aber eine mächtig große Wirkung bei jedem Menschen hinterlassen dürften. Fast zu Beginn schnappt sich del Rio die katholische Kirche und die Doppelzüngigkeit ihres Anhangs, und vollzieht unbewusst eine Kritik ganz im Sinne von Sade. Acht Jahre war sie nämlich auf einer katholischen Schule und hat für diese Lehrzeit allzu deftige Worte parat: „…Schummeln beim Kartenspielen hab ich auch von einer Nonne gelernt! Sadistisch sein hab ich von Nonnen gelernt. Ich hab mal ein Buch gelesen, Different Loving, und seitdem weiß ich, dass die katholische Kirche tatsächlich für die meisten Fetische gesorgt hat (…) Mit Zorn, weil wir keine Wahl hatten als Kinder, keinen Schutz vor diesen Perversionen und diesen verdrehten Weibern, die keinen abgekriegt hatten und das an uns auslassen mussten! Fotzen! Aber das Schlimmste war, dass die Kirche uns lehrte, dass alles angeblich vorherbestimmt sei (...) Alles ist Gottes Wille, du fährst bloß mit. Ich hab vorhin gesagt, ich hab mich mein Leben lang vom Wind dahin blasen lassen, wo er mich hinblasen wollte. Aber das war meine Entscheidung, nicht die von Gott." Dieses Interview muss man gelesen haben, selbst die erzfeministischste Frauenrechtlerin mag wohl auch keinen Ansatzpunkt finden, Frau del Rio wirklich zu widersprechen. Zu lebensfreudig, selbstbewusst, erfüllt und humorvoll liest sich das Resümee der Latinofrau. Ob die Zeit als Bodybuilderin nach der aktiven Pornokarriere, als sie sich einen neuen ebenso reizvollen Körper schuf, ihr kurzzeitiges Leben in einem Volkswagen, ihre Abenteuer mit von ihr direkt verführten Taxifahrern oder eine halbe Sippe Zigeuner die im Rolls-Royce vorfuhren, und, mit der sie sich sexuell einließ. Spannend für Pornographen aber vor allem und in erster Linie sind die Anfänge ihrer Karriere im Biz. Ihre Reise in den 70ern nach Schweden zu „Private" Berth Milton, weil hier in Europa die härteren Filme gedreht wurden, ihre ersten Drehs für 40 US-Dollar für sogenannte „Loops" oder aber auch, dass sie durch eine weibliche Agentin zu ihrem ersten Streifen kam. Es liest sich derart unterhaltsam und fundiert, immer in ihrem sexpositiven Grundton, der ihr über so manche Krise hinweghalf. Man muss diese Frau einfach mögen, sie hat eine wirkliche Aura, ist authentisch, kommt mit einer „Hart aber herzlich" Attitüde von der Straße daher, aber man wird keinen echten Ansatz finden, dies zu kritisieren. Es ist ein ziemlich einzigartiges, heute nicht mehr wiederholbares Leben und Erleben, was einen so sehr beim Lesen fesselt.

Wie sagte sie im Buch so herrlich ehrlich: „Ich weiß noch, ich lag in meinem kleinen unaufgeräumten Zimmer in der South Bronx im Bett, starrte in die Gegend und stellte fest. „Ich will Hure werden!" Das ist ihr zweifelsfrei gelungen, im besten Sinne des Wortes, oder anders, eine ewige Ikone der drastischen Erotik, einer pornographischen Erotik die von innen kam und nicht dem Patriarchat gehorchend.

EXKURS: AVN AWARD Verleihung 2004

Die Zeitschrift „Adult Video News" hat - betrieben von Gründer Paul Fishbein - mit den seit 1984 (das Jahr in dem die Porno-Videocassette massiv auf den Markt drängte, Anmerkung des Verfassers) verliehenen Award Auszeichnungen eine starke Positionierung als Markenführer erzielt. Wer einen AVN Award verliehen bekommt (oder auch nur bereits nominiert wurde - jedem Scheitern wohnt ein Zauber inne!) der kann in der sogenannten „Erwachsenen Unterhaltung" etwas auf sich halten. Und wer es sogar in die „Hall of Fame" schafft - die bis dato immerhin 213 Heldinnen und Helden (Darsteller/Innen, Producer, Regisseure) sind auf der Website www.avn.com gelistet, hat endgültig den pornografischen Ritterschlag erhalten, sein offenes oder verkapptes Hobby zum Beruf gemacht. Als Sexarbeiterin im ansonsten mit Prüderie weitgehend überzogenen Amerika, das hat durchaus etwas.

In welchem großspurigen Rahmen sich eine solche Verleihung bewegt, darin erhielt ich einen kleinen aber allzu deutlich ausreichenden Eindruck durch den Erwerb einer zweistündigen, im amerikanischen Originalton belassenen DVD, die sich mit jener Veranstaltung aus dem Jahre 2004 befasst, und die von keiner geringeren als Jenna Jameson moderiert wurde. Zuvor möchte ich jedoch die Historie dieses Awards kurz anstrahlen, und ohne Scheu die von AVN selbst publizierten Zahlen, Daten und Fakten verwenden. Stets im Januar eines Jahres in Las Vegas stattfindend (außer der ersten Show 1984, damalig ausnahmsweise im Februar, wurde schon 1985 extra eine Presse Konferenz im Aladdin Hotel einberufen um die vermeintliche Bedeutung zu untermauern.1986 wurde das Event bereits (im Tropicana Hotel) von einer Live Band begleitet. Nach sechs Jahren in Folge im besagten Hotel, mit bis zu 1.500 Gästen, folgte das „Ball Hotel & Casino", wo bereits 2.500 Fans und Stars die Räumlichkeiten aufsuchten. 1996 verkaufte sich die Verleihung im „Pay-per-view" Verfahren an „The Special Channel", was einen weitgehenden Durchbruch ins öffentliche Bewusstsein mit verursachte, und die Besucherzahl noch einmal um 500 weitere Freaks steigen ließ. Nach weiteren Veranstaltungsortwechseln (Riviera Hotel, 1997, sowie das u.a. durch prominente Profiboxkämpfe populäre „Caesar's Palace", 1998, und abermals das „Bally's" 1999 hatte nach dem Wechsel ins neue Jahrtausend AVN mit dem „Venetian Hotel and Casino" einen festen Austragungsort gefunden, der bereits 3500 Gäste anzog.

Das Event, welches ich durch die aufschlussreiche DVD erst so richtig in Augenschein nehmen konnte (zuvor lag mir nur Zeitschriftenmaterial vor), unterscheidet sich auf den allerersten Blick nicht wirklich, auch in seiner Absurdität, von einer „Oscar" oder hiesigen „Bambi" Verleihung. Wohl höchstens durch den Unterschied, dass die im Auditorium sitzenden aktiven (und „passiven") Porno-Ladys ständig ihre blank gezogenen Oberweiten präsentieren, so sie denn namentlich erwähnt werden, was bei einer Bambi Verleihung doch sehr unwahrscheinlich wäre...

Auf einer riesigen, elegant angestrahlten Bühne hat man jeweils links und rechts zwei Tanzstangen platziert, um die sich - wen wundert es - zwei ansehnliche plateaubesohlte Tänzerinnen angestrengt lustvoll schlängeln, wenn die Musik in Form rockiger Riffs kurzzeitig ertönt. Wer die leicht bekleideten Tänzerinnen nach einer Weile noch wahrnimmt, oder wahrnehmen will, tut dies vermutlich spekuliert höchstens aus verwandtschaftlichen Gründen. In der Mitte steht selbstredend das Mikrofon, durch das zunächst Jenna Jameson und eine weitere Dame die Moderation übernehmen. Nach und nach kommen mehrere famous „Porn People", dann mit einem übergroßen Umschlag auf besagte Bühne, um die für die jeweiligen Kategorien nominierten Darsteller und Regisseure zu benennen, die außen auf den Umschlägen geschrieben stehen. Danach wird der Umschlag unter großem Gekreische der eigentlich Erwachsenen, und dem obligatorischen Satz „...and the winner is..." geöffnet. Dann kommt der/ die Ausgezeichnete auf die „Stage" und absondert das übliche Gefasel mit den bekannten diversen, oft schon wochenlang im Geiste vorformulierten Dankesbotschaften. Ist es eine Darstellerin die geehrt wird, so heißt dies in etwa bis ganz sicher; an den Regisseur, das Team, den Kameramann, die Fans unisono und natürlich „on my husband", der dann in der Regel auch noch dem „Biz" angehört, und eher selten von Beruf Staatsanwalt oder Zahnarzt ist. Die eigenen Kinder werden aber dann doch so selten gegrüßt, wie die bestimmt unheimlich dankbaren Eltern der Elite-Vögler. Obwohl es auch dies schon gegeben hatte...

Dies mag süffisant abschätzig klingen, ist aber gar nicht einmal vorsätzlich herabstufend gemeint, denn die prämierten Filme der Verleihung, die ausschnittsweise hier gezeigt werden, zeigen zum Teil sehr erotische, körperlich auch hochleistungsartige Darstellungen, flankiert von atmosphärisch anmutenden Sequenzen, die wiederum gut ausgeleuchtet sind, was ohnehin stets hierzulande oft unerreichtes Qualitätsmerkmal amerikanischer Produktionen war und ist. Im Halbdunkel oder Spotlight wird da munter gewerkelt, dass das Betrachten schon eine Freude sein kann.

In indirektem Zusammenhang mit dieser DVD mit dem großen Pornoland Amerika, kann auch eine Studie von James Griffith und seinem Team der Uni in Pennsylvania, über die der Journalist Thomas Wagner-Nagy auf „Spiegel Online" am 27.11. 2012 berichtete, gesetzt werden, da sie den immensen Unterschied zwischen jenem Kontinent und unseren europäischen Ländern noch einmal kurz herausarbeitet.

„Pornodarstellerinnen sind glücklicher", war dort die Headline, die zwar deutlich nach Abschluss unseres Untersuchungszeitpunktes erschien, die aber eben bestens mit meinen bescheidenen Eruierungen korrespondiert. Deshalb gehört die Studie, die sich in erster Linie damit befasste, ob die Frauen des Pornogewerbes unter psychischen Störungen durch Drogen oder sexuellen Missbrauches litten, was nicht bewiesen werden konnte, immerhin erwähnt. Zwar hatten von den 177 Ami Pornogenre Frauen (welche mindestens eine bezahlte Rolle im Porno bezogen haben mussten) die Hälfte die Droge Ecstasy probiert, 40% auch Kokain und 27 % Metaphine, was wieder allzu bekannte „Vorurteile" heraufbeschwört, doch gab es eben auch positive Ergebnisse über die 18 bis 50-jährigen Frauen. Als da wären: eine bessere Beziehung zum eigenen Körper, ruhigeren Schlaf und ein höheres Maß an Spiritualität im Gegensatz zu übrigen Frauen wurden festgestellt. Den letzten Absatz übernehme ich jedoch komplett, weil er vieles mehr erklärt, als es die puren Zahlen und Hinweise vermögen.

„Dass auch Pornodarstellerinnen außerhalb der USA so glücklich sind, darf allerdings bezweifelt werden. Nach Schätzungen des „New York Times Magazine" erzielt die US-Pornoindustrie einen Jahresumsatz von bis zu 14 Milliarden Dollar (was für ein Quantensprung! Anmerkung des Verfassers). Das US-Geschäft ist aber nicht nur das Größte, sondern auch eines der am stärksten Regulierten weltweit. Dabei ist anzunehmen, dass die Situation der hauptsächlich um Los Angeles angesiedelten Darstellerinnen nicht repräsentativ für die gesamte Branche ist." Und dem ist (siehe oben) wirklich nichts hinzuzufügen.

Der Pornofilm als Thema in der ZDF Krimiserie „DERRICK"

Anhand der Folgen: „Dem Mörder eine Kerze" (1980), „Die Festmenüs des Herrn Borgelt" (April 1992), „Pornocchio oder die zerbrochene Geige" (Dezember 1997) und „Hölle im Kopf"(„Juni 1997).

Es bleibt nicht aus, dass mein jeweiliges Gegenüber, egal welchen Alters, die Augen verdreht, so ich mich denn damit „oute", alle 281 Folgen der Krimiserie „Derrick" auf DVD zu besitzen - und mir diese auch noch häufiger anschaue! Doch alles hängt bekanntlich mit allem zusammen, und so konnte es einfach nicht ausbleiben, dass auch das Thema Porno in dieser Fernsehreihe thematisiert wurde. Da Derrick die erfolgreichste deutsche Krimreihe ist und bleibt, hatte Porno hier wirklich an die Mainstream-Tür angeklopft. Was zum Teil auch daran lag, dass es nicht einmal eine räumliche Entfernung zwischen Derrick und Porno-Skripten gegeben hatte, wie der verstorbene Porno-Regisseur Harry St. Morgan eindeutig schilderte: „Unsere Kameraleute waren meistens Angestellte bei der „Bavaria" oder bei „Constantin." Profis, die es richtig drauf hatten. Unsere Drehbuchautoren übrigens auch (...) Wir hatten damals richtig dicke Drehbücher, die von professionellen Drehbuchautoren geschrieben wurden. Die tippten zu Hause auf der einen Schreibmaschine das Drehbuch zum neuen „Derrick", auf der anderen das Buch für unseren nächsten Porno. Und qualitativ war da kein Unterschied festzustellen."

In der Folge **„Dem Mörder eine Kerze"**, welche am 21.11.1980 erstmals im ZDF ausgestrahlt wurde, dauert es eine ganze Weile bis man an das Thema Porno - noch dazu und hier standardisiert in Verbindung mit Drogen - andockt. Ein vor der Kamera nicht zu erkennender Mann, von dem man nur gedämpft die Stimme vernehmen kann, kommt eines Nachts zu einem Pfarrer (Horst Frank) um die Beichte abzulegen. Kurz darauf sieht man den an seinem Schreibtisch erschossenen Fotografen (und Filmer) Dernberg. „Schule" hatte er noch als letzte Bewegung auf einen Zettel bei seinem Ableben gekritzelt, ein Verweis darauf, dass sich der Täter aus einem Kreis von Schülern herauskristallisieren müsse.

Dann stolpert Horst Gronau (Sascha Hehn) in jenen Fotoladen und ist über diese Tat mächtig erschrocken und verwirrt. Als Derrick dann Werbefotos entdeckt, auf denen mehrere junge Leute posieren, geht er dieser Spur in einer Schule nach. Einer davon, Albert Hess (gespielt von Sven-Eric Bechtolf, dem Interimsintendanten der Salzburger Festspiele in 2015 und 2016, woran man wieder einmal sieht, wie viele große Karrieren durch die Derrick Serie in Gang gekommen waren!) ist dann auch der spätere (Doppel-)Mörder. Der Pfarrer taucht nämlich in Derricks Anwesenheit auf dem Schulhof auf (nachdem er zuvor im Fotostudio für den Verstorbenen am Tatort bereits gebetet hatte) und der Oberinspektor weiß spätestens in diesem Augenblick, dass dieser den Täter kennt. Nur ein Mädchen namens

Vera Essling, die aus dem kleinen Kreis der in Frage kommenden Schüler (Katja Bienert, zu der ich gleich noch explizit komme werde) ist bisher von Derrick und Harry nicht vernommen worden. Als die beiden diese in ihrem Kinderzimmer im Beisein ihres Vaters aufsuchen, bekommt sie eine Panikattacke und schreit. Sie sei krank heißt es - und da es sich um einen „Derrick" handelt-, ahnt man schnell, dass es hier (wieder einmal leidiger weise) um die Einnahme von Drogen gehen wird. Und genau so kommt es, der Fotograf machte eben nicht nur Passfotos in seinem Studio, sondern er drehte auch Pornofilme. Und lockt die Mädchen mit Drogen vor die Kamera. Albert Hess führt Derrick durch sein auffälliges Gebaren (unter anderem springt er in einer Szene witzelnd mit Kleidung in einen Swimmingpool) automatisch auf die richtige Spur. Hess trifft sich, nachdem er die Mordkommission aus einer öffentlichen Telefonzelle angerufen hatte, mit Stefan Derrick und Harry Klein in der Nacht, und sie sitzen auf dem Trottoire. Dann kann Hess nicht mehr an sich halten und spricht verächtlich von jenen Filmen, die einen „Bedarf decken". Sie fahren in ein Porno-Kino. Während Derrick sich das filmische Treiben besieht, bricht Hess im Eingangsbereich nervlich zusammen, als er sich diese drinnen abgespielten Bilder (Gronau beschläft Essling, auch von hinten, und zieht ihr dabei an den Haaren) noch einmal vor Augen führt. Harry raucht derweil draußen, ist also unaufmerksam, und Hess entflieht durch einen Notausgang im Inneren des Kinos, um dann Gronau in der letzten Szene tatsächlich auch noch zu erschießen. Das Interessante an der Geschichte ist eher der Nebenschauplatz, den Kaja Bienert als Person ausmacht, und der aufhorchen lässt. Die aus Berlin-Zehlendorf stammende Bienert (die auch Nacktmodel im Penthouse und Hustler war) drehte im Jahre zuvor „Die Schulmädchen vom Treffpunkt Zoo", ein „Sexploitationsfilm" in Anlehnung an die Geschichte um Christiane F. Darin war sie, obwohl sie erst 12 oder 13 Jahre alt war, nackt zu sehen (Bienert wurde am 1.9. 1966 geboren). In der Derrick Folge, wo sie ja immerhin angedeutet in einem Pornofilm mitwirkt, somit erst gerade einmal 14 Jahre (!) Doch damit nicht genug, nach einem (letzten) „Schulmädchen Report, Teil 13" ging es mit „Lilian, the perverted Virgin" weiter. Sie spielt hier, selbst 18-jährig, für „Italiens Sex-Papst" Jess Franco, bevor sie auch in TV -Serien wie „Praxis Bülowbogen" auftrat. Den Film „Lilian the perveted Virgin" kann man wenigstens ausschnittsweise im Internet besehen, und wenn meine Augen nicht trügen, wird sie hier eindeutig penetriert (ich gehe nicht davon aus, nachdem eine Frau und ein Mann an ihr herumspielen, dass die Vagina in die ein steifes Glied fährt von einem weiblichen Double gestellt wurde). Mit 12 oder 13 bereits nackt im Kino, mit vierzehn im Derrick eine Pornodarstellerin (sogar oben-ohne ist sie zu sehen) wider Willen spielen, wirklich Nacktmodell sein und dann mit 18 Jahren in einem Kopulation-Film habe ich etwa vorhin bei meiner Aufzählung der deutschen Pornostars einen Namen unterschlagen? Katja Bienert, deren Mutter Stuntfrau und Schauspielerin war, hat aber auch vieles andere gedreht und ist bis heute im Filmmilieu recht umtriebig. In diesem Jahr wird sie fünfzig Jahre - und sie sieht immer noch verdammt gut aus!

In der Derrick Folge „**Die Festmenüs des Herrn Borgelt**" (unter der Regie von Alfred Weidemann) geht es reichlich weit hergeholt zu. (Der Hauptdarsteller ist hier der Schauspieler Ernst Schröder, der sich im wahren Leben durch einen Sprung aus einem Berliner Krankenhausfenster suizidierte, nachdem sich bereits seine Tochter Christiane Schröder, die in der ersten Derrick Szene die je gedreht wurde, die in der als vierte Folge ausgestrahlte Sendung „Mitternachtsbus" mitwirkte, auch schon zuvor das Leben genommen hatte, was ein wahrlich grauenhafter Hintergrund ist. Interessant in diesem Zusammenhang ist auch Christiane Schröders Aussage - die sie auch zuvor mit in die Vereinigten Staaten trieb - nachdem sie die „kapitalistische Gesellschaft" verabscheuen lernte, bezüglich ihres seriösen Schauspielerberufs :„Mein Beruf ist eine einzige Lüge, und ich muss aufhören zu lügen.", markierte quasi eine ungewollte Parallele zum Beruf der Porno-Darstellerin.)

In jener Folge hier ist es die Jura studierende Tochter Susanne (gespielt von der lieblich attraktiven Svenja Pages), die sich in der Serie auch das Leben nimmt. Es nötigt Respekt ab, dass Herr Schröder nach seinem privaten Schicksalsschlag diese Rolle überhaupt noch annahm, wo er ohnehin schon depressiv war, und zwei Jahre später, an der nicht erzielten Verarbeitung des Todes seiner echten Tochter, die verarmt in San Francisco starb, zugrunde gehen sollte. Am 24.4.1992 wurde die Folge gesendet, am 27.Juli 1994 nahm er sich leider das Leben. (Ernst Schröder spielte übrigens 1964 am Berliner Schiller Theater ausgerechnet den Marquis de Sade.)

Der Plot ist schnell erzählt: Dr. Borgelt sucht Dr. Lessner (Hans Peter Hallwachs) und dessen Frau auf (gespielt von Michele Marian). Er fragt, warum denn dieser nicht auf der Beerdigung seiner Tochter gewesen sei. Kurz darauf wird Dr. Lessner in seinem Haus erschossen. Dieser Dr. Lessner hatte Borgelts Tochter dereinst Kokain zugesteckt, und sie damit in den Abgrund getrieben, eine sich ständig wiederholende Leier in den Derrick Episoden, die jedoch in dieser Folge durch die noch folgende Brücke zur Pornofilmindustrie erheblich klischeehafter wirkt, als zumeist.

Dann wird auch noch Lessners Neffe ermordet, jedoch abermals nicht vom nach Rache sinnenden Dr. Borgelt selbst. Dieser lässt sich nämlich zeitgleich gerade im Restaurant eines Hotels, in dem er ohnehin gastiert, in festlicher Manier bewirten, mit einem ausgezeichnetem „Moselwein." Derrick (Horst Tappert, der als Oberinspektor längst an Schwung verloren hat, kein Wunder, es ist sein 18. Dienstjahr in der Serie, und schon damals 1974 begann er ja nicht unbedingt als junger Hüpfer) speist mit ihm derweil, in einer Entschleunigung die nicht wirklich „Krimi" ist, und gibt ihm dadurch fast ein Alibi. Borgelts Tochter Susanne, die ihren Vater per Fernvideos über ihre jeweiligen Lebensabläufe unterrichtet hatte, starb jedenfalls durch einen Fenstersprung, „aus einem Studio eines Pornofilmers." Die Pädagogin, die Susanne nach ihren von Drogen geprägten Abstürzen betreut, unterrichtet Derrick und seinen Assistenten Klein (Fritz Wepper), dass man diese „auf der Straße abgefangen habe, (ihr) Stoff gegeben und die Nadel gleich dazu." Worauf sie „tat was er wollte, vor seiner dreckigen Kamera." Auch dieser Pornomacher wird ermordet, man stellt eine Porno-Set Szene nach, die einfach albern daherkommt, aber das ist nur ein Detail. (Es klingelt an der Tür, es fallen Schüsse, der Pornograph ist tot.) Die Betreuerin von Susanne ist jedenfalls, wie in Vertretung, für Dr. Borgelt, somit am Schluss zur dreifachen Mörderin mutiert. Würde man die wahren Hintergründe über Ernst Schröder nicht kennen, und die waren den Sehern ja zum Zeitpunkt der Ausstrahlung sicher nicht geläufig (sein später vollzogener Selbstmord war für diese ja nicht zu ahnen) wird es umso schwerer, diese Folge ernst zu nehmen. Das wahre Leben war jedenfalls grausamer als dieser Film, der irgendwie wie man es dreht und wendet, aber keine Relevanz bekommt, (auch wenn es natürlich Drogen konsumierende oder auch sogar oft drogenabhängige Pornoaktricen gibt und gab (schließlich war es in den USA in den 70er und 80er Jahren gang und gäbe, in diesem Umfeld Drogen zu nehmen, allerdings eher zum Zwecke des Bewusstseins erweiternden Charakters, oder des vermeintlichen „Spaßes" und nicht ganz konkret , um die Drehs ertragen oder über sich ergehen zu lassen), was traurig ist, aber dass diese Darstellerinnen alle quasi nur brutal und unfreiwillig unter Drogen gesetzt, ihre Arbeit verrichteten ist denn doch recht absurd).

„Pornocchio oder die zerbrochene Geige"

Die erste Venus Messe in Berlin war nicht einmal eine Woche vorbei, wir schreiben den 12. Dezember 1997, da schneite dem deutschen TV (Abend)-Publikum auch von „Derrick" (wieder) etwas über die Porno-Branche herein. Ein Mann namens Carlos alias „Pornocchio", wird in seinem Auto verfolgt und erschossen. Zuvor hatte er noch - das Handy war also bereits auf dem bundesdeutschen Vormarsch - seine Vermieter vom Mobiltelefon angerufen, die auch zugleich als Porno-Produzentenehepaar Manzer fungieren (Dirk Galuba als kantiger Boss und die langbeinige ewig rauchende Gitta (Michaela Merten) als seine Frau und Ex-PornoDarstellerin! (Welche dramaturgische Parallele zur echten Realität also sogar einmal), und die seine Arbeitgeber sind. Beim Aufspüren eines geeigneten neuen Drehortes entdeckt das Quartett (ergänzt durch den Kameramann (Pierre Franckh) eine üppige Villa, noch eher ein Herrenhaus mit großem Garten. Ohne genaueres zu erfragen, sitzen alle schnell bei Kaffee und Kuchen, und die Filmkamera setzt auf einen Weichzeichner, um das Ganze schnulzig werden zu lassen. Denn der schöne aber einfältige Pornocchio verliebt sich in die Enkelin des Hauses, die Geige spielende Anna von Landinius (Johanna Klante). (Zuvor hatte Ritschie Manzer (Dirk Galuba) übrigens per Telefon eine Morddrohung erhalten („Carlos ist tot und du bist der Nächste!") Manzer hatte das ermittelnde Duo Derrick/ Klein bereits über sein berufliches Wirken in Kenntnis gesetzt, und dieses auch verteidigt:

„Sie halten das hoffentlich für nichts Besonderes, man sieht es doch überall, es ist eine Ware die hergestellt wird, weil sie gebraucht wird." Es sei eben „ein Beruf wie jeder andere auch, na ja nicht ganz, man arbeitet nicht am Schreibtisch." Derrick wirkt inzwischen eher wie irgendein beliebiger Ältestenrat, aber nicht mehr wie ein Kripobeamter im Dienste einer Mord Kommission, eine die Aufmerksamkeit hoch haltende Spannung gibt es auch nicht, und die Angelegenheit läuft auf etwas hinaus, was vollkommen absehbar war. Der junge Carlos schleppt seine zuckersüße, unschuldige Geigerin Anna mit zum Dreh. Freilich nicht freiwillig, das ist Porno nie in jenen Derrick Folgen, aber Boss Manzer packt ihm am Genick und verdeutlicht ihm rücksichtslos „Du bist bei mir unter Vertrag, du hast zu tun, was ich dir sage." Dass auch Anna, die gar nicht richtig „weiß wo sie ist" haltlos einfach hineinrutscht (und einen Kontrakt unterschreibt) und wie Derrick meint, „vergewaltigt" wird, ist schon äußerst unglaubwürdig. (Als ob so etwas zu verkaufen wäre! Die Kamera ist beim Pornofilm doch ein unbestechlicher Zeuge.) Anna zerbricht daraufhin ihre Geige vor Wut und Opa von Landinius (gespielt vom solventen Charakterkopf Ernst Jacobi) berichtet Derrick dann, dass man im eigenen Hause von Carlos „einen guten Eindruck (hatte) bis wir erfuhren, dass er Hauptdarsteller in Sexfilmen ist." (Dem Vorurteil wird also in Herbert Reinecker´s Diktion wieder Tür und Tor geöffnet, so reizend, nett und charmant, aber er dreht Pornos…) Opa von Landinius erschießt dann natürlich noch in seinem eigenen Herrenhaus den Pornoproduzenten Manzer, weil er das Verbrechen, das dieser an seiner Enkelin verübt hatte, sie eben auf den vermeintlichen Porno-Strich getriebenen zu haben, der Ausbeuter, im Gegensatz zu Anna, nicht vergessen könne. Der seriöse alte Herr, gesellschaftlich durch seinen Prachtbau wahrscheinlich hoch anerkannt, hat also in Punkto Lebensweisheit seiner niedlich-naiven Enkeltochter so gar nichts voraus, ein törichter Fakt, eine verheerende Aussage (Wenn der solvente, seriöse, betagte Herr, noch dazu im Rollstuhl sitzend, so etwas tut, wird es doch schon vielleicht akzeptabel sein?)

Regie führte übrigens in dieser und der gleich beschriebenen Ausstrahlung **„Hölle im Kopf"** Helmut Ashley, ein Wiener des Jahrgangs 1919, der noch als Kriegsberichterstatter arbeitete, in dritter Ehe lebt und sich als bedeutender Regisseur bemerkbar machte, so u.a. bei „Das schwarze Schaf", einem Pater Brown Film, für den ihn Heinz Rühmann angefordert haben soll. (Später kam er über Edgar Wallace Verfilmungen zum TV.) Relevanter ist jedoch das Buch, das wie immer von Herbert Reinecker stammte, der auch schon im Dritten Reich mit Regimeanbiederung „geglänzt" haben soll. Immer wieder waren seine abstrusen, ideologischen Abwege hervorgeschienen, immer wieder dieses was aus der Norm fällt gehört verachtet und am besten beseitigt, als gerechter Lohn für amoralisches Verhalten. Und immer waren Drogen, Fremdgehen oder nun der Pornofilm als Anlass gut genug, um diese kleinbürgerliche „Rübe runter" Konsequenz in die Waagschale zu werfen. (Mir jedoch völlig klar, dass der Herr Reinecker, der nicht mehr unter uns weilt, sich unter Umständen völlig missverstanden fühlen würde, mir schiebt sich aber eher das ewig gleiche Schema des Aussortierens von Ausscheren, dem ich besonders allergisch begegne, ins Bewusstsein.) Die weitgehende Aussperrung der Realität wird nutzbar gemacht, für ein dankbares, nicht mehr ganz so junges Publikum, das einmal gern wechselweise auf die (in diesem Fall) bösen (Porno-)Verführer respektive die Flittchen, im Geiste einprügeln darf.

Nun noch der dazugehörige innerliche Kameraschwenk zum vierten „Derrick" Produkt mit vorwiegendem Porno-Hintergrund, der Ausstrahlung „Hölle im Kopf". (Das Rotlicht Milieu war in der fünften Folge bereits erstmals thematisiert, Pornographie in der 40. Derrick-Folge „Der Fotograf" (abgesehen nur sehr indirekt von der achten Folge „Zeichen der Gewalt", als ein Ober sich per Dia ein Foto von Porno-Ikone Linda Lovelace im Bikini ansieht), als auch wieder Helmuth Ashley Regie führte! Die Nacktheit war hingegen ein ständiger Begleiter, Krimis kommen ohne diese selten aus), Auch hier in „Hölle im Kopf" ist wieder ein Charakterdarsteller im Einsatz für die gerechte Sache (Martin Benrath). Seine Enkelin ist verschleppt, missbraucht und getötet worden, und ihm erweisen sich die bisherigen Ermittlungsresultate der Münchener Polizei als zu dünn. Er will bei der Aufklärung mitwirken, alles verständlich und man gerät unweigerlich auf die Mitleidsschiene, Verbrechen an Kindern oder Tieren, wer kann das schließlich schon ertragen? Niemand, der sich gesund nennen kann.

Oberinspektor Derrick stellt ihm eine junge Kollegin, eine Psychologin (Marion Kracht) zur Seite, um dessen „Hölle in seinem Kopf" therapeutisch zu begegnen. Auch das alles nur vernünftig. Dann überschlagen sich die Ereignisse, wird das Schiff in eine Richtung gelenkt, die einem beim bloßen Zusehen das Wasser wirklich bis zum Hals stehen lässt. Derricks Kollegin klärt Herrn Terza, den Opa der toten kleinen Carina, darüber auf, dass im Zuge der polizeilichen Ermittlungen ein Studio vorgekommen sei. „Es handelt sich dabei um ein Studio... (Marion Kracht atmet tief durch, ehe sie weiterspricht, das Ganze scheint ein Satz den sie auch privat genauso, mit diesem stockenden Atem, sprechen würde) ... in dem Pornofilme produziert werden."

Aber damit nicht genug, es geht dann auch gleich noch um Kinderpornos. Derrick und Inspektor Klein suchen die Betreiberin dann in ihrem Produktionsstudio auf (einer ihrer Söhne ist dann tatsächlich der Kindsmörder). Eine Blondine mit großem frei gelegtem Busen sitzt herum, während im Hintergrund ein „Dreier" gedreht wird. (An den Wänden hängen Plakate einer tatsächlich existierenden Münchener Pornofirma, im Regal sogar deren Videocassetten.) Die Frau, gespielt von Michaela Rosen, verlangt nach dem Durchsuchungsbefehl, der ja eigentlich Durchsuchungsbeschluss heißt, sie spielt ihre Rolle mit zynischer, machtbewusster Kühle und nebenbei unglaublich gut, gegen sie wirkt Teresa Orlowski geradezu mild, das Casting bei der Suche nach einem weiblichen Porno-Boss funktionierte hier tadellos.

Inspektor Klein (Fritz Wepper): „Polizei! Haben wir (den Beschluss). Ja ihr Laden ist (ihren Anwälten) sicher bekannt, die lassen sich sicher was einfallen, wenn es um die Harmlosigkeit ihres Unternehmens geht."

Sie entgegnet ihm: „Ich produziere harte Pornofilme, ein Megageschäft meine Herren, dessen Geheimnis darauf beruht, die tiefen Sehnsüchte der

Menschen zu kennen, und sie zu befriedigen. Sie werden nicht verhindern, dass etwas hergestellt wird, was zunehmend verlangt wird. Suchen sie etwas? Ich kann ihnen sicher behilflich sein", gibt sie sich dann noch generös.

„Wir interessieren uns für Kinderpornos" sagt Derrick, auch das noch, der alte Oberinspektor wie er da mit seinem Mantel verlassen wirkend steht, mit einem solchem unwürdigen monströsen Satz, der ihm auch als Schauspieler schwergefallen sein muss. Er nimmt sie „vorläufig fest" und die nächste Szene bringt dann deutliche Worte von dem mit Katzenaugen durch das spartanische Büro blickenden weiblichen Porno-Boss.

„Wissen Sie, dass sie mir leid tun ", sagt sie zum Oberinspektor (Derrick: „Wirklich, im Ernst?" Sie werden mir sicher gleich sagen, warum.") Was sie souverän und markant gesetzt tut. „Sie sitzen auf ihrem Sessel (stimmt nicht, es ist derselbe unbequeme Holzstuhl wie eh und je, auf dem er sitzen muss, Anmerkung des Verfassers) und zugleich auf Moralvorstellungen, die völlig überholt sind." (Derrick: „Jaja, sie haben da sicher ganz Neue...")

Langsam, bedacht aber doch mit leicht schneidender Stimme, fährt sie fort: „Menschen bekleiden sich, das ist das woran sie glauben, an ihre Bekleidung. Und an das Märchen über sich selber, an ihre große Bedeutung, ihre Auserwähltheit, daran etwas ganz Besonderes zu sein. Und so bekleidet beteten sie wieder eine Bühne, und spielen eine Rolle, immer in dem Glauben, sie seien ihr Eintrittsgeld wert. Aber sie sind es nicht. Manche ahnen das und legen ihre Bekleidung ab, und begreifen sich als das was sie sind - ein Stück Natur. Und dann gelten auch für sie Naturgesetze. Die Pornographie ist nicht schlecht, sie ist ehrlich..."

Immerhin darüber ließe sich noch diskutieren, über die Verbindung von Pornoproduzenten mit Kindermördern hingegen allerdings wirklich weniger, das ist Diskriminierung auf biederstem Niveau, unwirklich, dämlich.

Exkurs: Porno im ARD „Tatort" aus München

Als ich bei meinen Eltern am Tag nach der Ausstrahlung (8.10.2017) die Berliner Morgenpost aus dem Zeitungsfach holte, riss es mich fast vom Fahrrad. Natürlich hatte mich das Ansehen der doch recht deutlichen Folge auch sonst gehörig angefasst (was die Porno-Thematik betrifft, benötige ich immer gebührende Zeit zum Durchatmen, um mich von einer zu emotionalen Betrachtungsweise zu entfernen), doch die Zeitungsüberschrift auf dem Titel, traf mich dann wieder so direkt, als ob ich noch der Regisseur oder Verfasser der Folge gewesen wäre. „Pornografie oder nicht - wie weit darf der „Tatort" gehen?, schlagzeile es dort mit der dazugehörigen Unterzeile „Der Münchner Fall „Hardcore" mit Udo Wachtveitl und Miroslav Nemec steht wegen teils sehr expliziter Details in der Kritik." Nun wissen Sie als mein Leser/meine Leserin natürlich bereits, was Pornographie ist, und warum. Ich gliedere nun die Problematik dieser Folge.

Zur Handlung: Die Pornodarstellerin Luna ist nach einem Gangbangdreh erwürgt aufgefunden worden. Nun beginnt die heikle Ermittlung der Münchener Kommissare, die den Täter natürlich unter den maskierten, triebgesteuerten Männern vermuten. Am Ende war es aber der Ehemann einer Ex-

Darstellerin namens Stella, die wieder Lust auf einen Dreh durch Luna Pink bekommen hatte, und die ihrem Partner in drastischen Worten ihre Einstellung zum Thema mitteilt: „Du hast nie verstanden, was mir daran so gefallen hat. Nicht denken, keine Scham, nur ficken." Meines Erachtens ein Schlüsselsatz, denn wie geht eine Ehe und Liebesbeziehung weiter, wenn einer der beiden Partner andere sexuelle Wege beschreiten will?

Die Zuschauerzahl: In Deutschland sahen diese Folge zu Beginn satte 9,12 Millionen Zuschauer, die sich später dezimierten, weil auf RTL ein Fußballländerspiel übertragen wurde.

Die Aussage der Darstellerin abseits des Drehs: Helen Barke spielte das Pornostarlet „Luna Pink" und richtete nach dem Dreh ernsthafte Worte an die TV-Zuschauer. Sie habe sich „im ersten Moment wie ein Tier im Käfig gefühlt. Hilflos. Man kommt sich vor wie ein Objekt, mit dem man machen kann, was man will." Zu sehen war im Film wie sie umringt von zahlreichen Männern mit Masken, sich in die Mitte setzt und dann - so ist es leicht zu erahnen - zwei Männer manuell befriedigt. Die süffisante Frage sei erlaubt, warum sie diese Rolle überhaupt annahm, und warum sie Dinge hineininterpretiert, die ja so nicht stimmen. Kurioserweise war sie optisch genau der Typ, der in solchen Pornos zumeist gecastet wird. Die erschreckende Erkenntnis von Frau Barke sei laut dem Portal von T-online „in welch jungem Alter Frauen, egal aus welcher Schicht, sich in dieses Milieu flüchten." Damit mag sie wirklich nicht Unrecht haben, aber diese berechtigte Frage in den Raum zu werfen ist eben das eine, die Sache wissenschaftlich aufzuklären aber natürlich eine völlig andere. („Kenner" wissen sicher, welche Firma konkret gemeint ist, die populär wurde durch solche Streifen, in denen das Sperma in Massen fließt, und die Ästhetik komplett auf der Strecke bleibt.)

Die Wirkung der Kommissare: „Dieses ganze perverse Scheißzeug ist frei verfügbar", grantelt Batic im Auto vor sich hin, und der Zuschauer soll dabei wohl denken: „Unfassbar. Da muss doch einer was machen." „Und als der junge Kollege aus dem Mittleren Dienst eine Sackladung Hintergrundinformationen über den Pornokonsum des Deutschen abladet, soll dieser standarddeutsche «Tatort»-Zuschauer wohl ein bisschen in sich gehen: Donnerwetter." steht auf dem Portal von quotenmeter.de. Genau dies ist der Punkt. Die Zuschauer der jeweiligen Tatortausstrahlungen aus Berlin, München, Stuttgart, Konstanz Köln etc. hatten längst eine Verbindung zu den ermittelnden TV Kommissaren aufgebaut und akzeptieren diese in ihrem beruflichen Tun. „Wie Dinosaurier bewegen sich die Kommissare während der Ermittlungen durch die Münchner Erotikbranche" schreibt T-online, und doch - durch die rigiden Kommentare von z.B. vor allem Batic - entsteht eine völlige Abkehr des Schmiergutes Porno, dass allzu einseitig ekelhaft gezeigt wird. Weiser als die Ausstrahlung selbst ist noch einmal das, was T-online dazu formulierte, denn jedes noch so eklige Detail (onanierende Herren in Drehpause um standfest zu bleiben, ein Mini-Pool voll Sperma und Urin) hat ja immer einen soziologischen und zudem psychologischen Hintergrund. „Auch wenn der gemeine Zuschauer bei derlei Sätzen (das eben erwähnte

„Du hast nie verstanden, was mir daran so gefallen hat...") die Hände über dem Kopf zusammenschlägt, sollte er nicht zu schnell urteilen. Denn ein Blick zum netten Nachbarn, dem eigenen Familienmitglied oder direkt in den Spiegel könnte mehr verraten, als wir uns im ersten Augenblick eingestehen wollen. Menschen gucken nun mal Pornos. Und es sind nicht gerade wenige. Sex durchdringt unser Leben in fast allen Bereichen und ist mehr Teil unseres Alltags als wir - die Gesellschaft - es zugeben wollen. Wobei, Porno und gelebte Sexualität, das ist nicht automatisch dasselbe, wie wir mittlerweile wohl wissen. Eine Problemstellung wird mir erst jetzt noch nebenher bewusst, die ergrauten Münchner „Womanizer" Kommissare kann man sich offenbar wirklich nicht onanierend vorstellen...

Der Jugendschutz, und das juristische Problem der Sendezeit: Die Jugendschutzbeauftragte des Bayerischen Rundfunks gab der Folge die Freigabe ab 12 Jahren. „Filme, die für Zuschauer ab 16 Jahren geeignet sind, dürfen erst ab 22:00 Uhr laufen", merkte die Berliner Morgenpost dazu richtigerweise an. Warum dann diese frühe Ausstrahlung? Paul Lehrieder von der CSU (Ausschussvorsitzender für Familie, Senioren, Frauen und Jugend im Deutschen Bundestag) merkte hierzu an: „Ein Jugendlicher wird solche Szenen (Frau wird von Sperma und Urin beim Gang-Bang getränkt) nicht richtig einsortieren können." Dem ist nichts hinzuzufügen. Der Tatort „Hardcore" hätte um 22:00 Uhr gesendet werden müssen.

Der Wahrheitsgehalt: „Wir wollten nicht lange sexuelle Darstellungen zeigen, sondern es sollte so viel wie möglich der Vorstellung jedes Zuschauers überlassen bleiben" sagte der Regisseur Philip Koch. Ob ihm dies gelungen ist, wage ich von daher zu bezweifeln, da sich mir als Betrachter in keiner Szene große eigene Interpretationsmöglichkeiten eröffneten. Lediglich unnötige Abkürzungen aus der „Fachsprache" ließen mich überlegen, und bei „ATM" ward ich kurzzeitig selbst aufgeschmissen, ehe ich es als „ass to mouth" verstand. Und ja, das meiste abgebildete ist ein Teil der Pornowahrheit.

Fazit: Das was die „Berliner Morgenpost" schrieb, am Ende ihrer Kritik, am nächsten Tag nach der Ausstrahlung, trifft den Nagel auf den Kopf: „Und so wissen am heutigen Montag auch Unbedarfte von Dingen, die ihnen wohl lieber verborgen geblieben wären. Es scheint, als mache sich der Fall „Hardcore" zum Teil des Problems, das er anprangern wollte."

PORN CHICK - Nur Schnickschnack?

In den 90er Jahren kam schon zum zweiten Male nach 1973 ein Begriff auf, der ziemlich an mir vorbeilief, der des „Porn Chick" nämlich, ein weiterer bemühter Versuch die subversive Kraft der Pornoindustrie in den Mainstream zu bringen, was denn auch nicht nachhaltig gelingen sollte. Nicht damals auf Sicht, und auch heute bestimmt nicht nachhaltig.

Sofern man mit Mainstream die gesamte Gesellschaft meint, und nicht Jugendliche auf (kurzen, vorrübergehenden) Abwegen, die sich mit Porno-Rappern und ähnlichem Zeug abgeben. Die Autorin Nicola Steffen verortet den sogenannten „Porn Chick" in die 90er Jahre, ohne dass sie den konkreten Anlass über einige Vermutungen hinaus - nicht einmal mit Unterstützung von zahlreichen intellektuellen Quellen - solide belegen kann. (Beim Eingeben jenes Suchbegriffes erhält man auch im Internet keinerlei ausreichende Erklärungen dieses Placebos namens „Porn Chic.") Nicola Steffen versucht es vage und mit eigener Anschauung, die vor allem in England von statten ging, wo sie lebt und sich auch auskennt. Ein Beispiel, was noch ihre hiesige Studienzeit in Paderborn betrifft, waren für sie, hautnah erlebt, Mädels die „tiefer geschnittene Jeans" und „String Tangas" trugen. Meine Güte bei uns Anfang der 80er Jahre trugen die Mädels in der Schule teilweise Miniröcke und tief ausgeschnitten Shirts, sodass man ihre Brüste deutlich sah. „Pornofiziert" (der Untertitel ihres Buches lautet „Die Pornofizierung des Alltags", eine kurzfristige Marktlücke wurde hier halt aufgetan, was ihr nicht per se zu verdenken ist) hat mich das aber bestimmt nicht.

Weder waren diese Mädchen „Freiwild" für uns Jungs, noch wollten sie es - bis auf ganz wenige Ausnahmen - sein, und durch Amber Lynn und Ginger Lynn waren sie auch nicht inspiriert, da diese ihnen völlig unbekannt, eher taugten dort schon Madonna oder Cindy Lauper als Kleidungsidole. Und das jetzige Auftauchen von „Netzstrümpfen und Pfennigabsätzen" in England, um Party zu besuchen, muss auch nicht mit dem Porno-Milieu in Kausalität gesetzt werden, schließlich hatte die US-All Girl Popband The Flirts schon Mitte der 80er Jahre so ihre Auftritte zelebriert - und das waren nachweislich keine Porno-Miezen... Ein ihr noch wichtigeres Element ihrer gewollten These der Akzeptanz des „Porn Chic" in der Gesellschaft und seine so gefahrvolle Ausbreitung im Mainstream ist mehrfach das Herrenmagazin Playboy. Sie schreibt allen Ernstes: „Der Erfolg des Playboy spiegelte das neue Konsumdenken", was völlig richtig ist, die deutschen Playboy-Chefs aus den 80ern sagten dies auch in einer ARD TV Doku selbst: „Wir sind eine Zeitschrift für den konsumfreudigen Leser." Doch dann schreibt sie auch noch: „Der Playboy" trieb damit (mit dem persönlichen Wunsch und Ziel der Leser so zu sein oder leben zu wollen, wie hier vorgegeben) in erheblichem Maße die Akzeptanz der Pornografie voran." So etwas muss man eigentlich nicht mehr ernsthaft für den mündigen Bürger mit rudimentärer Kenntnis über den Playboy kommentieren, eher schon süffisant fragen, ob hier eventuell zu viel Alice Schwarzer oder zu viel Franz Kafka gelesen wurde...

Ehe ich darauf näher eingehe, möchte ich Nicola Steffen aber noch einmal in dieser Hinsicht zitieren, um die Abwegigkeit ihrer stringent pessimistischen und verquer(t)en These(n) zu unterstreichen. Sie moniert, dass heutzutage „junge Schülerinnen" (...) „Federmäppchen und Radiergummis" (mit dem Playboy Bunny) besäßen, was für Steffen „ein sichtbarer Ausdruck dafür" (...) ist, „dass zwischen Pornografie und Jugendkultur eine unmittelbare Verbindung hergestellt wurde." Kommen Sie da noch mit? Dass junge Mädels das „Brand" des Playboy Bunnys, zumeist in Pink und mit Strass besetzt nützen, um damit ihre Affinität zum Porno zu untermalen? Eine Abwegigkeit in Perfektion. So als ob Mädchen die „Puma" Schuhe tragen auch diese Tiere als Modellfiguren oder Plüschtiere automatisch sammeln. Und einmal nebenbei erwähnt, man besehe sich nur einmal den TV-Werbespot der „Fa" Seife, der in den 70ern/80ern im Vorabendprogramm ausgestrahlt wurde, wie neulich ein User auf „facebook" namens Knut. H. richtig erwähnte. Eine Frau schäumt sich mit Badeschwamm unter der Dusche ein, anschließend springt sie nackt und vergnügt durch die Wellen eines Meeres, die heutige unbestellte „Pornofizierungs-Polizei" würde da wohl nur noch im Kreise springen.

Auch der Gedanke an eine BILD Zeitungsausgabe verdeutlicht, dass seit den 70ern, spätestens aber zur Hochphase des Pornos 1984, Porno eher ein alter Hut war und es keiner Pornofizierung von heute mehr bedarf. Die BILD Hamburg titelte nämlich am 30.5. 1984 über eine halbe Seite

„Porno – Videos Was Männer jetzt von ihren Frauen verlangen". Wie ging das eine Volkslied? „Am 30. Mai ist der Weltuntergang..."

Das ist es nun, weshalb ich eine Alice Schwarzer mit ihrer „PorNO!" Kampagne wirklich diesmal nicht einmal leidiger weise ins Bild schieben muss. In ihrem bekannten Sonderheft, weil auch hier mit besonderer Verve alles vermischt und in eine Richtung getrieben wurde, die indiskutabel intolerant und unwahrhaftig war, um es einmal vorsichtig zu formulieren. Da entsinne ich mich sowohl an den Spruch der die Verteilung von Anti-Porno-Aufklebern seinerzeit betraf, „Klebt den Pornographen eine", ein Playboy Aufkleber müsse überdeckt werden usw. Nun unterstelle ich der umfangreichen in großen Teilen gut gemeinten Arbeit von Dr. Nicola Steffen zwar keine Schwarzer-Attitüde, doch erinnert es mich in fataler Weise schon ein wenig an das damalige tendenziöse Gebaren. Eine gewisse Frau Judith Rauch schrieb im besagten EMMA Magazin: „Neal Malamuth und sein Kollege Barry Spinner hatten in den Jahren 1973 und 1977 eine starke Zunahme von Gewaltpornografie (sic!) in den Herrenmagazinen „Playboy" und „Penthouse" festgestellt". So etwas durfte offenbar schon immer veröffentlicht werden... Aber es trifft sich doch gut, dass ich ein wenig zu den Herrenmagazinen und ihrem (angeblich pornografischen) Inhalt schreiben kann, um dann den Bogen wieder kurz zum ersehnten oder zur eigenen Nützlichkeit mehr erdachten als in Wahrheit vorhandenem „Porno Chick" zu spannen. (Je mehr jemand nur gegen irgendetwas krakeelt, desto mehr Zulauf = zahlende Kundschaft erlangt er damit, was das Lesen dieser reinen Anti-Porno (und eindeutig auch Anti-Sex!) Bücher so langweilig macht, da sie nichts anderes als die ihrige (an etlichen Stellen wirklich irrige!) Meinung zulassen, da diese einfach auf zumeist falschen Fakten beruhen.)

Auch die mit einem heftigen Rundumschlag gegen Pornos agierende US-Autorin Gail Dines (Mitbegründerin der Organisation „Stop Porn Culture", ich spende äußerst dezent meinen Beifall für so viel an Heldinnenmut) verwechselt wieder Äpfel mit Birnen, und stellt dem „Playboy" Magazin eine Art Psychogramm aus, dass zwischen Vorhut, Initiator und Verstärker der Pornoindustrie klingt, und auch bei ihr ist nicht ablesbar, dass in Wahrheit der „Playboy" bis dato keinerlei wirklich jemals pornografische Inhalte transportierte. (Es sei denn erotische Kurzgeschichten sind bereits pornotauglich, dann ist dies aber auch so mancher Arztroman. Und Charles Bukowski war und ist Kult, ganz gleich, wie sehr ihn die meisten Menschen missverstanden.) Sie konstatiert taktisch variabel, aber der Wahrheit nicht unbedingt real verhaftet auf Seite 47 ihres Anti-Porno Pamphlets „Pornland. Wie die Pornoindustrie uns unserer Sexualität beraubt":

„Hefners Wunsch (Hugh Hefner gründete das Magazin, das später zum wahren Imperium wurde), ein pornografisches Lifestyle-Magazin mit normalen Vertriebswegen, normaler Leserschaft und normalem Status zu kreieren, bedeutet, dass er das öffentliche Bild des „Playboy" vorsichtig konstruieren musste, also „geschmackvolle Bilder von Frauen zeigen musste." Sie wittert also förmlich eine Verschwörung des ihr offenbar inhaltlich völlig unbekannten Herrn Hefner, dessen Firmenausrichtung sie zu erahnen glaubt. Und sie wird nachdem sie diesen Unfug vom „pornografischen Lifestyle Magazin" abgesondert hatte (als ob das sich nicht schon rein vom Begriff her ausschließen würde, und was eine „normale" Leserschaft sei, darf sie bei der Gelegenheit auch erläutern) wird sie allzu banal, als sie eine erste Pauschalisierung und Einladung zum Kauf und Lesens des Magazins durch Hefner wie folgt skizziert: „Hefner war sich von Anfang an über seine Zielgruppe im Klaren. In der ersten Ausgabe des „Playboy" die im Dezember 1953 erschien, (mit Marylin Monroe als erstes „Playmate des Monats"(der stets ein Ausklappposter gewidmet war) , einer sexuell sehr umtriebigen Frau wie wir heute gut wissen, die aber mit Pornographie so gar nichts zu tun hatte, Anmerkung des Verfassers) schrieb er: „Wenn du ein Mann zwischen 18 und 80 bist, dann ist der „Playboy" für dich bestimmt (…) Wir wollen von Anfang an klar stellen, dass wir kein Familienmagazin sind. Wenn du jemandes Schwester, Frau oder Schwiegermutter bist und uns aus Versehen gekauft hast, gib uns bitte weiter an den Mann in deinem Leben und kehre zurück zum „Ladies House Companion". (…) Das regt Frau Dines noch heute auf, noch in der Jetztzeit mit dem großen, zeitlichen Abstand kann sie die Ironie nicht aus Hefners Zeilen erkennen, wie traurig das doch ist.

Ich selbst kam mit dem „Playboy" mit etwa 14 Jahren in Berührung, da mein Vater und mein Onkel sich diesen gegenseitig liehen. Ich hatte von Anfang an bei diesem Magazin das Gefühl, dass es einfach gesagt, etwas ganz Besonderes ist. Und darum, genau darum war es für mich niemals eine

- nenne ich es beim Namen - „Onanier Vorlage"! Die ästhetischen Fotos, die Empathie die ich zum Teil mit den abgelichteten Damen, den oftmals „Girls next doors" empfand, waren (mit 18 Jahren kaufte ich es dann, zusammen mit „Penthouse" regelmäßig, welches ich wiederum sexuell anregender fand, siehe unten) angenehm und voller Respekt von mir betrachtet worden, überhaupt nicht als Objekte. Damit und darüber hinaus, genau mit diesem Heft, wurde auch der Grundstein meines heutigen Schaffens gelegt - den über etliche Seiten angelegten Interviews mit Prominenten nämlich, die sich in „Playboy" und „Penthouse" befanden, und die ich genüsslich verschlang. Sie stellten für mich eine authentische Quelle dar, denn in derart großen Interviews kann eine Person ihre geistige Haltung nicht dauerhaft wirklich verschweigen und mir, wenn auch nur ein entferntes, Kennenlernen unmöglich machen. Und sie schufen in mir die Lust, selbst in dieser Hinsicht tätig zu werden.

Hugh Hefner hat die Ursprünge seiner Leidenschaft für Pin-ups und die Grundbausteine seines Playboy Projektes auseichend erläutert. Die „wunderbaren Frauen, die dem Playboy zu seinem phänomenalen Erfolg (...) und der ganzen Welt zu einer neuen Einstellung zur Sexualität verhalfen.", rühmt er in einem Vorwort zu einem opulenten Werk, welches alle Playmates der amerikanischen Ausgabe von 1953 bis 1996 abbildete. Zur Sexualität wohlgemerkt, höchstens anteilig und in direktem Zusammenhang zur Pornographie, die er in seinem mehrseitigen Aufsatz im Buch im Übrigen komplett unerwähnt lässt.

Stattdessen taucht er eher in eine pathetische Erinnerungsromantik ein, als er die Vorläufer des Playboys als moralische Stütze für die US-Soldaten ausmacht: „Man vergisst leicht, wie wichtig Pin-ups im Zweiten Weltkrieg waren." (Später hatten die GIs das Magazin sowohl in Vietnam als auch beim „Desert Storm" in ihren Armee-Rucksäcken.)

Die Zeitschrift „Yank", von dem ein Redakteur das „Pin-up" als solches selbst womöglich erfunden hatte, war sogar zum Beispiel eine „offizielle Publikation der Regierung" (Hefner). Die wahre Initialzündung für Hefner war indes das „Esquire", ein Magazin wo es „Erzählungen von Ernst Hemingway und F. Scott Fitzgerald, freche Cartoons und die Pin-up-Kunst von George Petty" gab, und das somit ein wahrer Vorläufer des Playboy wurde. Das „Petty Girl", welches über Hefners Bett hing, zeigte eine Zeichnung mit einer telefonierenden Frau, die eine hasenohrförmige Haube trug - das Playboy Bunny winkte also bereits ums Eck... Hugh Hefner fasste sein Anliegen und seine Systematik wie folgt zusammen: „Mein Instinkt (bei der Auswahl von 500 Playmates, Anmerkung des Verfassers) wurde dabei immer von den zärtlichen Erinnerungen an die Pin-up-Kunst meiner Jugend geleitet. Die Playmates haben meine romantische Auffassung vom anderen Geschlecht zum Ausdruck gebracht, und von Anfang an ging es mir um das „Mädchen von nebenan", als Symbol für eine positive, lebensbejahende Einstellung zur Sexualität." Dies hätte „sehr viel mehr mit der Emanzipation als mit der Ausbeutung der Frau zu tun, auch wenn ich in den frühen Tagen des Playboy noch nicht in diesen Begriffen dachte. Ich wollte damals einfach nur die Botschaft vermitteln, dass auch nette Mädchen Spaß am Sex haben", so Hefner.

„Zärtliche Erinnerungen", „Emanzipation", gewiss kein Vokabular eines puren, tumben Pornographen, oder? Meine Sammelleidenschaft galt aber etwas verstärkt, dem „Penthouse Magazin", dessen deutsche Ausgabe ich mit dem Eintritt in das 17. Lebensjahr, wie bereits erwähnt, regelmäßig erwarb. (Insgesamt summierten sich meine Penthouse- und Playboy-Hefte aus aller Herren Länder (Frankreich, USA, England, Portugal, Canada, Türkei, Spanien, Italien) auf um die 500 Magazine. Sie waren einfach „da", Teil meiner Sozialisation, meines Erwachsenwerdens, ein Stück weit natürlich auch der Beginn diese Welt kritisch zu betrachten, und nicht nur, um mit den Pupillen in weichen, großen Brüsten zu verweilen.)

Auf Wikipedia liest man meiner Ansicht nach völlig richtigerweise:

„Im Vergleich zum Playboy zeichnete sich Penthouse von Beginn an durch eine größere Freizügigkeit in den Fotostrecken aus. Den Schritt zur Abbildung zunächst weiblicher, später auch männlicher primärer Geschlechtsmerkmale und simulierter Sexszenen vollzog Penthouse einige Zeit vor seinem Konkurrenten. Seit den 1970er Jahren hatte das Blatt jedoch zunehmend mit der Konkurrenz von Hardcore-orientierten Zeitschriften wie Larry Flynts Hustler zu kämpfen. (…) Penthouse ist ein in zahlreichen Ländern und Sprachen monatlich erscheinendes Männermagazin. Es wurde 1965 vom Amerikaner Bob Guccione in Großbritannien gegründet, behauptete sich aber auch bald in den USA als Alternative zum Playboy-Magazin. Die fotografischen Darstellungen bewegen sich zwischen erotischer Fotografie und Pornografie (das ist richtig und nicht ganz richtig zugleich , die Fotos der Damen waren eigentlich nichts weiter als die natürliche Wiedergaben der Realität, denn eine nackte Frau die ihre Schenkel leicht öffnet, lässt nun einmal „pink" blicken, sprich die Sicht auf die Schamlippen und das „Innere" der Vagina wird freigegeben, aber das hat mit Penetrationen, Körpersäften und steifen Gliedern nichts zu tun. Zu seinen Hochzeiten erreichte das Heft in den USA übrigens eine Millionenauflage.)

Als wohl berühmteste Ausgabe des Penthouse-Magazins gilt für viele sicherlich die Septemberausgabe 1984, in der die damalige „Miss America" Vanessa Williams in simuliertem homoerotischem Spiel für den erstaunten Leser zu betrachten war. Wikipedia: „Ins Schlaglicht geriet die Ausgabe zudem einige Jahre später, als bekannt wurde, dass die im Centerfold posierende Traci Lords zum Zeitpunkt der Aufnahmen erst fünfzehn Jahre alt war. Bekannt ist zudem die Leserbrief-Sektion Penthouse Forum, in der die Leser ihre (angeblichen) sexuellen Eskapaden schildern."

Und zudem: „1998 wechselte das Magazin angesichts der einfachen Verfügbarkeit von Internetpornographie und der Konkurrenz seitens weniger expliziter Herrenmagazine wie Maxim in das Hardcore-Segment und druckte auch Penetrationen. Zudem waren fortan Fotostrecken im Pro-

gramm, die bisher Fetisch-orientierten Spartenblättern vorbehalten gewesen waren."
Was auch auf die deutsche Ausgabe in gewisser Hinsicht zutraf, zur Jahrtausendwende wurde vermehrt auf (allerdings jugendfreie!) Fotos und Berichte von Pornostarlets gesetzt (ohne pornoexplizite unzüchtige Abbildungen), indes, es bewahrte das Magazin nicht nachhaltig vor finanziellen Problemen. Nach wechselnden Besitzern und Neustarts kam das Heft im Oktober 2015 erneut an die Kioske. Titelbild und Story „Mia Magma der Promi Big Brother Star nackt." Diese junge Dame ist zudem eine Art kleiner Pornostar hiesiger Tage. Die Ausgabe 12/1 2016 erwarb ich dann wirklich selbst, um etwas mehr Licht in den Nebel zu bekommen. Der Herausgeber ist (neben Reiner Lehmann) nun der Chef des „SIGN" Erotikfachmagazins, Carsten Borgmeier. Penthouse Deutschland ist zu einer Art knallbunten Venus Messe-Zusatzteil verkümmert. Micaela Schäfer, jahrelanges Aushängeschild der Berliner Venus Messe ist denn auch im Heft nebst ihren „Freundinnen" zu begutachten, und die „heiße Blondine" Mia (Magma) Julia bekommt eine Leserbrieffrageseite die kulminiert in Schwachsinn wie: „Jo, Mia, ich würde es dir gerne besorgen!" (Jonas) was diese dann mit "Was denn, hab doch gar nichts bestellt..."erwidert. Und über die Venus 2015 wird über fünf Seiten berichtet, nicht ohne den dezenten Hinweis, dass Penthouse mit einem Stand von 120 m2 auch dort vertreten war. Man gibt sich dann auch noch das Siegel einer „publizistischen Kompetenz", aber mehr als eine „Eine Hand wäscht die andere" (Venus Messe/Penthouse) ist es nicht mehr, die abgelichteten durchaus sehr hübschen Damen wären damals auch (schmalbrüstig, blass und ohne Reife) nicht einmal als Nackedei Leserfoto abgebildet worden. Und siehe da, weil ich gerade von der Venus Messe schwadronierte, das „Pet des Monats" ist die junge, bereits hoch dekorierte Porno-Darstellerin Jessie Andrews (23). Dennoch: Penthouse ist nicht der Playboy...und der Hustler bietet eine völlig eigene Story, die denn doch tatsächlich im Porno mündet, und selbst Filme herstellte („z.B. die Serien „Barly Legal" und „Barefoot"). Das Resümee fällt also eindeutig aus, die deutschen (!) Ausgaben von Penthouse, Playboy und Hustler waren zwar in der fotografischen „Schärfe" divergierend, Porno waren sie aber nie direkt, und die amerikanischen Versionen von Penthouse und Hustler durften auch damals schon hier in der Bundesrepublik erst an Personen die das 18. Lebensjahr vollendet hatten, abgegeben werden , und es sei versichert, die wenigsten Käufer entstammten aus der „pornofiziert" werden sollenden Jugend, eher ältere Jahrgänge zählten zum entscheidenden Kundenstamm.(Andere erotische Hefte aus den Staaten wurden sogar nur eingeschweißt in die hiesigen Kioskregale gelegt! Und es gab zudem diese ganzen Batterien von DIN A5-Pornoheften noch in den 80ern im obersten Regal, die nun sogar in Gänze verschwunden sind.)
Modestern.de berichtet über das Hustler Imperium: „Seit 2001 vertreibt das Millionen-Unternehmen nun auch Freizeitbekleidung für Damen und Herren. Fünf Jahre später kam die „Hustler Streetwear" auch nach

Europa. Das Label steht für Freiheit, Individualität und Selbstdarstellung. In der Hip-Hop-Szene hat das Label bereits Kultstatus. Auf der Bread & Butter im Januar 2006 wurde das Label erstmals erfolgreich vorgestellt. Die Hustler Must Haves entstanden aus dem weltweit bekannten Hustler-Magazin, das von Larry Flynt 1974 gegründet wurde. Er setzte sich Jahrzehnte lang für mehr Meinungsfreiheit in den USA ein und schaffte es pornografische Filme und Magazine gesellschaftsfähig zu machen. Ab 1974 erschien das amerikanische Männermagazin Hustler monatlich mit einer Auflage von knapp 500.000 Exemplaren. (Zu Spitzenzeiten waren es sogar drei Millionen!) Das Magazin entstand aus den früheren Publikationen Flynts „Hustler Newsletter" und "The Hustler for Today's Man.".

Und im Grunde müssen wir in der Tat noch ein Viertes, äußerst relevantes Magazin hinzuziehen, weil es sowohl hier als auch vor allem in den USA für Furore sorgte, wie seine Brüder Hustler, Penthouse und Playboy. Das im Mai 1976 in den USA gegründete „High Society" nämlich. Es war das erste Sex-Magazin, welches sich auf die Veröffentlichung von Star-Nacktbildern aus diversen Sparten verstand.1977 übernahm die Porno-Queen Gloria Leonhard die Leitung, welche sie bis 1991 besaß. In Deutschland kam die Zeitschrift erstmals unter hiesiger Redaktion im Januar 1982 (für 6 DM) auf den Markt.

„70 Stars nackt", wurde am Cover fleißig und eindrucksvoll geworben, u.a. mit dem Hinweis auf sich darin befindliche Nacktbilder von der Schauspielerin Barbara Streisand, die das Magazin daraufhin sogar (übrigens erfolglos) verklagte. Die Weltauflage betrug damals wirklich 2 Millionen Exemplare. Die inhaltliche Divergenz der US- von der Deutschen Ausgabe war natürlich immens. Konnte man im amerikanischen faktisch von den (Scham-)Lippen Ginger und Amber Lynns im lesbischen Spiele ablesen, ward die deutsche Ausgabe komplett „züchtig" und fiel von den Fotostrecken her keineswegs in den pornografischen Bereich.

(Was beim Verfassen einer solchen Arbeit das komplette Gegenteil von „zu großer Nähe" sein kann erfuhr ich beim Lesen des in wirklich letzter Minute zu dieser Arbeit eingetroffenen Buches von Dr. Nicola Steffen („Porn Chic - Die Pornofizierung des Alltags" 2014, DTV Verlag) in dem es, ich begann eben bereits mit der Gegenargumentation zu starten, trocken erzählt , um den anscheinend überbordenden Einzug des Pornos in den Alltag geht (den ich in diesem meinem Buch jedoch ziemlich eindeutig und nachvollziehbar größtenteils verwerfe), und um die Gefahren der Pornographie vor allem für Kinder und Jugendliche geht. (Merkwürdig, dass das bei uns als Kindern und Jugendlichen kaum bis nie ein Thema war, und wie gut wir doch alle damit klar kamen!) Sie nützt dafür erstaunlich solide 200 Literaturquellen (das nahezu Vierfache von mir!), doch nur zwei Werke verwendeten wir gleichzeitig. Keine Barbara Vinken, keine Catherine McKinnon, Linda Williams, kein Montgomery-Hyde, Hebditch, Borneman, Legs Mc Neil. Wie zu erwarten leider auch keine Autorinnen wie Erika Lust und Corinna Rückert. Und den Sex Wissenschaftler Prof. Kurt Starke der doch mit „Jugend und

Pornografie, eine Expertise", ein Standardwerk für „ihr" Thema der Verrohung der Jugend, durch die im Hintergrund alles steuernde Porno Industrie vorgelegt hatte, lässt sie seltsamerweise auch gänzlich außen vor. War dies etwa nicht relevant?

Mit Verlaub, aber das ist ein wenig so, als berichte man über ein Fußballspiel, ohne die erzielten Tore oder Torchancen im Bericht zu erwähnen und anstelle dessen nur vom schlechten Wetter, den ungebührend aggressiven Zuschauern und den kitschigen Trikots erzählen würde….

Ein User des „Spiegel Online" Forums schrieb bei der Thematik Jugend und Porno an einen anderen User etwas ziemlich Erhellendes: „Eben, diese Erkenntnisse sind nicht ganz neu. Lesen Sie bitte die Expertise „Pornografie und Jugend – Jugend und Pornografie" von Prof. Dr. habil. Kurt Starke. Sie ist vom März 2010 und widerspricht allen gängigen Vorurteilen über die Wirkung der Pornografie auf Jugendliche." Ein Insider teilte im Übrigen die Porno Klientel in 1971 wie folgt ein:" Zwischen 35 und 65 Jahre alt, 80- 90 Prozent Männer, untere Mittelklasse, Buchhalter, Vertreter, kleine Beamte, eher Angestellte als Arbeiter, kaum Akademiker oder Geschäftsleute." Und, hat sich daran denn bis dieser Tage wirklich so viel verändert? Und auch die allererste Untersuchung zum Konsum von Pornos aus dem Jahre 1969, bzw. Anfang 1970, die der Dänische Psychologe Berl Kutschinsky im Auftrag einer Kommission, die vom US-amerikanischen Präsidenten Johnson beauftragt wurde, unternahm, untermauert noch einmal das nur allzu Bekannte. Die Mehrheit der Pornoladen-Kundschaft in Kopenhagen war nämlich „zwischen 25 und 45 Jahren" (und „52% wurden für Deutsche gehalten). Kutschinsky verdeutlicht es: „Bemerkenswert, daß nicht ein einziger Kunde (während der Vor-Ort-Untersuchungen seiner Mitarbeiter, Anmerkung des Verfassers) auf unter 20 geschätzt wurde, obwohl der Verkauf von Pornographie an Personen über 16 Jahre erlaubt ist." Mein Reden, Jugendliche sind auf Porno kurzzeitig neugierig, gerade in jungen Jahren, aber regelmäßige Konsumenten und zahlungskräftige Kunden sind sie eben nicht, ich war nur seinerzeit eine ziemliche Ausnahme. Damit korrespondiert übrigens hervorragend der Altersdurchschnitt der Venus Messe Besucher. Er lag in der ersten Dekade (1997 bis 2007) bei 38 Lebensjahren.

Auch der pornogeschichtsschreibende Georg Seeßlen kommt bei Frau Nicola Steffen übrigens nicht vor, und wörtliche Rede von Fans, Firmen oder Darstellerinnen oder ein Versuch des Verstehens von szenetypischen Mustern und deren Wirkungen, habe ich leider kaum entdeckt. Empathie? Auch nicht. Eher ein schier manifestiertes Recht behalten und dafür Mitstreiter(innen) suchen, die es garantiert auch zur Genüge gibt, bei einem derart emotionalen Thema!

Sogenannte „Doppelpenetrationen" stehen am Backcover bei Frau Steffen, als wahnsinnige Perversion ausgelegt (was allerdings schon seit den beinahe 80er Standard ist…Und einmal zur allgemeinen Information füge ich hinzu: In meiner Sammlung befindet sich die erste Ausgabe des von Color Climax (hinter dem die Brüder Jens und Peter Theander steckten) in Kopenhagen herausgegebenen Heftes „Anal Sex". Das mit einer harmlosen Zeichnung versehene Cover lässt den Inhalt nicht sofort erahnen. Er ist unästhetisch bis zum abwinken, man sieht Analverkehr und - auch eine Double Penetration! Das Heft erschien übrigens 1975! (Ungefähr zu dieser Zeit wurde Frau Steffen geboren...)

Von 1976 bis 1978 moderierte übrigens Alfred Biolek die Talkshow „Kölner Treff." In dieser Reihe führte er auch ein Interview über die Pornographie in Deutschland. In den Sex-Zeitschriften „Wochenend" und „Praline"(die man auch als 14-Jähriger am Kiosk problemlos bekam) gab es in den 1980ern sogar ganzseitige Porträts von Porno-Damen, und dass junge Leute dem Porno nicht stetig hold sind, wurde 1988 vom Porno-Produzenten Wolf Rademacher gemutmaßt: „Die Leute, die heute 18 sind, sollten ja unsere neuen Zuschauer werden, ich glaube aber, wir werden es sehr schwer haben, dort ein Zusatzpotential zu gewinnen."

Und der Oralsex wird bei Frau Steffen genannt - bis „zum sprichwörtlichen Erbrechen" (klar krankhaft, diese Unart wird auch in meinem Werk hier scharf verurteilt, aber wie unwesentlich und signifikant ist dieser Unfug denn?) Der Verlag schreibt „Man macht es sich zu leicht, wenn man die Allgegenwart von Pornografie vor allem als Befreiung versteht (diese These wird ja meines Wissens gar nicht von der überwiegenden Masse behauptet!) und darauf setzt, dass auch Kinder und Jugendliche von selbst lernen, damit umzugehen." Das mag im Kern sicherlich stimmen, aber man macht es sich eben wahrlich auch zu leicht, die Sache ständig nur von der reinen Gefahrenperspektive zu schildern. Frau Dr. Steffen (die einen sympathischen Eindruck macht und die ich als Person überhaupt nicht diskreditieren möchte) schreibt, jeder kenne einen der 70er Kinoklassiker-Pornos wie „Behind the green door" oder „Deep Throat", so ich ihre Zeilen richtig deuten kann. Allein das ist schon eine aberwitzige Behauptung (ich vermute sie selbst kennt diese oder andere Pornofilme in pluralistischer Hinsicht an und für sich ziemlich wenig bis beinahe gar nicht. Denn sie zeichnet keinerlei Linien über Veränderungen von Darstellung in Pornofilmen. Was soll ein meinetwegen männlicher 1995er Jahrgang der jetzt im Internet nach Harten Porno-Sequenzen surft, sich noch für diese alten Streifen interessieren, was in meinen Augen völlig widersinnig erscheint.

Und dann, nachdem sie die 70er erwähnt hat, der mich schwer treffende Worte-Hammer: „Die zweite Welle der Pornofizierung begann in den 90ern und hält bis heute an. Vorher existierte Pornografie in der Regel vom Rest der Gesellschaft abgeschottet „(...) Das möchte ich alles jetzt wirklich nicht glauben, was da so tollkühn steht...Die 80er nicht mitbekommen? Teresa Orlowskis Auftritt im Video von DIE ÄRZTE hat sie immerhin erwähnt, die Videotheken konnten auch in diesem Jahrzehnt in erster Linie wegen der Verleihung von Pornofilmen existieren, die zweite aus den USA herübergeschwappte totale Hochphase mit riesigen Verkaufszahlen, die selbst im Porno-Printbereich bestand (Allein der „Videostar Intim" hatte eine Auflage von 100.000 Stück), in der am Ende bereits aber schon der Niedergang eingeleitet wurde? Schließlich hatte das das unsägliche Privatfernsehen gefördert und er entstand weit weniger durch die Artikel-Bereitstellungen aus der Porno-Industrie. Ganz abgesehen von den wohl völlig vergessenen 60er Flower-Power Jahren, freie Liebe, Haschisch und jeder ging mit jedem ins Bett - und siehe da - wie sonderbar! Denn offizielle Pornofilme gab es damals weder im Kino, noch auf Video noch gab es ein Internet... Na so was. Wenn Sexualität jemals in den bundesrepublikanischen „Mainstream" gelangt war, dann durch die Eröffnung von Beate Uhse-Filialen, die Bücher von Alfred Charles Kinsey („Das sexuelle Verhalten des Mannes", in D 1953 erschienen und „Das sexuelle Verhalten der Frau" (1954 in D erschienen, im Original in Amerika 1948, 1953), Filmen wie „Zur Sache Schätzchen" (1967), die Aufklärungsfilme von Oswald Kolle oder die „Emanuelle"-Kinostreifen, doch hatten diese mit der reinen Definition von Pornographie schon rein „winkeltechnisch" (der Hinweis, die genaue Definition was als Porno gesehen werden kann soll und darf fehlt in den meisten Werken auch unisono) keinen richtigen, direkten Bezug. Oder durch die hinreichend erwähnte Berichterstattung, vor allen Dingen wirksam im öffentlich-rechtlichen TV, aber auch in diversen Gazetten wie „Quick" (Nr. 45-1989 „Krieg der Pornokönige" - Die Schlacht unter der Gürtellinie" oder der „Super Illu" (Nr. 2-1991 „Porno. Was Teresa bietet.")

(Christian Keßler hatte gut beobachtet, als er für seine Pornofilm-Untersuchung von 1970 bis 1985 in seiner Einführung von seiner Arbeit berichtet: „Auch die Darsteller entstammten einer Zeit, die noch stark geprägt war von der „Free Love"-Gesinnung der Hippie Ära - als der Trend des „Porn Chic" entstand, galt es nicht nur als gesellschaftlich akzeptabel, solche Filme zu konsumieren, sondern sogar, an ihnen zu partizipieren." (Er verortet den sogenannten „Porn Chic" also nicht zeitlich völlig eindeutig, Mc Neil verlegt den Begriff des „Porno Chic" in die Jahre 1973 bis 1976, was mit Keßler wiederum gut korrespondiert.) „Wie jeder Mensch die Sexualität für sich selbst erlernen und kultivieren muss, so vollführte auch der Pornofilm seiner Babyjahre mit ungebremster Experimentierwut...")

Und in England, wo Frau Steffen lebt und sich auch zweifellos auch gut auskennt, wurde die Pornografie erst im Jahre 2000 (!) legalisiert, und dennoch ist England so etwas wie das Land der „One Night Stands" und sexuellen Kurzkontakte, abermals; die Porno-Industrie steckt da also ganz bestimmt nicht dahinter. Höchstens indirekt, nämlich durch ihr weitgehendes Fernbleiben (denn auch in der DDR war Pornographie verboten, doch über Anzeigen in FKK Magazinen, Discotheken oder dem beruflichen Alltag, war für ein umfangreiches sexuelles Treiben schon „gesorgt"). Was zudem das Aufkommen von unzähligen Strip-Clubs im englischen Königreich mit der „Pornofizierung des Alltags" zu tun haben soll, bleibt zudem ein ungelüftetes Geheimnis, ein ziemliches Rätsel. Die Porno-Industrie sorgt für Strip und Table Dance Bars? Da hätte ich zu gerne fundierte Beweise....

(Die Punk-Musikzeitschrift Plastic Bomb weiß indes im Frühling 2016, in wie weit es im Vereinten Königreich schon wieder zu rechtlichen und inhaltlichen Beschneidungen gekommen war. "Die sogenannten „Audiovisual Media Services" Gesetze von 2014 verbieten britischen Pornoproduzenten beispielsweise folgende sexuelle Handlungen in Bild und Ton festzuhalten: „Spanking" (ausgerechnet, die „britische Erziehung", eine recht milde Form des SM beruht ja geradezu auf solchen Elementen, der A.), Caning (Züchtigung, d.A.), Whipping (Tracht Prügel, d.A.), physische oder psychische Formen der Erniedrigung (egal ob einvernehmlich oder nicht), Pinkelspielchen, Rollenspiele von Erwachsenen als Nicht-Erwachsene, weibliche Ejakulationen, Penetrationen mit Objekten, welche mit Gewalt assoziiert werden und große Dildos, Facesitting, Fisting und Würgespielchen. Die letzten drei werden in den Richtlinien als potenziell lebensgefährlich eingestuft. Camerons Departement ist übrigens neuerdings darüber besorgt, dass die britische Jugend zu viel Analsex haben würde." Sarkastisch könnte man anmerken, was bleibt da dann noch übrig, doch möchte ich keinesfalls verhehlen, dass einige wenige der genannten Verbote gar nicht so dumm sind, dass es aber in Summe schon wieder viel zu weit ins Privatleben hineinwirkt, und somit in die Freiheit des Einzelnen. Und noch einmal: Pornographie ist nicht automatisch mit einem genormten Sexualverhalten gleichzusetzen. Deshalb sind solche Gesetzesauflagen für die Verhinderung eventueller strafrechtlicher sexuelle Folgehandlungen wohl nichts weiter als wenig hilfreich.)

Weshalb im Übrigen ein Strip-Club überhaupt Zugriff auf meinen Alltag haben mag? Unter einem Alltag verstehe ich: Schulbesuch oder Fahrt zur Arbeit mit Bus, Bahn oder Auto, Einkäufe erledigen, Behördengänge, kochen, telefonieren, Emails versenden, Wäsche waschen, Briefe einstecken, Fernsehen, Zeitung lesen, Bücher kaufen usw. Interessant, wie gewohnt von ihm, was Prof. Kurt Starke 2012 auf die Frage, wie es denn um die Sexualität in der deutschen Gesellschaft stünde sagte, nämlich: „Die Jugendlichen - und auch die Erwachsenen - leben mit der medialen Ambivalenz des Sexuellen, und zweifellos werden sie in dieser oder jener Weise davon beeindruckt. Plötzlich ist auch Pornographie wieder ein Hauptfeind geworden. Groß sind die Klagen über Jugendliche, die sich das angucken. Niemand fragt, warum das so ist und was da eigentlich geächtet und verboten werden soll."

(Ich weiß - zeige ich mit einem Finger auf einen anderen, zeigen vier auf mich selbst zurück - und ja, auch ich bin fehlerhaft und - das dürfen Sie mir gerne abnehmen -, schon recht schamhaft bei meinen kritischen Worten , doch muss sich jemand, der vage Thesen als bewiesene Resultate deklarieren mag, auch dem Diskurs stellen und ich hoffe deutlich gemacht zu haben, dass die gedankliche Einbahnstraße nicht immer sonderlich bis gar nicht akzeptabel ist, und ich in aller erster Linie wirklich und ehrlich an meine Leserinnen und Leser denke, die sich doch bitte nicht hineinziehen lassen mögen in diese vorgegebene „Hört her, so ist es!" Schiene. Ich habe der studierten Frau Steffen als nicht Studierter natürlich nicht zu sagen, wie sie zu arbeiten hat, das kann sie hervorragend, aber ihre Botschaften und Sichtweisen sind eben oft (siehe oben) doch allzu leicht zu widerlegen.

Von mir werden Sie, wie Sie längst erkannt haben weder ein „Verteufeln Sie Pornos!" noch „Pornos sind total genial, interessieren Sie sich bitte endlich dafür!", zu lesen bekommen. Der Buchmarkt scheint auch weiterhin im Hinblick auf Pornographie anscheinend nur aus Schwarz gegen Weiß zu bestehen. Ich hoffe inständig hier mit diesem Buch immerhin moderierend, und die Streithähne ein wenig trennend, eingegriffen zu haben. Doch fahren wir erst einmal fort, es wartet noch einiges Spannende auf uns.

„Das Internet hat eine Revolution im Porno bewirkt, doch während meiner Reisen durch das Land treffe ich viele Menschen, besonders Frauen und Ältere, die überhaupt nicht mitbekommen, was los ist." (O-Zitat der US Autorin Gail Dines) Na also. Warum auch nicht, es gibt eben noch eigenständig denkende Menschen. Und überhaupt; mit welchem Recht textet man unbescholtene Bürger zu, und weist sie auf angebliche pornografische Gefahren hin?

Schon Ende der 80er Jahre gab es im Übrigen die Mahner und Warner - hier konkret vor der Pornografie. Im TV entstand 1989 die Aufklärungsserie „Der Liebe auf der Spur", wozu es auch ein Buch zu erwerben gab, das von Prof. Dr. Norbert Kluge editiert wurde, und im Auftrag des damaligen „Bundesministeriums für Jugend, Familie, Frauen und Gesundheit" (Bonn) gefertigt wurde.

Im Vorwort schrieb die spätere Bundestagspräsidentin Prof. Rita Süssmuth. Hierin klärt sie auf: „Ungeachtet aller weltanschaulichen Unterschiede verstehen wir den Menschen als eine Ganzheit von Leib und Seele. Demgemäß betrifft auch die Geschlechtlichkeit von Mann und Frau den ganzen Menschen (...) Keine Erziehung kommt ohne Berücksichtigung und Kultivierung der sexuellen Antriebe und Bedürfnisse, und keine Sexualerziehung kommt aus ohne Erziehung zur Rücksichtnahme, zur persönlichen Verantwortung, zur Partnerschaft und zur Liebe." Weise, schlüssige Worte einer großartigen Frau, keine Frage. Verhütung, Umgehung von Geschlechtskrankheiten (gerade in jenen 80er Jahren in denen „Aids" zu einer realen Bedrohung wurde) und das weitere von ihr Zitierte ergab einen Sinn. Die Frage ist jedoch, wie erreicht das den jeweiligen Jugendlichen, der von einer Vorgabe gleich welcher Art sicher wenig bis gar nicht angetörnt sein dürfte. Unser Sexualkunde-Unterricht machte mir zum Beispiel wenig Freude, weder auf den kommenden Sex, noch auf eventuelle Folgen. Der kritische, womöglich rebellierende Jugendliche wird doch, so er denn die Erziehung der Erwachsenen als penetrant und nicht eher - wie hilfreicher - subtil und mit einem Augenzwinkern erfährt, sich lieber den Vorgaben widersetzen. Frühes Rauchen ist auch so ein Thema, ob mit pädagogischem Einfühlungsvermögen oder der Androhung von Strafen - die ersten „Züge" sind ohnehin wohl weder zu kontrollieren, noch zu verhindern. Also muss vielleicht die „richtige Person" die richtige Ansage, zur richtigen Zeit machen, um eventuell ein stetes Rauchen des eigenen Kindes zu vermeiden. Der drohende elterliche Zeigefinger wird höchstens von der Vernunft des Kindes aus dem Feld geschlagen, bei Übelkeit kommt (hoffentlich) die Einsicht, es zu lassen.

Bei der Pornographie besitzt der Aufklärungsführer aber wenig an tolerantem Spielraum, ist zwar die „Erotika" „eher ästhetisch, dezent oder auch realistisch", (...) „man denke an Werke der Kunst und Literatur", so ist die Pornographie eine Beschreibung der Sexualität wo „in aller Regel die Frau abgewertet wird. In verlogener, reißerischer Form wird oft so getan, als bestünde das Leben nur aus einer Kette von sexuellen Erlebnissen, wobei die Männer meist eine dominante Rolle spielen."

Dazu hatte sogar Teresa Orlowski einmal etwas Wahres, unbewusst, bezogen auf jenes Aufklärungsbuch, beigetragen, als sie James Bond Filme erwähnte, und da auch niemand sich pikiert zeigt, dass der Hauptdarsteller fortwährend willige Frauen vernascht. Werden Kinder deshalb etwa vor 007 Filmen gewarnt? Und Harry Potter ist rein pädagogisch auch hundertprozentig wertvoll?

Das Buch fährt fort, und ich möchte die gute Absicht die dahinter steckte nicht komplett torpedieren: „(...) können solche Darstellungen verwirren (Es wird u.a. darauf verwiesen, dass „Vergewaltigungen angepriesen" werden...) Er bekommt ein falsches Bild von den körperlichen Seiten der Sexualität vermittelt, das sich aber in ihm festsetzen kann, wenn er keine anderen und besseren Informationen erhält". Das ist dann freilich schon reichlich übertrieben und praxisfern. Ein meinetwegen 14 bis16-jähriger, schüchterner Junge, der bisher eventuell nur Pornos kennt, und nun das erste Mal zum richtigen Sex gelangt, wird wohl kaum, so grün wie er noch ist, was die Frau/das Mädchen merken wird, großspurige Ansagen tätigen, wie er es denn gerne hätte... Er wird sich wohl eher kleinlaut leiten lassen...

Und damit korrespondiert folgende Nachricht vom 12.November 2015 nur allzu perfekt: Die in Köln ansässige Bundeszentrale für gesundheitliche Aufklärung vermeldet, dass nach einer aktuellen Studie sexuelle Aktivitäten von Jugendlichen unter 14 Jahren, von nur 6 % der Untersuchten getätigt worden waren, und die jungen Leute zudem „ausgesprochen umsichtig" bei der Thematik der Verhütung seien (über 90 % sprächen darüber mit ihrem Partner), was sich zur davor getätigten Studie deutlich verbessert hat. Was sagt uns dies? Eindeutig, dass wir immer mehr junge Leute haben, die früh verantwortungsbewusst und somit erwachsen sind, und dass das so übermäßige, angeblich schädliche Wirken von Pornographie, hier ja wohl sehr wenig an Platz findet. Wer sich früh in ernste Beziehungen begibt, verhütet und gemeinsam eine Zukunft koordinieren möchte, für die oder den, stellt dann wohl Porno das Uninteressanteste an möglichen Kapiteln dar. Wir alle tun also gut daran, nicht nur mit kleinen Kindern frühzeitig erwachsen zu reden (und nicht im Dudi-Dudi Babysprech), sondern auch Heranwachsenden in der Pubertät schon in ihrer Eigenverantwortlichkeit zu stärken, und sie nicht permanent mit Verboten (die nicht fruchten) zu entmündigen.

(Merkwürdigerweise sind es ja gerade die ärmeren, bildungsfernen Schichten, die mit Strenge und Verboten ihren Nachwuchs dressieren mögen, und damit das komplette Gegenteil erreichen: „Setz dich hin, sonst klatsche ich dir eine!" ist nicht die kompatible Ansprache für Kinder....Sie muss doch nicht noch das wiederholen, was ihr Mann jüngst zu ihr meinte.) Zurück zum sogenannten „Porn Chic". Im August 1999 sprang mir die mir unbekannte Zeitschrift „blond magazin" ins Auge, kein Wunder denn auf dem Titel stand „Porn goes Pop" (Warum Porno cool ist). Das Editorial kommt wuchtig daher und entwaffnende Ehrlichkeit ist nun nicht das, was mir ein sofortiges Unbehagen bereiten würde. Chefredakteur Frank-Michael Wellner meint dort: „Überflüssig, ließ uns ein Leser neulich wissen, sei unser Magazin. Ehrlich gesagt, er hat recht. Natürlich ist blond strenggenommen überflüssig. Überfluss allerdings bedeutet Luxus. Wir leisten uns den Luxus, mit blond ein Magazin zu machen, das nichts weiter als Spaß bringen soll." Und weiter über das spaßbringende Porno-Special, das sich über immerhin ganze 12 Seiten vollfarbig erstreckt: („...sorgte selbst bei gestandenen Redakteuren für rote Ohren während der Recherche. Moralische Bedenken hatten wir aber nie. Schließlich ist Porno nichts Verruchtes mehr, sondern ein Stück Alltag"), was dann einen herrlichen Widerspruch in sich darstellt.

Verkaufter Sex, der rote Ohren fabriziert, ist eben kein „Alltag", höchstens für die Arbeiter in der Sex-Industrie. (Wie ich „Alltag" definiere, und das impliziert das Wort ja eigentlich schon selbst, hatte ich ja schon erwähnt.) Das Editorial ist dann noch mit einem typischen Foto gepflastert, eine Blondine in weißen High Heels öffnet ihre Beine, und ihren Intimbereich verdeckt Layout-technisch ein von der Redaktion gesetzter rosa Stern. Darüber steht „Warum wir diese Dame hier abbilden? Weil's uns Spaß bringt" (Nun ja.)

Das Special leitet dann eine Iris Soltau ein, mit dem üblichen Gedöns: „Früher waren Pornos in der Regel schäbige Super-8-Filme, die ihr Dasein in der untersten Schublade des elterlichen Nachttisches fristeten. Sie waren schmierig, und man bekam rote Ohren, wenn man sie ansah. Inzwischen ist Porno cool geworden." Das ist wohlfeil formuliert, aber man erkennt natürlich die immanenten Fehlverbindungen zwischen richtiger Grammatik und bedenklichem Inhalt. Super-8-Filme, von anno dazumal muss man nicht unbedingt erwähnen, wer hat dazu denn noch einen richtigen Bezug? Und, „cool" sollte Porno wohl sowieso nicht sein, damit wäre seine Aussage und Wirkung ja nun komplett verfehlt. Blasse, übergewichtige, stark behaarte Menschen in Missionarsstellung-Kopulation, wie in den alten Filmen wie sie wohl meint, waren sicher größtenteils unansehnlich und wenig erotisierend aus heutiger Sicht (auch ich habe genügend VHS-Filme mit unsäglicher Bontempi-Hausorgel Untermalung wo sich Leute abmühen, ihren Sex zu zeigen, dessen Langeweile im eigenen Schlafzimmer kaum selbst hinzubekommen ist). Das Special ist dennoch, einmal oberflächlich und locker betrachtet, nicht völlig zu diskreditieren, beinhaltet es doch viele Fotos, Fakten, ein Interview mit der Darstellerin Kobe Tai und (damalige, heute längst vergessene) Neuigkeiten der Branche, dass es beispielsweise bereits sogar Skateboards mit den Konterfeis diverser US-Pornostars geben würde.

Nur die Grundaussage eben, die ist arg bemüht, und stimmt dann nur zu höchstens genehmigten 25 %. (Etwas Wahres ist halt immer dran.) Über zwei Seiten war dort ein Werbeplakat abgedruckt, das sich Anfang 1996 auf dem Sunset Boulevard in Los Angeles befand. Es erstreckte sich über mehrere Meter und zeigte sieben Girls des US-Porno-Labels Vivid Video (die zum Beispiel ihre Darstellerinnen auch krankenversichern und ihnen zudem bekanntlich mächtig hohe Gagen zahlen).

Auf dem Plakat stand „Video That goes all the Way" und darauf zu betrachten waren, hoffentlich ohne Verkehrsunfälle heraufzubeschwören durch die massive Ablenkung, Jenteal, Janine, Chasey Lain, Racquel Darrian, Christy Canyon, Nikki Tyler und Julia Ann. Und der blond-Artikel schreibt weiter in Bezug auf Pornocassetten Cover: „Auf diese kuscheligen Cover darf man nicht hereinfallen: Vivid Girl zu sein bedeutet 100 Prozent Hardcore." Das Riesenplakat untertitelt „blond" völlig kontraproduktiv: „Sieben Paar Riesentitten" wird da die Lesart des Vivid'schen Sprachduktus völlig verändert, denn zu sehen sind zwar sieben bauchfreie Damen in Satinkleidung, doch eher springt einen eine gehörige Portion an stilistischer, visagistischer, coiffeuristischer und fotografischer Präzision ins Auge, die sich für mich persönlich, viel mehr auf die besagte Lackhosen-Satinoberteil Optik ausdrückt - neben den üppig gestalteten Frisuren der Aktricen.

(Die Berliner Szenezeitschrift „Prinz" hatte übrigens schon vor ewigen Zeiten einen Pro-Porno-Artikel geschrieben (wenn ich es recht entsinne war dies zirka Anfang 1991) doch hatte dieser Aufmacher einen seriöseren Anstrich, und war inhaltlich doch fundierter.) Das Blonde Magazin scheint es tatsächlich noch immer zu geben, ich entdeckte es im Internet als Abo-Angebot, und auch deren Website. Eine recht neue Ausgabe fährt weiterhin auf dem Porno-ist-doch-cool-Gleis. Jana Bach, eine Form des „Berufs-Girlies" schreibt dort, laut Titelvorschau etwas über Sex. Ich habe keine Ahnung, wen dies ernsthaft interessieren soll, wohl eher die Jugend, die immer noch nach Idolen sucht.

Im Oktober 2015 drang via New York Times die Nachricht durch, dass der amerikanische „Playboy" künftig auf den Abdruck unbekleideter Damen verzichtet. Dies sei auch bereits vom Chef Hugh Hefner genehmigt worden. Ein Bekannter von mir postete sogleich leicht scherzhaft in einem sozialen Netzwerk vom „Ende des Abendlandes." Und ich vernehme es nun wohl endgültig; das Schweigen der „Feministinnen"... Und mal von Mann zu Frau gesprochen; die saftigsten, erotischsten Fotos an die ich mich vom Playboy her erinnere? Die Playmate of the Month Bilder vom Februar 1955, Jayne Mansfield (dem Star aus dem Kinofilm „The Girl can't help it"). Da war an Porno nun aber wirklich noch so gar nicht im öffentlichen Bewusstsein zu denken...

Die ewige Problemstellung scheint mir bei diversen Aufarbeitungen eher der Zweifel an der Mündigkeit der Bürger, denn wer dämliche frauenfeindliche Porno-Rapper, das größtenteils unsägliche Privatfernsehen (denn fast nur dort erhalten Leute aus dem BIZ ihre Plattform zum belanglosen Plappern, wir sollten, wenn überhaupt, eher vor den Gefahren des Kabel TVs warnen, schon der verstorbene Alt-Kanzler Helmut Schmidt hatte davor in seiner aktiven Politikerzeit deutlich gewarnt, es sei „gefährlicher als Kernenergie," und werde verheerende Wirkungen auf Familien haben, womit er wieder einmal recht hatte) in sein Leben bzw. seinen Alltag eindringen lässt, hat einfach auch selbst daran schuld.

Nicola Steffen weist im Übrigen zur wissenschaftlichen Tätigkeit im Bereich auf Wirkung und Gefahren hin, was erst einmal unverfänglich und richtig ist. Es geht dann am Ende wieder in die Richtung Internet-Gefahren für Kinder und Jugendliche, und dass „wir uns schleunigst Gedanken darüber machen, wie wir angemessen damit umgehen, bevor uns die Entwicklungen überholen - wie es in Großbritannien bereits geschehen ist." Einmal steht dort plötzlich: „So werden etwa Pornofilme auf normalen Fernsehkanälen gezeigt „(...) ehe man entdeckt, dass sich dies offenbar auf England bezieht. (Auch die Autorin Gail Dines schildert Horrorszenarien, elfjährige Kinder sehen heutzutage demnach bereits Pornos. Doch dies ist ein vordringliches Erziehungsthema, und sollte eher mit den Eltern ausgehandelt werden, als mit der Porno-Industrie, weshalb Kinder unter 14 Jahren ungestört und unkontrolliert im Internet surfen dürfen, muss ich auch nicht verstehen.

„Der Playboy trieb für sie „die Akzeptanz der Pornographie voran", Herausgeber und Erfinder Hugh Hefner sei „der erste Pornograf (!) der im Mainstream Promi-Status erreicht hat", und junge „Schülerinnen" hätten „Federmäppchen und Radiergummis" (ich nannte es bereits) mit dem Playboy-Bunny drauf, was wiederum Frau Steffen beweisen mag, „dass zwischen Pornografie und Jugendkultur eine unmittelbare Verbindung hergestellt wurde", großartiger Schmarrn denke ich da situativ, danke sehr. Ob Kinderpornos (sie beschreibt sexuelle Kinderschänder explizit in ihren Handlungsweisen anhand ähnlich gelagerter Aktionen eines Pornoregisseurs, sehr heikel und absolut deplatziert, denn dumme Beispiele fördern dumme Nachahmer!), südkoreanische Augenlidoperationen (!) , Stangentanz oder die von ihr pornografisch ausgelegte Werbung der Fluggesellschaft Ryanair (sic!) die von „Hündchen-auf-Stöcken"-Methodik reißt einfach nicht ab und ermüdet ganz enorm. Wer sucht, der findet. Sie hat ja auch so viel Gutes und Richtiges geschrieben, und dennoch, irgendwann wird es fast beliebig (da einseitig) und abstrus.

Das Sign Magazine entlarvt zufällig, was es zum Beispiel mit der Venus Messe 2016 auf sich hat. „Ob Toys, Lifestyleprodukte, kosmetische Chirurgie, Tattoos und Piercing: Auf der Venus findet jeder Erotikfan etwas Passendes..." Tattoos, ja vor allem diese haben sich im Mainstream wirklich breit gemacht, aber das hat ja nichts mit Porno zu tun. Und im Venus Programmheft zu selbiger Messeausgabe sehe ich auf Seite 13 eine vierfarbige Werbung für eine BDSM Firma, wo man eine junge Frau sieht, deren Brüste derart stark gefesselt sind, dass diese bereits blau anlaufen. Ich habe nichts gegen diverse Praktiken, so sie denn mit dem Einverständnis aller beteiligten Personen geschehen, doch glaubt irgendjemand, dass solche Szenen die Masse der Menschen gut heißen? Nicht ernsthaft. Ob diese sexuellen Spielarten eine relative Mode sind, oder wirklich breit beliebt, muss sicher erst abgewartet werden. Da es auf der Venus jedoch bereits Kurse mit Anleitungen gab, mag man der Pornoindustrie nicht auch noch in die High-Heels schieben...Noch einmal, ganz ohne großes Getöse und große Emotionen: Das Vertrauen in die Selbstdisziplinierung, Reife, Mündigkeit und der richtigen Einordnung der überlieferten Bilder bei unseren Heranwachsenden und auch Erwachsenen scheint Frau Steffen einfach nicht haben zu wollen, weil es nicht in ihr Schema passt. Ich hingegen, ja ich hingegen habe es. Punkt!

EXKURS: „PORNOSTAR" von Jenna Jameson
Ein Buch wie ein Donnerhall (2004/2005)

„Sex sells", gewiss, das weiß man ja von Flensburg bis zum Vatikan, und dies gilt auch für die authentische Lebensbeichte der Jenna Marie Massoli alias Jenna Jameson, die in den Staaten zum Bestseller mutierte. Auch hier, in 2005 vom Heyne Verlag unter dem Siegel „Heyne Hardcore" (um sich wohl auf der sicheren Seite zu fühlen und gleich noch inhaltlich etwas vom Haupthaus abzugrenzen) herausgebracht (O-Titel in Amerika: „How to make Love like a Porn Star. A cautionary Tale") war das Buch sehr lange ein echter Verkaufsschlager. Wir wollen nicht albern werden und nach Gutdünken vereinfachend den Erfolg damit erklären, dass sich nämlich auf den 640 (gut duftenden!) Seiten ganze 221 Bilder befinden, die das erfolgreichste menschliche „Produkt" des X-Business in allen Facetten zeigen, nicht zuletzt erotisch und attraktiv. Wir sehen die platinblonde Sex-Ikone, die sich in jungen Jahren mit einer Zange die Zahnspange von den Zähnen riss, um strippend Geld zu verdienen, einmal als Vamp und einmal augenzwinkernd, beim Strippen, mit Locken oder glatten Haaren, einmal natürlich und dann auch wieder deutlich aufgesetzt. Das männliche Großhirn mag jedenfalls schnell, und doch sehr wenig voreilig daraus Schlüsse, oder Anregungen ziehen.

Wendy Mc Elroy schrieb einmal: „Üblicherweise bedeutet der Ausdruck Sexualobjekt, dass Frauen als Körperteile präsentiert, auf körperliche Gegenstände reduziert werden. Was ist daran falsch? Frauen sind genauso ihr Körper, wie sie ihr Geist oder ihre Seele sind." Das rein Textliche, um das es in Büchern vorwiegend gehen sollte, wird dann aber doch schon bisweilen etwas zu viel an Wucht für (klein-)bürgerliche mitteleuropäische Augen, und der sich dahinter befindlichen Hypophyse.

Neurotische Züge unserer Porno-Heldin („Hätte sich im Sommer 1986 jemand getraut eine Blondine mit Turbotitten und Babyface anzusprechen, er hätte sofort ein Date gekriegt"), kulminieren nebst ihren Drogenkonsum-Beschreibungen , einer exorbitanten Geltungssucht, hanebüchener Unwissenheit mit recht arg blondierter erschreckender Untertänigkeit (auf den hochgeistigen Ausspruch von Regisseur Andrew Blake: „Du hast wunderschöne Titten" meint Jameson: „Da es von einem Regisseur und einer Autoritätsperson kam, war es das schönste Kompliment der Welt.") Dazu kam der adaptierte, bekannte Wankelmut den Damen aus dem Porno-Milieu nun einmal nicht selten ihr Eigen nennen: „Als ich bei Wicked ausstieg, hatte ich beschlossen, keine Pornofilme mehr zu drehen", was nur zwei Zeilen weiter dann wieder „(...) bedeutete, dass ich wieder vor die Kameras musste." Musste? Eine nicht unerhebliche Prise Arroganz tritt auch noch bisweilen hervor. Garniert wird das Buch allerdings durch witzige, skurrile Passagen die sich lesen, als habe Charles Bukowski sie verfasst. Als sie auf die roten Teppiche ging - da wo jeder der sehr viel Geld durch öffentliches Tun kassiert einmal hingelangt - wird ihre sowieso nicht vorhandene Bodenhaftigkeit nochmals erschüttert: „Jetzt opferte ich mich nicht mehr den Bedürfnissen und Erwartungen der Männer in meinem Leben, sondern den Bedürfnissen der Öffentlichkeit. Ich geriet nur in eine andere Form von Abhängigkeit, die meiner psychischen Stabilität aber ebenso abträglich war." (Mit normaler Arbeit hat sie es offensichtlich nie versucht.) Dann geht sie zu einer PK aufgrund der Hot D'Or Award Verleihung, wo sie erst einmal absichtlich eine Stunde zu spät kommt („um nur ja so viel Aufsehen wie möglich zu erzeugen"), und sich auch optisch als etwas Besseres zu inszenieren vermochte („Während alle anderen Mädchen bei der Pressekonferenz ihre schlampenhaftesten (sic!) Stripperinnenklamotten trugen, zog ich ein wunderschönes blaues Kostüm von Versace an.") Das Pendel schwankt zwischen Naivität, Größenwahn, Humor und Ignoranz und kostet beim Lesen nicht nur die reine Sehkraft, selbst die eigene Psyche wird bei sensiblen Menschen negativ tangiert. Zu viel an nervigen Kindereien, und viel zu wenig integrale Strahlkraft für eine Prominente.

Dem Forbes Magazin sagte sie im Juli 2005, als also ihr Buch bereits die Bestsellerlisten der Staaten gerockt hatte, immerhin einsichtig: „Ich habe meine Wurzeln in der Hardcore-Pornographie nie geleugnet, aber es ist mir wichtig, ein allgemein bekannter Begriff zu werden." Das hat sie erreicht, nur für was steht der Begriff, der/die/das Jenna - wohl als Maßeinheit für eine pekuniäre Veredelung des eigenen Körpers? Eigentlich wiederum ein schier revolutionärer Ansatz, wenngleich recht selten umsetzbar - mit Sex zur Millionärin, eine Ohrfeige für die hiesige Bildungsbürgerschicht, für all die aufstrebenden weiblichen Karrieristinnen, die dann auch über die sexuelle Schiene kommend, sich Aufstiegschancen mit den eigenen Naturalien verschaffen möchten, und werden, und dies doch (etwa der Seriosität halber?) nur im Verborgenen tun.

In meinem Schrank steht übrigens eine limitierte Mini-Büste, die in China produziert wurde. Sie trägt die handnummerierte Zahl 2034 von 2500, und wurde im Jahre 2003 auf den Markt gebracht. Diese ansehnliche Büste (zierliche 20 Zentimeter hoch) ist mit einem Zusatz versehen, der da heißt: „Dieses Produkt ist nicht bestimmt für jeden unter 18 Jahren", und zeigt Topless Jenna Jameson. Eine wirklich filigrane, formschöne Büste. Und sie kann zum Glück nicht sprechen, und bietet auch keinen weiteren Text an. Ich sehe sie mir sehr gerne an!

Und was ist mit den männlichen Darstellern?

Ich ertappe mich dabei, und dies war zuvor auch absehbar, dass es in meiner Berichterstattung bis hierhin bevorzugt um den weiblichen Teil der Branche ging. Das hat nicht zuletzt damit zu tun, dass es sich bei meiner Leserschaft für dieses Werk, zu einem sehr hohen Prozentsatz um Männer handeln wird. Komplett wird ein solcher Aufsatz über Innenleben und Wirkung des Porno-Business aber erst, wenn wir auch den technisch wesentlich schwierigeren Part der Herren beleuchten. Wie betrachten männliche Seher ihre eigenen Artgenossen? Nur als kurzzeitige Statthalter ihrer selbst? Als nachahmenswerte Idole gar? Eher mit Neid, oder doch mit gönnendem Blick, Respekt und Anerkennung? Eine solche wenig bis gar nicht bearbeitete Fragestellung ist von neutraler Sicht natürlich auch unerreichbar. Man kann sich nur ein Bild aus den etlichen Aussagen machen, und diese mit der eigenen Betrachtung kombinieren. Doch beim reinen Spekulieren werde ich es nun freilich nicht belassen.

Zunächst einmal steht die körperliche Leistung des Darstellers im Vordergrund, aus der sich schnell erklären lässt, warum wir ständig dieselben funktionierenden Männer zu sehen bekommen. Es ist ein Knochenjob, den einfach nicht viele - verknüpft mit der stark psychischen Komponente - im Stande sind zu erbringen. Schon aus jener Tatsache könnte also ein Neidkomplex beim männlichen Betrachter entstehen. Aber mal ganz ehrlich und seriös gefragt, auf was?

Die im Grunde geringe Gage, es sei denn man heißt Rocco Siffredi? Darauf, dass „er" wie „sie" noch sein Intimstes preisgibt, und das auch bestimmt keine berufliche Fortbildung darstellt, die bei einer Bewerbung für den ersten Arbeitsmarkt förderlich ist. Wie groß in Wahrheit die Diskrepanz ist, zwischen dem augenscheinlichen Vergnügen, dass der Endkunde dann im fertigen Film sieht, und was zuvor beim Dreh geleistet wurde? Sie dürfte immens sein. Doch wollen wir dies wirklich wissen, oder miterleben?

Der Charakterschauspieler Heinz Hoenig zitierte einmal den Regisseur Jürgen Fehling, der karg mitteilte: „Es geht das verehrte Publikum gar nichts an, wie Schauspielerei gemacht wird." Ein logischer Ansatz. Wollen sie einem Maler zusehen, wie er seine Farben mischt? Einen Maurer der seinen Zement anrührt? Das fertige Haus wollen die Menschen sehen, das finale Gemälde - und den möglichst erotischen Pornofilm, ganz gleich, mit welchen (Dreh-) Schwierigkeiten es die Macher dabei zu schaffen hatten.

Auch und gerade Porno transportiert doch gewollt Illusionen und allzu oft die eigene, plötzlich umsetzbare, konkrete Phantasie. Wie oft sitzt man(n) auf einem Zahnarztstuhl und denkt sich im Stillen und „unerlaubterweise", wie scharf es nun wäre, wenn die hübsche Zahnarzthelferin jetzt bei der Chef-Anweisung „Absaugen bitte" etwas tiefer ansetzen würde, als nun gerade im eigenen Mund. Das ist irgendwie sexistisch, sicher, aber ich glaube, dass das per se keine boshafte Abwertung einer Frau bedeuten muss.

(Sexuelle Phantasien haben wohl nur selten etwas mit romantischen Abenden beim Candle Light Dinner zu tun. Sex ist triebhaft, etwas aggressiv, ein Instinkt der gelegentlich auf Verwirklichung dringt.)

Im Pornofilm wird etwas auch teils Absurdes gezeigt, aber auf einer sonnengefluteten Terrasse (respektive einer Yacht auf dem offenen Meer) im südlichen Europa eine Schönheit auf der Sonnenliege vernaschen, ist dies wahrhaftig eine so fürchterliche Vorstellung? Wir denken es uns als rein prima an, der aktive Darsteller muss beim Dreh (auch) an solchen Orten kopfmäßig ähnlich gesteuert sein, bzw. darf er sein vermeintliches Vergnügen niemals als harte Arbeit aussehen lassen. Die Autorin Paglia erklärt den Druck des Mannes auf Seite 35 ihres Buches „Die Masken der Sexualität" richtig: „Eine Erektion ist ein Gedanke und der Orgasmus ein Vorstellungsakt. Der Mann muß kraft eigenen Willens seine sexuelle Macht vor einer Frau beweisen, die ein Schattenbild seiner Mutter und der Frauen überhaupt ist. Versagen und Demütigung lauern ständig im Hintergrund. Keine Frau muß sich derart zwanghaft als Frau beweisen, wie ein Mann sich als Mann bewähren muß. Er muß es bringen, sonst ist es aus."

Die Regieforderung, dass er „jetzt!" ejakulieren solle, muss ihm als sein ureigener Wunsch in jenem Moment erscheinen, auch um sich nicht als Marionette degradiert zu fühlen...

Das klingt wahrlich nicht nach großem Spaß, höchstens nach enorm bemerkenswerter Körperbeherrschung. Welche schier skurrilen Blüten die Professionalität für einen Darsteller heraufbeschwören kann, und wie maschinell Sex in Wahrhaftigkeit zu werden vermag, ist in der Autobiographie von Jenna Jameson nachlesbar. Dort ist zu erfahren, wie ein anonym belassener Pornoakteur auch im Alltagsleben seine (sexuelle) Funktionalität versucht aufrecht zu erhalten: "Ich sitze zu Hause, lenke mich ab und versuche trotzdem einen hochzukriegen. Ich telefoniere mit den Gaswerken und strenge mich an, bis er steht." Nicht anonym blieb Rocco Siffredi bei einem Interview des FHM Magazins (in der Ausgabe vom Juni 2005) als er auf die ziemlich abgedrehte Frage: Gibt es denn überhaupt den richtigen Zeitpunkt, um eine Frau beim Sex zu schlagen?" sagte: „Nur einen einzigen, wenn sie kurz vor dem Orgasmus ist. Aber das kannst du nicht mit jedem Mädchen machen." Diskussionsreihen mit echten „Frauenfreunden" klingen sicher etwas anders, indes gilt Rocco S. weiterhin als Womanizer der Branche, der sehr gutaussehend, und mit großem Glied ausgestattet, von den Frauen des Porno-Business geradezu angehimmelt wird. Im Grunde bleibt jedoch einem männlichen Darsteller heutzutage (leider) wenig anderes, als das Macho Game komplett durch zu exerzieren, das was heutzutage oft noch als Regievorgabe kommt, lässt wohl auch recht wenig an erweitertem Spielraum. Vielleicht ein bisschen all jenen gewidmet, welche noch immer alten Geschlechterrollenklischees träumend anhängen, und dabei gerne übersehen, dass sie sich damit schon selbst zu belügen beginnen, und sich im Geschlechterkampf bereits auf der Verliererstraße befinden, weil die Welt eben inzwischen eine andere geworden ist, und durch pures Machotum in dieser komplexen Welt nun einmal auch kein „ausreichend" mehr ins Zeugnis gesetzt werden kann. Für den Darsteller sind da immer noch die Kamera, der Regisseur, die anderen Leute am Set, die Angst vor einer „Blamage" (auch dies ein fortzujagendes Relikt aus der schlechten alten Zeit) und die (häufig) sexuell attraktiven Drehpartnerinnen die er verarbeiten muss. Zieht man die, freilich schon reichlich überholte Vokabel des „Geschlechterkampf(es) "zu Rate, wird der männliche Pornoakteur zu einer Art Boxer, der seine Kontrahentin (Partnerin) beeindrucken mag, durch die Anschläge mit seinem Werkzeug (der Penis dient praktisch so betrachtet als eine Art Faustersatz). Ob sie dabei wirklich Lust verspürt, nein, so weit geht das patriarchalische Porno-Orchester dann nicht mit seiner Sinfonie, aber es muss so aussehen, als ob es gar nicht mehr anders sein kann. (Übrigens auch ein Grund, warum die X-Szenen standardmäßigen Analsex zeigen, hierdurch wird dann eine Frigidität der Frau relativ obskur, ist eine innere Teilnahmslosigkeit nur noch schwer vorführbar.)

Unter dem Strich bleibt jedoch ein enormer Charmeverlust der männlichen Protagonisten heutzutage rapide erkenntlich. Namen wie Joey Silvera, der von 1974 an rund zwanzig Jahre selber drehte (ehe er Regie führte), und damit als eine Art - im Fußball würde man sagen - „Rekordspieler" gelten muss, Tom Byron, Peter North oder auch Ron Jeremy standen für frivolwitzige Charmebolzen, die noch Gentleman-Pornographen waren, und mit jeder Faser ihres aktiv einsetzenden Körpers der Frau Respekt entgegenbrachten. Sie wirkten wie nette, abgesehen von Jeremy recht gutaussehende (und nicht ungebildete!) Porno-Fans, die nun selbst die Chance erhielten „mit zu tun", und im Grunde war es oft ja auch nicht viel anders. John Leslie war charismatisch-verwegen, sehr eigen. Jerry Butler gehörte auch dazu, doch hat seine Autobiographie für gehöriges Donnern hinter den Porno-Kulissen gesorgt, da er in einer Form der Nestbeschmutzung alles und jeden in der Szene kritisiert haben soll. Tom Byron ward jedenfalls massiv entsetzt über Butler's Ausführungen, und sagte dazu: empört und sich in seinem eigenen Tun als Porno-Guy indirekt angegriffen fühlend: „Das Buch ist Bullshit, alles was er darin tut ist jeden aus dem Business niederzumachen. Er ist ein Arschloch. Mein Buch wird über mein Leben sein, weißt du ich habe über 1000 Filme gemacht. Ich meine, das ist sehr interessant. Mein Leben ist wundervoll anders, als das von gewöhnlichen Typen."

Die französische Fraktion um Christoph Clarke, Albain Ceray oder Jean Pierre Armand brachte dann noch einen weiteren Aspekt in die Szene. Nicht nur, dass sie oftmals nur noch ihr Glied aus der Anzugshose nahmen (am Handgelenk baumelte dazu natürlich noch ein überflüssiges Goldkettchen) ihre Kleidung machte häufig den Unterschied. Gemeinsam mit italienischen Darstellern waren sie quasi nicht per se und ausschließlich die nackten Funktionsmaschinen, nein, sie waren die kultivierten Herren aus den Großstädten von Paris oder Mailand, die in den 90er Jahren den Porno wieder zurück aus den USA verstärkt in Europa etablierten, zumindest mit anhänglichem, recht gescheiten Drehbuch.

Einer der Veteranen, der unbedarft startende, spätere Porno-Kultstar Harry Reems berichtet über die Anfangstage ungeschönt. „Die Männer bekamen 75 US-Dollar für einen Arbeitstag und die Mädchen 100. Dagegen protestierte ich und es half. Wir erhielten nun dasselbe, abgesehen von den Girls die Analszenen machten, diese ernteten 25 Dollar extra. Seine weibliche Kollegin Georgina Spelvin gibt ihm recht: „Die Mädchen streikten, die Männer sollten das gleiche bekommen wie wir. Es bekam dann also jede(r) dasselbe und später wurde es noch auf 115 US Dollar erhöht." Reems erzählt weiter: „Ende 1971 war die Hochphase im Business. Du konntest an der Ampel stehen und auf Grün warten und einen völlig Fremden fragen, „Wie läuft der neue Film?" Niemand hätte zurückgefragt „Welcher Film?" Und Jamie Gills, ein weiterer Held der alten Zeit der nicht gesondert vorgestellt werden muss (der Taxi fuhr, jedoch auch in Manhattan Teil von Shakespeare Aufführungen war) zuckte förmlich zusammen, als er sein eigenes Konterfei auf einem Plakat für einen Pornofilm entdeckte.

„Mein Gott, ich bin ein seriöser Schauspieler, die Leute sehen nun das Plakat, und das wird meine Karriere ruinieren!" Heute kaum noch vorstellbar, dass befähigte Schauspieler an einem Porno-Set erscheinen (für alle die sich an Gills Befähigungen erinnern möchten, empfehle ich die ersten beiden Teile von „Phantom of the Cabaret", der Pornoversion eben, die er mit Barbara Dare drehte).

Die Traurigkeit ist jedoch auch aus diesem Bereich leider einfach nicht zu lösen. Denke man nur an den Tod des „Mr. Porno" John Holmes, der seiner HIV-Erkrankung erlag, oder auch an Jon Dough. Dieser hatte sehr viel mit eigenem Drogen zu tun, eine gescheiterte Ehe mit der (ebenfalls) Darstellerin Deidre Holland hinter sich, und 1997 einen männlichen Porno-Rekord aufgestellt. Hintereinander beschlief er 101 Damen und ging damit in die AVN Hall of Fame ein. Genützt hat ihm diese überambitionierte Dauersexleistung aber im wahren Leben nicht sehr viel. Mit nur 43 Jahren nahm er sich leider das Leben. Mit nur 43 Jahren verstarb auch John Holmes.

EXKURS: Der Mann, der zum Schwanz wurde (Vorsicht Satire!?)

Der Riva Verlag aus München besitzt ein wahrlich gemischtes Programm, es ist so bunt gemischt, dass einem schon fast schwindlig wird. Darin werden u.a. (zur Befeuerung der literarischen Kultur?) veröffentlicht: Pornodarsteller und Bordell Könige, genauso wie Sportler vom Schlage eines Oliver Kahn und Huub Stevens. Was für eine schöne, solide Nachbarschaft liebe Fußballer...Und damit nicht genug, auch die ehemalige „First Lady" der Bundesrepublik (die Ex-Ehefrau des Ex-Bundespräsidenten) Frau Bettina Wulff brachte hier auch noch zu allem Überfluss ihre sinnfreie Autobiographie heraus. Eine Frau, die sich kurz zuvor noch zu Recht darüber beschwerte, aus intriganten Motiven ins Rotlicht-Milieu geschrieben worden zu sein, das war also von allen Seiten marketingmäßig optimal gewählt. Doch die Kaffeetasse schwappte mir vor Schreck erst über die Tastatur, als ich vernahm, wer das völlig niveaufreie Horsd'œuvre „23,5 cm harte Arbeit. Mein Leben als erfolgreichster deutscher Pornodarsteller" im Riva Verlag (!) verfasst hat. Es ist nämlich (natürlich) nicht der schwanzgewordene Porno-Superbumser „Pornfighter Long John", sondern Christoph Brandhurst. Hinter diesem Pseudonym verbirgt sich der Schriftsteller Marcel Feige. Dafür müssen also nun Bäume gerodet werden, und logisch, der Autor Feige bewahrt seinen Pimmel Helden Michael Zühlke auch keineswegs vor dessen damit ewiggültiger Blamage. Bei der Erfahrung von Marcel Feige (der u.a. das opulente, gelungene Nina Hagen Buch schrieb) meine ich ist dies ein unglaublicher Vorfall, mehr noch, eine Gemeinmachung mit dem aufziehenden Untergang des Abendlandes. Worum geht es nun in diesem Buch? „Long John" ist Legastheniker, hat eine Lehre als Maler absolviert, kommt aus Luckenwalde, betreibt Kampfsport und isst gerne große Mengen an Grillfleisch. Spannend! Sonst gibt es von ihm im Grunde nichts weiter zu berichten, ach doch, er hat einen langen Penis, den er sogar als Buchtitel wählt (!) oder eher wählen lässt. Und mit diesem beglückt er die Frauen und dreht Pornos. Weil er immer und überall kann. 4488 habe er schon zum Zeitpunkt der Veröffentlichung gehabt, wobei dies als relativ gesehen werden kann, denn im Swinger Club und beim Dreh können die Mädels ja nicht immer alle so einfach verschwinden....Marcel Feige, der es eigentlich besser wissen müsste, bewahrt ihn leider auch nicht davor, immer wenn man einmal so etwas wie den kleinsten Hauch einer Sympathie für „Long John" bilden möchte, sofort wieder alles umzureißen. Ach je, mit den Damen abseits der Drehorte haut es leider wenig hin, die eine geht mit „seinem" Kind weg von ihm, die andere geht lieber anschaffen und eine 16-Jährige, die er freit, will lieber Trinken, Rauchen und Vögeln, ohne ihm dafür Rechenschaft ablegen zu müssen. Hier ist also das (literarische) Ende der Straße absolut erreicht, und nur an ganz minimalen Stellen, wo das extraordinäre Vokabular („Arschficken", „Wichsen", „(...) denn ich bin immer der Erste, der seinen Schwanz in die Möse steckt. Ich habe nicht unbedingt den Längsten - aber ich mache die längste Szene, die geilste Performance, den besten Sex") etc. Pause macht, erfährt man etwas was sich vielleicht verwerten lässt. Auf Seite 183 (!) markiere ich überhaupt das erste Mal etwas, was ich für mein Buch doch noch benötigen könnte.

„Ja, es gibt viele Frauen, die Pornos drehen, weil sie es geil finden - mehr, als man sich vorstellen kann. Aber am Ende bleibt es dennoch ein verschwindend geringer Anteil im Vergleich zu den Frauen, die Pornos nur des Geldes wegen drehen. Letztere machen, davon bin ich überzeugt, 90 % aller Darstellerinnen aus (...) Früher mag das Verhältnis ein anderes gewesen sein." Als er 2009 bei der Venus-Preisverleihung zum besten deutschen Darsteller gekürt wird, beschreibt er den Rest an Gefühlen, die offenbar doch noch glücklicherweise in ihm weilen, und wohl nur vorrübergehend verschüttet gegangen waren, und er trifft es sogar diesmal ziemlich nachvollziehbar, als er sagt: „Und wie ich dort allein auf der Bühne stand, befiel mich plötzlich Einsamkeit. Es war, als ob ich in ein dunkles Loch fiel, das mich und alles, was mir wichtig war, verschlang (...) Ganz oben ist man allein. Ich begann nachzudenken (sic!), was denn eigentlich der Sinn des Lebens ist, und stellte mir die Frage, ob ich mein Leben bereue. Ich weiß die Antwort nicht."

Unter anderem Männer wie Tom Byron oder die Deutschen Conny Dachs und Stefan Krämer hatten dem Pornofilm neben der vollbrachten Sexaction auch einen gewissen Charme mitgeliefert, und Autoren wie Georg Seeßlen, Linda Williams oder der sehr gute Christian Keßler der Pornowelt einen Sympathiebonus erbracht. So wie auch bereits zuvor Henry Maske, der „Gentleman Boxer" einem anderen verruchten (Sport-)Gewerbe durch seine Integrität zeitweilig auf die Sprünge half. Doch Bücher wie „23,5 cm harte Arbeit" sind völlig kontraproduktiv und dienen diesem ja auch, wenn man will vielschichtigen Thema, in keiner Weise. (Aber was rege ich mich überhaupt auf, es geht heute all überall ums pure Geld verdienen, und speziell Verlage schmeißen ihren kulturpolitischen, aufklärerischen Ansatz heutzutage doch allenthalben über Bord.) Aufgezeichnete Bumsgeschichten reichen dafür bestimmt nicht aus, sondern führen uns eher zurück in die Steinzeit. Dennoch, am Ende bleibt nichts weiter als etwas Ähnliches wie Mitleid mit „Long John." Das Buch dient der Öffentlichkeit sehr wenig, am wenigsten jedoch ihm selbst.

Die Definition von „HARDCORE"
(unappetitlich geht es leider weiter)

Der Begriff „Hardcore" (harter Kern) ist bereits eine leichte Verdrehung bzw. könnte er allzu leicht mit Dingen assoziiert werden, die dem nicht entsprechen. Mit „Hardcore-Porno" ist nicht generell oder gar nicht das visuell ersichtliche Unterdrücken von Frauen, perverse Streifen oder eine boshafte Machtdemonstration der Männlichkeit gemeint (Der „Stern" bildete in seiner Ausgabe vom 1.12.1994 tatsächlich spezielle Filme ab, die Urin, Faustfick oder anderes sexuell Delikate zeigten (da wird die heimische Lupe sicherlich häufig zum Einsatz genommen worden sein, so war alles deutlich sichtbar, die er „Hardcore" nannte.). Es geht im Kern um sichtbare Schamlippen, steife, im „richtigen" Winkelgrad aufgerichtete Penisse und darüber hinaus gezeigte, sexuelle Aktionen und Reaktionen, wie das Austreten der durch den Akt bedingten Körperflüssigkeiten, um es einmal blumig und in sehr speziell eigenen Worten zu beschreiben. Ist der Sex seit je her das sogenannte „Thema Nr. 1", ernst zu nehmend im Bereich der partnerschaftlichen Komponente (auch in Verbindung eines Erfolgsdruckes) aber auch in Witzen, wahren Anekdoten und der Verbreitung von Neugier, offenbart sich schon eine Verbindung von Porno zum normalen Leben. Beides ist teilweise traurig, hart, witzig, voller Storys und Neugierde erheischend, zumal es unabhängig von Bildungsniveau und finanziellem Einkommen ein Thema ist und bleibt. (Wenngleich; ist die Pornographie und ihre Wirkung nicht weit überschätzt? Dem stimmen sie sicher zu, dies ist doch schließlich auch die „echte" Sexualität wie mir scheint, denn auch hier gilt, dass Maßlosigkeit und dauerhaftes Verlangen einer soliden (gesunden) Lebensweise ziemlich abträglich sind.). Die Frage sei dennoch gestellt, weshalb es beim Hardcore Porno, der filmischen Darstellung von Huren (Warum eigentlich nicht „Darstellung von Freiern?") der Porno als „Hardcore" gilt und damit einen schier boshaften Klang bekommt. „Hardcore" klingt verdammt nach kahlgeschorenen Schädeln, Lederriemen und Sittenverfall und kann damit per se nicht annähernd das Ziel erreichen, was er verschlüsselt in sich trägt, nämlich einen sexuell anregenden Wissensdurst zu schaffen, und zu stillen. Gezeigt wird aber auch dort, wenn auch zum Teil um diverse eher abnorme Verrenkungen erweitert, nichts anderes als Geschlechtsverkehr, den die meisten Jugendlichen bereits erlebt haben, ehe sie z.B. legitimiert waren, sich auch einen Pornofilm anzuschauen. Im „Hardcore" sehen wir also GV, in Kriminalfilmen sehen wir in der Regel Morde. Kein Mensch käme aber doch auf die Idee, den sonntäglichen „Tatort", wegen der gezeigten Verbrechen, als „Hardcore Krimi" zu titulieren. Porno allein ist doch Schlagwort genug...

Es geht etwas Weißes auf Reisen
(Noch einmal, sorry, es wird bald wieder seriöser, fest versprochen!)

Unweigerlich zum Porno, mit seinem nicht völlig unnötigen potenten Gehabe seiner ausführenden Organe, ist der sogenannte „Cumshot", das Ejakulieren des Darstellers, das seit Beginn der 70er Jahre stets offenbar außerhalb der Vagina stattfinden muss. (Auch wenn es kurz angerissen gehört, dass dies bereits in den 30er Jahren Usus war, nur wer konnte dort schon auf derartige Streifen zurückgreifen, es spielte sich ja alles wirklich noch im Verbotenem ab.) Und wieder darf grob angerissen der Kultfilm „Deep Throat" als dessen Ursprung herhalten. Wenigstens im Bewusstsein der Porn-People und Porn-Gegner, hierin zeigte sich der Penis in voller, quasi abschließender Entfaltung seiner Funktionstüchtigkeit erstmalig einem breiteren Kinopublikum.

Anfangs galten derartige Szenen nämlich als „Money Shot". Linda Williams klärt uns in ihrem Buch „hard core" auf: „Der Money Shot", bzw. die Notwendigkeit, eine externe Ejakulation zu zeigen, um den Höhepunkt jedes Geschlechtsakts - das Gefühl eines Abschlusses - zu vermitteln (money shot : die Einstellung, die am meisten Geld kostet, die männlichen Darsteller wurden für sie diesen extra bezahlt"). Geneigt ist man, durch das standarisierte Betrachten der Abspritzer, die manchmal in den 70/ 80er Jahren sogar in Zeitlupe gezeigt wurden, in zweierlei Ausführung zu kommentieren. Ganz kurz und wenig zielführend auf der infantil-witzigen Ebene („Was sagt eine Frau mit Sperma auf der Brille?" „Ich habe es kommen sehen") und dann doch wiederum so tiefsinnig wie nur irgend möglich, als schon nahezu politische, revolutionäre Aussage. Denn es lassen sich genügend Interpretationen selbst bei einem banalen - theoretisch unappetitlichen - Vorgang wie dem männlichen Orgasmus, unterbringen. So das Lüften des letzten nicht wirklichen sexuellen Geheimnisses diametral gesehen zur oftmals prüden Einstellung unserer doch angeblich so aufgeklärten Gesellschaft in den 1970er Jahren, als die sexuelle Revolution nach ihrem Höhepunkt wieder eine Rolle rückwärts einzulegen schien. Mit „Licht aus" und „drinnen kommen" und schon gar nicht darüber sprechen. Letztlich sogar von philosophisch angehauchter Natur, denn fast nirgend woanders als im Porno, wird die „Der Weg ist das Ziel" Definition ad absurdum geführt. (Wer als Mann einmal Antidepressiva Tabletten einnehmen musste, wird mir beipflichten, dass ein dann mitunter lange Zeit ausbleibender Orgasmus den Sexualakt schwer reizlos macht.) Da wird man dann schon polemisch und erkennt, dass der beste Sex mit attraktiver Partnerin ohne „finish" ein traurig anmutendes Spektakel darstellen kann. Ein im Porno nicht gezeigter männlicher Orgasmus (den weiblichen lassen die Männer sich - da es ja nur um ein filmisches Szenario geht - gerne vorgaukeln) wäre ein reiner Tabubruch im Tabubruch.

Die deutsche Regisseurin Melanie Crupa versuchte sich ab Mitte der 90er mit einem Pornoprojekt, das sich auf Filme für Frauen spezialisierte. Oralverkehr und Sex mit leicht romantischer Kulisse, alles vorhanden, doch der „Money Shot" ward nicht zu sehen, sicher, diese Art von Film war nicht für mich bestimmt doch war das einfach irgendwie nicht richtig „Porno", es zündete nicht, auch nicht in der Damenwelt, denn von endloser Fortsetzung dieser Gattung Pornofilm kam mir nichts mehr für ein breiteres Publikum zu Ohren. („…verzichten Melanie Crupa und ihr Team weitgehend auf Regieanweisungen und überlassen den Darstellern die Choreographie", Corinna Rückert)

Und im Übrigen ist das Leistungsprinzip, ob es uns gefällt oder nicht, unterschwellig ohnehin vorhanden. Weshalb sollte ein Pornodarsteller, ergo; Pornoathlet nicht den Höhepunkt seiner körperlichen Sexualleistung, dem erwartungsvollem Publikum zeigen wollen oder sollen? Der Fußballstürmer will das Tor schießen, der Basketballer den Korb werfen, warum also sollte ausgerechnet ein Pornodarsteller als reine „Bumsmaschine" ohne Endresultat agieren? Die Frage nach der „Ästhetik bei der Athletik" macht uns aber vielleicht schon viel eher betroffen. Denn warum bloß muss es dann zwangshafterweise fast immer nur im Gesicht der Frauen sein? Als letzter Beweis von „Herr Mann" obenauf und das Weiblein „unten"? Gilt das männliche Ejakulat im übertragenen Sinne auf die Theaterwelt als krönender Beifall für die Attraktivität der Darstellerin? Da nützt ja auch eine noch so steril synchronisiere Ansage der unterjochten Dame a la: „Au ja spritze mir bitte alles ins Gesicht" nichts, wenn ihr Blick verständlicherweise etwas völlig anderes aussagt. Es ist oft ein auszumachender Zwitterblick den man von der jeweiligen Frau „vernimmt", einerseits (man mag mir den Vergleich nachsehen) wie der einer Hundehalterin, die etwas genervt darauf wartet, dass ihr Liebling endlich sein Geschäft macht, andererseits, wenn ihr das Ejakulat dann endlich entgegenfliegt (was da schon für drapierte Frisuren versaut wurden) innerlich angewidert, ganz so wie sie ihren bohrenden Zahnarzt mit skeptisch-ängstlichem Blick bei seinem Tun begleiten würde.

Das Verteilen des Spermas auf weibliche Brüste, Beine, Füße oder Gesäßmuskeln mag auch nicht in allen Bevölkerungsteilen beliebt sein, speziell in vorwiegend nicht evangelisch geprägten Gegenden, doch es ist nicht so entwürdigend wie dieses, unter affenmäßigem männlichen Gebrüll getätigte verteilen der weißen Körpersause ins Antlitz der Frau. Noch dazu, wo es in Produktionen heutiger niveauloser Art oftmals auch noch zu allem Überfluss mit frauenfeindlichen Kommentaren unterlegt ist. Diese dämlichen Kommentare nerven das Publikum, und wenn sie dann doch Gefallen finden, dann wohl bei Menschen die sich nicht allzu weit in andere Menschen hineinversetzen können. Keine Charakteristika die zu befürworten ist. Linda Williams gehört nochmals zitiert, weil sie uns so wundervoll mitnimmt mit ihrer Schreibe: „Doch selbstverständlich ist der „money shot" in seiner Verbindung von Sperma und Geld (diese äußerste Obszönität) ganz offensichtlich ein Fetisch. Eben weil er Geld und sexuelle Lust - diese beiden zugleich wertvollen und schmutzigen Dinge - kombiniert, verkörpert er auf so vollkommene Art und Weise die tiefe Entfremdung der zeitgenössischen Konsumgesellschaft."

Fakt ist, dass die seit Mitte der 80er Jahre bereits auf den Plan getretenen weiblichen Porno-Regisseurinnen genau diesem „Shot" so abschworen, und als erstes Merkmal ihrer Streifen für Frauen und Paare darauf nur allzu gerne verzichteten. Louise Lush alias Ms Naughty erklärt zu gängigen Pornos: „Es gab wenig Romantik, Vorspiel oder Cunnilingus - die Dinge die ich sehen wollte. Die Frauen behielten immer ihre Schuhe an und schauten direkt in die Kamera, während sie gefickt wurden. Die Szenen endeten fast immer mit einem „Pop Shot" ins Gesicht und das wollte ich nicht sehen - ich fand das herabwürdigend und auch ziemlich stupid. Die Frau kniete mit einem leicht schmerzlichen Ausdruck im Gesicht und versuchte, bewundernd zum Mann hochzublicken, während er Samen in ihr Auge spritzte. Die Kamera zeigte niemals das Gesicht des Mannes während des Orgasmus, was - für mich - eine Schande war. Die Gesichter der Männer sind in jenem Augenblick schön." Besieht man sich aber nun, dass hierzulande eine Firma wie GGG bereits 8 Venus Awards (Stand Sommer 2017) einheimste, wo es sich in den Filmen überwiegend nur um das Vorkleistern der jungen Frauengesichter durch Spermamassen dreht, dürfte klar sein, dass gut gemeinte Visionen leider oft weniger auf das Konsumverhalten der Leute abzielen, als dass dies wünschenswert wäre. Dennoch, die Nischen für feministische Frauenpornos sind, wie wir wissen, seit längerem schon, geebnet. Vor allem durch die Regisseurin und Buchautorin Erika Lust. Sie stellte das Alleinstellungsmerkmal ihrer Filme im Interview mit dem SEX MAG heraus, und berichtet noch einmal für die Grundlage, eben andere Filme als Mainstream Pornos zu drehen: „Die Mehrheit der Mainstream-Pornos ist auf die Befriedigung des Mannes fokussiert. Die Frau wird nur verwendet, um andere zu befriedigen. Es gibt so viele Kategorien und Fetische, aber am Ende ist es immer dasselbe, Körperteile schlagen gegeneinander." Die Produktionsfirmen hätten ihrer Meinung nach „besonders im Vergleich zu den 70er-Adult-Filmen, die Leidenschaft, die Intimität, die Berührung und das Streben nach echter Freude am Sex vergessen - und somit die Menschlichkeit. (…) „Frauen haben eine Stimme. Es gibt einen gegenseitigen Austausch von Freude sowie Respekt und Zustimmung ist immer von größerer Bedeutung. (…) Wir stellen sicher, dass die Sets immer ein bequemer Platz für die Darsteller sind, und kümmern uns um ihre Arbeitsbedingungen."

Zum Schluss: Harry Reems erinnert sich an eine heftige Drehszene von 1970. Er kündigte sein „Kommen" an, vergaß aber, dass die Kamera dies ja einzufangen habe. Der Regisseur geriet außer sich und beschimpfte Reems, der diesen wiederum auf „morgen" vertrösten wollte, „vielleicht morgen" meinte Reems. „Morgen! Du Verdammter machst das heute, du verlässt dieses Haus nicht eher bis ich einen Cumshot von dir sehe!" Ein heiterer Ponyhof war Porno eben wirklich nie so richtig…

PorNO und andere Imponderabilien

„Andrea Dworkin und Catherine MacKinnon (beide arbeiteten Seite an Seite gegen Pornographie, Anmerkung des Verfassers) waren die Osama Bin Laden und Saddam Hussein in der sogenannten Feministinnen-Bewegung, so radikal, so über allem stehend, weißt du. Ich meine, Dworkin hält den GV für Vergewaltigung! Ich lachte nur über sie (...) Ich meine, niemand ist unter Drogen gesetzt oder von der Straße weg verschleppt worden, um das zu tun. In all meinen Jahren im Geschäft sah ich keinen Zwang. Du hattest immer das Recht zu sagen „Nein, ich möchte das nicht tun." Inklusive Linda Lovelace."

(Gloria Leonard (1940 bis 2014) Ex-Pornostar und von 1977 bis 1991 Herausgeberin der (in der amerikanischen Version) pornographischen Zeitschrift „High Society")

Und im Gegensatz zu ihr als wirkliche Protagonistin, meinte die „Frauenrechtlerin" Catherine MacKinnon: (Gloria Leonard setzte sich übrigens auch in zahlreichen Vorträgen praktisch für die Rechte von Porno-Damen ein!): „Wenn Pornographie ein Teil deiner Sexualität ist, dann hast du kein Recht auf deine Sexualität."

„Andrea Dworkins radikaler Fundamentalismus - von Alice Schwarzer populistisch aufbereitet - bot den feministischen Affekten ein klares Feindbild und der aufgestauten weiblichen Wut eine legitimierte Angriffsfläche. Das Unrecht, das frau schon immer quälte, schien endlich begriffen und dingfest gemacht, besser noch verboten werden zu können. Ich glaubte damals, einen vulgärfeministischen Kreuzzug gegen das Böse im Mann zu beobachten, und hielt Mäßigung für dringend geboten." (Eva Poluda, Korte)

Alice Schwarzer, Herausgeberin der Zeitschrift „EMMA" hatte Mitte der 80er Jahre eine fixe Idee: mit allen nur möglichen bis unmöglichen Thesen und (Schein-)Argumenten der auf Hochglanz getrimmten visuellen Pornographie ihre Maske herunterzureißen und damit in letzter - wie wir aber heute hoffentlich alle wissen! - entscheidender Konsequenz, genügend Geld zu verdienen. Nun war es aber nicht so, dass dieser kreative Schub sie von selbst erfasste, sondern sie orientierte sich mit ihren Mitstreiterinnen natürlich am zuvor in den USA losgetretenen Szenario. Bereits in den 1970er Jahren hatte nämlich der damalige US- Präsident Richard Nixon unter dem Siegel der „Commission on Obscenity and Pornographie" eine Untersuchung über den vermeintlichen Schaden von Pornographie durchführen lassen, „die zu dem Ergebnis gelangt war, dass explizites Material keinen gesellschaftlichen Schaden hervorrief" (Nina Hartley). Dies wollte der Konservative Nach- Nachfolger im Amte des Präsidenten, Ronald Reagan, freilich seiner rechtsgerichteten Wählerklientel nicht als der Weisheit letzter Schluss verkaufen, und rief die „Meese Commission on Pornography" ins Leben, die durch den Justizminister Edwin Meese durchgeführt wurde. „1985 wurde der Abschlussbericht veröffentlicht, der Pornographie als eindeutig gesellschaftsschädigend wertete. Obwohl die Besetzung des Gremiums ebenso wie die verwendeten Methoden der Beweisaufnahme äußerst umstritten waren." (Corinna Rückert). Auch Nina Hartley hat diesen Wissenstand.

„...Meese Report vorlegte: über 1900 Seiten anti-pornografischer Propaganda, die den Buchhändlern regelrecht aus den Händen gerissen wurde, was die amerikanische Regierung gewissermaßen selbst zum Bestseller-Pornografen machte. Die Kommission war so eindeutig voreingenommen, dass am Ende zwei der Mitglieder lieber davon zurücktraten, als ihre Namen unter die Ergebnisse zu setzen (obwohl sie anfänglich durchaus einen antipornografischen Standpunkt vertreten hatten.)" Allerdings hatte auch bereits Nixon laut dem Journalisten Guha das Ergebnis der Wissenschaftler verworfen, „und verbot sogar die Publikation. Er entschied also „politisch", das heißt in diesem Falle: nach Vorurteilen." (Guha „Sexualität und Pornographie", Seite 15)

Das Thema war also nicht neu, als Alice Schwarzer es aufgriff, im Gegenteil, in den USA hatten sich auch abseits der Regierung feministische Lager gebildet, die das Für und Wider der Pornographie heftig umkämpften. Nina Hartley dazu: „Eine Frontlinie wurde innerhalb der Frauenbewegung sichtbar und führte zum Bruch der Lager (u.a. gab es die Anti-Zensur Gruppe FACT (Feminist-Anti-Censorship Task Force, der Verfasser), die für und gegen eine Zensur waren, und sie existiert bis auf den heutigen Tag (der sogenannte „Feminismus/Porno-Krieg"). Corinna Rücket zieht in ihrem Buch „Die neue Lust der Frauen" ein gutes, schlüssiges Fazit, auch zu dem, was ich sogleich noch über die PorNo-Kampagne dazugebe: „Es gab damals auch sachlichere Auseinandersetzungen mit dem Thema. Dennoch beschränkte sich die deutsche Kampagne (siehe gleich...der Verfasser) auf die in Europa bekannteste Aktivistin (Andrea Dworkin) der US-amerikanischen Anti-Porno Bewegung, weil sich ihr Buch mit seinen häufig simplen, parolenhaften Formulierungen besser für die öffentliche Wirkung eignete als eine komplizierte Analyse."

Frau Schwarzer, die emsige Kämpferin für eine gerechte (Frauen-)Welt hat sich also jüngst mit einer privaten Steuerhinterziehung (wofür sie auch strafrechtlich verurteilt wurde) als echter Treppenwitz, gemein gemacht mit der anderen Seite, mit den doch so geldgierigen Pornographen. Überhaupt, das fällt auf, ob „dafür" oder „dagegen", steht nur das ominöse „P-Wort" auf dem (Buch-)Deckel, winkt der Euro oder Dollar schon automatisch sehr freudig... (Ein echter Schelm der denkt, Frau Schwarzer habe daran wirklich nie oder nur völlig untergeordnet gedacht.) Wirkt sie heutzutage zwar nicht mehr so verbiestert oder verbittert (nach ihrer Anklage wegen ihrer kriminellen Handlung habe ich komischerweise jedoch nur noch wenig von ihr vernommen), sondern teils schier humorvoll und angelernt (?) tolerant. Der Blick auf ihre PorNO-Kampagne, natürlich auch aus den USA übernommen, von 1987/88 wirkt heute bisweilen verheerend intolerant und schreiend komisch zugleich.

Das Sonderheft 5 der Gazette „EMMA" („PorNO - Die Kampagne - Das Gesetz - Die Debatte" 7,80 DM) strotzt geradezu von an den Haaren herbei gezogenen Feststellungen und Vermutungen, die zu einer Fakten-Melange gemischt wurden, die so unreal anmutete, dass sie fast schon wieder wahr sein könnte. Denn eben nicht alles auf den 112 DIN A4-Seiten (das Heft gibt es manchmal noch preiswert im Antiquar, das Besorgen lohnt) ist purer Nonsens und erscheint durch seine inhaltliche Wucht bisweilen zunächst einmal plausibel. Ungeachtet der Tatsache, dass es schon merkwürdig ist 7,80 DM auszugeben, nur um sich anderer Leute Frust reinzutun, doch die vielen pornografischen Abbildungen waren sicher auch für etliche Herren ein Kaufargument - so sicher, wie wohl einkalkuliert.(Wie die Berliner „taz" berichtete, wurde die EMMA Ausgabe vom November 1987 in München, Nürnberg und Würzburg nicht ausgeliefert, da der Grossisten Rechtsanwalt Dr. Bauer seinen Kunden dazu geraten habe, weil diese Ausgabe gegen den Paragraphen 184 (u.a. Gewalttätigkeiten) aufgrund der Abbildungen verstoßen könnte. Die Frage wäre, wer darüber mehr enttäuscht war, die Männer oder die Leserinnen des Magazins?)

Schwarzer's Kampagne stützt sich auch auf die US-amerikanische Autorin Andrea Dworkin, deren Pamphlet „Pornographie-Männer beherrschen Frauen" (ein Paperback zum Preis von damals wirklich ganz schlecht angelegten 24,80 DM!) Alice Schwarzer auch noch zu allem Übel bewarb und vertrieb. Nun ist es nicht sinnvoll, der Intoleranz mit neuerlicher Intoleranz zu entgegnen aber Dworkins Thesen sind einfach nur unverschämt, peinlich und gefährlich nahe an geradezu faschistischem Gedankengut geparkt, sodass bereits nach wenigen gelesenen Seiten der Versuch aufgegeben werden muss, sie zu verstehen. (Das behaupte ich hier nicht in erster Linie als Mann, sondern schlicht als Mensch.) Dworkin, optisch gepanzert durch kapitale amerikanische Leibesfülle, ist schlicht nicht tragbar und mit demokratischer Lebensführung wenig behaftet. Sie betrieb ein schrecklich infantiles Austeilen in Richtung Mann und da nützt der Deckmantel des sogenannten Feminismus sehr wenig, es ist tendenziös, anmaßend - und in Summe (natürlich) auch noch falsch.

Die Autorin Silvia Bovenschen hat es in dem anregenden Werk „Die nackte Wahrheit" gut auf den Punkt über Andrea Dworkin gebracht, als sie schreibt: „Wenn es an anderer Stelle allerdings heißt, dass der männliche Säugling „das Selbst der Mutter aussauge", wird die eben noch behauptete Möglichkeit der Wahl wieder geleugnet. Was hat das alles mit Pornographie zu tun? Wenn nach der Lektüre dieses Buches (von Dworkin, Anmerkung des Verfassers) eine Konsequenz auf der Hand liegt, dann nicht so sehr die des Verbots von Pornographie, sondern die des Verbots von Männern." Und auch eine Redakteurin der „taz", Ulrike Helwerth, folgert in dieser Richtung: „Das Buch von Andrea Dworkin ist ein polemisches Werk. Es ist in höchstem Maße einseitig (...) Wir meinen: Vorsicht die Kreuzzüglerinnen kommen!"

Nun, Schwarzer's Kampagne war nicht weniger demagogisch. Geradezu hilflos wird versucht, dem Slogan „Pornographie ist die Theorie, Vergewaltigung die Praxis" (welcher übrigens von Robin Morgan stammt, die 1980 ihren Band eben mit „Theory and Practice: Pornographie and Rape" betitelte, wie ich aus dem „Feminist Porn Book Band 1" erfuhr) wieder zu einer abstrusen Legitimation zu verhelfen (was seit einer Dänischen Studie, die in Deutschland 1972 in Buchform herauskam, sowieso bereits widerlegt war). Dabei wird selbst das etablierte und in breiten Schichten akzeptierte Männermagazin „Playboy" (welches heute 14-jährigen Schülern vom Erotikfaktor höchstens noch ein müdes Gähnen abverlangen dürfte) bildlich als Anfang vom Ende beschrieben. Und noch ein gewaltiger Schritt in Richtung Unglaubwürdigkeit - wird sogar das Jugendmagazin „Bravo" als Gefahrenherd eingestuft. (Wie heute, welch Treppenwitz, also schon wieder!)

„Bei Pornographie in Zusammenhang von Jugendlichen und Jugendmedien (wie zum Beispiel Bravo!) gleich zum örtlichen Jugendamt gehen", klingt arg nach den Denunziationen im verdammten Dritten Reich. Schon allein aufgrund dieser Abstraktheit hat sich die Kampagne zu nichts weiter als einem für Frau Schwarzer und Kampfgenossinnen einträglichen und somit lukrativen Geschäft heraus gestellt, auch wenn sie sich immerhin die Mühe gemacht hatte, einen Gesetzestext im Deutschen Bundestag einzubringen. Sexualforscher Günter Amendt konstatierte seinerzeit daraus aber auch aufziehenden Beifall von der falschen Seite: „(...) von daher nämlich, wo die Vertreter und Befürworter von „law and order" ihre sexualfeindlichen Ideologien ausbrüten." Schon Matthias Frings erkannte 1988 zu Recht „dass dort das Definitionsproblem bekannt ist und nicht gelöst wurde, ich glaube, dass es nicht lösbar ist. Wer will Pornographie von Kunst trennen, wer „harmlose" von „gefährlicher" Pornographie?", und Frings enttarnt treffsicher eine Parallele zu den autoritären Medien der DDR, „wer mit diesen vertraut ist, muss oft lachen über die naiv gutgemeinte Propaganda und ähnlichem Wunschdenken. Er fragt zudem rhetorisch: „Soll man, darf man Phantasie kritisieren? Ist das nicht eine schreckliche Vorstellung, jetzt auch noch Phantasie zu disziplinieren, jetzt auch noch eine Gedankenpolizei einzuführen." Und zudem: „Die Gleichsetzung von Phantasie und Tat ist falsch, denn wären wir so leicht zu beeinflussen, tobten wir mordend und brandschatzend durch die Welt." Er konstatiert völlig plausibel: „Ich bin enttäuscht darüber, daß Frauen im Blickfeld von Anti-Porno nur als Opfer vorkommen, nur als Negation. Das ist mehr als eine Frage der Perspektive, das ist eine neue (alte!) politische Linie." Frings habe als Homosexueller kein Interesse an Hetero Pornos, meint aber, „...ich trete für das Recht eines jeden ein, das zu lesen und anzuschauen, was er will."

Natürlich kann und könnte es - so es denn nicht nur so blindwütig und polemisch angefasst worden wäre, nicht schaden, den Pornomachern auf die Finger und ihr Mundwerk zu schauen, denn vieles ist in der Tat als menschenunwürdig zu bezeichnen, was sich da nicht erst seit gestern abspielt. Anstöße von außen sind und waren da also schon nicht unerwünscht, eine Katharsis könnte jedoch nur von innen, von den Protagonisten selbst geschaffen werden. So wie dies teilweise in den USA (wo auch sonst?) schon funktioniert hat.

Es bedarf nach meiner Meinung lieber mutiger, couragierter Porno-Frauen und keiner recht weltfremden Feministinnen, um menschenverachtenden Unrat in Tat und Sprache zu beseitigen. Auch die Konsumenten tun sich nämlich mit der angebotenen um sich greifenden sprachlichen Verrohung keinen Gefallen und ich möchte auch nicht mit Primaten, die Frauen anscheinend rein optisch bewerten, und unsäglich betiteln, in einen Topf geworfen werden.

Wenn aber all die Dworkins, Schwarzers und McKinnons - nicht immer völlig zu Unrecht übrigens - behaupten, dass Frauen an Pornographie bisweilen vermeintlich oder tatsächlich, direkten Schaden genommen haben, sei die Frage erlaubt, weshalb sie denn selbst keine wirkliche Solidarität den Frauen des Gewerbes gegenüber haben walten lassen? Sich zu den Anwältinnen von Damen des Genres zu machen kann nämlich ansatzweise schon funktionieren, und sei es durch Rückendeckung. Die Porno-Industrie hingegen gänzlich abzuschaffen (das gelang zuletzt in einer ganz bösen, hoffentlich niemals wiederkehrenden Epoche) kann weder wirklich gewünscht noch als realistisch betrachtet werden. Und das - bei allen Attacken gegen die so böse, niederträchtige Männerwelt - dürften selbst die Intoleranz-Ladys von Anfang an doch sicher gewusst haben. Doch sie verlegten sich lieber auf das Pauschalisieren und das teilweise bewusste Streuen von falschen Informationen. Endgültig einen nonverbalen Scheibenwischer verdiente dann die Ankündigung, Aufkleber mit PorNO! Schriftzug in den Umlauf zu bringen „Klebt den Pornographen eine! Mit Recht. Mit List. Auf jeden Fall aber mit Wut", heißt es da moralisch höchst bedenklich und wahrlich nicht zu Ende gedacht.

„Ein Playboy-Hase am Auto brüllt geradezu nach barmherziger Deckung durch einen Anti-Porno-Aufkleber. Aber auch Bekannten, Ehemännern und Freunden, all diesen Luis (Lui war auch ein Herrenmagazin, das jedoch eine sehr artifizielle Aufmachung besaß und neben Nackedeis dem Savoir Vivre frönte, Anmerkung des Verfassers) , Playboys und Zeitgeistlern gehört eine geklebt, wenn sie sich einschlägig erwischen lassen, offen oder heimlich, geradewegs ins Gesicht oder hinterrücks. Je nach Stimmung und Stärke", hieß es damals arg die bürgerlichen Grundrechte beschneidend. Natürlich war und ist nicht jeder PKW Halter mit besagtem Playboy Bunny-Aufkleber eine frauenfreundliche Intelligenzbestie, aber erstens hat das nichts mit Pornographie im eigentlichen Sinne zu tun, und zweitens ginge dies die permanent Äpfel mit Birnen verwechselnde Alice Schwarzer auch einen feuchten Kehricht an. Ihre Zeilen könnten keinen besseren Beweis für deren Irrelevanz bieten, für die inhaltliche Nichtigkeit aufgrund permanenter Übertretung des guten Geschmacks (hier machte sie sich neben der Jagd auf das Geld ihrer Konsumentinnen ein zweites Mal mit den doch so verhassten Pornographen gemein). Hier genügt uns eben bereits das bloße Zitieren um einen vielleicht schlummernden „guten Willen" ad absurdum zu führen.

Selbst beim Anblick von harmlosen Pin-up-Bildern agitiert EMMA sogleich: „Gleich abreißen. Laut anfangen zu schimpfen." Es klingt so sehr nach der reinen Satire, doch es ist leider humorfrei, und in diesem Duktus ging es auch weiter, etwa bei der Thematik von „Sex-Shops", die für Alice Schwarzer und ihr Blättchen offenbar als völlig rechtsfreier Raum betrachtet wurden.

„Reingehen in die Sex-Kinos (zu mehreren). Stören. Lachen. Beim Orgasmus mitzählen wie beim Raketenstart oder zur Trillerpfeife greifen. Zum Beispiel. Oder die Typen fragen, ob das ihr Ernst ist (Vorsicht: Nichts unnötig riskieren - Männer schlagen schnell zu...")

Dass derart verhetzende Zeilen auch noch dankbare Abnehmerinnen fanden, lässt sich leider nicht komplett wegdenken. Und wir gehen leider des Weiteren ganz fest davon aus, dass die ideologisch weit möglich entfernt erscheinende Zeitschrift „Videostar Intim" sich strikt (er) an die Wahrheit hielt, wenn sie vermerkte, was sich Anfang 1988, zur Hochphase der PorNO-Kampagne, in Berlin ereignete.

„Tatsache hingegen bleibt, dass gut organisierte Gruppen militanter Emanzen blindlings und mit geistigen Salto Mortali ihre Interessen mit Terror austragen (...) Wir wollen gutwillig unterstellen, dass auch Alice Schwarzer Vorkommnisse wie am ersten Februar Wochenende in Berlin mit einigem Stirnrunzeln notiert: Brandabschläge auf zwei Sex-Shops, darunter der Uhse Laden an der Gedächtniskirche. Peters, Verkaufsleiter Video: „Die Brandsätze zündeten Samstagmorgen zwischen fünf und sechs Uhr, gottseidank gab es keine Verletzten." Der Sachschaden wurde mit „rund 500.000 DM" von Herrn Peters angegeben. Der Videostar weiter: „Am gleichen Wochenende stürmten 40 Radikal-Emanzen ein Sex-Kino im (Bezirk) Wedding, Besucher und Leinwand wurden mit faulen Eiern und Farbbeuteln besudelt. Interessant dabei: der Schlachtruf zum gezielten Wurf: „Feuer und Flamme für das Patriarchat" ist Emma Stammleseinnen nicht unbekannt". (Der Autor „verkehrte" selbst, eben nur zehn Jahre später, in einem solchen Etablissement dieses Bezirkes, und wie hätte er da als Betroffener in jener Situation selbst nur reagiert? Der Gewalt ansonsten gänzlich abschwörend. Aber, was wenn er nun selbst körperlich attackiert wird?) In Österreich wurde auch mit „sexpositiven" Feministen auf Symposium-Ebene diskutiert. Wobei es jedoch auch zu Angriffen anonymer Frauen auf Sex-Kinos kam, wo Türschlösser verklebt wurden, und Scheiben eingeschmissen. Insgesamt lief es jedoch in unserem Nachbarland gesittet ab. Die Feministinnen des Alpenlandes störte vor allem an Schwarzers Thesen, dass diese jede „abweichende Haltung als Verrat am Feminismus" unterstellten, und auch die BRD Autorinnen Adrianne Goehler und Margret Hauch fragten bereits 1988: „Hat EMMA vergessen oder gar nie verstanden, daß sich sexuell repressive Maßnahmen in patriarchalischen Strukturen immer zuerst und vor allem gegen Frauen richten?" Und sie liefern eine etwaige Lösung gleich noch hinterher: „Wie wär's mit 'ner Kampagne?! Für Pornos von Frauen."

Die Schauspielerin Senta Berger, die sich in besagter „EMMA" Sonderausgabe als klare Nicht-Porno-Konsumentin deklarierte, gab dennoch oder gerade auch deshalb ein salomonisches Urteil zur PorNO-Thematik ab, zeigte einen femininen Mittelweg auf, der Schwarzers Kampfgenossinnen wohl ewig fremd bleiben dürfte. Berger sagte nicht unklug, sondern wirklich beifallswürdig: „Gut an dem Gesetzentwurf finde ich, dass er auf die Frauenfeindlichkeit in der Pornographie aufmerksam macht, verstärktes Hinsehen bewirkt. Aber auf der anderen Seite gehe ich davon aus, dass auch viele Frauen Pornos gut finden. Und viele Frauen geben sich auch für Pornographie her. Ich habe auch Angst, dass so ein Gesetz von den Rechten missbraucht werden könnte und dass wir in die Prüderie der 1950er Jahre zurückfallen." Besser konnte frau sich dazu gar nicht äußern, auch wenn man noch dazu bedenkt, dass jenes militante Emanzen-Gebärde Anfang der 80er Jahre schon derart links war, dass es rechts wieder herauskam.

Die Autorin Gabriele Prahm hatte in ihrem Werk „Sex, Schluss, Aus - Die Liebe in den Zeiten der Pornographie", einen ähnlichen Eindruck der unglücklichen PorNO-Kampagne gewonnen. „Nein, nichts ist gelöst, nichts zum Besseren verändert worden. Jedenfalls nicht im Sinne der von A.S. initiierten Kampagne, deren Ziel es doch auch war, die Pornographie nicht nur zu kritisieren sondern konkrete Maßnahmen - sprich Gesetze dagegen zu bewirken. Dieses Vorhaben ist (bislang) gescheitert" schrieb sie 1992 und bis dato hat die Porno-Gegnerin Prahm wohl auch mit fleißigem Daumendrücken keine andere Vermutung parat. Alles sinnlos ist ja (fast) nichts im Leben, weiß schon der Volksmund, und so schickt sie in ihrem im Grunde gut lesbaren Buch noch einige Tiraden gegen die Pornographie hinterher, garniert mit einem Zitat von Elfride Jelinek, das da unversöhnlich lautete „Natürlich muss es Pornographie von Frauen geben, aber ich glaube nicht, dass sie frauenverachtend wäre. Der männliche Blick auf die Frau ist immer verachtend. Pornographie ist nicht die Darstellung einer Handlung, sondern Erniedrigung." Wenn Frau Prahm mithilft einen derartigen pauschalen Stumpfsinn in die Umlaufbahn zu schleudern, wird einem durchaus manches klar. Auch mischt sie zusammen, was getrennt betrachtet werden sollte, wenn sie zu besagter Zeit, Anfang der 90erJahre den Masochismus eine Belebung erfahren sieht, und sie eine Zigarettenwerbung mit einer abgelichteten Frau mit Lack, Leder und Peitsche wieder einmal als etwas verstehen will, was es nun keineswegs ist. Und dies ist dann mit Verlaub wirklich nur noch peinlich. Nun bringen auch häufig über das Ziel hinaus schießende Feministinnen mit sich, bei einer großen Menge an „output", auch einiges Wahre preiszugeben bzw. im Gepäck zu haben. Stellvertretend nenne ich aus dem Buch von Frau Prahm nur einmal drei Thesen, die durchaus stimmen könnten (aber bitte doch nicht wieder mit jenem langweiligen Ausschließlichkeitsverfahren von intoleranten Personen).

„Pornographie ist ein Spiegel unserer Gesellschaft", „Porno ist Synonym nicht Ursache" (so ähnlich äußerte sich zuletzt Salman Rushdie) und auch: „Ohne Macht und Unterwerfung, ohne Triumph und Demütigung ist Pornographie nicht denkbar, gar nicht existent". Wenn letzteres schon wieder mental leicht unter die Gürtellinie geht, und Prahm hier eventuell in ihrer

Aufregung das Stopp-Schild übersieht, wird es auf Seite 214 schon wieder belustigend (auf Intoleranz verbleibt einem oft reflexartig nur noch die Flucht ins heitere Fach). Gabriele Prahm folgert etwas vorschnell und sehr allgemein:
„Pornographie ist der Blick auf die Frau, das Bild der Frau in Werbung und Medien, pornographisiert ist das Machtverhältnis (vor allem ökonomisch) zwischen Männern und Frauen." Nun Frau Prahm konnte noch nicht ahnen, dass es künftig auch noch etliche Werbeclips geben würde (ihr Buch ist bekanntlich von 1992, einer doch anderen Zeit) in denen die Herren der Schöpfung - vor allem in Bierspots - als leicht bis mitteschwer dämlich hingestellt werden würden. Einmal holt sie in ihrem Band dann aber noch wirklich den Vorschlaghammer heraus, obwohl ich ihr zugestehen muss, dass sie so fair war, auch Frauenstimmen abzudrucken, die nicht gegen Pornographie waren.

„Denn Pornographie ist nicht Freiheit. Sie ist eben kein verteidigungswertes Gut der Menschheit. So wenig wie Alkohol oder Raserei auf den Straßen. Das Porno-Business ist ein menschenverachtendes Geschäft - und ist ausschließlich Geschäft." Da ich in diesem Werk an anderer Stelle über das völlig im Vordergrund stehende Geschäft selbst schrieb, laste ich ihr diesen Satz wirklich nicht an. Nur dieses Stakkato, dass man entweder dafür oder dagegen sein muss, leuchtet mir weiterhin partout nicht ein. Ein liberales „Nein" im Sinne von „mag ich nicht und interessiert mich auch nicht" scheint da doch zielführender, denn nicht die Pornographie wird jemals zu beseitigen sein (das würde ohnehin nur unter einer diktatorischen Herrschaft möglich werden, ist also wirklich keinesfalls erstrebenswert) sondern wir müssen unseren Umgang mit ihr überdenken - und für humane und faire mögliche Lösungen für ihr „lebhaftes Inventar" sorgen. Das nämlich wäre eine, oder sogar DIE entscheidende Aufgabenstellung.

Georg Seeßlen hat es doch schon vorweg genommen, inwieweit die Pornographie quasi endgültig ausdiskutiert werden kann - nämlich gar nicht - bezog er sich auf seine (dann doch in Summe sehr gelungene) Aufgabe die Geschichte des pornographischen Filmes zu schreiben „Niemand, der sich ernsthaft mit unserer Kulturgeschichte auseinander setzen möchte, käme auf die Idee ausgerechnet eine Geschichte des pornographischen Films zu schreiben." Und des Weiteren meinte er, sich selbst fast ausbremsend bis entschuldigend, und ich kann es ihm völlig nachempfinden:

„Die Geschichte des pornographischen Films ist ein Kapitel aus der Geschichte der Unmöglichkeit der Liebe im Abendland. Sie ist daher weder ohne Trauer noch ohne Sinn für die Groteske zu schreiben (...) Es ist in jeder Hinsicht ein gefährliches Terrain auf das man sich begibt." Was dann sowohl für jegliche Befürworter als auch auf die Porno-Gegnerschaft zutrifft, man trägt als Publizist, der sich dieses Themas bemächtigen mag - durch die Privatheit und Emotionalität - ständig ein Gefühl in sich; hier kann ich wieder ganz falsch liegen...

Frau Prahm war übrigens Redakteurin beim Magazin „Playgirl", einem Heft, dass es sich zur verkaufsfördernden Gewohnheit machte, nackte Herren in eindeutig männerfeindlichen Posen (Gruß an die feine Ironie) abzulichten - und nicht zuletzt davon zu existierten. Doch schließe ich mit Günter Amendt, der da sagte: „Porno, Puff und Peepshow sind folglich nicht unangenehme Begleiterscheinungen der sexuellen Liberalisierung, sondern deren logische Konsequenz."

Pornographie habe, laut Linda Williams eben auch („...mehr „Körper und Lüste" angesprochen (hat), als die Philosophie der feministischen Pornogegnerinnen sich erträumt (hatten"). Zumal die Vokabel Philosophie nichts anderes übersetzt bedeutet als Liebe zur Wahrheit...Schließen wir deshalb mit Teresa Orlowski, die dem „Playboy"-Autor Jürgen Kalwa für die Oktoberausgabe des Jahres 1989 im zarten Alter von 36 Jahren burschikos, aber nicht unwahrhaftig, folgendes hierzu in den Block diktierte: „In unserer Gesellschaft gibt es sehr viel Brutalität. Aber es ist kein Ausweg, die Männer zu hassen. Wenn eine Frau mit einem Mann schlechte Erfahrungen gemacht hat, muß sie deshalb nicht alle Männer verurteilen. Emanzen hassen Männer. Und sie hassen meine Produkte, weil sie glauben, wenn es die nicht gäbe, wären die Männer vielleicht doch scharf auf sie. Aber das ist Quatsch. Männer reagieren sich bei solchen Filmen ab. Viele von denen haben Probleme mit Frauen. Durch die Emanzipation gibt es nun noch mehr Männer mit noch mehr Angst vor Frauen. Alice Schwarzer ist eine intelligente Frau und schreibt gute Bücher. Sie ist keine hübsche Frau und hatte schon immer Streß mit Männern. Sie haßt die Männer, sucht die Frauen, die down sind, und versucht sie für ihre eigenen guten Geschäfte aufzubauen. Und die Frauen machen, was sie ihnen sagt, ohne nachzudenken."

Die Frauen selbst führten EMMAS PorNO Kampagne ad absurdum

Über wenig konnte ich mich bei der Arbeit dieses Buches mehr erfreuen, als festzustellen, dass die Frauen selbst es waren, die Alice Schwarzers PorNO Kampagne ins Abseits schrieben (was ich allerdings erst zum Ende des Buches, und nachdem ich bereits meine Gedanken dazu niedergeschrieben hatte, hier vorgelegt bekam). Angefangen hatten dies Adrienne Guehler und Margret Hauch für das Werk „Frauen und Pornographie" (1988). Sie enttarnte bei jener Kampagne, dass dort „...nirgends einen Gedanken verschwendet auf das Recht von Frauen, sich dafür zu entscheiden, in der Pornoindustrie ihre Brötchen zu verdienen, oder auf die Frage, ob die Angst durch Freier infiziert zu werden, nicht immer mehr Huren ins Pornostudio treibt. Nirgends eine Reflexion darüber, was uns erwartet an Zunahme von alltäglich-unspektakulärer Gewalt, wenn Männerphantasien nicht mehr auf Zelluloid gebannt sind." Beate Hofstadler ging acht Jahre darauf noch weiter in die Widersprüchlichkeiten und Fehlurteile von „PorNO". „Für EMMA sind

Pornofilme an sich gewalttätig, weil in ihnen Frauen erniedrigt werden. Dies sei auch der Grund, warum Frauen außer Ekel und Gewalt nichts zu diesen Produkten assoziieren können, meint EMMA. Auch dies ist ein Kurzschluß." Oder: „Auch in der Argumentations- und Interpretationslinie der Frauenzeitschrift EMMA wird den komplexen Zusammenhängen zwischen Sexualität und Gewalt innerhalb des Geschlechterverhältnisses nicht adäquat nachgegangen. Die zitierten Untersuchungen weisen vermehrt inhaltlich verschwommene Schlußfolgerungen auf, wie zum Beispiel:" Aus den Daten kann zwar nicht geschlossen werden, daß Pornographie das beschriebene Verhalten verursacht/ Man kann (...) auf jeden Fall folgern, daß sie irgendeinen Effekt hat" (EMMA, 11/1987). Erkenntnisse dieser Art sind bedeutungslos" (so die Akademikerin Beate Hofstadler korrekt.) Und dass Frauen per se Pornographie in jeder Hinsicht ablehnen, konnte diese in einer Untersuchung auch widerlegen. Eine Teilnehmerin der Erhebung, mit dem veränderten Namen Astrid sagte nach dem Betrachten des Pornofilmes „Lovely young Tracy 2" ganz interessantes, vielschichtiges: „Ja, wenn ich mir rein die Bilder des Pornos anschaue, finde ich es eher ziemlich aufregend, eher anturnend. Bis auf die Szenen jetzt ganz am Schluß (...) Das sieht immer so anstrengend aus. Aber so finde ich diese Art von Pornos eher geil. Wenn man den Text dazu hört...dann steige ich schnell aus. Dann denke ich mir, reduziert euch nicht so."

Ein bisschen Onanie sowie Prostitution und Pornographie - Ein Zusammenhang?

„Selbstbefriedigung ist für mich die normalste Sache der Welt. Vollkommen legitim und wunderbar. Es war in meinem Leben mit Frauen oft in der Wirklichkeit nicht annähernd so schön, wie ich es mir in der Selbstbefriedigung vorgestellt habe."

Dieses Zitat stammt nicht von einem Porno-Darsteller, sondern vom großen Entertainer und sanften Tabubrecher, Udo Jürgens. Er äußerte es 1992, in der Januar Ausgabe des Penthouse Magazins. Erstaunlich, und mit einer Ehrlichkeit versehen, die vielen Männern Mut machte. Er ging sogar noch weiter in die Tiefe, sprach davon, dass es bei der Eigenliebe „keine störenden, verletzenden Bemerkungen zwischendurch" gäbe. „Das haben wir doch alle erlebt, dass im Fall von Potenzproblemen die Frau sagt: „Was ist los mit dir? Steht er dir nicht?" Damit drückte er ziemlich genau Dinge aus, die auch mich betrafen, die Angst vor unnötigen „Verletzungen" in dieser Hinsicht, die den spaßbringenden Sex zu einer reinen Leistungsangelegenheit auswachsen lassen können. Mit ein Grund mich in die Pornographie abtauchen zu lassen, gepaart mit Bordellbesuchen, wo es im Endeffekt vielleicht nicht unbedingt moralischer, aber hygienischer und stressfreier als im normalen Leben funktionierte. Bibelfest bin ich überhaupt nicht, doch nun wird es Zeit zwei kleine historische Geschichten einzubauen, die vom Onanieren und seiner begrifflichen Herkunft sowie der Prostitution handeln, ehe ich wiederum die Pornographie untersuchungstechnisch hinzu ziehe. Zunächst zur Herkunft des Wortes „Onanie", weil ich stark annehme, dass sie dem ein oder anderen nicht, oder nicht mehr so geläufig ist, und wir den Abwertungen und subtilen Gehässigkeiten die damit oft verbunden sind („Der Schwächling traut sich wieder nicht, muss er eben wieder bloß onanieren"), somit ein wenig von der historischen Warte aus beggenen können. Montgomery-Hyde hatte das Alte Testament entschlüsselt und in vielen Teilen als „obszön, wenn nicht pornographisch in einem weiteren Sinne" genannt, und er erklärt uns hierin die Geschichte um Onan. Judas Sohn Ger war mit Thamar (nur „innerlich") verheiratet, und da Ger sündhaft wurde, erschlug Gott ihn. (Auch Sex und Gewalt sind also bestimmt keine Erfindung der Moderne.) Warum wurde Ger erschlagen? Montgomery mutmaßt, dass er homosexuell war, und „wie sein jüngerer Bruder Onan die Ehe" nicht vollzogen hätte.

Bei Leviticus, 20, Kapitel 13, Vers hieß es: „Wenn ein Mann mit einem anderen Mann in der Weise schläft, wie er mit einer Frau schläft, so haben beide eine Schändlichkeit begangen." Womit wir schon bei homosexuellen Handlungen wären. Doch zurück zum Kern: Onan weigerte sich einem väterlichen Befehl zu befolgen, nämlich seine Schwägerin zu beschlafen, sie dann auch noch zu heiraten und vor allem „ein Samenkorn zu setzen" (für eben den auch noch eigenen Bruder, was für ein Vater dieser Judas war, jetzt wird mir sein „Ruf" als Verräter vollends deutlich. Nach Sex, Gewalt, Tod und Homophobie, haben wir es also auch noch mit einer Form innerfamiliärer Schande zu tun.)

Doch Onan überlegte es sich anders. Da er „wusste, dass der Same nicht sein eigen sein sollte, wenn er einging zu seines Bruders Weib, ließ er's auf die Erde fallen und verderbte es, auf dass er seinem Bruder nicht Samen gäbe." Diese Handlung erregte Gottes Zorn und er brachte Onan um. Eine Schwangerschaftsverhütung erster Güte, noch dazu innerfamiliär, Onan war also, wenn man so möchte (jedenfalls meiner Auffassung nach) eher ein verantwortungsbewusster Geselle, denn ein Sünder.

Das Wort „Onanie" könnte im heutigen Sprachgebrach also eher mit Würde, denn mit Verachtung genützt werden, doch dem ist leider nicht so. Die Bibel bringt uns aber thematisch immerhin dahingehend weiter, als dass sie die Prostitution, die Berufsehre der Huren an sich gar nicht pauschal herabwürdigt.

Wir werden also das zweite Mal eines Besseren belehrt, wenn wir denn bisher meinten, Onanie und Huren seien Begriffe die in proletarischen, lichtabweisenden Hinterhöfen entstanden waren und ausschließlich ein Verschweigen sowie Verunglimpfungen nach sich ziehen sollten. Montgomery-Hyde: „Die Beschreibungen der Huren und ihrer Sitten im Alten Testament zeigen, dass die Prostituierten eine anerkannte Einrichtung der hebräischen Gesellschaft waren." Und auch wichtig: „Das berühmteste und am häufigsten zitierte Urteil König Salomons betrifft das Eigentumsrecht auf ein kleines Kind, das ihm von zwei Dirnen (...) gebracht wurde. Es zeigt deutlich, dass Prostituierte nicht nur Kinder hatten und diese ebenso liebten wie verheiratete Frauen, sondern dass sie auch das Recht hatten, am Hofe des Königs eine Audienz zu erlangen." (Wobei es in der Bibel auch Anti-Huren Sprüche gab, erinnert sei nur an „Lass dich nicht mit einer Hure ein.")

Montgomery-Hyde fällt ein eindeutiges Urteil darüber, dass die Menschen seit je her von Sünde, Unzucht und Obszönität befallen waren, und dass dies in der Heiligen Schrift nicht ehedem beiläufig manifestiert wurde. Er urteilt: „In den Seiten des Alten Testament werden Männer und Frauen als Objekte sexueller Begierde in Ausdrücken beschrieben, die rein pornographisch sind; hierbei ist es gleichgültig ob es sich um Prostituierte und ihre Kunden, Braut und Bräutigam oder andere Personen handelt (...) Er spricht von „hebräischen Schönen", die „reichlich Parfüm" verwenden um ihren Sex-Appeal zu steigern, und er wendet sich indirekt an die Adresse der Gläubigen: „Fromme Christen mögen es schwierig, wenn nicht sogar unmöglich finden, zuzugeben, dass die Bibel in jeder Hinsicht ein pornographisches Buch darstellt."

Immer diese Begriffe, und die damit einhergehenden (bisweilen halbseidenen) Definitionen. Prostituierte (klingt klinisch), Hure (klingt malerischphilosophisch), Nutte (klingt brutal abwertend). Meint aber im Grunde genau dasselbe, ein weiteres Paradigma, das uns durch unsere Sprache verrät, und ihr Umgang mit dieser auch auf unser Umfeld abfärbt. Aus dem

Alten Testament wurden wir also belehrt, dass die Verunglimpfung dieser Frauen nicht schon immer ein unausweichlicher Fakt war, eher im Gegenteil. Warum es heute noch so abwertend gesehen wird, dem doch „ältesten Gewerbe der Welt" nachzugehen, verwundert zum einen. Dass sich Porno-Darstellerinnen so vehement dagegen auflehnen, mit „Huren" in einen Topf geworfen zu werden aber bei weitem mehr. Zumal sie oft eine vorübergehende Ersteigerung ihres Körpers für Geld ins eigene Angebot nehmen, oft nach der aktiven oder während der Porno-Karriere. Und; ist „Stripperin" ein seriöses Berufsbild? „Nach den Pornos strippte sie...", klingt für mich auch nicht unbedingt nach beruflichem Aufstieg. (Allerdings waren die 32.000 US-Dollar, die Amber Lynn angeblich dem Vernehmen nach wöchentlich (!) durchs freche Tanzen in den 80ern einstrich, nicht zu verschmähen, sie waren eher ein lebhafter Beweis, dass Amber das Porno-Drehen nicht unbedingt mehr nötig gehabt hätte.)

Doch zurück zur Grundfrage. Immer wieder wurde auf die (angeblich!) frappierenden Unterschiede zwischen einer Hure und einer Porno-Darstellerin hingewiesen. Die eine geht halt „anschaffen", die andere ist dann einfach ein „Filmstar"? Dazu möchte ich meinen männlichen Lesern (das werden ohnehin 85 % sein) ein kleines „Spiel" anbieten.

Stelle dir vor, zwei Frauen wollen zeitgleich mit dir fest zusammen sein. Beide findest du attraktiv. Alles andere scheint auch zu passen. Humor, Geist, Charakter, Hobbys. Dann sagt dir die eine, in beichtender Tonlage, dass sie vier Jahre lang als Hure in Hamburg gearbeitet habe, um sich ihr Studium und eine Weltreise zu finanzieren. Die andere braucht sich hingegen nicht mehr genauer vorzustellen, sie kam dir gleich so bekannt vor, ja das ist doch der Pornostar „Gisela Gibsihm" die wohl ein jeder, aber mit Sicherheit abertausende Herren (als Onanier-Vorlage) kennen. Für welche Frau entscheidest du dich? Hier in einer Großstadt lebend wohlgemerkt, nicht auf einer Farm in den USA. (Da wäre es etwas total anderes.) Wenn dir die Antwort sehr schwer fällt, dann lese dieses Buch noch einmal genauer, ich bin sicher du kommst drauf, was ich mit meinem kleinen Spiel bezwecken mag...

Prostitution und Pornographie stehen nach meinem Dafürhalten immer wie an einer gemeinsamen Grenze. Einer Grenze, die trennt und doch verbindet. Einmal stehen sie sich also komplett konträr gegenüber, dann wieder vereint. Die unmittelbaren, quasi unausweichlichen Verbindungen gibt es jedoch nicht wirklich. Kaum eine Frau die (freiwillig) Hure ist, wird Lust haben in Pornos aufzutreten, und Porno-Darstellerinnen die in Filmen nicht mehr gefragt sind, müssen ja wiederum nicht zwangsläufig „anschaffen" gehen. Wie eigentlich in jedem Beruf, aber gerade wenn er bei Huren und Porno-Aktricen vernebelt bis gleich unwahr als „Job wie jeder andere" betitelt wird, muss man sich an die Gegebenheiten anpassen (können) , so sehr es eben der eigen Moral behagt, und den eigenen Fähigkeiten entspricht. Es muss und sollte - allerdings nur aus freien Stücken und unter guten Arbeitsbedingungen - beide Berufe geben, davon bin ich überzeugt.

Neulich fiel mir aber eine Zeitschrift vor Erstaunen fast aus den Händen. Es handelt sich um eine offizielle Publikation („Sex Magazin") die zur Berliner Venus Erotik Messe 2012 erschienen war, zwar deutlich aus unserem Untersuchungszeitfenster fallend, aber hierfür benötige ich sie denn doch. Neben Ausstellerhinweisen (wo sich also die jeweiligen Firmen in den Hallen befinden), Berichten über Sex-Spielzeug, High Heels, Fotostrecken, Porno-Werbeanzeigen und Interviews mit vermeintlichen Pornostars entdecke ich einen doppelseitigen Bericht der „Ausgezeichneter Escort" heißt. Es wird hervorgehoben, dass die Agentur namens „Personal Escort" auf jener Venus bereits zum zweiten Mal einen sogenannten „Sign Award" (Zeitschrift des Erotik-Handels, für Endkunden aber erschreckenderweise nicht erhältlich! Anmerkung des Verfassers) bekommen würde. Man sieht eine junge Frau abgebildet (die Bewerberinnen sollten zwischen 19 und 30 Jahren sein) die ihre Beine übereinanderschlägt und bei der man schon der Seriosität halber direkt nach dem Alter fragen würde, sie sieht zudem alles andere als glücklich - eher platziert wirkend - auf dem Foto aus.

Es wird des Weiteren von einem elfstündigen Coaching berichtet, das absolviert werden müsse, und wie viele gute Manieren hier erlernt werden, etwa „das Wasserglas des Mannes immer nachzufüllen oder vor dem Verlassen des Hotelzimmers seine Schuhe ordentlich hinzustellen und seine Kleidung aufzuhängen." Das ist ja eine richtige emanzipierte Berufsausbildung die sich gewaschen hat, durchzuckt es mich scherzhaft. Geht das bei der Industrie- und Handelskammer als Ausbildungsberuf durch? Immer langsam mit den jungen Pferdchen ist ein Kalauer der hier eigentlich nicht hingehört, ich habe auch nichts gegen geregelte Prostitution mit entsprechenden Rechten für die Frauen, nichts gegen Hotel- und Hausbesuchen von Huren, und somit erst recht nichts gegen gebildete Frauen, die aus freiem Antrieb Herren auf Geschäftsreisen in ihrer Stadt begleiten, und mit gutem Bildungshintergrund (mitnichten schwierig bei einer 19-Jährigen) für Stunden oder Tage das Leben angenehmer machen. Mich verwundert nur, dass sich die Pornobranche (und zu 80% geht es auf der Venus Erotik Messe um Porno, um mir Dildos in einem aufgebauten Sex-Shop anzusehen, zahle ich keine 38 Euro Eintritt) immer so mit weißer Weste von der Prostitution abheben möchte, und sich dann eine Escort-Firma mit einem „Report" in einer Venus Messe Zeitschrift offensichtlich einkauft, der eben nichts weiter als eine journalistisch aufpolierte Anzeige ist, um junge Frauen (auch) für käuflichen Sex anzuheuern. Das wäre früher eindeutig als Förderung von Prostitution durchgegangen, und heute?

Die Website „markt.de" klärt uns hinreichend über die aktuelle Gesetzeslage auf: „Eine Escort-Dienstleistung ist nach geltender Rechtslage absolut legal. Schon bevor das Prostitutionsgesetz 2002 in Kraft trat, waren entsprechende Dienstleistungen üblich. In der Praxis konnte man diese hinreichend "tarnen", sodass es nie zu juristischen Problemen kam. Auch heute besteht noch ein Unterschied in der rechtlichen und steuerlichen Interpretation von Escort-Dienstleistungen. Da es nicht ausschließlich oder hauptsächlich um den Vollzug des Geschlechtsverkehrs geht, sondern um eine professionelle "Begleitung", die ortsunabhängig ist und nicht zwingend sexuelle Aktivitäten beinhalten muss, war der Umweg "Escort" bereits vor etlichen Jahrzehnten eine gewissermaßen "geduldete" Form der Prostitution. Da Kontrollen in Bordellen und bei fester Wohnungsprostitution möglich waren, jedoch nicht bei Privatpersonen oder Hotelzimmern, waren die damaligen Escorts praktisch juristisch unangreifbar. Heutzutage macht sich kein Freier mehr der Beihilfe oder Förderung der Prostitution (außer in Sperrbezirken) schuldig und auch ganz normale Prostituierte können ihrer Arbeit legal nachgehen. Von dieser Seite aus kann man also Entwarnung geben."

Da bin ich aber froh. Möchte man müde gewordenen Porno-Aktricen nur eine neue berufliche Perspektive nahebringen? Und, die Agentur freut sich vermelden zu können, einen treuen Kundenstamm zu besitzen. Sollen sie. „Das liegt sicherlich auch an der Ehrlichkeit der Agentur den Kunden gegenüber. So sind alle Angaben über die Damen korrekt, vom Alter über das Gewicht bis hin zu den Fotos und Vorlieben. Eine „großartige" Leistung, denn wenn das nicht stimmen würde, wankte mein Weltbild aber gehörig. Schade, dass ich ein Mann bin und nicht mehr in den richtigen Jahrgängen, sonst wäre ich eventuell schon auf dem Weg zur elfstündigen Ausbildung...

„Sag mal stimmt das, deine Tochter geht jetzt anschaffen?" „Nein, nein sie macht Escort!" „Ach so, ich dachte schon..." (Selbstausgedachter Witz, der aber gar keiner ist.)

Zusammenfassend sei gesagt, dass sich jeder und jede mit den Konsequenzen vertraut machen sollte, welche die beiden Berufsbilder Pornodarstellerin und Hure mit sich bringen. (Beratungsstellen gibt es dafür einige.) Für mich wird es nur hanebüchen, wenn sich die eine von der anderen hochnäsig abzugrenzen vermag. Es sind schließlich beides Sex-Arbeiterinnen, deren Halbwertzeit in ihrer jeweiligen Branche begrenzt ist. Übrigens ähnlich einem Profisportler.

„...und ging zum Fenster, besah die Huren die durch ihre Arbeit die Nacht zum Tage machten. War ich wirklich noch in einer Form von ihnen zu unterscheiden?" (Traci Lords in „Underneath it all", über ihre Drogen geschwängerte Zeit als Pornodarstellerin.)

Auch hier müssen wir fast unweigerlich abermals Frau Flaßpöhler zitieren. „Die Masturbation ist also gewissermaßen salonfähig geworden (gut, das bezweifle ich immens, der Verfasser). Sie ist ein Akt der „individuellen Befreiung", ein „Genuss um seiner selbst willen", ein „Ausdruck von Autonomie" - und eben auch eine schier unerschöpfliche Geldquelle." (Richtig!)

Die Sexualwissenschaft hat das Wort

Am klügsten scheint es mir immer wieder auf das Neue, Ernest Borneman zu zitieren und reflektieren, da dieser bis zur seinem Tod (achtzigjährig) im Juni 1995 als lehrender Sexualwissenschaftler schon wegen der klaren, gut verständlichen Sprache in seinen Aufsätzen, stets ein Gewinn für wichtige Erkenntnisse war. 1915 in Berlin geboren (seine jüdischen Eltern besaßen am Kaiserdamm in Neu-Westend ein Kinderbekleidungsgeschäft) hieß er eigentlich Ernst Bornemann. Mit 17 trat er einer KPD-Untergruppe bei (arbeitete auch mit Wilhelm Reich zusammen) und änderte nach seinem späteren Umzug nach England seinen Namen eben zu Ernest Borneman.

Jedenfalls sah er den steten Verkauf von Pornographie als deutlichen Hinweis, dass sich die Hüter der bürgerlichen Moral auf der sicheren Seite fühlen können, da er die Pornographie als eine Art „Sicherheitsventil" einer weiterhin patriarchalischen Ordnung ansah. Er folgerte nicht nur, dass Pornographie sich zum Geschlechtsverkehr verhält, wie das Zuschauen beim Fußball, also keinen reizbildenden Beitrag auf dem Weg zum GV darstelle, sondern eher einen müden Ersatz, vielleicht sogar aus Furcht vor dem tatsächlichen Verkehr. (Was ich für mich persönlich für meine jungen spätpubertierenden Jahre im Nachhinein und ohne Umschweife zugeben muss.) Die Lust an Pornographie sei ein Substitut für den GV, die eben „mangelnde Lust" am selbigen terminiert. (Jüngste Forschungsresultate über Internet Pornographie belegen dies ebenso.)

„Die riesigen Verkaufsziffern der Pornozeitschriften, Pornofilme und Pornofotos beweisen, wie gering die Zahl der Menschen ist, die sich heutzutage ohne Krücken im Land der Sexualität bewegen können, und wie groß die Zahl der Frustrierten und Verkrüppelten ist, die nur im Geist fremdgehen, weil sie im Gegensatz zur These vom sündigen Fleisch eben nicht sündig genug sind, um zu tun, wovon sie träumen", stellte er einen harten, aber im Endeffekt doch ziemlich stimmigen Diskurs in den Raum, den wir aufgrund der wissenden Autorität des verstorbenen Bornemans nicht verleugnen sollten. Aber völlig uneingeschränkt nehme ich auch diese, aufrüttelnden Zeilen nicht hin, zumal es wohl völlig klar ist, dass es keinen endgültigen Schlüssel zum dauerhaften Liebesglück gibt. Dies macht alles müßig diskutierbar, es sei nur die Frage am Rande zurück gegeben, weshalb er hier ganz offen das sogenannte „Fremdgegen" propagiert, ohne die dadurch zumeist in Kraft tretenden Folgen (u.a. Ehescheidung, Verlust von Freundschaften, gesellschaftliche Ächtung, angestrengte Suche nach einem neuen fixen Partner usw.) zu benennen Wird da nicht das Prinzip „Wasser baut Strand, doch Wasser nimmt auch Land" unfreiwillig bemüht? Oder anders; gewichtete der Sexualwissenschaftler rein berufsbedingt die Sexualität nicht zu massiv? Schreibt er ihr nicht gar eine herauslesbare politische Komponente zu? Schon Staf Bischoff schrieb in seinem Buch „Weibliche Sex-Phantasien" in 1983: „In der Tat ist heute der ausgleichende „soziale" Wert der Pornographie unbestritten, weil sie Paare in sexueller Monogamie zusammenzuhalten vermag."

Ein leicht oberflächlicher Einwand der „entweder realer Sex oder Porno" These sei noch kurz gestattet, auch wenn sie nur subjektiv meine eigenen Erfahrungen zur Anschauung bietet. Egal ob in einer festen Partnerschaft lebend oder als Single, habe ich mich von je her mit Pornofilmen beschäftigt und auch ein Bekannter von mir sorgte in unserem damaligen Freundeskreis für heiteres Schmunzeln, als er endlich eine sexuell aktive Freundin für sich fand, noch häufiger meine Filmsammlung aufsuchte und zahlreiches „Material" entlieh. Womit wir uns vielleicht wieder an die These der „wissenden Sexualität" heranwagen könnten. (Er sichtete wohl quasi diverse auf ihn zukommende sexuelle Möglichkeiten, um auf alles gut vorbereitet zu sein, eine Art theoretischer Nachhilfeunterricht.)

Sehr befriedigend empfinde ich die Lektüre von Bornemans Thesen vor allem, weil er in alle möglichen Richtungen argumentiert und auch beim Thema „Argumente gegen Erotika" Standpunkte vertrat, die nachvollziehbar und logisch sind. Er sehe immerhin nur zwei Einwände gegen die Darstellung sexueller Akte. Zum einen, und hier erwähnt er kritisch die in der Debatte offenbar unvermeidliche Andrea Dworkin, kann man Darstellungen kaum gutheißen wenn man den Akt als solches missbilligt. (Das ist richtig.) Zum anderen missfällt Borneman, wenn nur einer der meist beiden Beteiligten daran seine Freude hat. (Auch das wieder absolut richtig.)

„Geschlechtsverkehr ist die wertvollste aller denkbaren Tätigkeiten und sollte deshalb in jeder erdenklichen Weise gefördert werden. Es ist ungut, ihn so darzustellen, als könnten nicht beide Partner im gleichen Akt befriedigt werden." Dass Erotika denn doch einen gewissen Nutzen haben (oder haben können) gab er somit indirekt zu , vor allem als er resümiert, welch wichtige Entdeckung der Sexualwissenschaft es war, dass Erotika ohnehin nur jene Neigungen stimulieren, die bei den diversen Testpersonen von vorneherein festlagen, dass es also zum Beispiel keine „Bekehrung" von Hetero zu Homo mittels laufender Bilder geben könne. Über diese Brücke gelangt er somit auch zu den sogenannten „Pornojägern". Hier bestehe laut Borneman eben vorwiegend die Angst an Selbstrespekt einzubüßen, wenn eine eigene Erregung bei „abartigen" Bildern eintritt, und den vermeintlichen Moralisten somit entlarve. Er könne „die Bedrohung nur dadurch von sich selbst abwenden, dass er sie auf sich selbst als deren Retter anbietet", entdeckt Borneman, der auch in seinem Werk „Sexuelle Marktwirtschaft" (Fischer Verlag, 1994) weitere interessante Statements abgab. Stellvertretend seien hier nur jene Zeilen zitiert:

„Pornographie ist also reaktionär, insofern sie eine Flucht aus der Realität und ihrer Verantwortung darstellt. Sie enthält aber auch eine dreifache revolutionäre Potenz: die Publizierung des Tabuisierten, die Veröffentlichung des Privaten und die Unwiderruflichkeit des einmal Veröffentlichten."

Ich hoffe und meine, dass sich genau diese dreifache „revolutionäre Potenz" in unserem vorliegenden Buch ausführlich genug widerspiegelt, denn speziell die Sache der Veröffentlichung des Privaten, gekoppelt mit deren Unwiderruflichkeit, war ja von Anfang an das begehrte Objekt dieser Untersuchung, welche eben die visuelle Pornographie schafft. Bemühe ich noch einen deutschen Kollegen Bornemans, nämlich Professor Eberhard Schoch von der Uni Hamburg, um die Erkenntnisse der Sexualwissenschaft auf somit zwei Beine zu stellen.

„Pornographie ist eine Konkretion kollektiver Phantasien, die vorhanden sind und die nicht erst geweckt werden müssen. Pornographie trifft sozusagen ins Schwarze dieser Phantasien, sonst würde sie sich nicht so gut verkaufen." Auch diese Aussage kann ein weiterführender Gesprächsstrang werden, was war nun zuerst da in der Moderne? Der Voyeur, der Werke zur eigenen Triebabfuhr benötigt, oder der Pornograph, der Produkte kreiert und einfach anbietet, weil er davon ausgeht, daran finanziell partizipieren zu können. Schorsch gibt Borneman auch darin Recht, dass durch das Betrachten spezieller Bilder und Szenerien z.b. nicht zur Homosexualität verführt werden kann. Und er argumentiert, wohl auch ein wenig in Richtung allzu unverbesserlicher Feministinnen „(...) so wenig kann er durch Eingreifen von außen zu einer Perversion verführt werden und so wenig durch Pornographie zu einer aggressiven Sexualität." (Er erläuterte recht abschließend, und aus heutiger Sicht nicht mehr ganz auf dem neuesten Stand, bedenkt man die inzwischen durchgesickerte Gefährdung junger Menschen durch die damals noch nicht vorhandene Internet-Pornographie, bzw. deren freiem Zugriff, die leider wohl häufig zu therapeutischer Betreuung Anlass gibt, was wir wiederum siehe folgendes Pressekapitel, im P.M Magazin vorrauschauend geschildert bekamen.)

Prof. Eberhard Schorch: „Pornographie ist also weder ein wissenschaftliches, noch ein therapeutisches, ist aber auch kein juristisches Problem, das durch Gesetze und Zensuren zu handhaben ist, sondern ein explizit politisches Phänomen." (Und wer konnte eben schon vor zwanzig Jahren ahnen, dass einmal ein Bundestagsabgeordneter mit kinderpornographischem Material aus dem Internet erwischt wird, hier traten also dann doch therapeutische, wissenschaftliche und juristische Probleme auf einen Schlag zu Tage, doch sprengt dies den Rahmen unserer Untersuchung, da verbotene Pornographie hier nicht behandelt wird.)

Auf dem Portal von news.de finde ich medizinische Neuigkeiten dazu, in Summe erstaunliches, was ich - da frei im Netz verfügbar - hier einfach einmal großzügig abschreibe:

„Die Wissenschaftler Simone Kühn vom Max-Planck-Institut und Jürgen Gallinat von der Charité haben dafür 64 erwachsene Männer im Alter von 21 bis 45 Jahren untersucht. Wie die Max-Planck-Gesellschaft berichtet, wurden diese zunächst zu ihren Sehgewohnheiten in puncto Pornographie befragt. Erfasst wurde unter anderem, seit wann und wie oft bzw. lang die Probanden Sex-Filme schauen. Mit Hilfe einer sogenannten Magnetresonanztomographie (MRT) hielten die Forscher schließlich fest, wie sich die Hirnstruktur der Befragten gestaltet, und auch wie sich ihr Gehirn beim

Konsum pornografischen Materials verhält. Dabei stellte sich ein erstaunlicher Zusammenhang zwischen der Anzahl der Stunden, in denen Pornos geschaut werden, und der Größe der grauen Substanz im gesamten Hirn heraus. Demnach schrumpft das Hirn bei steigendem Pornokonsum. Betroffen sei vor allem das Striatum, das zum Belohnungssystem des Gehirns gehört. Laut der Studie nahm sein Volumen ab, je mehr sich die Probanden mit pornografischem Material beschäftigten. Das Belohnungssystem leiere im Vergleich zu Personen mit seltenerem Pornokonsum gewissermaßen aus, schlussfolgert Wissenschaftlerin Kühn." (Ich selbst bin nun aber wirklich froh, stolz und glücklich - trotz meines getreu dieser Untersuchung kaum noch wahrnehmbaren Hirnes - dieses Buch doch noch niedergeschrieben zu haben, und frage mich inständig, wie dies überhaupt gelingen konnte...)

Und noch viel wichtiger; die Theorie Porno sei die Theorie, Vergewaltigung die Praxis wurde schon frühzeitig unterbunden. Im Werk des Dänischen Psychologen Berl Kutschinsky („Pornographie und Sexualverbrechen. Das Beispiel Dänemark" (1971) wurde im Vorwort gemutmaßt: „daß durch die freie Verfügbarkeit von pornographischem Material einen potentiellen Sittlichkeitsverbrecher gar nicht dazu kommen eine kriminelle Handlung zu begehen", was er dann aber auch in statistischen Zahlen zu fundieren wusste. Aber noch ein weiteres Problem taucht im Pornofilm auf, das sowohl Ernest Borneman als auch Sigmund Freud zum Thema machten - der Coitus Interruptus. Er sei, wie sich beide einig waren, der Auslöser von Angstneurosen, sowohl beim Mann (ergo wohl auch beim Autor dieser Zeilen?), als auch bei der Frau. Borneman über die gängige Praxis, die es beim Pornofilm selbst und somit auch beim onanierenden Seher geben würde (1984): „Als empfängnisverhütende Prozedur unzuverlässig: gesundheitlich für beide Partner schädlich. Wenn die Frau im Augenblick des Zurückziehens das Glied ergreift und masturbiert oder den Penis schnell in den Mund nimmt, um die Ejakulation dort aufzufangen, können die für den Mann schädlichen Effekte vermieden werden, aber selbst dann führt das Verfahren bei beiden Partnern zuweilen zur Angstneurose." Sigmund Freud (1882) zuvor wurde noch etwas genauer: „...für die Frau wird er es aber nur dann (eine Schändlichkeit), wenn der Mann ihn (den CI) rücksichtslos übt, das heißt den Koitus unterbricht, sobald er der Ejakulation nahe ist, ohne sich um den Ablauf der Erregung der Frau zu kümmern. Wartet der Mann im Gegenteile die Befriedigung der Frau ab, so hat ein solcher Koitus für letztere die Bedeutung eines normalen; es erkrankt aber dann der Mann an Angstneurose." Und wieder ist offenbar für Pornographen ein hoher Preis zu bezahlen... Svenja Flaßpöhler bringt in ihrem Kapitel 4.2 Die Sichtbarkeit gegen die Angst aus ihrem Buch „Der Wille zur Lust" dem Pornofilmbetrachter indes noch weiterführende Erläuterungen. Sie eruierte die weiteren Tücken des Pornokonsums. „...führt der Pornofilm seine Bilder schlichtweg vor - denn sein Programm ist die detaillierte Sichtbarmachung angstbesetzter phantasmatischer Szenarien, welche im Zuge der Visualisierung domestiziert werden. An die Stelle der Angst tritt also die Sichtbarkeit des vermeintlich Realen - und weil genau diese Sichtbarkeit für die geschossartige Stimulation des Betrachters sorgt, kann man sagen: An die Stelle der Angst tritt die sexuelle Erregung - eine Erregung, die fortwährend aufrechterhalten werden muss, damit die Angst „unten bleibt". Nun, gewiss, als depressiver Angstpatient mit gelegentlichen Panikattacken, weiß ich aus dem eigenen Gefühlsleben das, was Frau Flaßpöhler hier veranschaulicht, völlig zu würdigen. Es stimmt. Der aufgestaute Druck, die Last des an Angst leidenden Patienten (beispielsweise bei einer generalisierten Angststörung, oder auch bei anderen Männern, die eine direkte Angst vor dem Geschlechtsverkehr gepackt hat) wird durch die durch den Pornofilm zustande gebrachte Triebabfuhr kurzweilig scheinbar gelöst.

Svenja Flaßpöhler führt diesen Ansatz wunderbar fort und nennt (in „Der Wille zur Lust") in einem weiteren Unterkapitel doch glatt und ehrlich „Die Angst im Griff des Masturbators". Auf Seite 231 macht sie es dann noch einmal plakativ (und es schadet nicht, sich diese Zeilen zweimal durchzulesen, denn es ist nicht völlig leicht verständlich und doch sind es absolute Schlüsselsätze ihres Werkes):

„Denn auch wenn das Reale letztendlich niemals einholbar ist, hat der Betrachter doch den Eindruck, es zu sehen – und genau dieser Eindruck ist verantwortlich für die unvergleichliche perfomative Kraft des Pornofilms (perfomativ; laut Duden „eine mit einer Äußerung beschriebene Handlung zugleich vollziehend, z.b. „ich gratuliere dir"). Insofern bleibt die durch die Apparatur garantierte Distanz zum Filmbild ganz offensichtlich gerade *nicht* bestehen - greift doch das Bild stimulierend auf den Betrachter *über*. Dieser Übergriff generiert aber, und dies ist entscheidend, keine Angst, sondern entfaltet gerade aufgrund der Distanz zum Bild lediglich stimulierende Wirkung. Gerade weil der Betrachter also durch die Bilder erregt und nicht etwa verängstigt wird, hat er die Kontrolle über das (vermeintlich) Reale." Und auf Seite 249 schreibt sie in ihrer schmissigen, schlüssigen Zusammenfassung: „Das Filmprojektil jagt keine Angst ein, sondern richtet immer wieder die Potenz auf. Der Betrachter, so lässt sich dieser Zusammenhang auf den Punkt bringen, hat seine Angst masturbierend im Griff."

Seriös oder tendenziös? - Pornographie im „SPIEGEL" und anderen Gazetten (1988 bis 1999)

„Ist die sexuelle Freiheit am Ende?" fragte Hellmuth Karasek in seinem Leitartikel im Hamburger Nachrichtenmagazin „Der Spiegel", in der ersten Ausgabe des Jahres 1988, als die PorNO-Attacke aus dem Hause „Emma" ihrem Erregungs-Höhepunkt zustrebte. „Der neue Streit um die Pornographie" prangte gar auf der Titelseite, und dies war nach 1969 und 1971 erst das dritte Mal in der traditionsreichen Geschichte des Magazins, dass die Porno-Thematik den Titel zierte.

Einleitend begann der bereits verstorbene Karasek mit einem geschichtlich-kulturellen Aufguss, um sich als Intellektueller dem Thema ohne Gesichtsverlust nähern zu können. Da wird Gustav Flaubert's Roman „Madame Bovary" erwähnt, für den dieser sich dereinst in Frankreich im Jahre 1856 gerichtlich verantworten musste. („Unstreitig eines der größten Romane der Weltliteratur.") Dann geht er auf das zu Beginn der 20er Jahre aufgeführte Theaterstück „Der Reigen" von Arthur Schnitzler ein, obwohl weder in diesem Stück noch in Flauberts Roman etwas Prägnantes gezeigt bzw. beschrieben wurde. Von Hündchen auf Stöckchen geht er weiter zum Knef'schen Nacktauftritt in „Die Sünderin" (1951) zum „Schweigen" Ingmar Bergmanns aus 1963. (Alles noch völlig pornofrei.) In 1976 fährt er dann fort, Anlass war die Indizierung des auf der Berlinale gezeigten Kinofilms „Im Reich der Sinne", das staatsanwaltlich seinerzeit als „harter Porno" eingestuft wurde. Hier setzt das Thema im Grunde ein, doch Karasek ging geflissentlich chronologisch vor, ziemlich neutral auf seiner gewohnten Spielwiese. Karasek auf den Punkt kommend: „Bis zur Mitte der siebziger Jahre war es das Prinzip Unzucht, mit dem der Knüppel des Gesetzbuchparagraphen 184 seit Kaisers Zeiten gegen das Obszöne geschwungen wurde. Unzucht war ein Begriff, mit dem die Kirche sich den Staat zum Büttel gemacht hatte. Denn die christliche Lustfeindlichkeit, die Geschlechtsverkehr nur zur Zeugung und nur innerhalb der Ehe für propagandierungswürdig erachtete duldete keine Darstellung von Geschlechtlichkeit als Selbstzweck (...) Mit der Reform des Paragraphen 184 wurde der Begriff „Unzucht" durch den der „Pornographie" ersetzt. Pornographie sei, was „ausschließlich oder überwiegend auf die Erregung eines sexuellen Reizes beim Betrachter abziele, so der Kommentar zum Gesetz."

Und Karasek weiter: „So war die Reform der Sittlichkeitsgesetze in der sozialliberalen Ära (nicht anders als in den übrigen Industrienationen, denen die aufgeklärten skandinavischen Länder als Avantgarde voranmarschierten) von einem optimistischen Fortschrittsglauben begleitet."

„Was versprach man sich nicht alles von der sexuellen Liberalität!", polterte Karasek enttäuscht, „eine offene, sexuelle Gesellschaft ohne Heuchelei, Krampf und Unterdrückung", nannte er leicht resigniert die einstige Zielvorgabe, so als ob die damalige Politik noch eine indirekte Mitschuld an deutscher Verkrampfung tragen sollte, ausgerechnet in dem sie ein Gesetz zur Lockerung durchsetzte? Grotesk. Willy Brandt der erste politische Womanizer der Neuzeit etwa als Bewahrer und Propagandist verkrampfter deutscher Tugenden? (Auch wenn er Porno einmal als „Schweinkram" abkanzelte.)

Karasek wird schier zur männlichen „Emma" auf der Schreibmaschinentastatur, als er sogar Vergewaltigungsstatistiken zu Rate zieht, und mit der Pornographie in Einklang bringen will.

„So ist die Häufigkeitsanzahl in der Bundesrepublik während der letzten zwanzig Jahre konstant geblieben." Spitzfindig entdeckt er, dass die „Zahl der sexuellen Nötigungen sogar zugenommen hat. 1971 waren 2051 Fälle erfasst, 1986 waren es 3786 Fälle. Karasek kritisch: „Eine Trendwende im Zeichen der Freiheit läßt sich beim besten Willen nicht ablesen." Nach geschichtlichem Exkurs und Statistiklese kommt dann bei ihm sogar noch die sexualwissenschaftliche Komponente ins Bild. Wissenschaftsreporter Dieter E. Zimmer weiß da beispielsweise, dass „Szenen in denen Frauen gefoltert und getötet werden, auch wenn sie frei sind von jedem offenen sexuellen Inhalt", angeblich jeden dritten Mann sexuell erregen. (Es verwundet sehr, woher er diese abnormen, völlig verbotenen Filme bezog, und wie vielen Herren diese auch noch vorgespielt wurden. (Mit Pornographie hat das nichts zu tun („frei von jedem sexuellen Inhalt") sondern mit reiner, verabscheuungswürdiger Gewalt.)

Karasek fuhr die Thematik jedoch allmählich völlig verlassend fort: „Mit anderen Worten: Der wiederholte, der ständige Konsum von Gewalt führt (auch) zur sexuellen Verrohung und Abstumpfung." Und er ist nicht zu bremsen, kommt zur („mit biblischem Zorn") ausgestatteten Andrea Dworkin über Lesbenspiele und Sado -Maso (die Redaktion garniert sein Pamphlet mit Fotos von Ledermasken, von einer Peepshow-Szene, einem Porno Super-8-Film Verkaufstisch, einem Bild aus „Deep Throat" etc). bis zu Singers Roman „Der Pornograph" wo er abermals wieder etwas findet, was er denn verzweifelt gesucht hat, und nur allzu gerne verallgemeinert. Hierin wird die Frau „nur verbraucht" was den Autor jener „Spiegel"-Zeilen wieder zu einer nicht wirklich gegeben Parallele verführt:

„Die Herrschaftsideologie der Pornographie zeigt sich am deutlichsten in den sadistischen Wahngebäuden, bei denen das Recht zum Töten des Sexualobjekts (Wäre Herr Karasek ein Hund, würde man ihn damals sicherlich spätestens an dieser expliziten Stelle höflich fragen, „ja wo ist er denn?") und das Lustempfinden dabei als höchste Freiheit gefeiert wird."

In jenem Jahr des „Spiegel"-Artikels, 1988, bei uns in Deutschland erst 1989, erschien in England das Werk „Porn Gold" von den dort ansässigen englischen Autoren Hebditch und Anning. Diese stellten in ihrer Recherche fest, dass es durch Pornographie zu keinem Anstieg von Sexualverbrechen komme: „Dafür gibt es keine Beweise. In Schweden, Dänemark und Westdeutschland (sie meinen die BRD) Länder, in denen die Pornographie seit mehr als einer Dekade legal ist - sind schwere Verbrechen wie Vergewalti-

gung (...) signifikant zurückgegangen. (...) In diesem Zusammenhang ist es interessant, dass Vergewaltigungen in der normalen Pornographie selten vorkommen (viel seltener als in konventionellen Filmen, Fernsehdramen und Büchern."
Dass Karasek diese Untersuchung aus zeitlichen Gründen noch nicht kennen konnte, sei ihm somit im Nachhinein zugestanden, er bemühte sich aber in seinem „Spiegel"- Essay auch leider um keinerlei andere Sachbücher, um wirklich fundiert vorzugehen.

Und dann zeigt Karasek eine einsetzende Hilflosigkeit (sich des Themas einmal zur Abwechslung sachlich zu bedienen fällt einfach flach), noch weitere verdorrende Blüten, als er auch noch Frau Elfriede Jelinek als Waffe im schmutzigen Kampf zur Hilfe nimmt, die sich mit einigen ihrer Zitate doch schon selbst allzu oft bloßgestellt hatte. Jelinek dichtet, und der Literaturkritiker nimmt allzu dankend an: „Das beste Mittel gegen Pornographie wäre ihre gesellschaftliche Tabuisierung." (als ob es die nicht schon hinreichend gäbe!) „Allgemeine Übereinkunft müsste sein, den Konsumenten lächerlich zu machen, ihn dazu zu bringen, sich zu schämen." Auf derartiges, intolerantes, beleidigendes Geschreibsel möchte ich am liebsten gleich einmal die gute alte Teresa Orlowski mit ihren wippenden Brüsten über die Mattscheibe flimmern lassen, mich abgrundtief dabei schämen - und dies für Frau Jelinek am besten gleich noch mit erledigen....

Was bei jenem damaligen Artikel doppelt verwunderte, ist, dass Hellmuth Karasek Alice Schwarzer nur völlig untergeordnete pekuniäre Motive zubilligte (EMMA selbst schrieb anlässlich des Auslieferungsstopps einer ihrer Ausgaben plump: „Das ist Pressezensur! Jetzt aus Solidarität und Protest EMMA abonnieren!"), und auch noch in devot-zartes Mitleid verfällt, als er berichtet, dass eine Ausgabe von „Emma" von den Grossisten einer Auslieferung an Kioske verweigert wurde. Hierin ging es um Gewaltpornographie und natürlich waren diverse, unschöne Bilder (als Verkaufsargument etwa gar nicht bedacht?) sichtbar gemacht worden. Zum absoluten Porno-Apologeten möchte sich der hiesige Verfasser bekanntermaßen nicht aufschwingen, angesichts jenes 1988er Artikels mit derart windigen Argumenten könnte man jedoch zweifelsfrei dazu gebracht werden. Wenn am Ende etwas deutlich wird, dann dass die Recherche Karaseks nicht gerade unbedingt im „learning by doing" Verfahren absolviert wurde, denn vom eigenen Befingern der Video Fernbedienung; sprich dem Sehen (nicht verbotener!) Pornofilme, erfuhren die Leserinnen und Leser überhaupt nichts. Klar, könnte ihm ja doch ein wenig gefallen haben. Schwarzer, Jelinek, Dworkin und Karasek, das passte nun für mich gut zusammen...

Schon ein dreiviertel Jahr später (Ausgabe 44/ 1988) kehrte „Der Spiegel" zum unerschöpflichen Thema zurück. „Lieben Frauen Porno?" hieß nun der Titel und die Headline der Story „Die erotische Gegenkultur muss her", was doch schon ein anderer, weit kreativerer, visionärer Ansatz war, der von einigen aktiven Frauen in die Wege geleitet wurde, die eine Lustauslebung nach ihrem Gutdünken planten, ohne dabei in die allzu stumpfe „Rein-Raus-

Rüber" Akrobatik nach männlichem Muster zu verfallen. (Die unter dem Banner des Feminismus fungierende EMMA-Karikaturistin Franziska Becker konterte wenig feinfühlig, geschweige denn geistreich: „Lieben Neger Apartheid?")

Ich bin im Übrigen nicht der Erste, welcher sich mit einem Pornographie-Artikel des „Spiegel" kritisch auseinandersetzt, auch die bekannte Porno-Zeitschrift „Videostar Intim" aus dem Hause Teresa Orlowski nahm sich in ihrem Editorial der Ausgabe 1/ 1989 der Sache an und konterte geschickt, hemdsärmelig, mit leicht infantilem, gewiss nicht nachahmenswertem Sprachbild aber doch mit meiner Einschätzung sehr korrespondierend. Ich fand jenes Editorial erst, als ich meine Sätze über den Spiegel-Artikel schon niedergeschrieben hatte, war aber darüber leicht erfreut und eher dankbar, wie ich zugeben muss, weil es einmal ein vermeintliches Beispiel dafür ist, dass wir uns leider oft über Vorurteile definieren, und an reinen Namen oder Titeln orientieren. Wer ist denn seriös, eine Porno-Zeitschrift oder der große „Spiegel"? Hier muss dies direkt echt einmal für einen Moment überdacht werden, wie Sie gleich erfahren werden.

Der Videostar: „Wir begrüßen ein neues Porno-Magazin. Es heißt „SPIEGEL", ist auch außerhalb von Sexshops erhältlich - und das zu einem konkurrenzlos günstigen Preis (...) Im Ernst: Was der „SPIEGEL" Nr. 44/ 88 auf 20 Seiten mit Für-und-Wider-und-ich-liebe-und-ich-PorNO vollkleisterte, hat nur deswegen keinen vollmundig pornographischen Charakter, weil die, die's lesen müssen (der seriösen Information zuliebe) schließlich ein Nachrichtenmagazin in den Händen halten. Es darf allerdings auch onaniert werden, denn die veröffentlichten Fotos hätten vergleichsweise biedere deutsche Männermagazine sofort per „Einstweiliger Verfügung" ausgeknockt. Dafür fehlten dann wenigstens die Urhebervermerke. Teresa im „Spiegel" weitgespreizt: wie schön! (...) Schön auch die seit vielen Jahren mit noch mehr Penetranz geübte Praxis der Bildunterschriften: Personennamen im Fettdruck, danach was Animierendes („Immer eine Penislänge voraus"), das die Abgebildeten zwar so nie gesagt haben, was aber immerhin auf gleicher Seite in anderem Zusammenhang auftaucht, wer sucht, der findet, und die journalistische Sorgfaltspflicht beruhigt im Salto rückwärts das Gewissen."

Das Peter Moosleitner (Kurz P.M. Magazin) nahm sich der „Geschichte der Pornographie" in seiner März Ausgabe des Jahres 1999 an, ‚beschrieb die Pornographie als „drastischen Sex ohne Geheimnisse", und schloss visionär, vernunftvoll und einleuchtend in einem Fazit frei von Heuchelei: „Das Thema ist schon an der Wurzel ambivalent, und wird es wohl auch bleiben, trotz allmählicher Befreiung aus den körperfeindlichen Normen des Christentums und der bürgerlichen Moral (...) Wer sich davon (der Sexwelle, Anmerkung des Verfassers) belästigt oder überfordert fühlt, sollte daran denken: Die neue Pornoflut ist nur eine Facette des ohnehin hochaktuellen Themas der Informationsüberflutung. In Zukunft werden wohl alle lernen müssen, selbst zu entscheiden, was wir sehen oder hören wollen oder was nicht. Mit anderen Worten: lieber Selbstverantwortung übernehmen, als

nach Verboten rufen!" (Eine Auskunft, die man sehr gerne den orakelnden „Pornofizierung" und „Porno-im-Mainstream" Jüngern zukommen lassen mag.)
Der „Stern" ging noch anders zu Werke, mehr am Boulevard befindlich, berufe ich mich bloß einmal auf drei mir vorliegende Artikel aus den Jahren 1992 („Fabrik der heißen Träume") und 1994 („Stöhnen bis der Oscar kommt", „Sex brutal"). Im ersten Bericht ging es um einen Dreh bei DBM (im speziellen um Dolly Buster), im anderen um die weltweit größte Erotik-Messe von Las Vegas, wo es als Höhepunkt eben zur Verleihung von „Porno Oscars" kommt. Beiden Texten ist zu Eigen, dass sie mit vielen bunten, recht intimen Fotos unterlegt sind. Ansonsten lesen wir sehr vieles von dem, was ohnehin schon allgemein bekannt war („Für die Darstellerinnen und ihre männlichen Kollegen sind die Lust-Spiele harte Arbeit") oder doch dann einen heimlichen Appetit, eine heimliche Sehnsucht kolportierend („Nobles Ambiente: Gedreht wird in Cannes und auf Ibiza.")
Trivial-ordinär geht es auch her („…massiert er unter Wasser ausgiebig die Hoden. Er darf jetzt nicht mehr an seinen Haarschnitt denken, nur noch: Ich habe Bock auf eine Frau."), ehe es dann medizinisch wird, sogar chirurgisch und es könnte sogar aus der Veterinärmedizin stammen, wenn man es nicht besser wüsste, unappetitlich ist es in jedem Fall.
„Seit ihrer letzten Brustoperation vor zwei Wochen hat die offiziell 22-Jährige stark abgenommen. Fast wäre sie verblutet nach dem vierten Eingriff, bei dem das erschlaffte, ein Jahr zuvor maßangefertigte Silikonimplantat in Sondergröße ersetzt wurde. Vom faustgroßen Bluterguss, der wie eine dritte Brust abstand, ist eine unangenehme Druckempfindlichkeit zurückgeblieben. An den betonharten Monstern trägt sie so schwer, dass seitdem nicht nur der Schlaf, sondern auch der Stellungskrieg beeinträchtigt ist." Dann wird in Teilen der Leserschaft wieder konträr mit einem Neidkomplex gespielt („Die Brillantuhr von Dino für 40.000 DM") ehe es nach Porno-Schaf Dolly eben um ihren „Förderer" und Ehemann Dino Baumberger geht, was dann wirklich ein gewisses Interesse, wenn auch normalerweise durch diese ewige Protzerei wenig Sympathie hervorrufen kann. Um alle journalistischen Register zu ziehen, wird noch das Thema Aids abgehandelt, in äußerst spekulativer Form, versteht sich. Da habe eine Darstellerin trotz der großen Hitze ständig Schüttelfrostanfälle. Diese habe zudem sehr viel in letzter Zeit an Gewicht verloren. Und dann wird es journalistisch tieftraurig bis höchstens noch semiseriös „Keiner redet am Set von Aids. Aber viele vermuten, dass etwas mit Celia nicht in Ordnung ist. Noch am selben Tag wird weitergedreht". Die Schreibweise eines sinkenden „Stern (s) "?
„Stöhnen bis der Oscar kommt" aus 1994 kam dann wenigstens origineller daher. Der preisgekrönte Journalist Sven Michaelsen berichtet hier über die Erotik-Messe in Las Vegas, einer Veranstaltung die in der Bundesrepublik nicht einmal ansatzweise in jener Form 1994 (vor allem fürs Porno-Publikum) stattgefunden hatte, und somit ein Vorgeschmack auf künftige „Events" hierzulande war. Die schriftliche Ausdrucksform wechselt vom

bissig-infantilen „An den Ständen der Porno-Grossisten posieren schwach gekleidete Damen, deren fußballgroße Silikonbrüste drohen jeden Moment zu platzen", zum originell-humorigen („Die 25000 Besucher, zu 90 Prozent Männer, sind herzlich eingeladen, im Ausschnitt der Busenwunder zu schnorcheln und sich dabei knipsen zu lassen") ,ehe es dann in Michelsens recht flottem Artikel noch zu weiteren, slapstickartigen Sätzen kam („Eröffnet wird die Oscar-Show von einem hysterisch aufgekratzten Witzeerzähler, der zu seinen Zoten gestikuliert, als hätte er es mit Gehörlosen zu tun"). Eingebaut natürlich auch; Zahlen, Fakten und wörtliche Rede von Protagonisten, wie es die journalistische Sorgfaltspflicht gebietet...

Der Artikel endet mit einem kleinen, aber aussagekräftigen Blick hinter die Kulissen, als der männliche Darsteller Steve Drake von einem „Mädchen gefragt (wurde), das daheim 1700 Pornos im Regal hat, „ob er denn „privat noch viel Sex habe." Daraufhin sagte Drake mit entwaffnender Ehrlichkeit: „Das letzte Mal vor drei Jahren". Wer wollte es ihm verdenken....

Am 1.12.1994 dann ein verkaufsfördernder Möchtegern-Schocker am Titelbild des „Stern." Eine zierliche Asiatin, leicht gefesselt mit einer Kordel um ihre kleinen Brüste und den Zeilen „Sex brutal Neue Studie Pornographie ihn Deutschland." Auf Seite 5 entdecke ich dann mit Hilfe einer Lupe, was es mit diesem Titelbild auf sich hat. Es ist eine Aufnahme des bekannten Erotik Art Fotografen Gilles Berquet, und stammte aus dem Erotic Art Museum Hamburg, hat also ergo mit Pornographie überhaupt nichts zu tun, aber „Porno" als Oberbegriff und leicht verschnürte Titten, da geht schon was über den Tresen an Auflage....Die 11 seitige Reportage zum Thema Porno besteht aus zwei gesonderten Abhandlungen „Sex brutal: Lust auf Gewalt" und „Mama, ich mach jetzt Porno", wo über Mütter berichtet wird, deren Töchter (und ein Sohn) eben diese Filme drehen, und wie diese damit umgehen. (Unter anderem wird hier die Mutter von Dolly Buster interviewt, wie wir das schon an anderer Stelle hier im Buch erwähnt hatten.) Der erste Artikel, um den es hier vorwiegend gehen soll, wartet mit einem Riesenfoto von Dominas und Sklavinnen auf, und mit den harten Zahlen und Fakten, die man mit der erhofften Aussage, dass alles brutaler und perverser geworden war, versucht in Einklang zu bringen: „Gut eine Milliarde Mark wurde im vergangenen Jahr in Deutschland mit Schweinkram verdient. 780 Sexshops setzten mit Videofilmen 210 Millionen Mark um. 6000 Videotheken kassierten 380 Millionen Mark für Pornocassetten; und 125 Millionen gaben die Bundesbürger für Gleitcremes, Dildos, Reizwäsche und pornographische Literatur aus", setzt der Artikel an. Mit Zahlengewirr geht es weiter, und hier konkret mit einer Langzeitstudie die der Diplompsychologe Henner Ertel betreut hatte. (Ich besitze die Ausgabe von 1990, hier geht es jedoch um neue eruierte Zahlen aus 1994, aus der Fortsetzung dieser Studie.) Da werden vom „Stern" dann marginale Verschiebungen bei der „Lust auf Gewalt", und der Suchtgefahr durch Pornos als unumstößlicher Beweis zur Hilfe genommen, ohne dass sie wissen, inwieweit das der Porno-Industrie anzulasten wäre. Angeblich hatten 1988 „zwei Prozent der Männer und ein Prozent der Frauen aktive Vergewaltigungsphantasien", und diese seien zum Zeitpunkt des Artikels „vier und fünf Prozent bei beiden Geschlechtern." Was sagte uns dies nun eigentlich? Dass durch „schlimme Pornos" die Menschen gewalttätiger werden? Das war doch gar nicht belegt. Die Domina Dominique wird dann auch noch breit interviewt, die interessantes verlautbaren lässt, die ich jedoch nicht als Teil von Pornoaufnahmen kenne, sondern eher durch Talkshow-Auftritte. "Ab 200 Mark die Stunde" begönne ihr Service, und es seien oft erst 19-Jährige die zu ihrer Kundschaft zählten und die es schon mit Nadeln und Peitschen bräuchten. Was Azubis und Studenten für Geld übrig haben, erstaunt da schon, ich will diese Aussage jedoch nicht als Unwahrheit hinstellen, nur: Was hat das mit Pornos zu tun? Zwar bildet der „Stern" in Farbe Porno-Cover der härteren Kategorie ab (Pinkeln und Faustfick in einer Nachrichtenzeitschrift, wie lehrreich!) doch wo steht geschrieben, dass „perversere" Pornos vermehrt verkauft werden, bzw. wie hoch der Anteil an Spezialfilmen im Gesamtsortiment damals war (gerade Mitte der 90er Jahre blühte die Industrie der großen „Mainstream Pornos" doch noch)? Wie meinte schon Christel Dormagen in den 80ern: „Der „Stern" ist in bewährter Weise meinungslos vielseitig."

Der „Stern"-Autor Nicolaus Neumann zieht zwar alle von der Redaktion gewünschten (Formel-)Register und schließt aufmerksamkeitsheischend: „Gefühl und Seele sind zumindest für die Intensiv - Konsumenten des Hardcore-Sex kaum noch nachvollziehbare Begriffe. Eine radikale Bewusstseinsänderung für die es nicht - wie bisher angenommen - Generationen brauchte, sondern nur knapp vier Jahre. Im Schweinsgalopp zu einer Sexualität ohne Seele?" versteigt er sich wagemutig und spricht abertausenden ihre Liebesfähigkeit einfach eben ab, doch das klassische Eigentor des reißerischen Artikels ward bereits zuvor „erzielt". Ausgerechnet ein „ARD Tatort" Krimi habe, laut Henner Ertel ein junges Mädchen dazu gebraucht, durch Vergewaltigungsszenen erotisiert zu werden. Ja, so leid einem das tun mag, die Porno-Industrie steckt da abermals nicht dahinter...

Im zweiten Artikel, die Mütter von Porno-Darstellerinnen betreffend (mit wenigstens vier heißen Farbbildern garniert!) wird ebenso vage formuliert. „Die Mütter und ihre Kinder haben von sich erzählt. Und die Väter? Die fühlen sich hilflos und gespalten, sind verstummt." Schön, dass man wieder einmal nicht erfährt, woher dieses (angebliche) Wissen stammt...

Im Mai 2004 brachte Der Spiegel durch Alexander Osang einen fünfseitigen Artikel unter der Headline „Männer sind knapp im Moment" heraus (Nr. 21/2004). Einige Sätze habe ich in der dieses Buch abschließenden Zusammenfassung verwendet.

Jetzt einmal „KONKRET"
„In Pornotopia ist Zeit Sexzeit, nicht Arbeitszeit."
(Gunter Schmidt, 1983)

Gar nicht so einfach war es für mich, einen Artikel der Zeitschrift „Konkret" aus 1983 hier einzuordnen. (Die Zeitschrift wurde seinerzeit wie bekannt von der DDR Staatspartei SED finanziert.) Zunächst war ich der gängigen Ansicht, dass der Autor Professor Gunter Schmidt (damals an der Universität Hamburg) eigentlich mit seinem Artikel in die Sparte „Die Sexualwissenschaft hat das Wort" einzugliedern sei, doch dann tat ich ihn doch hier zu den Presseberichten. In 1983 erschien das „Konkret"-Sonderheft Sexualität, und hierin ab Seite 19 der Beitrag „Und wo sie begehren, können sie nicht lieben". Gunter Schmidt unterzog die Videopornographie, und hier das vermeintlich gelobte Pornotopia einer Untersuchung, die er mit neun selbst gesehen Pornofilmen aber auch fundierte. Die Zeitschrift „Konkret" gibt es seit 1957, sie wurde vom Verfassungsschutz als „linksextremistisch" eingestuft und hatte doch zahlreiche illustre Autoren (u.a. Ina Deter, Heinrich Böll, Georg Seeßlen, Henning Venske). Schmidt beruft sich abermals ziemlich am Anfang seines Beitrages auf die Statistik: „Jeder achte Film, der in Videotheken zu haben ist, gehört zur Sparte „Erotik", um dann zielsicher zu konstatieren: „Diskussionen um Pornografie enden oft, bevor sie beginnen. Meistens so: sie sei frauenfeindlich, voller sexistischer Stereotype, ästhetisch unter aller Kritik. Das alles stimmt." Um dann den Bogen weiter zu spannen: „Videopornografie ist so frauenfeindlich wie „Stern" oder „Spiegel", so voller Geschlechtsklischees wie ein Western oder Heimatfilm und so kunstvoll wie Trivialfilme - von Dick und Doof bis Dallas."

Zuvor hatte er bereits realisiert: „Ihre Orte sind nicht mehr Kaschemme oder Kiez, sondern die gute Stube und das eheliche Schlafzimmer. Ihre Adressaten sind nicht mehr Männer allein, sondern Mann und Frau, Paare." Hoch anrechnen muss man Schmidt noch im Nachhinein, dass er sich für seine Betrachtung 9 Pornofilme angesehen habe, was dies für Streifen waren, teilt er seinen Lesern aber nicht mit. Waren es privat gedrehte 0815 Streifen? Er formuliert blumig aber nicht verkehrt: „(Der) Orgasmus, wenn er dann endlich kommt, reizt nur die Lüsternheit nach dem nächsten. Ein Schlaraffenland in dem man isst und trinkt und trinkt und isst, ohne dass Hunger und Durst nachlassen." Der Bogen zum Konsum und Warenaufkommen bleibt auch nicht aus: „Wäre es mit allen Bedürfnissen so wie in der Pornographie mit dem sexuellen Verlangen, wir wären im Paradies der Warenverkäufer...", sowie: „Verkabeler und Pornographen arbeiten Hand in Hand und für das gleiche Ziel: endloser Konsum und besinnungslose Selbstbeschäftigung."

Noch ehe er zum großen Sigmund Freud kommt („Wo sie lieben, begehren sie nicht, und wo sie begehren, können sie nicht lieben", 1912) lenkt er jedoch etwas einsichtig ein, wenn es um die nicht völlig abzuschaltende Berechtigung auch solcher Filme erklärt: „Es wäre bigott, sich mit Grauen abzuwenden. Das Spiel mit Macht und Unterwerfung, das Oszillieren (Schwingen) zwischen Fremdheit und Vertrautheit Idealisierung und Entwertung zielt auf allgemeine und unbewusste Sexualphantasien." Er erkennt, aber würdigt keinesfalls folgenden Ansatz: „In Pornotopia ist Lust nur mit Fremden möglich. Kein Liebespaar liebt sich hier. Es kommen Menschen zusammen, die nichts miteinander zu tun haben; Sexualität ist Intimität und maximale Ferne zugleich." Ja, warum denn in aller Welt nicht, oder sogar niemals? Ein Phänomen ist doch nicht durchweg schlecht, nur weil es entdeckt wird.

In seinem letzten Absatz trifft er hingegen, auch mit seiner Bewertung, voll ins Schwarze: „Die Wirkung der Pornographie auf den Betrachter ist nicht belanglos. Sie enteignet seine sexuelle Phantasie, stiehlt die Eigenart seines Erlebens, kränkt ihn durch die gleichförmige, platte Motorik ihrer Vollzüge, durch ihre gleichmachende Banalität, entblößt sein Intimstes, kurzfristig - aber immerhin." Da hat er zweifelsfrei Recht. Denn nuckelt ein bärtiger Mann der Aktrice ihre Zehen, ihren Kitzler oder auch nur ihre Nippel, werden diese Teile für mich genau in diesem Moment nicht mehr von Bedeutung in meiner eigenen Phantasiewelt.

Filmbeispiele aus den 70ern, 80ern und dem neuen Jahrtausend

Die 70er Jahre.
(Damals hieß es noch exakt: „Schatz, Zeit ins Kino zu gehen.")

Beispiel 1: „Deep Throat" USA, 1972 - Der Klassiker schlechthin.

Gut drei Minuten kurvt Linda mit ihrem Wagen durch die sommerlichen Straßen Floridas, während der gespannte Betrachter sich von typischer, experimenteller 1970er Jahre Musik akustisch beglücken lassen muss, oder darf. Da wo Gitarre und Keyboard anscheinend im selben Song ein Eigenleben führen, und ein Lied im Lied aufzuführen scheinen (aber der Punk-Zug war bereits aufs Gleis gesetzt, die Vorboten der 1974 in New York einsetzenden The Ramones waren zum Glück schon in Position gebracht, und Punkrock und Pornographie gingen von da an, nicht selten eine naheliegende Symbiose ein, die sich nicht zuletzt in zahlreichen Songs äußern sollte. Doch dies ist vorerst nur eine Nebensächlichkeit, durch die sich der größte Kinoerfolg der Pornokino-Filmgeschichte nicht aufhalten oder beeinflussen ließ). Als sie nach ausgeprägter Fahrt ein Haus betritt, wo gerade ihre Freundin von einem Mann mit dem Mund verwöhnt wird, sind wir dann auch bereits mitten drin in dieser Porno-Klamotte mit dem - wie die Hauptdarstellerin Linda Lovelace später in Buchform umschrieb - unschönen Hintergrund.

Der eifrige Lecker wird dann von der auf dem Küchentisch platzierten Dame tatsächlich gefragt, ob es ihm etwas ausmachen würde, so sie denn nun eine Zigarette rauche. Durch diese von einer Frau dominierten Frequenz wird bereits klar, dass dieser Streifen nicht mit anderen 0815 Versionen des Genres in Einklang zu bringen war. In der nächsten Einstellung sehen wir dann Linda mit ihrer Freundin am Pool, der sie auf Anfrage mitteilt, dass sie noch nie einen richtigen Orgasmus am eigenen Leibe erfahren habe. So richtig, wie sie es umschreibt, so als ob „Raketen starten oder Glocken läuten." Hierauf witzelt ihre Freundin: „Wenn du Glocken hören willst, gehe doch zur Frühmesse..." Aber alles ins Lächerliche ziehen nützt nichts, nicht einmal eine eigens organisierte Privatorgie, bei der sich die beiden Frauen richtig verwöhnen lassen, und dabei die Herren zu ihren eigenen Lustnummern degradieren, zeigt die erhoffte Wirkung („Hallo, du bist Nr. 11!"). Bei Linda nämlich (und um diese ging es ja) wen wundert dies nun noch, bleibt alles männliche Bemühen ergebnislos. Erst ihr Frauenarzt, gespielt vom bekannten Darsteller Harry Reems, entdeckt, dass sich ihre Klitoris in ihrem Hals befindet. Fortan ist extremer Oralverkehr das Maß aller Dinge für Linda („Deep Throat"= ins Deutsche übersetzt „Tiefe Kehle"). Sie schluckt die Penisse bis zum Anschlag und endlich läuten Glocken und starten Silvesterraketen, auch filmisch aufgezeigt, für sie.

Als witzigste Dialogszene zeichnet sich ein Hausbesuch ab, den sie nun fortan als Krankenschwester mit eben jenem „tiefe Kehle" Service absolviert, und das Angenehme mit dem Nützlichen verbindet. Als ein genüsslich verwöhnter (älterer) Patient diese Leistung mehrfach erwünscht und ihr vorschlägt, entgegnet ihm Linda, dass die Krankenkasse die Kosten dafür nicht ersetzen wird. „Das macht doch nichts, ich bin reich", antwortet der Mann und zeigt eine kleine Karte hoch, „ich habe doch ein Los der Fernsehlotterie." (Nicht nur in ihren zwei autobiographischen Werken, auch in anderen Pornobüchern, können Sie das was Linda Lovelace angeblich und/oder wirklich am Rande der Dreharbeiten widerfuhr nachlesen.) Zudem gibt es dazu seit 2011 einen Dokumentar-Spielfilm („Lovelace" - Nach einer wahren Begebenheit"), der auch den sogar politischen Charakter herausarbeitet, und die moralischen, sozialen Werte der damaligen Zeit in den Staaten wiedergibt, ein Zeitdokument eines Zeitdokuments, wenn man so will, und allein damit unbedingt sehenswert.

Die 80er Jahre.
(Die VHS Videocassette hat das Pornokino mehr und mehr an den Rand gedrängt. Gab es 1987 in den USA etwa 200 Pornokinos, klingt dies nicht wenig, doch Ende der 70er Jahre waren es laut den Autoren Hebditch und Anning noch über 900.)

Beispiel 2: „Skintight" (dt. Hauteng, im Vertrieb von Tabu Video Bochum), USA, 1981). Mit u.a. Lisa de Leuuw, Paul Thomas, Anette Haven.
Dieser Film ist schon als ein Highlight des Pornofilms anzusehen, und zu bewerten. Vielschichtig, erotisch, humorvoll, überraschend, wissend, mit leicht infantilen Zügen, hat er alles, was einen richtigen Pornofilm ausmachen sollte. Dabei muss man immer die jeweilige Zeit mit einrechnen, tolerieren, die Frisuren und die Kleidung, selbst die Schminktechnik sind mit heutigem Standard und mit der heutigen Entwicklung im Bereich der Visage-Techniken natürlich nicht mehr wirklich in Einklang zu bringen. Heute ist auch in dieser Hinsicht alles weiterentwickelt, perfekter, schöner - nur der Inhalt - der fehlt! Hier war es noch anders, und ich hatte diese pornographische Perle in meinem DVD Fundus fast unbemerkt schmoren lassen. Der Film beginnt witzig mit dem althergebrachten „Frau Doktor (Anette Haven mit strenger Brille auf ihrem Näschen) untersucht das Glied ihres Patienten"-Spieles, immer wieder ulkig bis zum Abwinken, klischeehaft und doch nicht gänzlich unerotisch. (Die weißen Nylonstrümpfe bei blassen Damen muss man jedoch nicht unbedingt als prickelnd preisen, aber über Geschmack lässt sich ja bekanntlich nicht streiten.) Die beiden Höhepunkte des Filmes, optisch und inhaltlich, ereignen sich dann gegen Ende, in direktem Übergang.

Ein Arzt (Paul Thomas) liest den besorgten Brief einer seiner Patientinnen vor. „Maria schreibt: Also, Mister Holbes chinesische Frau Ling leidet an einem Angstsyndrom, sexuellen Verkehr im Freien zu haben. Sie führen das zurück auf das übervölkerte Hongkong, ihrer Heimatstadt. Aus Gesprächen mit Frau Ling entnahm ich, dass sie eine begeisterte Anhängerin von der Liebe im Freien ist." Infolgedessen sieht man eine herrlich weitläufige, grüne Landschaftsszene. An einem abgelegenen See kommen sich der Ehemann und zwei asiatische Gespielinnen (darunter natürlich die bekannte Darstellerin Mai Lin als seine therapeutisch betreute Ehefrau) dann näher. Auf einem als Terrasse angelegten, möblierten Bootssteg wird an ihm von beiden Damen sehr erotisch die Fellatio ausgeführt, bis ein chinesischer Fächer die Szene (zunächst) ausblendet und wir den besagen Arzt (Paul Thomas) mit einer blonden Gespielin nicht ganz unerwartet wiedersehen. Sie sitzt auf seinem Schoss und besieht sich mit ihm (sogleich) einen Ausschnitt aus einem Pornofilm.

Sie sagt: „Sweetheart, ich möchte jetzt die Aufnahmen sehen, deine Analysen, du hast es mir versprochen."

Arzt: „Klar doch kleiner Bunny, ich wusste nicht, dass du auf so was stehst."

Frau: „Weißt du, eine Frau will das tun, was sie weiß. Bildet sie sich, tut sie es für den Ehemann."

Arzt: „Das hast du schön gesagt, also sieh zu und bilde dich. Siehst du, das Mädchen tut alles um ihrem Freund zu gefallen, und er tut alles um sie anzuregen. Man macht natürlich nur Sachen, die dem anderen gefallen."

Beispiel 3: „Ginger on the Rocks" produziert von Bruce Seven und Michael Cates, Konzeption von Ginger Lynn
Darsteller: Ginger Lynn, Amber Lynn, Ron Jeremy, Christy Cannyon, Erica Boyer, Herschel Savage, Heather Wayne (u.a.)

Zu einer Klavieruntermalung (die Melodie kann mein Gehirn sofort abrufen, zu oft hatte ich diesen Film gesehen) sehen wir zunächst Ginger (ich nenne der Einfachheit halber den Namen der jeweiligen Darstellerin) romantisch-verträumt an einem Strand spazieren, ehe sie dem Zuschauer am Schreibtisch sitzend, aus ihrem Tagebuch, über ihre (vorerst) unglückliche Verliebtheit referiert.

Ein Start, der Appetit macht, nicht nur wegen des Staraufgebotes. Man sieht in der filmischen Einleitung immerhin nicht den Kardinalfehler der meisten Pornos, nämlich alle „Cumshots" und weiteren Höhepunkte bereits im Vorspann zu zeigen, sodass die Phantasie erst gar nicht angeregt werden muss. Die Verhackstückelung war noch nicht überall gegeben, die schnelle Suche nach den Highlights und dem Verdrängen (und dem Vorspulen) gut gespielter Szenen und Dialoge - sie waren noch nicht immer ein Zwangsritual der damaligen Konsumenten. Die Kette ist ja leicht absehbar, erst besah man sich im Kino erwartungsfroh in Ruhe einen Pornofilm, in aller Öffentlichkeit! oft sogar aus semi-künstlerischem Hintergrund oder Vorwand. Danach hielt die Videocassette Einzug, man besah sich den Film allein daheim, und spulte gleich zu den heißen Szenen vor, und heute wird´s dann im Internet gleich auf die Szenen geklickt, am besten noch ohne den Kopf der

Darstellerin zu sehen, es reicht ja ein entpersonalisiertes Gestöhne und Dehnen.

Es kommt die erste Dialogszene, die unsere Film-Familie am gedeckten Frühstückstisch zeigt. Und zwar Vater Robert (Paul Thomas), der doch glatt die „Newsweek" durchforstet, deren Titelthema mit „The War Against Pornographie" nicht weit hergeholt ist.(Siehe auch die thematische Erwähnung im Schlusswort dieses Buches.) Die Mutter befragt Tochter Ginger ob diese denn, - schließlich hält man ja so einiges auf den Familienstand - ganz amerikanisch, einen netten, wohlhabenden jungen Mann letztens kennen gelernt habe, der denn bitte doch „hoffentlich Akademiker" ist. Während das süße, überaus aufreizende Hausmädchen (wenn schon, denn schon) den Kaffee nachschenkt und dabei den Hausherrn lüstern anhimmelt. Wie angenommen geht es pornotypisch weiter. Ginger wird von Amber angerufen, an der bereits Herschel Savage herumfummelt, während Frau Mutter ihrem durchgeknallten und für die Rolle völlig prädestinierten Frauenarzt (gespielt vom sich zum Porno-Superstar aufschwingenden Ron Jeremy) aufsucht, und alsbald mit dessen Helferin (Christy Cannyon) zu einem Dreier auf dem gynäkologischen Stuhl landet, ein Wiederkäuer früherer Pornojahre, doch auch nicht eben humorfrei, wie zahlreiche Witze über jene Fachärzte besagen, derweil der Herr Vater wiederum das Hausmädchen erst beim Onanieren ertappt, und es dann auch sofort vernascht.

Das alles ist zugegeben vordergründig, nicht alles wirklich ungeheuer einfallsreich, ändert aber nichts daran, dass wir hier ab und an nicht nur ästhetischen Sex präsentiert bekommen (die „Lynnsche Biegsamkeit" kommt auch hier wahrlich nicht zu kurz), sowie gelegentlich witzige Dialoge. Vor allem erfreut den Zuschauer heutiger Tage noch in der Rückschau, dass dieser Streifen - der übrigens zu Ginger Lynn's Lieblingsfilmen zählt - mit persönlichen Diffamierungen, auch im Zusammenhang mit allzu vulgären Ausdrücken - im Gegensatz zur Machart heutiger „Werke" - recht sensibel umgeht. Die drahtige, viel zu früh verstorbene Erica Boyer lässt als Prostituierte Tom Byron zum Analsex vorturnen, und Amber und Ginger zeigen eine lesbische Einlage, quasi als Inbegriff an pornographischer Ästhetik jener 1980er Jahre. Der triviale Plot, kurz erläutert, geht so: Ginger ist verliebt in einen Waldarbeiter, was der Frau Mutter (als dieser der wohlhabenden Familie vorgestellt wird) sich am Essentisch den Kaffee verschlucken lässt. Was sie denn da angeschleppt habe, wollte das empörte wohl kaum noch erziehungsberechtigte Ehepaar wissen, ehe sich die Aufregung doch noch in einem Happy End beschwichtigen lässt, da unter anderem Vater und Mutter im Zuge dieser familiären Veränderung, auch wieder einmal sexuell zueinander finden. Ich mag befangen sein, was diesen Film angeht, da er mehr oder weniger der Auftakt meiner lange nicht abebbenden Sammelleidenschaft war, aber unter dem Strich kann man - egal ob für männliche oder weibliche Erotikanhänger - diesen „Hardcore"-Film durchaus empfehlen. Funktioniert dieser dann auch nicht, welcher dann bitte sonst?

Verbleiben wir noch ein bisschen in den 80ern, und besehen uns kritisch eine deutsche Produktion:

„His Last Desire", unser Beispiel 4
Juni 1989. VTO (Video Teresa Orlowski), Hannover
Studioproduktion, synchronisiert. Darsteller: Sabine Poirot, Christoph Clark, Yves Baillat, Marie Muton, Sandy Condor, Pascale Orage (u.a.)
Nach dem üblichen "GÜFA-Hinweis", dass das Abspielen der Videocassette nur für private, nicht öffentliche Vorführung gestattet ist, unternimmt auch VTO einen Versuch, das Raubkopieren durch ein neues Klebezeichen unterbinden zu wollen. Auch hier wird selbstredend verschwiegen, dass eine sogenannte Raubkopie, die sich der Endkunde zöge, solange legal ist, bis diese Kopie sein Haus verlässt.
Nach einem Trailer, einer Anlockung für einen weiteren VTO Film (die teilweise pro Stück um die 190 DM kosteten!) ähnlicher Machart, beginnt quasi der Jingle. Belangloses Keyboardgedudel trägt uns in den Streifen. Es ist die typische Studioproduktion von VTO, mit, durch den Wiederholungseffekt beinahe fast theaterähnlichem Ambiente („hier waren wir doch schon mehrmals..."). Dafür bietet der Film eine Handlung, die den Hauch des Mystischen bedienen mag. Bekannt ist mir zunächst nur der französische Darsteller Christoph Clark, jener wohlgescheitelte Herr um die (damals) 40 Jahre, der schon häufig im Porno seinen Mann gestanden hatte. In der ersten Szene werden wir Zeuge eines annehmbaren Dialogs, der für heutige Verhältnisse - ich wiederhole mich da nicht gerne - eher utopisch anmutet. VTO erklärt den Plot des Films in seiner hauseigenen Gazette „Videostar Intim" wie folgt: „Es handelt sich zwar nicht gerade um das „Testament des Dr. Mabuse", aber ähnlichen Schrecken bietet es für die Fast Millionäre Gerard (Yves Baillat) und Alain (Frank Mazars).
(...) Entweder sie lassen ihr geerbtes Millionen-Vermögen von Finanzberater Bruno Lesro (Christoph Clark) verwalten - oder das schöne Geschmeide geht postwendend an des Verstorbenen Ex-Freundin Jacqueline (Pascale Orage). Damit ist ein satter Ausgangspunkt für eine neue „VTO Intrigen-Komödie gesetzt, bei der „nichts trocken bleibt." Zurück zum Anfangsdialog, den man gar nicht (mehr) in einem Pornostreifen aus deutschen Landen vermutet.

Alain: „Es war doch völlig absurd, dass mein Vater sie nach seinem Tod für fünf Jahre als Vermögensverwalter eingesetzt hat."
Bruno: „So stand es in seinem Testament, und sie haben es akzeptiert."
Alain: „Was sollte ich denn machen?"
Bruno: „Ihr Vater hat damals kurz vor seinem Tod die Fünf-Jahre-Warteklausel ins Testament aufgenommen, sie hätten ja ganz auf ihren Erbanspruch verzichten können."
Alain: „Aber na ja, es sind ja nur noch zwei Monate."
B: „Vier!"
A: „Zwei."

B: „Oh mein lieber Alain, mein Glück, dass wir damals alles, und wirklich alles beim Notar festgelegt haben."
(Eine hübsche, brünette Frau tritt ins Zimmer, in einem eigenwilligen Outfit, das sich wahrlich nur Pornoproduzenten ausdenken können. Aus ihrem rosafarbigen Negligé quillt ihr Busen förmlich schon heraus, dazu trägt sie weiße Nylons und weiße Spitzenhandschuhe...) Immerhin dauert es geschlagene, ungewöhnliche 2:14 Minuten, bis sich der erste Akt vollzieht, eben zwischen dem Vermögensverwalter und der adretten Dame. Nylons und Strapse, fleischfarbig, schwarz, rosa und weiß, waren zu jenem Zeitpunkt der optische Standard im Hause VTO, keine Frau zeigte sich barfüßig und somit pur und natürlich.

Ich entsinne mich sogleich, an das was uns Gunter Schmidt dazu schrieb: „Den anderen zur Sache machen, also Fetischisieren, gehöret schließlich in diese Welt. Strümpfe, Dessous, Hochhackige und was sonst noch immer, zwei völlig nackte Menschen wären für den kundigen Betrachter ein Schock."

Als „härteste" Szene sehen wir dann eine heute obligatorische DP-Action, wo die Frau eben vaginal und anal zugleich „beglückt" wird. 90 Minuten war als Gesamtlänge für den Film angekündigt, nur 79 wurden es dann. Auch wenn Eigenlob bekanntlich unangenehme Gerüche heraufbeschwört, der "Videostar" hält sich mit Lob für sein eigenes Produkt nicht zurück, vergibt ganze fünf Bewertungssterne. „Zwar werden die stets gehetzten Protagonisten des Öfteren im Sex „gestört", finden sich aber sonst in immer neu-prekären Situationen wieder (...) Bei „intensiven „fucking scenes", bei denen die „kleinen Französinnen Großes wachsen lassen. Am Ende kann nur ein Last Desire stehen, mehr solcher Filme."

Gut, ich habe auch schon wahrlich Schlimmeres gesehen, auch wenn die Studiooptik wie eine „Porno Puppenhaus"-Szenerie wirkte.

Das neue Jahrtausend.
(Hier noch auf Video, doch steht die handlichere DVD schon im Regal.)

Beispiel 5: „Paris Pigalle" (Boulevard de vice), von Marc Dorcel (2002)
Darsteller: Ovidie, Nomi, Sandra Russo, Tristan, Sophie Evans, Brandy (u.a.)

Mit Hardrock-Riffs als musikalische Untermalung fährt ein Motorrad durch das nächtliche Paris. Der Fahrer bringt seine Freundin in eine Gasse, in der Huren ihrer Beschäftigung nachgehen, und sie sich dann an einer Mauer platziert, während stilsicher die Musik allmählicher leiser wird.

„Gehst du mit Schätzchen?" Nach erst drei Minuten Film, der auch als Intro eines Krimis herhalten könnte, hören wir den ersten gesprochenen Satz. Als der Freier (Marc) der Hure (Nicole) eine Treppe hinauf hinterher steigt, fragt er leicht verschüchtert „Führst du mich ins Paradies?" worauf Nicole immerhin zweideutig und nicht einfältig antwortet „Oder in die Hölle, wie du willst, das wird teurer." Es folgt ein gezeigter Liebesakt, der eher nach einer Romanze, denn nach Hurengeschäft ausschaut, nicht nur wegen dem ans Fenster klatschenden Regens. Er verguckt sich in die Prostituierte, von der er seinem Freund begeistert erzählt, und die er dann zufällig in der Stadt wiedertrifft. „Du bist auch Künstlerin auf irgendeine Art", spricht Marc zu ihr schier philosophisch, nachdem er ihr von seiner Tätigkeit als Maler berichtet hatte. Der 93 Minuten Streifen ist also ein Handlungsporno - in seiner Gattung ein aussterbendes Relikt -, zudem mit augenscheinlich viel Mühe und Aufwand produziert. Was, auch wenn einige Sexeinstellungen, zum Beispiel eine DP mit der schönen Sophie Evans, nicht zur Story gehören, doch lobenswert ist. Am Ende ist Marc dann doch wieder mit einer schmalbrüstigeren, und somit normaleren (?) Freundin zusammen, auch nicht nur deshalb, weil der „Freund" der Hure ihm deutlich macht, die Finger von ihr zu lassen. Leicht ketzerisch könnte man fast meinen, dass der Film in einer Softversion direkt tauglich für „SAT 1" wäre...

Derbe Ausdrücke bleiben glücklicherweise aus, sogar Kondome werden benutzt (ein weiterer Knackpunkt, ob sich denn Filme in denen Präservative benutzt werden verkaufen lassen) was subjektiv nicht wirklich stört, denn wenn es bei der Pornographie nun einmal um das Leben und die Beschreibung von Huren geht („porne" (Hure) „graphe"(schreiben)), dann wäre das Benutzen von Kondomen in solchen Filme doch eigentlich nur folgerichtig, es führt dann den im Film gezeigten Akt wieder nahe an die Realität heran, denn das Schlafen mit Prositueren dürfte für den Porno-Konsumenten von Interesse sein. (Auch wenn der Sexualwissenschaftler Prof. Ernest Borneman dies ja bekanntlich verneinte.) Für mich wird die Darstellerin dadurch aber wenigstens im Unterbewusstsein der Betrachter wieder erreichbarer, denn im Bordell wird, durch das Anlegen des Kondoms, ja ganz ähnlich verfahren. Auf dem Backcover des Videos lesen wir: „Marc, ein schüchterner Kunstmaler führt eine normale Beziehung mit seiner bildhübschen Malerkollegin Veronique. Doch innerhalb nur einer Nacht wird Marc's Leben völlig auf den Kopf gestellt. Er begegnet der katzenhaften Prositueerten Nicole (ebenfalls ohne Brust-OP, Anmerkung des Verfassers). Unaufhaltsam zieht sie ihn in einen geheimnisvollen Kosmos aus lustvoller Erotik, Dominanz und Unterwerfung. Marc ist fasziniert von dieser lockeren Welt aus prickelnder Ekstase. (Ist Unterwerfung locker? Anmerkung des Verfassers) Tiefer und tiefer gleitet er in die sexuellen Abgründe der Clubs von „Pigalle."

Mein kleines persönliches Fazit: Dieser Film ist echt sehenswert, filmisch und sogar inhaltlich. Pornographie muss also nicht zwangsläufig banal und plump sein, und hat in der Wahl seiner gestalterischen Mittel eigentlich große, genützt werden wollende Spielräume.

Beispiel 6: „Codename Mata-Hari"- The Fountain of Youth - Private Gold Nr. 74- 2006- 143 Minuten. Mit Katy Caro, Gilda Roberts, Cindy Lords, Horst Baron (u.a.)

Der Film von Antonio Adamo beginnt mit Aufnahmen aus einem Flugzeug, die das wundervolle Flair der Karibik einfangen. Dann wechselt die

Kamera in ein fahrendes Auto, worin sich ein Mann am Steuer und die Beifahrerin Mata Hari befinden. Ruhige „House" ähnliche Musik sorgt als Hintergrund für eine aufziehende Spannung beim Betrachter. Worum geht es? Was passiert? Wie stellen sie den Sex dar? Und um den geht es doch? In einem Geschäftszimmer sitzen dann zwei Herren, die offenbar zum Verhandeln ihr Treffen vereinbarten, garniert von einer jungen Frau, die (vorerst) aber nur mehr Staffage ist. Es gehe um Wasser aus einem Brunnen, der „ewige Jugend, ewiges Leben" verspräche. Dieser sei nun aufzuspüren, um sich - natürlich - daran zu bereichern. Nach mehr als vier Minuten werden comicähnliche Zeichnungen, ganz so wie man es aus James Bond-Filmen kennt, genützt. Erst nach zehn Minuten Spielzeit beginnen die sexuellen Handlungen. Die übermäßig geschminkten Mädchen sehen dabei in die Kamera, als ob sie mit jemand Prominenten posieren „Schau mal, wen ich getroffen habe" sagen die schönen Augen der Girls, sie lächeln und es fehlte nur noch, dass sie für die Linse die Wink-Hand erheben. Auch finde ich, dass wundervolle Hinterteile noch nicht allein für eine charismatische Ausstrahlung sorgen können. Je mehr dem vermeintlichem Schönheitsideal gefrönt wird, mit aller Schminktechnik, desto mehr geht irgendwie die Natürlichkeit verloren. Doch das ist nichts weiter, als meine subjektive Sicht, lediglich die Sicht eines Einzigen. Die Mehrzahl der Seher wird eben genau auf diesen Anfangszwanziger vom Typ „kleines Flittchen" mit junger Haut stehen, was ich somit gar nicht weiter zu hinterfragen brauche, und auch für die Mehrheit als völlig nachvollziehbar ansehe.

Der Streifen hat noch einen zweiten Teil. Hier am Ende des Ersten, wird eine hübsche, schwarzhaarige Frau inhaftiert, nicht zuletzt um vom Spannungsbogen her sogleich einen Anreiz für den Erwerb des Nachfolgewerkes zu sorgen. Diesen Teil hier kaufte ich mir als Second Hand DVD für läppische 2,99 Euro, ein deutliches Zeichen eines verschwindenden Marktes für aufwendige Produktionen wie diese. Pornogötterdämmerung 2006...

Nichts hat sich geändert?

„Neues aus Pornoland - Die Geschichte der Jana B" - SAT 1, der Sender der ärgerlicherweise so gerne mit Blut(-Brüsten), Schweiß und Tränen spielt, berichtete in einer Reportage über das Starlet Jana Bach, die im November 2006 aufgezeichnet wurde (also kurz nach Abschluss unseres Untersuchungszeitraumes, aber ein abruptes Ende kann und braucht man eben nicht immer zeichnen), und filmte die junge Frau über anscheinend längere Zeitfenster. Eben bei ihren Drehs, auf Autogrammstunden, bei einer Live-Show, einer Award-Verleihung und auch in ihrer Privatwohnung. Dabei erfasst mich als Zuschauer zunächst einmal der natürlich subjektive Eindruck einer durchaus sympathischen Frau, der sich nicht verwischen lässt. Aber ich starte den Versuch sie in Gänze zu sehen, also eben nicht nur als „das Pornostarlet." Kann das überhaupt gelingen? Sie davon völlig losgelöst zu betrachten? Sie ist lebendig, natürlich, hat eine geschmackvoll eingerichtete Wohnung plus Haustier, hat als Flugbegleiterin gearbeitet, sowie als Schreibkraft in einem niedersächsischen Krankenhaus gejobbt. (Und soll zudem eine abgeschlossene Berufsausbildung vorzuweisen haben.) Soweit so normal, so immerhin durchzuwinken und angenehm klingend (Metaphern von scharfen Stewardessen und geilen Krankenschwestern, die mir aus zahlreichen Pornofilm Handlungen (und dem wahren Leben zugleich!) im Kopf schwirren, blende ich aus, auch weil „Geilheit" nicht das erste Wort ist, wenn ich mir die junge Frau am Bildschirm betrachte. Hier, in dieser Dokumentation, arbeitet sie für das bekannte Berliner Label „Inflagranti". Die Chefs heißen inzwischen jedoch nicht mehr Rolf und Bodo. Hier wird uns nun ein Herr Hubertus Leischer als Regisseur und Angestellter als eine Art Taktgeber vorgestellt.

„Das Publikum ist auch ein Jüngeres geworden, würde ich mal sagen, also es gibt nicht nur das was aus den 1970er Jahren mitgewachsen ist, sondern auch junge Leute, es ist eher selbstverständlich geworden", spricht Leischer in sich ruhend. „Selbstverständlich." Ist das die Assoziation mit der ich über die Jahre die leicht verbotenen Früchte genossen hatte?

Was nützt die völlige Verquickung vom Privaten mit dem Öffentlichen, was ist die Intimsphäre noch wert, wenn sie sich selbst komplett aufgelöst hat?

Der SAT 1-Reporter belehrt uns abermals, über das nicht mürbe zu bekommende Pro-Porno-Argument der Verkaufserfolge der Branche und spricht von „einer halben Milliarde Euro jährlich", welche die "deutsche Pornoindustrie" umsetze. Ein ermüdendes Argument, irgendwie und weiterhin.

„Ein gutes Dutzend Firmen liefern sich einen knallharten Wettbewerb um die Lust der Zuschauer", wird des Weiteren vermeldet. Die TV-Kamera fängt nun Vorbereitungen eines erneut öffentlichen Drehs ein, welcher dann in Berlin-Wedding in der Gustav-Meyer-Allee unter einer S-Bahnbrücke am helllichten Tag vonstattengehen wird. Zwei junge Männer werden minimal vorgestellt, die sogleich mit dem neuen Miniatur-Starlet Jana Bach („Ich spüre eine positive Spannung und freue mich, wenn es endlich losgeht", das sagen Boxer auch vor ihren Kämpfen) drehen (vögeln) werden. Einer sei „Angestellter", verrät „aber nicht wo", der andere drehe nur Pornos, weil er „keine Zeit für andere Sachen habe." Aha.

Hubertus Leischer verteidigt süffisant und innerlich aufgeräumt sein berufliches Tun. „Früher war alles mehr im Bereich der Prostitution angesiedelt und heute nicht. Ist mehr so ein Schauspielerjob würde ich mal sagen." Ein Schauspielerjob ganz ohne Schauspieler? Früher eher Prostitution, heute ganz etwas Seriöses? Entdramatisiert er hier nur geflissentlich? Erneut ein Versuch Sex vor der Kamera als „Mainstream" zu verpacken, weil ja „selbstverständlich", und selbstverständlich möchten viele Personen Schauspieler(innen) werden?

In einer neuen Einstellung wird er dann konkret, als er von 250 bis 1000 Euro Gage berichtet und über die unausweichlichen (aber korrekten!) Vorbedingungen für männliche und weibliche Porno-Akteure. „Ein maximal zwei Wochen alter HIV-Test und ein 1 bis 2 Monate alter HCV Hepatitis C-Test", seien erforderlich." Dann spricht er, nicht ganz haltbar fort. Er redet davon, wie Darsteller untereinander vermeintliche „schwarze Schafe" aussortieren würden, also einen Selbstreinigungsprozess der verantwortungsvoll umgehenden Darsteller also offen und lobend ausspricht. Der Darsteller als mündiges Wesen mit redaktionellem Mitspracherecht?

Das klingt etwas nach „nicht sauber" = krankhaft, was ja auch stimmig sein kann, mutet aber arg schwammig an, als ob es immer eine freie Wahl gebe, mit wem wer zu drehen habe oder könne. Also genauer; „wer ist nicht ganz geheuer, das können wir als Produktionsfirma nur unterstützen." (Die Weste ist aber nicht weiß, es gibt sie erst gar nicht.)

Es geht in die Vollen, im Gebüsch, mitten in der Stadt, mitten in der Woche, mitten am Tage. Leischner legt nun auch sprachlich seine defensive, vornehme Grundhaltung ab und redet pornoimmanent-typisches Ohrenschmerzzeugs. So zu Jana: „Wenn du dich nicht mehr zurückhalten kannst, kannst du ja schon mal anschnappen", womit er natürlich den „Blowjob", die „Fellatio" meint, und nein, sie wird es wohl auch kaum noch aushalten...

Leischner steht neben dem Ort des Geschehens. Hände in den Taschen, schwarzes Hemd, Cowboyhut, Sonnenbrille, wie ein Klischee der Wahrhaftigkeit. (Fehlt nur noch der „Pornobalken", der obligatorische Schnurrbart also.) Als die Szene im Kasten ist, hüpft Jana mopsfidel in den großräumigen Transportwagen der Firma und plappert unentwegt. Ein Phänomen heutiger Porno-Zeiten, die Girls, die Stars sein wollen, plappern ständig (gerade weil sie wohl - mit Verlaub - nichts wirklich zu melden haben.) Damit besiegen sie ihre sexuell aufscheinende Aura sogleich äußerst „gekonnt" wieder.

„Deutsche Konsumenten möchten deutsche Frauen, die Frau von nebenan, die wir haben." Dieser Satz, der aus einem rechtspopulistischen Parteiprogramm herrühren könnte, stammt von Christian Keller, der für

Inflagranti Film im Casting Bereich zuständig ist. Ein anscheinend netter Kerl auf den ersten Blick, ruhige Stimme, Brillenträger und sein ambivalenter Satz, ist wahrscheinlich auch nicht so gemeint. Was er wohl eigentlich ausdrücken will, darüber ist nicht unendlich schwer zu spekulieren, ist sein imaginär gerichteter Blick auf das osteuropäische Porno-Standardmodel, das nur „Ja" und noch viel besser „Oh ja" sagen möchte. Insofern hat er mit seiner „Mädchen von nebenan"-Diktion nicht ganz Unrecht, nur, der Personalausweis oder Pass allein kann es ja nicht sein, der eine Fangemeinde heraufbeschwört. Das tschechische Pornostarlet Laura Angel hat allein in ihren Augenbrauen mehr Erotik und Ausstrahlung, als es die meisten Porno-Damen aus hiesigen Gefilden haben. Nur Jana Bach und die wenig später ins Bild kommende Mara Mia („Wenn ich privat unterwegs bin, ziehe ich mich ganz normal an, da habe ich so einen gewissen Charme") sind dann wohl eben auch nicht der eben erhoffte Typ „Deutsche (Haus-)Frau mit der erkenntlichen Lebenserfahrung, die ich persönlich wiederum viel lieber sehen würde. Hier aber befinden sich eher „freche Gören" (wie der Berliner sagt) auf einem abstrusen Abenteuerpfad, die meine erotische Phantasie nicht zu bemühen im Stande sind. Das Plappern, und das was sie plappern, hindern mich daran irgendwie massiv.

Ulrike Körbitz schrieb schon 1996 beim Betrachten des Pornofilms „Lovely Young Tracy 2" ganz Ähnliches, auch wenn es dort um eine synchronisierte Fassung geht: „Dieses plappernde Reden, und Schauen wie es ankommt beim begehrten Objekt - das kenne ich in Bezug auf väterliche Figuren - auf Menschen, die ich als Autoritäten einschätze, solche, die mich spüren lassen, daß sie auf mich weniger angewiesen sind als umgekehrt."

Im weiteren Verlauf der TV-Doku sehen wir die beiden jungen Frauen dann noch in einer Live Porno-Show in einer Diskothek, die sie mit einem österreichischen Darsteller absolvieren. Live GV in der Disco, da klappt mir glatt der Schirm zu.

„Porno-Disko auf dem platten Land. Und der Bürgermeister freut sich schon." BILD berichtet im Vorfeld auch noch in ihrem unentwegt empört-erfreuten Stil. Sind sich unsere Starlets über die Tragweite ihrer Handlung bewusst? Ansatzweise bewusst? Man mag mir dies gerne als „Verklemmtheit" auslegen, aber wenn der gefilmte GV nun schon auf öffentlichen Tanzflächen vollzogen wird, ist meine Schmerzgrenze erreicht. Wobei es wahrscheinlich mehr über die Gaffer aussagt, als über die Protagonisten. Was ist das denn, nur ein „Circus Maximus" der Psychohygiene? Brot und Mösen für das Volk?

Jana Bach erklärt offen, und kann sich gut an ihren eigenen Worten noch für eine kleine Ewigkeit daran messen lassen: Sie habe nun „Horizonte und neue Möglichkeiten ausgetestet. Ich wachse da jetzt irgendwie auch da rein. Ich überschreite jetzt Grenzen, die ich mir selbst irgendwann mal gesetzt habe aus irgendwelchen Gründen, die mir jetzt teilweise auch gar nicht mehr so irgendwie plausibel sind, warum das mal anders war."

Ich tue gut daran, das nicht zu bewerten, denn es sind ihre Erfahrungen und nicht meine. Angeblich hat sie 2012 der Porno-Branche den Rücken gekehrt, nachdem sie auch als Regisseurin in Erscheinung getreten sein soll. Auf ihrer Website ist zu verfolgen, dass sie wohl noch erotische Chats abhält, einen eigenen Fanclub hat, moderieren soll, und somit weiterhin öffentlich als „Jana" auftritt. Auch wenn sie ihren Nachnamen (so er denn auch exakt gleichheißend im Personalausweis steht) nun ausgeschrieben preisgibt. Die im Netz ausgestellten Bilder sind teilweise ziemlich sexy und sogar anmutig. Ob die junge Frau von einst, inzwischen fraulich-erbauliche 36 Jahre reif, da ja doch weiterhin mit „Artverwandtem" tätig, die ausgestrahlte Reife, die ich ihr gütig zutrauen würde, auch wirklich ihr Eigen nennt?

STATISTISCHER TEIL

The Best of Porno
Die 100 wichtigsten Darstellerinnen der Szene
(1970 bis 2005)

Chuck Traynor, Ex-Ehemann von Linda Lovelace, berichtete einmal über den leidenschaftlichen Pornosammler und größten Playboy der Welt, Hugh Hefner: „Hefner wollte einen Ordner anlegen über alle Leute die je in der Geschichte Pornos gedreht hatten. Er fragte: „Sind sie von der Schule geflogen? Gehen sie arbeiten? Gehen sie auf ein College? Arbeiten sie aktuell etwas? Haben sie geheiratet? Haben sie Kinder?" So gesehen dürfte dieses, mein „Best of"-Lexikon auch ihm, dem berühmtesten Morgenmantelträger der Welt vielleicht gefallen....

Mir ist die Schwere dieser Aufgabe bewusst, jene (nur) 100 vermeintlich besten, attraktivsten und erfolgreichsten Darstellerinnen für dieses kleine Lexikon im entsprechenden Zeitraum von 1970 bis 2005 herauszufinden. Hatte ich ja bereits aus dem Fließtext erkennen lassen, dass weibliche deutsche Pornostars nicht wirklich im Übermaß vorhanden sind und waren (was anderseits keinesfalls bedeutet, dass ich nicht unzählige attraktive deutsche Frauen in Pornos erspäht hatte, es gab viele die man einmal genoss und nie wieder sah, obwohl sie in ihrem Tun recht „heiß" waren), so aber böten allein die Vereinigten Staaten von Amerika mehr oder weniger Grund genug, in Raschheit selbst 150 Frauen zu benennen, die auch über den großen Teich, sogar weltweit, für Furore in Sachen Beschau des körperlichen Liebesaktes geworden waren.

Von denen es eben bei weitem nicht nur Autogrammkarten und eine eigene Website gab oder gibt, sondern, Autobiografien, Biographien, erwerbbare Polaroid-Fotos mit Widmung, einen richtigen Fanclub, und ja, auch das, Nachformungen ihrer so in natura begehrten und nun in elastischen Latex vorliegenden Körperöffnungen. So war meine Auswahl relativ subjektiver Natur, ich nahm einfach jene ins Lexikon auf, die mir wirklich unzählige Mal bei meiner Recherche (oder den rund 1000 Filmen meines Bestandes) aufgefallen waren, einfach auch über die Jahre meiner Sammellust.

Nicht automatisch sind dies also die Frauen mit den meisten Drehtagen oder Jahren, wobei dies doch im Wesentlichen schon einigermaßen damit übereinstimmt. Es sind jene Frauen, die mehr zu bieten hatten oder haben, als bloße in Stellung gebrachte Nacktheit, die mitunter streitbar waren, sich außerhalb der Drehorte bemerkbar machen konnten, sprich fast allen, welche die Vielzahl meiner Leser (und den Autor mit eingeschlossen) nicht unbedingt in sexueller Hinsicht mit einem Korb versehen würde, um es einmal ziemlich ehrlich und etwas infantil zugleich zu umschreiben. (Ich war zudem bemüht, einem gewissen Lokalkolorit zu entsprechen, auch wenn es dann am Ende nur 7 Frauen sind, die wir aus Deutschland kennen.) Vieles schockiert, enorm viele Laufbahnen nötigen aber Respekt ab, und zwingen uns, unsere Vorurteile hie und da wenigstens kräftig zu überdenken, auch wenn es sich bei den gleich beschriebenen Frauen um die Spitze des Eisbergs handelt, und weder Menschen in Gruppen, geschweige denn Pornodarstellerinnen als eine homogene Einheit auszumachen sind.

Ich habe mich bemüht, nach bestem Wissen und Gewissen (wie im Rest des Buches auch, aber hier besonders) alle Daten mehrfach auf ihre Seriosität hin zu überprüfen. Dies war kein Zuckerschlecken, denn was im Internet und in der Literatur auffindbar ist, trägt nicht immer den Mantel des Realen. Wenn zum Beispiel eine Porno-Aktrice ihr Geburtsjahr von Anfang an verändert hatte, oder über ihren derzeitigen Aufenthaltsort Gerüchte streut, die nicht stimmen müssen, wird es einfach schwer, dort abzuwägen, was der absoluten Wahrheit entspricht. Bei einer wirklich sehr populären US – amerikanischen Darstellerin war noch nicht einmal klar, ob sie verstorben ist oder nicht, was bei einer Hollywood-Schauspielerin wohl eher unschwer zu eruieren gewesen wäre.

Einige Einträge sind eigentlich viel zu umfangreich, doch gab es nicht immer die Möglichkeit kleine Starporträts, erst recht bei diesen vielen Personen, in den bisherigen Fließtext einzufügen. Einige Einträge fielen kurz und knackig aus, zum Teil weil hier oft wirklich derart „pornotypisch" Karriere gemacht wurde, dass es mir selbst beim bloßen Abtippen langweilig wurde (ein Fakt, der mir jedoch auch bei weitreichenderen Kurzporträts widerfuhr).

Besonders bitter und auffällig ist -, nun also auch in diesem Teil des Buches - das häufige frühe Ableben von Darstellerinnen. Rufe ich mir in den Sinn, dass die von mir am Bildschirm geschauten Frauen gleichalt oder allerhöchstens zwanzig Jahre älter waren als ich, dann ist dies schon eine heftige Feststellung, wenn viele von ihnen nicht mehr am Leben sind, was doch - ohne dies empirisch geprüft zu haben - wenig angezweifelt, mittel- oder unmittelbar mit deren Leben als Porno-Queens oder exaltiertem Lebensstil zu tun hat. Es sind 8 von 100.

Doch nun genug davon, über sachdienliche Hinweise freue ich mich (wenn Ihr also zufällig Tracey Adams demnächst als Boutique-Verkäuferin oder Jill Kelly an einer Supermarktkasse entdecken solltet, meldet euch).

SUNRISE ADAMS. Geboren am 14.9.1982. Sie ist die Nichte von Sunset Thomas. Debütierte in der Porno-Branche unter dem Regisseur Ed Powers. Heimste zwei AVN-Awards ein und wurde ein „Vivid Girl." In den USA kam sie auch auf einen Auftritt in der Show von Jay Leno, sowie zu zweien bei Howard Stern. Leider hat sie sich auch ihre Brust operieren lassen.

TRACEY ADAMS. (Ewige Lieblingsdarstellerin des Autors, Telefonnummer, Email-Adresse, private Fotos (gerne textilfrei) oder andere Dinge bitte gerne direkt an mich senden...) Geboren am 7.6.1959 in Severna Park, Maryland (USA). 1,72 m. Reif, sexy und voller Wärme, das waren die Markenzeichen der Frau, die Geld für ihr weiteres Gitarrenstudium benötigte, und so vom Fotomodel zum Pornostar überging. Die gottgläubige („In der Bibel steht ja nicht, du sollst keinen Hardcore drehen") mit den strahlend blauen Augen heißt bürgerlich Deborah Blaisdell und lernte MTA (Medizinisch-Technische Assistentin).

AJA. Geboren am 14.7. 1963 in Westbrook, Maine, bereits verstorben mit 43 Jahren am 18.9. 2006 in Mexiko. Besaß die Firma Pleasure Dome Productions. Aja kam 1987 in die Szene und verließ die Branche 2003.

BRANDY ALEXANDRE. Geboren am 17.7. 1964 in Huntington Beach. Vor dem Eintritt in die Pornofilm-Branche 1984 arbeitete sie als Sekretärin und ging nach ihrem Austritt 1994 genau in diesen, ihren alten Job zurück. Brandy hat enorm tolle Beine, ist ein sportiver Typ und fiel mir vor allem im 1988er Porno „Lawyers in heat" positiv auf.

LAURA ANGEL. Geboren 16.10.1974. Die aus Tschechien stammende Sängerin hat neben schönen gelenkigen Beinen und hübschen Füßen, die sicherlich wohlgeformtesten Augenbrauen der Branche. Sie bieten mehr an Liebreiz als alle aufgepumpten Brüste dieser Welt. 2003 stoppte sie ihre Laufbahn im BIZ und soll nun in Tunesien leben. Ob dort, in Portugal, Algerien oder doch Sachsen-Anhalt, ich schrieb es bereits, dass ich solchen losen Gerüchten nicht allzu viel Bedeutung beimesse. In jedem Fall ist ihre einstige Website abgeschaltet.

JULIA ANN. Geboren am 8.10.1969 als Julia Ann Tavella in Los Angeles. Die Tänzerin gab zusammen mit ihrer Kollegin Linda Lindemulder das Striptease-Duo „Bondage"; ihr Film Debut gab sie in „Hidden Obsessions" von Porno Kult-Regisseur Andrew Blake, eben wieder mit Linda Lindemulder. Hierin gab es eine legendäre, erotische Szene, als sich eben jene beiden Frauen mit einem Dildo, geformt aus Eis, beglückten. Auch seriöse kleine Filmrollen in anderen Genres soll sie getätigt haben.

LISA ANN. Geboren als Lisa Anne Corpora am 9.5.1972 in Easton/ Pennsylvania. Dreht von 1994 bis 2014 und ist laut der Bild Zeitung die „meistgesuchte Porno-Darstellerin im Internet" (29.7.2014). Spielte unter anderem im Film „Who's nailin Paylin?" die US Politikerin Sarah Palin. 2009 in die AVN Hall of Fame aufgenommen drehte auch ein Video mit dem „Musiker" Eminem. Strippte schon während ihrer Collegezeit, machte dann aber eine Ausbildung zur Zahnarzthelferin.

ANGELA BARON. Geboren 1962 in Düsseldorf, 1,66 m, aus Düsseldorfs Amüsierviertel ging es nach Los Angeles. Ihre ersten Pornofilme (sie startete 1987 und drehte bis 1993) waren „Trampire" und „Robofox" (unter dem Regisseur und Ex - Darsteller Paul Thomas). Da diese Filme bei VTO im Verleih waren, und der das „Videostar Intim" Magazin sie entsprechend hervorhob, machte sie sich auch hier einen Namen. Wenn man die wichtigsten fünf deutschen Pornostars benennen sollte, Angela Baron gehörte durch ihren Erfolg in Amerika und in der Bundesrepublik in diese Reihung.

EBONY AYES. Geboren am 28.1. 1962 in Atlanta oder Savannah als Priscilla Roberts. Die 1,67 m große Farbige war der erste schwarze Star der

Branche. Drehte von 1985 bis etwa 1989. Lebt heute mit Mann und zwei Kindern in L.A. Kein Alkohol, keine Drogen, ein guter Umgang mit ihren Ersparnissen, das sagt man ihr nach, und dies verstärkt das ohnehin positive Bild, das sie immer abgab. (www.ebonyayes.com).
LOIS AYRES. Geboren am 24.5. 1963 in Los Angeles als Sondra Stillman. Ging aber rasch nach Boston. Die 1,70 m Ikone kam 1982 durch die berühmte "Erotic Blue" Serie zum Dreh und debütierte im Film "Surrender in Paradise" im richtigen Porno. Bis 1995 drehte sie unzählige Streifen (allein 147 Einträge verzeichnet eine Internet Datenbank) und es war in den 1980er Jahren eher schwierig einen Film zu leihen, wo Lois Ayres nicht mittat. Die Punkband NOFX widmete ihr mit „Lori Meyers" sogar einen Song. Auf ihrer Website www.loisayres.com kann man viel über sie nachlesen. Ayres sagte hier beispielsweise über die Veränderungen der Pornoszene seit den 80ern: „Ich mochte es früher mehr, als es noch üblich war, dass quasi jeder zur Familie gehörte. Wenn Amber und Ginger Lynn, Nina Hartley, Sharon Mitchell und ich zusammen spielten waren wir uns es nah. Wir waren alle Freunde. Heute sind alle so mit sich selbst beschäftigt und darum entsteht so viel Mobbing unter den weiblichen Darstellerinnen. Sie spielen sich gegenseitig aus. Das Geschäft war zehn Jahre lang davor viel entspannter."
REBECCA BARDOUX. Geboren am 18.8.1963 in Erie, Pennsylvania. Drehte von 1992 bis 2011 und gehört von daher natürlich fast automatisch in dieses Lexikon, obwohl sie an mir komplett vorbeilief. Wobei sie ja in der allseits bekannten Serie Sodomania (hier in Teil 2) mitspielte. Seit 2007 in der AVN Hall of Fame.
DRU BERRYMORE. Die als Nicole Hilbig am 11.8.1969 in Berlin geborene, die ihren Starnamen einer relativen Ähnlichkeit mit der US Schauspielerin Drew Barrymore verdankt, kam über diverse Jobs in den USA ins Porno-Metier, u.a. als Bühnenbildnerin in Los Angeles, durch Erotik Wrestling und Tabledance. In den 90er Jahren drehte die elastische Blondine, die mittlerweile dunkelhaarig daherkommt - und dies nicht schlecht! - zahlreiche Hardcore-Streifen in Amerika, ehe sie sich auch in Europa einen Namen machte. Durchaus ein repräsentatives Aushängeschild der Branche, der man den Spaß am Sex auch stets deutlich ansah.
BRIANA BANKS („bangs" engl= bumst). Geboren am 21.5.1978 in München zog sie mit drei Jahren nach London, bürgerlich heißt sie Briana Bany (Nickname: „Mirage"). Erst Versicherungsvertreterin, dann Model. Spielte in 150 Filmen mit. O-Zitat: „Ich bin nicht bloß Titten um einen Schwanz."
KRISTARA BARRINGTON. Geboren am 22.11.1965 in New Orleans, Louisiana. Gilt als eine der bekanntesten asiatischen Darstellerinnen der Branche, in der sie von 1983 bis 1996 wirkte. Begann beim großen Label VCA und drehte zirka 160 Filme. Vehement wehrte sie sich in einem Interview gegen den beruflichen Vergleich mit Prostituierten. Sie werde schließlich „bezahlt" für ihr Tun (Prostituierte aber auch...) und ein Jeder würde sich doch letztendlich in seinem Beruf verkaufen. Einer ihrer bekanntesten Filme war „Getting L.A.'d", wo sie mit illustren Kolleginnen und Kollegen spielte. Am-

ber Lynn und Kari Foxx auf weiblicher Seite, männlicherseits waren Ron Jeremy, Jerry Butler und der beste Mime des Business, der leider schon verstorbene Jamie Gillis zugegen. Kristara war wegen ihres schier porzellanartigen, hübschen Gesichts ein „Eyecather" in der Branche.

BIONCA. Geboren am 22.1.1967 in Long Beach. 1984 stieg sie bereits ins Pornogeschäft als Darstellerin ein, wo sie bis heute weilt. Sie ist - die Tragik lauert beim Porno wirklich in jede Ecke in die man hineinschaut - die Witwe des mit nur 53 Jahren verstorbenen Porno Kult-Regisseurs Bruce Seven („Ginger on the Rocks"), der auch mit Billy Idol gut bekannt war.

ERICA BOYER. Ich entdecke eine Website (www.ericaboyer.net) auf der die am 22.12.1956 geborene Darstellerin, die auch früher zu meinen Sex-Heldinnen zählte, aufgrund ihrer Athletik und rauen Attraktivität, als „the greatest Adult Star of all Time" gekennzeichnet wird. Das könnte gut sein, sie ist in jedem Falle eine der besten ihres Fachs. Doch dann sinkt mein Bürostuhl förmlich eine Etage tiefer, denn auch sie weilt schon seit geraumer Zeit nicht mehr unter uns. In der Silvesternacht 2009 wurde sie in Panama City von einem Auto erfasst und getötet. Tot mit nur 53 Jahren, unsagbar traurig. Porno, die Vorstufe des Todes, liegt ein Fluch auf ihm?

JOHNNI BLACK. Geboren am 14.1.1968, bürgerlich Laurie Golem, stammt aus Chicago. An der Universität Illinois studierte sie Psychologie mit Abschluss. Sie schaffte es in den Captain Rang der US-Army, wo sie als Sanitäterin und Fallschirmspringerin (!) diente. Auch beim „Desert Storm", dem amerikanischen Angriff auf Kuwait war sie dabei. Ihre ersten, noch während der Zeit in der Army, gedrehten Pornofilme konnten somit erst nach dem „Dienen" veröffentlicht werden. 2002 kehrte sie der Branche den Rücken. Die gelockte, nicht eben dürre Blondine stellte den Typ der praktischen Hausfrau dar und nicht den einer drögen Naiven und bediente so einen echten Bedarf im Genre. Ein positives Beispiel für die Verbindung von Körper und Geist, vor allem im Porno-Genre. (Witzige Episode am Rande: Ich begegnete ihr auf der Venus Messe 1998. Ihr und Sheyla le Veaux, am Stand von Wicked Pictures, und sah wie sie sich einen Stiefel und eine Socke auszog. Neben mir stand ein junger Mann, der genau dies fotografieren wollte und durfte. „Was he a foot-fetish?" fragte Sheyla alsdann die aufgeschlossene Johnny, die dies bejahte. Alle Achtung, andere Fans, die trauen sich schon was, und ich knipste gleich mit).

BUNNY BLEU. Geboren am 1.6.1964. Die IAFD (International Adult Film Database) verzeichnet für die auch unter diversen Starnamen drehende Blondine ganze 539 Pornofilm-Einträge. Was sich allein schon aus der langen karrieretechnischen Laufzeit plausibel erscheinen lässt, denn sie drehte von 1982 bis 2004 (!).

DOLLY BUSTER. Geboren am 23.10.1969 in Prag (Tschechien). Kam 1983 mit ihren Eltern nach Deutschland. Was jeder über Dolly weiß (gebürtig Katja Nora Bochnickova´) ist, dass sie lispelt, als Nora List in wirklich unästhetischen Billigpornos mitspielte, sich mehrfach die Brust operieren ließ, fünf Bücher schrieb , die es nicht in die Hochkultur schaffen werden (obwohl „Ohne Maulkorb" sogar bei Heyne erschien und bei so viel Veröffentlichungen muss man ihr auch etwas Respekt zollen) Lieder sang die keiner benötigt, in (außer-)pornografischen Streifen mitwirkte die wir auch nicht brauchen und immer etwas unbeholfen wirkt. Stimmt doch alles, oder? Aber wussten sie auch, dass Dolly Baumberger (ehelichte 1997 ihren Porno-Produzenten Josef „Dino" Baumberger) mit 18 Jahren als Übersetzerin beim Bundesgrenzschutz arbeitete? Yoga macht und praktizierende Buddhistin ist? An der Kunstakademie Düsseldorf studierte und inzwischen großartige Gemälde fabriziert? Auf www.dollybuster.com kann man sich davon staunend überzeugen. Sie hat damit die ihre, passende Ausdrucksform gefunden, die ihr nach ihren unwirklichen „Peep"-Show TV-Auftritten endlich auch einmal Anerkennung von neutraler Seite bringen müsste. Ich wäre absolut dafür. Grauslich erinnere ich mich an einen ihrer Auftritte in einer Talkshow des öffentlich-rechtlichen Fernsehens, ausgerechnet der sonst als so feinfühlig bekannte Liedermacher Reinhard Mey griff sie dort verbal scharf an, als er den Verkauf von „Sexualität" in Pornos als verabscheuungswürdig brandmarkte. Was er sich wiederum bei Teresa Orlowski wohl nicht getraut hätte...

BETTINA CAMBPELL. Geboren 25.5.1974. „Gut hinein und sauber wieder hinaus", unter dieses Motto könnte man getrost die Porno-Laufbahn von Elizabeth Jongskind (wie sie im richtigen Leben heißt) stellen. 1996 kam sie hinzu, drehte in kurzer Zeit etliche Filme, erhielt Auszeichnungen dafür (das Qualitätslabel „Private" war ihr Hauptauftraggeber) und verschwand alsbald wieder. Sie spricht vier Sprachen und besitzt zwei Häuser (eines in Holland, eines in Frankreich) und lebt heute in der Schweiz. Gut gemacht, schöne Frau!

RITA CARDINALE. Geboren am 22.2.1975 in Budapest. Noch eine weitere Aktrice, die das Bild von den scharfen Ungarinnen befeuert. Bekam den Titel „Asswoman" auch weil sie in fünfzehn Teilen einer gleichnamigen Porno-Serie so genannt wurde, und der Analverkehr zu ihrer (wenn man so will) Spezialität wurde. 1999 wurde sie auf der Berliner Venus Erotik Messe zur besten Darstellerin Europas gekürt.

ASIA CARRERA. Geboren am 6.8.1973 in New York, wovon sie jedoch schon sehr früh wieder wegzog. Besitzt einen japanischen Vater und eine deutsche Mutter, sodass ihr bürgerlicher Name Jessica Andrea Steinhauser leicht erklärbar ist. Zehn Jahre verbrachte sie im BIZ. Mit 13 Jahren spielte sie bereits Bach Konzerte am Klavier in der Carnegie Hall. Wegen des akademischen Drucks, der sie von Hause aus prägte, ging sie schnell eigene Wege. Sie ist ein immens großartiges und nicht serienmäßiges Beispiel, dass Körperlichkeit die pornographisch genützt wird, nichts mit geistigem Verfall zu tun haben muss, im Gegenteil, Asia Carrera besitzt einen IQ von 155 und ist Mitglied in der „Mensa" einem Verein für IQ-Nerds in Amerika. Mehr gibt es auf ihrer Website www.asiacarrera.com, sie hat zwei Brüder und eine Schwester. Aber, wieder keine Rosen ohne Dornen, auch in ihrer Vita gibt es

Beklagenswertes, ihr Ehemann kam, nachdem beide noch nicht einmal drei Jahre verheiratet waren, bei einem Autounfall ums Leben.
MARILYN CHAMBERS. Der nächste von Tragik umwitterte Fall. Marilyn Brigges wurde am 22.4.1952 in Santa Clarita geboren und verstarb, von ihrer Tochter in einem Wohnwagen am 12.4. 2009 gefunden, in ihrem Heimatort mit gerade einmal 56 Jahren. Als Marilyn Chambers 1972 zur großen Bekanntheit durch den Film „Behind the green door" aufgestiegen, hatte zuvor für Procter & Gambler eine Waschmittelwerbung für das Produkt „Ivory Snow" gemacht. Zehn Jahre war sie zudem mit Chuck Traynor verheiratet, der doch Linda Lovelace so malträtiert hatte, ein eigenartiger Fakt. Chambers war eine wundervolle Porno-Ikone, ihr tragisches frühes Ableben schwer fassbar.
CHRISTY CANYON. Kam am 17.6.1966 in Pasadena, Kalifornien zur Welt, als geborene Melissa Kaye Bardizbanian. Drehte von 1984 bis 1997 Pornos und benützte die darstellenden Herren auch abseits der Kameraarbeit. Mittlerweile in dritter Ehe lebend (ihr zweiter Mann war der US Porno-Redakteur Jeremy Stone) widmete ihr die Band OMD den Song „Heaven". 2003 kam ihre Autobiographie auf den US-Markt („Lights, Camera, Sex!"). In ihrem Debütfilm „Night oft he Loving Dangerous" (1984) spielte sie mit der minderjährigen Traci Lords und Ginger Lynn. Sie selbst äußerte über ihre Jugend, dass damals in der zehnten Schulklasse (also wohl 1982) den Mädchen untersagt worden wäre, im Minirock zur Schule zu kommen. Das prüde Amerika? Interessanter Fakt, vor allem von der Jahreszahl her (bei uns liefen die Mädels 1983 unisono auch sexy herum), das nur einmal an all jene die von der heutigen „Pornofizierung" reden, die Mädchen heute scheinen - wohl nicht nur mir! - optisch alle weit weniger sexy gekleidet als früher.
NIKKI CHARM. Geboren am 21.2.1966 in Invine, Kalifornien, bürgerlich Shannon Louise Eaves. War von 1984 bis 990 im Porno-Metier aktiv, machte rund 50 Filme, und gab Comebacks. Zeitweise mit Vivd Vertrag in petto, soll sie nun bisweilen als Stripperin arbeiten. Auf ihrer Website www.nikkicharmxxx.com gibt es - neben entsprechend eindeutigen Bildern - etliches über sie zu lesen. Sie sagte dort freihändig übersetzt „In 2009 wurde ich krank. Ich weiß nicht genau was es war, vielleicht eine Depression. Aber im April 2010 bekam ich eine Art Erleuchtung, all die Geschichten meines Lebens, und eine ganz Spezielle seit meiner Kindheit dazu begannen in meinem Kopf zu arbeiten. Mir wurde klar, ich hatte sie nur zu Papier zu bringen. Ich startete zu forschen wie dies zu organisieren sei, und Visionen die ich im Kopf hatte in einer visualisierenden Weise zu Papier zu bringen, war es saftig genug, die Leute zum Lesen zu bringen? Es war eine gute Erfahrung und hatte eine reinigende Wirkung."
DESIREE COSTEAU. Geboren am 1.1.1956 als Deborah A. Scheer in Savannah, Georgia. 1974 wurde sie durch ihre Rolle in „Caged Heart", einem B-Movie Exploitation Film bekannt. 1979 spielte sie in einem Adult Comedy Streifen („Candy goes to Hollywood") an der Seite von Wendy O. Williams, einer Rockröhre, die auch früh verstarb und John Leslie. „I Vizi" war 1989 ihr

letzter Film (man erkennt, sie machte nicht nur in „Pornos", wo sie mit Moana Pozzi (siehe dieses Lexikon) spielte. Nach einem Psychologiestudium arbeitete sie im Bereich der mentalen Gesundheit. Auf der Webseite desireecosteau.com lohnt es sich durchaus zu stöbern. Sie beteuerte immer wieder die Echtheit ihrer Orgasmen am Set, was man dieser glaubwürdigen Frau ruhig auch abnehmen darf. In den Jahren 1978 (Film „Baby Face") und („Pretty Peaches - süße Früchtchen") 1979, beide von Alex de Renzy inszeniert, verzeichnete sie ihren pornographischen Höhepunkt, 1979 erhielt sie - die Vollbusige mit dem Babygesicht - somit folgerichtig den „Porno Oscar."
MONIQUE COVET. Geboren am 14.7.1976. Die Ungarin, die seit 1995 Pornofilme dreht, begann wie so viele ihrer Kolleginnen mit dem Modeln (als 16-Jährige in Budapest). Monique studierte in ihrer Heimat Marketing, ehe sie an Pierre Woodmann von „Private" verwiesen wurde, der es schaffte die bildhübsche Blondine für das Genre zu gewinnen. Wurde auch als neue „Helen Duval" hierzulande populär. Nach vier Jahren bei Private Film und einer Pause kam sie 2003 für Boss Film zurück, blieb jedoch nur ein Jahr. Sie absolviert weiterhin tänzerische Nacktauftritte, lebt in Budapest, Rom und anderswo. Den Reitsport musste sie aufgrund eines Unfalls aufgeben, allerdings hält sie sich körperlich fit (taucht zum Beispiel). Und auch geistig ist die viersprachige Blondine nicht zu unterschätzen, die ägyptische Geschichte soll es ihr angetan haben. (Ein Interview lehnt aber auch sie mir durch Nicht-Zurückmeldung ab.)
DANIELLE DELAUNAY. Geboren in Bossier City, Louisiana, am 29.5.1988. Gehört in diese Liste wie der Heilige Vater in eine Volkstanzgruppe, also eigentlich gar nicht, aber ich lege sie einfach dennoch hier hinein. Gesucht hatte ich die Darstellerin Danielle über die jedoch wenig an verwertbarem Material zu finden war, so stieß ich auf diese 1,67 m Blondine mit großem Busen, die mir noch als Hoffnungsschimmer der Porno-Moderne gelten könnte, da sie unverfälscht, mit normaler Figur irgendwie nicht das so typische Porn-Gen in sich trägt. Auf dem Weg zum Star? Das könnte sehr gut sein. Eine Art Gina Wild in der Amerika-Version.
BARBARA DARE, bürgerlich Stacey Mitnick. Geboren am 27.2.1953 in New Jersey. Seit 1986 hatte die gelockte Brünette in über 100 Filmen mitgespielt. Ihr spröder Charme, gepaart mit ihrem festen, attraktiven Körper machte sie zu einer Art Markenzeichen. Vor ihrer Porno-Laufbahn verkehrte sie in einem New Yorker Swinger Club, sodass der Wechsel ins Pornofach für sie anscheinend schon nahe lag. Als Stripperin in den USA und Kanada blieb sie der Umsetzung von gezeigter Körperlichkeit treu. Es verliert sich aber ein wenig ihre Spur, sodass seriösere Angaben auch bei ihr nicht möglich sind.
BUFFY DAVIS. Geboren am 3.11. 1966. Drehte von 1985 bis 2000, auch so eine vollbusige Frau, Typ willige Hausfrau, aber doch mit dem gewissen Etwas, 1,65 m. Relevante Webseiten sind: www.buffydavisxxx.com und www.buffydavis.net. In der Bundesrepublik sicherlich in erster Linie bekannt durch den (Porno-)Film „Beyond the Denver Dynasty".

DEVON, bürgerlich Devon Strike. Geboren am 28.3.1977 in Daytona. Besitzt holländische, französische, indianische und englische Vorfahren. 1998 drehte sie ihren ersten Porno, die 1,57 m kleine Devon ergatterte überall Verträge bei Firmen, die in der Branche etwas hermachten, erst drei Jahre bei Vivid, dann bei Jill Kelly Productions und auch bei Digital Playground.

DEBI DIAMOND. Geboren am 1.5.1962 in Grande Hills, bürgerlich Deborah Lesters. Sie besitzt einen High School-Abschluss und stand Aktfotografie-Altmeister Helmut Newton für Bildaufnahmen zur Verfügung. 1983 begann sie als Porno-Darstellerin, stieg 1998 aus, unterstrich aber auf ihrer Website im Jahre 2014, dass sie seit 31 Jahren in der Branche ist (Pausen wohl eingeschlossen).

HELEN DUVAL. Geboren am 19.9.1965. Die Niederländerin, bürgerlich Bernadette Friebel arbeitete als Reporterin eines holländischen Magazins, für das sie u.a. Leserbriefe beantwortete. Dort hatte sie sich zunächst mit eigenen Nacktfotos beworben. Eines Tages besuchte sie dienstlich einen Dreh und kam so mit dem Porno-Biz in deutlicher Berührung. Hans Moser (doch, genau, der schon wieder!) förderte sie anschließend ab 1994. Mit 19 Jahren drehte sie ihren ersten Film, bald darauf hatte die platinblonde Schönheit ihre eigene Produktionsfirma „Helen Duval Visual BV". Sie ist vom Typus her eine von der im Porno-Business aussterbenden Gattung. Eine Mischung eben aus sexy Respektsperson und Mutter der Kompanie. Eigene Website: www.helenduval.com

CANDY EVANS. Geboren als Jean Poremba am 22.9.1967 in Newport Beach, obwohl sie „nur" von 1985 bis1990 drehte, notiert die Datenbank imdb ganze 84 Filme mit ihr. Candy drehte für große Labels wie VCA und Vivid. Lebt heute in zweiter Ehe und zwei Kindern angeblich in Orlando. Der nur 1,55 m große Heißsporn ist mir vor allem aus dem Film „Cheerleader Academy" (aus 1986) in Erinnerung, wo die Frauen, oh Graus, sportlich-amerikanisch in knielangen weißen Strümpfen performten, und damit den Film fast eher zu einer Komödie machten.

SOPHIE EVANS. Geboren als Zsofia Szabo am 20.2.1976. Die schöne Unerschrockene zog ins südlich sonnige Europa, um sich als Stripperin zu verdingen und schließlich sogar in Barcelona in einem Sex-Club zu arbeiten, womit die Prostitution die Pornographie wieder symbolisch küsste. Dort wurde sie auch entdeckt, und es war dann auch kein Zufall, dass sie auch bei Private Media landete. Seit 1997 hat sie in über 200 Pornos mitgespielt und dabei ob ihrer grandiosen Optik einen bleibenden Eindruck hinterlassen. Sogar in einem regulären Kinofilm bekam sie eine größere Rolle. Schön, mutig, tabulos brachte sie die Gilde der Puszta-Frauen im Biz ansehenstechnisch ein ganzes Stück weiter.

JEANNA FINE. Geboren am 29.9.1964 in New York City, drehte von 1985 bis 2002 Pornos, erst als gefärbte Blondine mit Kurzhaarschnitt, später mit dunklen Haaren.

SHAUNA GRANT. Geboren am 30.5.1963, gestorben am 21.3.1984. Wieder ein enorm trauriger Fall, sie war die erste Pornodarstellerin, die sich das Leben nahm. Zuvor hatte sie in 30 Streifen mitgewirkt. Bürgerlich hieß sie Colleen Applegate.
SASHA GREY. Im Oktober 2011 wurde sie (bürgerlich Marina Ann Hantzis) vom Internet Portal SPIEGEL ONLINE interviewt. Frage des Hamburger Nachrichtenmagazins „Vermissen Sie etwas von ihrem Pornoalltag?" (Sie war ausgestiegen und der Heyne Verlag brachte in diesen Tagen damals ihre Monographie „Neü Sex" heraus) Ihre Antwort: „Das Absurde! Das habe ich meistens geliebt. Teilweise sogar den Sex, ich habe da viel gelernt. Aber vor allem vermisse ich die Sicherheit. Ich hatte ein festes Einkommen, feste Arbeitspläne. Das ist alles weg. Jetzt fange ich mit 23 noch mal von vorne an." Sasha Grey, die auch den Roman „Die Juliette Society" publizierte (2013) kam am 14.3.1988 in Sacramento zur Welt. Sie brachte wirklich einen frischen Wind in die Szene und stemmte sich heftig gegen zu viel verlangende Regisseure, ein gewissermaßen fast letztes Aufflackern was die Courage der Frauen in der Branche betrifft? „Filme sind immer ein Kräftemessen zwischen Darstellern und Regisseuren." Über ihr Werk „Neü Sex" äußerten sich Leser im bei Amazon mit Vokabeln wie „Scheinheilig", „Müll", „Enttäuschend" „Super" aber auch „Interessant, aber zu wenig". Gut, das trifft auch ganz offenbar auf die meisten (vor allem autobiographischen) Bücher zum Thema zu…
ASHLYN GERE. Geboren am 14.9.1959 als Kimberly Ashlyn McKarny in Cherry Point, Kalifornien. Ging jedoch mit ihren Eltern bereits mit drei Jahren nach Las Vegas. 1993 - mit für Porno-Verhältnisse stattlichen, aber guten 31 Jahren - kam sie zum X-Film. Sei blieb bis 2003. 1993 spielte sie in dem mit einem historisch schon leicht unheimlichen Titel „Dresden Diary Teil 8. The Hellfire Legend". Zählt (natürlich) zur XRCO und AVN Hall of Fame.
TANYA HANSEN. Geboren am 11.9.1973 in Jessheim. Wuchs in Norwegen auf und gilt als erster Pornostar ihres Landes. Mit 18 modelte sie für Bademoden. Der bekannte Joe d'Amato entdeckte sie schließlich 1997 für das Pornofilm-Geschäft. Mittlerweile hat die mit einer enormen operierten Oberweite versehene Blondine sich zurückgezogen. Ob nach Tunesien, wie es hieß?
VERONICA HART. Die als Jane Esther Hamilton am 27.10.1956 in Las Vegas gebürtige Brünette stellt die im Grunde ideale Korrelation von Anmut, Geist und Sex dar, wie man sie - weder in Amerika noch in Europa - in vielfacher Hinsicht im Pornobusiness finden kann. Nach der High School studierte sie erfolgreich Theaterwissenschaften und hat auch nach ihrer Porno-Karriere in anderer filmischer Hinsicht gewirkt. Sie gehört aber auch beispielsweise zur hier im Buch schon erwähnten „Free Speech Coalition", einer Organisation die sich für einen „offeneren Umgang mit Pornographie in den Medien einsetzt" (Quelle: Wikipedia), die eine Gewerkschaft darstellt. Als ihr erster Film gilt „Woman - A Story of Madame Bouvary", was als literarischer Verweis gewertet werden könnte. Mir fiel sie im Film „Playgirl" 1982 ins

Auge, sie war stets der Typ lustvolle Lady, von der mindestens alle jüngeren Männer träumen mussten und sollten. Ihr Charisma ersetzte eine übergroße Brust und auch eine Haarfärbung hin zu Platinblond war ohnehin völlig unnötig. Sie hat eine eigene Fan Club Seite (www.veronicahartxxx.com) auf der man ihre Erfolge, zahlreichen Auszeichnungen und ihren Lebensweg nachgezeichnet hat. Wirken etliche Statements heutiger Porno-Ikonen aufgesetzt oder gar aufgesagt, nimmt man Veronica Hart aufgrund ihrer Verdienste und ihres Einsatzes für die Branche und andere Menschen ab, wenn sie über sich und ihre Porno-Laufbahn sagt: " Es war ein Weg akzeptiert zu werden. Ich wusste, dass ich es schaffe, dass die Männer sich durch mein Tun gut fühlen. Die beiden Dinge an denen ich am allermeisten interessiert war, das war das Spielen und das Liebe machen. Das Porno-Business war somit ein natürlicher Platz für mich."

NINA HARTLEY. Geboren am 11.3.1959 in Berkeley/ Kalifornien als Maria Louise Hartmann, 1,67m, 1983/84 stieg sie ins Porno-Business ein („Educating Nina") und bildete später sogar eine Art Porno-Lady-Gewerkschaft mit „The Pink Ladys". Niedlich ihre Lispelstimme, die mir natürlich erst bei den nicht synchronisierten Streifen auffiel und ihr letztlich auch mit zu einer persönlichen Note verhalf. Nina war als Vorreiterin der Branche TV-erprobt, eine Klassensprecherin des Genres. Ihr verzieh man (n) nahezu alles, auch Zitate wie: „Bei der Arbeit nie einen Orgasmus, sonst ist die Kraft weg." Oder auch noch einleuchtender und plakativer: „Ich machte es wegen dem Sex (...) Porno bietet den ganzen Spaß am Sex ohne das lästige Drumherum. Ich weiß, manche Leute finden diese Einstellung im günstigsten Fall beunruhigend und im ungünstigsten abstoßend und unmoralisch, aber sie entsprach ganz meinem Temperament. Ich wollte auch unbeschwerte sexuelle Kontakte mit Männern, hatte aber weder Zeit noch Geduld für Paarungstänze in der Club- und Bar- Szene, wo die Leute so tun, als könnten, sollten oder müssten sexuelle Begegnungen in jedem Falle zu dauerhaften Liebesbeziehungen führen..."

ANETTE HAVEN. Geboren am 14.12.1952 (ihre eigene Auskunft, das „Netz" nennt den 1.12.1954...) als Anette Robinson. Sie kam ins Geschäft als noch auf 35mm fürs Kino produziert wurde und die heute längst obsolet gewordene Videocassette noch gar nicht im Rennen war. Anette durchlief eigentlich so etwas wie die übliche Laufbahn einer Porno-Darstellerin: Krankenschwester, Tänzerin, Massagesalon. Später Regisseurin und Drehbuchautorin. Spielte auch u.a. in „Zehn - die Traumfrau" mit Bo Derek. Die Grande Dame des Golden Age of Porn suchte sich im Übrigen ihre Drehpartner selber mit aus. "Ich bin hochzufrieden!" sprach sie über ihre Laufbahn zum Autor Christian Keßler im Zuge eines groß angelegten, schönen (Buch-)Interviews. „Ich bin sehr stolz auf die Arbeit, die ich im Rahmen der Sexindustrie geleistet habe, und ich werde auch weiter als Fürsprecherin tätig sein, bei Lesungen etwa."

HEATHER HART. 1,78 m. Über sie fand ich leider sehr wenig, obwohl sie doch so bekannt ist. Aber „aus den Fingern saugen" möchte ich mir nun auch nichts.
HEATHER Keisha HUNTER. Geboren am 1.10.1969 in New York City. Trat in der MTV Serie „Soul Teain" als Tänzerin und Stripperin auf. Hyapatia Lee sprach sie für Hardcore Filme an, und an ihrem 18. Geburtstag drehte sie dann ihren ersten Hardcore Film. Der Vivids Star zählt seit 2007 zur AVN Hall of Fame und sie war mit Charlie Sheen liiert (wie auch Ginger Lynn). Im Buch von Greenfield-Sanders sagte sie einige kraftvolle Sätze. Einen guten wie „Man benötigt zu viel schlechte Energie, wenn man über jemanden urteilen will", jedoch auch ein ziemliches „NO-GO" wie „...und wurde als Afroamerikanerin zur Vorreiterin, die die Porno-Brache verändert hat." Da hat sie sich wohl doch selbst erheblich aufgewertet und die wirklichen Vorreiterinnen in dieser Hinsicht „unterschlagen" (Ebony Ayes, Angel Kelly, Jeannie Pepper...)
DEIDRE HOLLAND. Geboren am 27.2.1966 in Amersfoort, Utrecht als Martine Helen Smit. Der spätere Vivid Star war mit John Dough verheiratet, mit ihm erlebte sie auch ihr Pornodebüt „True Blue". Von 1989 bis 1998 aktiv. Auf dem youtube Kanal findet man einen (nicht textilfreien!) Ausschnitt aus dem Film „Bad Habbits" (wieder mit dem früh verstorbenen Jon Dough) aus 1994 (Deidre Holland. Adult Film Star - Fan Tribute 1"). Sie wirkt auf mich sehr kühl, ihr amerikanisch-holländischer Slang lässt aber wenigstens gewiss eine Interpretation zu; die hat es aber wirklich faustdick hinter den Ohren!
HOUSTON. Geboren am 24.3.1969 in Norwegen, zog sie jedoch frühzeitig nach Kalifornien. Drehte von 1995 bis 2005 und hat im Gang Bang Film „Houston 620" in 1999 ein beeindruckendes Werk an körperlicher sexueller Leistungsfähigkeit hinterlassen, um es einmal euphemistisch auszudrücken und weniger mit der eher angesagten Skepsis für ein solches Unterfangen. Erst über fünf Jahre Tänzerin, ging sie ins Büro von Porno-Vermittler Jim South um gewissermaßen den Eintritt ins BIZ zu beten. Im Juni 1995 war Laid Back ihre erste Porno-Produktion.
JENNA JAMESON. Geboren als Jenna Marie Massoli am 9.4.1977 in Las Vegas. In ihrer Geburtsstadt steht der Superstar heutiger Tage (siehe Buchreview hier) sogar in Wachs bei „Madame Tussaud's". Sie drehte an der Seite von Robert de Niro („Reine Nervensache 2"). Volljährig begann sie als Stripperin, zwei Jahre später ließ sie Nacktfotos anfertigen. Verheiratet mit Justin Sterling lebt sie heute in Arizona.
KEISHA. Geboren am 25.10.1966 in Los Angeles als Melissa Christian. Drehte von 1986 bis 1995 und zählt zur AVN Hall of Fame. Etwas pfundig war sie nie an einer Optimal-Figur, was sie jedoch durch ihren erotischen Einsatz vor der Kamera mehr als wettmachte. Gestartet als Sekretärin in einer Rechtsanwaltskanzlei kam sie durch den Besuch einer Veranstaltung des Porno-Biz selbst dazu. Und hinterließ eine nicht eben kleine Fan-Schar.

ANGEL KELLY. Auch ein Mitglied der AVN Hall of Fame. Die 1,70 m große und zierliche Angel war eine aus der allzu kurzen Reihe der afroamerikanischen Frauen, die im Porno-Biz für Nachhaltigkeit sorgten. Neben ihr gab es zwar noch Jeannie Pepper, Ebony Ayes und Heather Hunter, doch angesichts der Größe des Biz in all den Jahrzehnten eine eher magere Selektion. Steckt in der Branche etwa doch ein unterschwelliger Rassismus? Farbig, klein, mit kleinen Brüsten - Angel Kelly bewies von 1985 bis 1992, dass dies sehr wohl für ein erhebliches Fan-Aufkommen sorgen konnte. Allein im Jahr 1987 drehte sie (die Angaben variieren leider einmal mehr) zwischen 41 und 53 Pornofilme. Bekannte Streifen waren „Trampire" (1987 mit Angela Baron) oder „I Love you Molly Flinn", die beide bei VTO erschienen und sie somit auf dem europäischen Markt zur Marke werden ließen. Ein Satz von ihr besitzt in jedem Falle ein Alleinstellungsmerkmal in der Szene. In einem Interview sagte sie frei heraus: „Wissen sie was, Mann? - Der Sex: Das ist die echte Romantik!"

JILL KELLY. Geboren am 1.2.1971 als Adrianne Moore in Pomona. Bewegende Laufbahn, bewegendes Leben des größten Stars der Porno-Neuzeit (neben oder hinter Jenna Jameson). 1993 wird sie von Tiffany Million in Las Vegas auf eine Veranstaltung der Erotik-Branche mitgeschleppt, wo sie Feuer fängt. Zwei Jahre zuvor hatte sie bereits in einer Nebentolle des Action-Films „The Roller Blade Szene" mitgewirkt. Ihr erster Ehemann erschoss sich im Januar 1995 direkt vor ihrer Haustür. Sie drehte unentwegt - nach einer kurzen Pause - und spielte in geschätzten 400 Pornofilmen mit.2001 gründet sie ihre eigene Produktionsfirma „Jill Kelly Productions", die später an die „Penthouse Media Group" für 18 Millionen US Dollar zwangsversteigert wird. Ihre zweite Ehe hält auch nur eineinhalb Jahre. Jill ist blond und brustoperiert, aber diese Info erübrigt sich wohl aus mehreren Gründen. Sie hat exakt das meinige Geburtsdatum, aber in Ordnung, ein verzichtbarer Hinweis, da weitere Parallelen auch schwer bis unmöglich auffindbar.

HYAPATIA LEE. Geboren als Victoria Lynch am 11.11.1960 in Indianapolis, indianisch-irischer Abstammung drehte die rassige Schönheit insgesamt um die 50 Pornofilme und erhielt 1990 für ihren Auftritt im Film „Die Masseuse" einen AVN Award. In erster Ehe mit dem Regisseur Bud Lee verheiratet, ehelichte sie 1997 ein zweites Mal. Ihr erster Pornofilm war „The young like it hot" 1983, indem auch Kay Parker und Shauna Grant mitwirkten. Es gibt eine Comic-Biographie über HL und im Jahre 2000 erschien auch ihre Autobiographie „The Secret Lives of Hyapatia Lee."

LISA DE LEEUW. Geboren am 3.7.1958 in Moline (Illinois). Drehte von 1978 bis 1992, und „800 Fantasies" war ihr echter Einstieg ins Biz (spielte hierin mit Jamie Gills und Desiree Costeau). Ihr gemeldeter Tod durch Aids war zum Glück nur eine Ente, doch so eine Fehlinformation ist einfach unglaublich und ätzend. De Leeuw galt laut Seeßlen als „der letzte echte Hippie im Porno-Film", weil sie ein „unverbrüchliche(s) Recht auf Unterhaltung auch im sexuellen Bereich" forderte und es geradezu als eine „staatsbürgerliche Pflicht" ansah, „sich gegen Versuche zu Wehr zu setzen, dieses Recht durch Maßnahmen der Zensur, der Rechtsprechung und der Einflussnahme zu untergraben" (Seeßlen).

JANINE LINDEMULDER. Geboren am 14.11.1968 in La Miranda. Die schwer tätowierte Janine modelte zunächst und wurde 1987 „Pet oft he Month" in der populären Zeitschrift Penthouse. Bekannt im X-Business wurde sie dann durch den zu recht legendären Andrew Blake Film „Hidden Obsessions", der sexuelle Ästhetik ausstrahlt, die zuweilen sprachlos macht." Aus Respekt vor meinem damaligen Ehemann entschied ich mich, nur mit Frauen zu arbeiten", was sie dann jedoch später in zweiter Ehe (auch geschieden, ein Kind ging hieraus aber hervor) wieder verwarf. „Als alleinerziehende Mutter kann ich ohne zu zögern sagen, dass mir Pornografie das Leben gerettet hat. Ich musste zwei gescheiterte Ehen verkraften." Was sie noch verkraften musste, war ein sechsmonatiger Gefängnisaufenthalt wegen Steuerhinterziehung, den sie im Frühjahr 2009 antreten musste. 2002 wurde sie bereits in die Hall of Fame aufgenommen. „Meine Entscheidungen sind gut durchdacht und werden zum Unterhalt meiner Familie beitragen" sagte sie dem Autor Timothy Greenfield-Sanders, hoffentlich dann wieder und für immer auf ehrliche Art und Weise, verehrte Frau Lindemulder!

AMBER LYNN. Geboren am 3.9.1963 in Newport, Kalifornien als Laura Lynn Allen. Das Porno-Luder schlechthin, die Blondine mit den hochdrapierten Haaren und der verwegenen Schnute kann theoretisch schon fast allein als Synonym für den Begriff Porno stehen. 1983 kam sie in die Branche, nachdem sie sich zuvor als Model (u.a. für Bikinis) verdingt hatte, und in allseits bekannten Heften wie Penthouse, Hustler, High Society oder Chic ihren biegsamen (und willigen) Körper präsentiert hatte. Ihr Vater starb am Alkohol als sie erst elf Jahre alt war, die Mutter an Krebs, sodass sie mit ihrem Halbbruder Buck bei ihren Stiefeltern aufwuchs. Es hieß sie waren sehr arm, stahlen wie die Raben und fuhren schelle Autos. Buck Adams, der ebenfalls Pornodarsteller war, und kurzzeitig mit Janette Littledove zusammen, starb mit nur 52 Jahren an Herzinsuffienz. Die 1,70 m große Porno-Ikone, der Schreck aller gutbürgerlichen Akkuratesse, ging 1984 nach Kanada wo sie mit Tracey Adams nicht nur gemeinsam strippte, sondern auch - dann wieder zurück in den USA - bis angeblich sogar 1999 eine Beziehung führte. (Süffisant und nicht wirklich ernst gemeint, könnte ich an dieser Stelle als Fan hinzufügen: Tracey, Amber und ihre Freundin Ginger (Lynn) waren ja nun einmal unbestritten jene Aktricen die mich zum Porno brachten - und dass ich so gesehen dankbar bin, „dank" Internet, den Fakt dieser Beziehung erst heute mit gebührendem Abstand erfahren zu haben, das hätte mich ja ansonsten schier emotional aus der Bahn geworfen…) Sie ist natürlich in der AVN Hall of Fame gelistet, engagiert sich aber auch in der Free Speech Coalition, einer seit 1991 bestehenden Organisation, die sich für die Rechte von Pornomenschen einsetzt. Seit einigen Jahren gibt es auch eine Radioshow mit ihrer Mitwirkung, in der bereits u.a. Janine Lindemulder, Seka (!) oder Tera Patrick zu Gast waren… Mehr erfährt man auf www.rockn-sexxx-uncensored.com Und ja, sie sieht heute für mich mit ihren 52 Jahren erotischer aus, als je zuvor.

GINA LYNN. Geboren am 15.2.1979 unter dem bürgerlichen Namen Tanya Mercado in Mayagüez, Puerto Rico. Ein Elternteil stammt von dort, ein anderes aus Italien. Mit fünf Jahren ging es dann nach New Jersey. Strippte schon in ihrer High School-Zeit, auch weil sie dem Reiz des schnell verdienten Geldes schwerlich zu widerstehen vermochte (bei uns in Deutschland gehen Schülerinnen eher und - nicht unbedingt falscherweise - Zeitungen austragen). Neben ihren Pornoauftritten verkündet sie stolz, auch „in Mainstream-Projekten" mitgewirkt zu haben. So war sie u.a. auf dem Cover des „US Weekly" und sei im „Rolling Stone" (einer populären) Musikzeitschrift gewesen. Website: www.ginalyn.com.

GINGER LYNN. Als ich achtzehn war, fertigte ich einen kleinen Flyer. Zugunsten von Ginger, der süßen Schönheit, die mein Sehen von Porno vorrübergehend seriös gemacht hatte. Wenn diese tolle Frau Teil der Branche ist, wofür soll ich mich denn beim Anschauen noch schämen, dachte ich. Doch das war eben nur ein Teil von ihr, wie auch ihr späterer Sprung in Mainstream-Filme. Dass sie jedoch wegen Drogenbesitzes für einige Wochen ins Gefängnis musste (und zudem Steuerhinterziehung beging) ward keine gewünschte Nachricht und erschütterte mein Porno-Weltbild ein bisschen. (Allerdings nur im Hinblick auf meine jugendliche Naivität natürlich.) Doch selbst dieser ungeheuerliche (und doch nicht völlig weit hergebrachte) Fauxpas ist inzwischen für mich wettgemacht. Ihr überraschendes Comeback, aus der niedlichen Schönheit ist eine respektable Frau geworden, leistete dazu in meinem - hier immer noch Fan-Herzen - seinen Beitrag. Wer Ginger Lynn aber weiterhin noch nicht ins Herz schließen kann, dem empfehle ich das Video „Turn the Page" von Metallica. Das von Jonas Akerlund produzierte Musikvideo zeigt Ginger Allen Lynn in einer Rolle als Stripperin und Prostituierten, die ein kleines Kind hat, und dieses selbstverständlich abseits ihrer diffizilen Jobs versorgen muss. Es schnürt einem schier die Kehle zu, wie hart, real und doch einfühlsam dieses echte Stück Musik- und Pornogeschichte ist, es erschlägt einen beinahe. Und lässt so manches übereilte Vorurteil mit den Moll-Akkorden der Metaller und der Großartigkeit von Ginger nur noch dahinschmelzen. Geboren ist sie übrigens am 14.Dezember 1962 in Rockford.

PORSCHE LYNN. Die Lady, die sich auch abseits der Kamera mit Herren versorgte, die gerade eben in ihr hormonelles Momentum passten, wie wir aus Ian Gittlers vorzüglichen Hintergrundreportagen erfuhren, machte von Beginn ihrer Laufbahn an Furore, eine unübersehbare Darstellerin, die gekonnt zwischen Karrierefrau, Tussi und Biest pendelte. Dass diese selbstbewusste, fordernde Dame später eine eigene S/M Linie auf DVD herausbrachte, und auch in einem Fußfetisch-Film reüssierte, war eine absolut logische Konsequenz, ihr macht man wahrlich kein X vor dem U.

JACQUELINE LORIANS. Geboren am 4.2.1961 in Frankreich, 1,78m. Begann 1981 im Film „Nightdreams" an der Seite von Jennifer West. Drehte bis 1989, im bekannten Streifen „Tracy in Heaven" mit Traci Lords.

TRINITY LOREN. Geboren am 21.8.1964 in La Jolia als Joyce Evelyn Mc Pherson, verstorben am 25.10.1998 in Burbank. Die 1,63 m große, gelockte Blondine mit dem mächtigen schweren Busen drehte 242 Filme von Ende 1985 bis 1996 und ward über viele Jahre ein unverzichtbarer Teil des Genres. Ihr früher Tod mit gerade einmal unglaublichen 34 Jahren macht betroffen, erst recht, wenn man sich vor Augen führt, dass sie eine 1990 geborene Tochter hinterlässt.

TRACY LORDS. In der vorläufigen, aber doch einer gewissen Nachhaltigkeit unterworfenen Betrachtung, das positive Paradebeispiel und Aushängeschild der Pornoindustrie schlechthin! Auch wenn mir bewusst ist, dass ein lexikaler Eintrag in der Ausrichtung eigentlich anders auszusehen hätte, erlaube ich mir an dieser Stelle statt reiner Daten und Kurzsätzen, quasi ihre Autobiographie („Underneath it all") zu besprechen, um ihren Status, Habitus und ihr Wirken anschaulicher zu machen. (Denn was gehen uns letztendlich Konventionen an.) In meiner Porno-Hochphase mit 18 bis 25 Jahren lief die gute Traci sprichwörtlich an mir vorüber. Klar, sie spielte in Filmen mit die ich besaß, aber was wusste ich schon von ihr? Dass sie eine ungezogene Göre war, die spitz abstehende, knackige Brüste besaß, und mit bereits 15 Jahren, also illegal, Pornos drehte, bis die CIA diesem ungesetzlichen Treiben ein Ende bereitete. Da ich mich vorwiegend für die etwas reiferen weiblichen Semester begeisterte und diese Traci – die bürgerlich Nora Louise Kuzma hieß, und nur drei Jahre älter als ich war, galt sie für mich nur etwas als Porno-Skandalnudel mit minderer Relevanz. Ich nahm wohl den Hit der US-Punkband „Sloppy Seconds" wahr, die „Come back Traci" flehten, doch wie gesagt, mehr als dass sie später noch in dem populären Kinostreifen „Cry Baby" mittat, erreichte mich irgendwie nicht. Dann ergatterte ich dieses ihr Buch (bemerke erst nun das Detail ihrer schönen, hohen Wangenknochen und erfahre ihren familiären ukrainischen Hintergrund, der mir dies erklärt), las es mit nicht zu stoppender Neugierde und verstärkt anbahnender Empathie, und zähle mich heute nun auch zu so etwas wie den ihren Anhängern. Der Knackpunkt, die Schnittstelle zwischen deutschen Porno-Autobiographien und dieser Amerikanischen schien dabei nicht selten auf, doch unterbrach sie nicht meinen Lesefluss und Genuss. Weshalb das Buch noch nicht in deutscher Sprache erschienen ist, verwundert mich von daher nicht unwesentlich.

Traci erfährt als Kind bereits häusliche Gewalt, als ihr Vater ihre Mutter brutal zurichtet, und diese sogar schwere Schnittverletzungen davonträgt. Als der Richter dann dem von der Familie getrennt lebenden Vater einen wöchentlichen Besuch seiner beiden Töchter (Lorraine ist die ältere Schwester von ihr) einräumt, ist sie völlig entsetzt, und verliert somit schon früh den Glauben an die Demokratie. „Das Monster lächelte und ich wollte meinen Schuh in sein hässliches Gesicht werfen", beschreibt sie anschaulich ihre

Gefühle. Doch das ist leider erst der Anfang, einer für Pornodarstellerinnen nicht untypischen Kette an Ereignissen, die sie zu einer „Runaway" (Ausreißerin) machen wird. Ihr schlägernder Vater klärt sie auf, dass „nur Huren Jungs küssen". Als sie mit zehn Jahren dann den 16-jährigen Ricky küsst, wird jedoch rasch aus kindlichem Spiel bitterer Ernst, er vergewaltigt sie im Freien und abermals ist es nicht der Täter an sich, sondern sie selbst, die sich durch den Ausspruch ihres Vaters (der ja ohnehin nicht zum Vorbild tauglich war) in die Enge gedrängt fühlte „Es ist meine Schuld, es ist alles meine Schuld", denkt das arme Kind. „Ich war eine Hure, und ich war erst zehn Jahre alt", endet das zweite Kapitel nicht ohne Tiefgang.

Traci bekommt einen neuen Stiefvater, der Roger heißt und auch seine Finger nach ihr ausstreckt. Er bringt sie dazu, professionelle Nacktaufnahmen von sich zu machen, und fährt sie mit dem Auto sogar noch zu den Shootings wie ein kleines Mädchen, das vom Daddy zum Ballettunterricht gefahren wird. Traci beginnt schnell mit Drogen und Alkohol, auch um vor der Kamera lockerer zu agieren. Und sie ist immer noch minderjährig. Roger fällt beruflich immer öfters zeitlich aus, sodass Traci eben per Taxi ins Fotostudio düst. Das frisst Geld auf, das teure Kokain erst recht. Dann wird Sonny ihr neuer Freund, er schlägt sie leider, wurde daheim auch geprügelt und eine Kausalkette mit reißendem Abwärtssog setzt für das junge Mädchen erneut ein. Doch zur Polizei gehen traut sie sich nicht, denn „was würde einem 16-jährigen Nacktmodell dort erst blühen" mutmaßt sie schon im Vorfeld Schlimmes und verwirft diesen Gedanken.

Ist es das Wesen und Stigma von Porno-Darstellerinnen zugleich, dass sie wie Treibholz, ohne ein inneres Geländer zu einem Spielball werden, willenlos, zügellos, selbst auf Strecke hoffnungsgemindert? Darin läge eine Parallele zu meiner Person, der des an Agoraphobie leidenden, dem bisweilen auch Halt, und ein leitendes Leuchtturmlicht abhandengekommen sind. Doch Traci versteht auch die sich auftuende Möglichkeit, verloren gegangenes Terrain durch Sex wieder (vorrübergehend) zurück zu erobern. Und das war es, was Porno für sie tat. Es erlaubte ihr ihren Zorn herauszukehren. Durch „Freiheit, Frieden, Rache, Sex, Macht", fand sie wieder, den „Platz um ihre Energien" wiederzuerlangen, es machte sie zum „sexuellen Terroristen", wie sie es drastisch ausdrückt.

Aber sie zieht auch gleich wieder etwas zurück, als sie konstatiert, dass „Porno eine weitere Droge in ihrem Junkie-Leben war", was der Sache ihren Positivismus schon wieder leicht entzog. Dennoch ist es eine, ihre Form der Aufarbeitung, die sie erfreulicherweise eine Kontrollmöglichkeit empfinden lässt, und sehr gut dotiert ist es zudem. Und sie lernt der smarten Porno-Darsteller Tom Byron kennen, der mit ihr eine Beziehung führt und ein bisschen ein Auge auf sie hat. Sukzessiv neurotisch geprägt ist ihr Buch doch an der einen oder anderen Stelle, doch ist ihr Reflektiert-sein von einer ziemlichen Reife getragen, die ihrem Werk und seinen Leserinnen und Lesern so gesehen zu Gute kommt.

Auch einem meiner Untersuchungsansätze geht sie zufällig nach: „...ich ging zum Fenster, sah die Huren, die mit ihrer Arbeit die Nacht zum Tage machten. War ich wirklich von ihnen zu unterscheiden?" Immer wieder tauchen die Zweifel und lautes Nachdenken auf, kulminieren schließlich sogar in dem Satz „Was wird auf meinem Grabstein stehen? Hier liegt eine Schwanzlutscherin? Gütiger Gott!" Nachdem sie also ins Filmgeschäft gelangt war, später heiratete, sich mit ihrer Mutter wieder versöhnte und das wahr gewordene Märchen von der ausgebeuteten jungen Frau ein gutes Ende fand, zieht sie ein Resümee, warnt junge Frauen nicht auf jene zu hören, die Tracis Laufbahn als vorbildlich konstruieren und annehmen, auch über den Porno gelangt man auf seriös geprägte Leinwände, es „verstört mich tief daran zu denken, dass junge Mädchen (...) dies für einen praktikablen Weg zum Erfolg" sehen könnten. Mit der Branche rechnet sie ab. „Ich glaube Hardcore-Porno sensibilisiert seine Zuschauer und es objektiviert seine Interpreten (...) Ich traf nie eine (Frau des Business) die nicht geschädigt war von einem Geschäft, das es unmöglich macht, rein menschlich zu denken." Und sie endet doch hoffnungsfroh und zukunftsgläubig: „Ich war eine weitere Ausreißerin, ein weiteres belästigtes Kind, ein weiteres Opfer von sexuellen Raubtieren. Aber unter dem Strich war ich eine Überlebende. Ich beende das Schreiben dieses Buches aus diesem Grund."

LINDA LOVELACE. Geboren als Linda Susan Boreman am 10. 1.1949 in New York, verstorben am 23.4.2002 in Denver (nach einem tragischen Autounfall bei dem sie von ihrem eigenen Geländewagen überrollt wurde). Nach ihrem Erfolg in „Deep Throat" (Filmkritik im Buch, der Film spielte angeblich 600 Millionen US Dollar ein) hielt sie Vorträge an Hochschulen über das ausbeuterische Porno-Gewerbe. Zu Bestsellern wurden auch ihre in dieser Richtung operierenden autobiographischen Bücher „Ich packe aus", 1980 (2005 vom Heyne Verlag als „Die Wahrheit über Deep Throat" neu aufgelegt) und „Ich bin frei", 1986 ebenfalls bei Heyne, München.

LORI LOVETT. Geboren am 25.10.1962. Von 1985 bis 1990 an der Porno-Front der steifen Glieder tätig. Ihr bester Film war wohl „Best little Whorehouse in Beverly Hill" Blonder „Prototyp" der Branche.

SHANNA McCULLOUGH. Geboren am 1.4.1960 in San Francisco, spielte zunächst Theater in Berkeley, Kalifornien, und hier konkret die Rolle der Janet Weiss in der „Rocky Horror Picture Show". Ging dann 1983 ins Porno-Milieu - und drehte bis 2003(!), satte zwanzig Jahre. Es wurden über 200 Filme, plus etlicher anderer Streifen, etwa im Comedy Bereich. Mir im Gedächtnis blieben die Pornos „Addicted to Love" mit Tracey Adams, Angel Kelly und John Leslie oder der 1989er Streifen „Talk dirty to me (Part 5!) wo neben ihr noch Tracey Adams und die tolle Ona Zee mitwirkten.

CHIPY MARLOW. Geboren am 27.4.1967 in La Rochelle, Frankreich. Drehte eigentlich nur relativ kurz von 1996 bis 2001, hinterließ jedoch aufgrund ihres rassigen Aussehens einen langanhaltenden Eindruck. Im Film „Exhibition 99" (aus 1998) drehte sie mit den Pornostars jener Tage; Raffaela Anderson, Olivia del Rio und Dolly Golden. Die mit prallem Po und kleinen

Brüsten ausgestattete, dunkelhaarige Französin saß auf der Berliner Venus Erotik Messe 1997 mit kecker Mütze „oben-ohne" auf einem Signiertisch.
DR.SHARON MITCHELL. Geboren am 18.1.1956, die unangefochtene Ikone, die Madame, die Hochverehrte. Ganz einfach, weil sie wohl alles an Negativem erlebt und durchlebt hat und trotzdem als weibliches „Stehauf Männchen" immer wieder kam. Waisenkind. Fast zwanzig Jahre heroinabhängig, Pornodarstellerin, 1996 entführt und sexuell verstümmelt. Sie hat das Leben wahrlich von unten gesehen, das Ende der Straße als festen Wohnsitz gepachtet, aber niemals aufgegeben, sondern sich mit Anmut, Willen und Mut immer wieder selbst befreit. Heißt seit langem in der Porno-Branche anerkennend „Miss", einige sagen „Doktor" vorweg. Sie absolvierte ein Studium der Sexualwissenschaft und ist Direktorin der „Adult Industry Medical Health Care Foundation". In ihren Filmszenen stellte sie sich stets als Persönlichkeit vor, der auch eine große Nase und ein kleiner Busen nicht als Nachteil, sondern als positives Merkmal gereichten. Eine Heldin des Pornos, zweifellos und unbestritten, mit Wirkung auch auf weitere gesellschaftliche Kreise. Von ihrer Sorte bräuchte es wahrlich mehr...
CAROLYN MONROE. Geboren 17.9.1968. Die 1,75 m Blondine wirkte in angeblich 180 Pornofilmen mit, das ist gut möglich, ging doch ihre Karriere im Porno-Biz von 1989 bis 2013.
TERESA ORLOWSKI. Geboren am 29.7.1953 nahe Breslau (Polen). 1979 kam sie nach Bochum, wo sie verwandtschaftliche Kontakte besaß und in einem Lokal bediente. Teresa, die eigentlich Nonne werden wollte, heiratete Hans Moser und 1982 entstand der VTO Verlag. Aufgrund gerichtlicher Probleme aus dessen Vergangenheit verwies sie jedoch darauf, dass Moser ihr Angestellter war - und sie von Beginn an somit die Chefin. Was alles folgte ergäbe ein Extra-Buch. Unbedingt leider zu erwähnen: Firmenpleite durch den Bau übergroßer Studios, die später auch für die Ausstrahlung eines eigenen Porno-Kanals genutzt werden sollten, doch die staatliche Erlaubnis blieb aus. Angebliche Schulden, ein Wegzug aus Deutschland. Die unseriöse Anrüchigkeit der Branche, die sie selbst mithelfen vertreiben zu wollen, hat sie mit Unvernunft, vorübergehendem Größenwahn (der neue Studiokomplex sollte 15 Millionen DM kosten und landete dann bei satten 35 Millionen DM) und dem - nach rechtzeitigem Abseilen aus der Gefahrenzone - aussehenden Verhalten selbst nur abermals heraufbeschworen. Es ist anzunehmen, dass Frau Orlowski dennoch hoffentlich nicht am Hungertuch nagt. (Laut Bild Zeitung vom 16.2.2015 lebt sie in einer annähernd 4 Millionen Euro teuren Luxusvilla auf Marbella.)

Dies ist – zugegeben - nur eine (meine) Version und Sichtweise, da ich angehende oder vollzogene Geldgier nun einmal als nicht tolerierbar empfinde, aber Teresa wäre nicht Teresa, wenn es da nicht auch noch etwas anderes gebe. Deshalb ziehe ich eine andere Sichtweise eines Beteiligten hinzu. Ihr ehemaliger Lebensgefährte Gerard Hauser, lange Jahre ein sehr wichtiger Mitarbeiter im VTO Imperium, äußerte sich gegenüber dem Interviewer Falk Siemering (Quelle: www.falksiemering.de/special/hauser.php) zum Thema des Abschieds Teresas aus Deutschland nämlich wie folgt:

„Teresa wollte schon damals relativ schnell Deutschland wieder verlassen, weil sie einfach die Mentalität der Deutschen genervt hat. Jeder hat sich ihre Filme angeschaut, in der Öffentlichkeit hat sich jedoch kaum jemand offen zur Pornografie bekannt, so wie sie selber es getan hat. Eine solche Reaktion hatte sie schon damals, in den Anfängen, nicht erwartet, und war darüber sehr enttäuscht. Sie hätte sich im Laufe der Jahre sicherlich einiges mehr an offenen Bekenntnissen von Seiten ihrer Fans und Kunden, ja aller Konsumenten ihrer Filme, gewünscht. Und mit Sicherheit auch mehr gesellschaftliche Akzeptanz. Schließlich war Teresa in den 1980er Jahren hinter Helmut Kohl und Boris Becker die drittbekannteste Persönlichkeit in der Bundesrepublik Deutschland. Sie hat einen erheblichen Teil an Steuern in diesem Land gelassen und war immer offen und ehrlich zu dem gestanden, was sie gemacht hat und ist dafür im Grunde von der deutschen Gesellschaft in den Arsch getreten worden. Und das war nicht lustig. Und das hat sie schon der deutschen Gesellschaft und der deutschen Mentalität sehr übel genommen. Das ist auch nachvollziehbar."

VICTORIA PARIS. Geboren am 22.11.1960 in Great Falls, Montana, hat einen Bachelor in Ernährungswissenschaften. 1987 zog sie nach Los Angeles, wo ihre Porno-Karriere startete, nachdem sie zuvor im Wrestling tätig war. Zehn Jahre drehte die Blondine Pornos, und in den 1990er Jahren kam man kaum um Filme herum, in denen sie nicht mitwirkte. Auf ihrer Website www.victoriaparis.us wird deutlich hingewiesen, dass Nicht-Fans schleunigst verschwinden sollen, ein klares Statement.

KAY PARKER. Die 1,68m große Aktrice wurde am 28.8.1944 in Birmingham als Kay Rebecca Taylor geboren. 1977 startete sie im Porno-Biz. Im Jahre 1980 drehte sie den ersten Teil der „Taboo" Pornofilm Reihe, die erstmalig auf Leinwand die Inzest Thematik bediente (Quelle: Wikipedia). Sie war dann auch weiterhin stets die reife Frau, die jüngere Männer verführte. Die Vollblutfrau, die etwa in 50 Pornos mitspielte, drehte 1994 im mystischen Drama „Desert Wars" an der Seite von Rockstar Adam Ant. Mehr erfährt man unter www.kayparker.co.uk.

TERA PATRICK. Geboren am 25.7.1976 in Great Falls, Montana als Linda Ann Hopkins Shapiro. Sie hat einen englischen Vater und eine thailändische Mutter. War verheiratet mit Evan Seinfeld, dem Sänger der Gruppe "Biohazard" einer Hardcore/Heavy Metal Band. Kult-Frau der Szene, Ex-Fotomodel, atemberaubende Schönheit voller Charme und Ausstrahlung, sie heimste in rasanter Abfolge zahlreiche Auszeichnungen ein, so u.a. bei uns 2002 die Venus als beste amerikanische Darstellerin. Kam durch den Andrew Blake Film „Arroused" in die Branche und ist ein extrem gutes Beispiel, dass Geist und Schönheit theoretisch mit dazugehöriger Courage auch in der Pornobranche bestehen können. Besonders die „Island Fever" Filme gelten als Porno-Kult, weil der ästhetische Part darin äußerst stark zu Buche schlägt. Bekam von ihrem neuen Partner Tony Acosta im Jahr 2012 eine

Tochter namens Sophia Acosta. In ihrer Autobiographie „Sinner Takes All", welche sie mit Carrie Borzillo herausgab, kommen zahlreiche eindrucksvolle Fakten über ihr Leben zutage. Es ist eine einzige Anleitung und Werbung für die unbändige Lust auf die körperliche Liebe, die Tera verkörpert wie wenige andere. Mit 12 Jahren lieferte sie sich bereits heiße Küsse mit einem 25-Jährigen, mit 14 ging sie als Model nach Tokyo. Von ihrer eigenen Mutter gewürgt, wollte sie so schnell wie möglich ihr Daheim verlassen. Kurze Zeit später landet sie beim Playboy und bei Penthouse, wo sie unter die fotografischen Fittiche von Suze Randall geriet, die ja an dieser Stelle nicht noch einmal vorgestellt werden muss. Tera arbeitete auch in einem Altersheim, da sie es liebte mit alten Menschen zu arbeiten. Aber als eine demente Insassin nach ihr mit ihrer gefüllten Urinpfanne wirft, zieht sie alsbald die Konsequenzen, und beendete diese Tätigkeit.

JEANNIE PEPPER. Geboren am 9.7.1958 als Joan Desiree Ruedelstein in Chicago (allerdings behauptet eine andere Quelle, Ruedelstein sei ein Fotograf, den sie geheiratet habe, ich schrieb es ja bereits, es bleibt manchmal ein Vabanquespiel das mit Vorsicht zu genießen ist, lege ich mich hier auf eine Quelle fest, blamiere ich mich.) 1,74 m. Erst 1997 kam sie in die AVN Hall of Fame, als erste afrikanisch geprägte Farbige.2008 zog de XRCO („X Rated Critics Organisation") mit ihrer höchsten Auszeichnung nach. Dabei hatte Jeannie bereits 1982 (!) begonnen in Pornos mitzuwirken. Ein Highlight war wohl 1987 der Film „Mister Billion's Dollar Babies" wo sie mit Tracey Adams und Jerry Butler drehte. Neun Jahre auf einer katholischen Schule konnten ihre spätere „Drehlust" im Porno offenbar nicht stoppen.

TEAGAN PRESLEY. Auf die Frage, was denn „der bizarrste Moment Deines Lebens als Pornostar" war antwortete sie in einem Interview: „Im Kaufhaus erkannt zu werden, und zwar ohne Make-up, in meinen Schlabberhosen und mit einem Hut getarnt." (Wer dieses Buch bis hierhin aufmerksam gelesen hat, wird sich an dieser Stelle gewiss an das Kapitel „Ein Job wie jeder andere" gut entsinnen können…) Die 1,52m kleine, große Teagan (geboren am 24.7.1965 in Houston, Texas) war als 15-jährige Gymnasiastin bereits für die USA offiziell als Sportlerin in Deutschland und Dänemark, um ihr Land bei Wettkämpfen zu vertreten. Die zum Glück nicht brustoperierte Blondine ging im Dezember 2003 in die Porno-Branche und erhielt nach schnell abgedrehten Sequenzen in zirka 40 Filmen sowohl Anfang 2004 einen AVN Award („als „Best New Starlet") als auch schon im Juli 2004 einen Vertrag beim bekannten Label „Digital Playground". Teagan, die bürgerlich als Ashley Erickson geboren wurde, hat eine Tochter.

MOANA POZZI. Geboren am 27.4.1961 als Anna Maria Rosa Pozzi in Genua, verstorben am 15.9.1994 in Lyon. 1991 erschien ihre Autobiographie „La Filosia die Moana". Auch politisch agierte die hübsche Blondine, im Zusammenschluss mit Ilona Staller sorgte sie mit der italienischen Liebespartei („Partito del' Amore) vorübergehend, aber eben nicht nachhaltig für Furore. Lange Zeit rankten sich Gerüchte über die Ursache ihres frühen Ablebens. Nachdem die Ermittlungen noch einmal aufgenommen wurden, kam dann auch die Bestätigung, dass sie dem Leberkrebs erlegen war. Mit nur 33 Jahren, wie schrecklich.

ALEXANDRIA QUINN. Geboren am 25.3.1973 in Toronto, Kanada. Drehte von 1989 bis 2006 und wandelte zu Beginn ihrer Porno-Karriere sogleich unverblümt aber doch enttarnt auf den verbotenen Spuren von Traci Lords, da sie auch mit nur 16 Jahren ihre ersten Szenen drehte. (Mit nur zwölf Jahren hatte sie laut eigener Auskunft erstmalig mit einem Jungen geschlafen.) Zeitweilig war sie „House Dancer" und wurde von Erica Boyer gefeatured. Nach einem ihrer Tanz-Auftritte gingen die beiden dann auf ein Hotelzimmer „to talk". Auf die Nachfrage in einem in Interview, ob es zu weiteren intimen Begegnungen der beiden Ladys kam, sagte sie: „Nur im Film, wir machte zwei Filme zusammen." Wie es sich im Nachhinein anfühlen mag, mit jemand öffentlich und privat zu schlafen, der dann so früh verstirbt wie Erica Boyer? Quinn trat im Pornofilm „Buttman's Ultimate Workout" auf, der, nachdem ihr minderjähriges Alter durchsickerte, wie ein defektes Auto zurückgerufen und anschließend ohne ihre Szenen wiederveröffentlicht wurde.

JULIA RAGE. Geboren am 11.7.1969 in Los Angeles als Julie Haigland, seit fast zwanzig Jahren verheiratet, hat zwei Kinder. Die Blondine war von 1995 bis 2005 als Aktrice aktiv in der Pornoszene, zuvor hatte sie bei der US Armee gedient.

MISTY RAIN. Geboren am 10.8.1969 in Long Beach. Kam 1992 in die Branche und zählt zur AVN Hall of Fame.

SYBILLE RAUCH. Geboren wurde die Münchnerin Erika Roswitha Rauch am 14.6.1960. Im Juni 1979 wurde sie Playmate des Monats in der deutschen Ausgabe des Playboy Magazins. Gilt als Kinoschauspielerin, was so gesehen auch stimmt, doch waren ihre Rollen in etlichen Erotik-Komödien wie „Eis am Stiel" nicht dazu angetan, von einem Schauspieltalent zu sprechen. 1987 kam sie in die Porno-Industrie, was freilich für mächtigen Wirbel sorgte, eben genau, weil bereits aus dem öffentlichen Bewusstsein bekannte Frauen einfach, der Reputation der Branche wegen, nichts als herzlich willkommen waren. „Born for Love" war der Film in dem sie sich erstmals völlig öffnen sollte und „Dirty Woman" Part 1+ 2 (alles für VTO) waren die Folgewerke, welche der Öffentlichkeit großes Erstaunen abverlangten. Nach der mittleren Reife brach sie ihre Rechtsanwaltsgehilfinnen Lehre ab, und Sex war folglich ihre Einnahmequelle, so drehte sie auch mit ihrer jüngeren Schwester Sylvie. Doch der Absturz mangels Alternativen blieb nicht aus, Suizidversuch 1997 und Kokainsucht lauteten die unschönen Schlagzeilen, die sie schuf. Im Jahre 2006 arbeitete sie in einem Bordell im österreichischen Klagenfurt und weitere Abstiege - die sie einem österreichischen Journalisten gegenüber selbst publik machte-, möchte ich nicht mehr korrespondieren. Bei allem Mitgefühl ist sie leider das Paradigma, wie man es eben genau nicht machen sollte. Und dass Porno und Mainstream, respektive mit gesellschaftlicher Anerkennung ganz einfach wenig zusammengehen. Die Schauspielerin Anna Loos spielte Rauchs Leben im TV-Zweiteiler „Das sündige Mädchen" nach und hinterließ eine nicht zu leugnende, oft stimmige Aussage. Sie hätte Respekt vor den Porno-Darstellerinnen, „aber Schauspielerinnen sind es nicht."

TAIJA REA. Geboren unter dem bürgerlichen Namen Tianna Reilly am 29.1.1962 in Philadelphia. Sie besitzt den Hauptabschluss „Bachelor oft he Arts" und hört gerne Hardrock. Die 1,65 m große Taija bestieg den Porno-Dampfer 1983 und drehte bis 1990. Sie hat braune Haare und rehbraune Augen, trat aber häufig blondiert in ihren Rollen auf. Sie soll nach der Pornozeit als Prostituierte gearbeitet haben, danach bediente sie in einem Restaurant in Las Vegas. www.taijareaonline.com.

ELLE RIO. Geboren am 21.2.1961. Die großgewachsene Brasilianerin (1,79 m) brachte Rasse in die Szene. Lange Haare, lange Beine und Kaffeebraun, trugen dazu - gepaart mit einer ungekünstelten sexuellen Wildheit - natürlich auch ihr Scherflein bei. 1985 begann sie in dem von Alex de Renzy produziertem Film „Wild Things", und 1994 endete sie im BIZ mit dem Streifen „Lets face it", indem bekannte Darstellerinnen wie Buffy Davis, Lois Ayres und Kristara Barrington mittwirkten. Jener Film war zudem vom Qualitätslabel Vivid produziert. So richtig populär in Deutschland wurde sie aber wohl durch die aufwendige Produktion „Beyond the Denver Dynasty" aus 1988, die Video Teresa Orlowski signte und verkaufte. Darin geht es um die Darstellung der Schönen und Reichen, ein persiflierender Seitenhieb auf die TV-Serie „Denver Clan". Dort spielten wiederum Tom Byron, Rachel Ryan und sogar Ona Zee mit. Auf ihre Art eine Ausnahmeerscheinung der Pornoszene, die sich auch lobenswerterweise geistig weiterbildete.

VANESSA DEL RIO. Geboren am 31.3.1952 in Harlem (New York) als Anna Maria Sanchez. Halb Kubanerin, halb Puerto-Ricanerin. Erster Film war 1974 „China Doll", letzter Film 1986 („Dynamic Vives"). Die Farbige mit der großen, festen Brust, die unter anderem wegen ihrer außergewöhnlich großen Klitoris in Pornokreisen bekannt war. Die 1,68 m Lady bekam auch eine Würdigung per Buch. Im Taschen Verlag gab es zwei Ausgaben, die normale Version lag bei 39,90 Euro, die Luxusausgabe bei satten 500 Euro. (Inzwischen ist im Sommer 2016 eine weitere Auflage des Buches entstanden, woran man sieht, wie den Stars von einst - als es noch eine regelrechte Pornokultur gab - auch heutzutage noch gehuldigt wird.) 2007 erschien das Buch über Vanessa del Rio von Diane Hanson erstmalig, und 2010 dann hier beim Taschen Verlag Köln. 2016 ist nun eine weitere Auflage herausgegeben worden. Das Buch ist allen, die sich mit Erotik beschäftigen ohnehin wärmstens zu empfehlen. Kostete die Erstauflage 39,90 Euro und die Luxusausgabe 500 Euro, ist die jetzige (im Pappschuber, mit DVD) für einen günstigen Preis zu erwerben.

TAWNY ROBERTS. Geboren am 9.10.1979 in Salt Lake City, Utah als Adrienne Carol Almond. Sie ist die Tochter eines mormonischen Bischoffs und studierte zwei Jahre lang Theaterwissenschaften und Anglistik, ehe sie nach L.A. ging. Dort wurde sie ausgerechnet in einem Supermarkt von Jill Kelly (!) angesprochen und zur Porno-Szene geführt. 2002 war sie bei VCA unter Vertrag, 2004 exklusiv bei Vivid, besser treffen hätte sie es also eigentlich nicht. 83 Filme von 2000 bis 2011. Ende 2005 kam ihr erstes Buch „Private Actress" heraus. Drei AVN-Auszeichnungen stehen zu Buche plus der Aufnahme in die AVN Hall of Fame.

RACHEL RYAN. Geboren am 22.8.1961 in Ohio als Serena Robinson. Drehte in 100 Filmen von 1985 bis 1992 und galt in der Branche als zickige Diva. Auch sie kam offenbar nicht um die unsäglichen Brust-OPs herum, erst vergrößert, dann verkleinert, nun ja bei der Schönheit von Antlitz und Figur höchst fragwürdig, aber da steckt man ja nicht drin....

SAVANNA SAMSON. Geborene Natalie Oliveros, am 14.10.1967. Der Vivid Star (Auch mit eigenem Buch in 2005:" Vamp. A Vivid Girls book"). Nach Tanz und Ballett kam die 1,65 m Blondine zum Pornofilm und zählt seit 2011 zur AVN Hall of Fame. Besonders interessanter Aspekt ist jedoch ihr Interesse an Weinen und ihr daraus folgender Einsatz in der Winzerinnen-Ägide. In dem Jahr als in den USA ihre Autobiographie erschien, entdeckte sie in Tuscany (in der Toskana), Italien ihr Interesse für die Reben. Gemeinsam mit Robert Cipress kreierte sie mehrere Weine, darunter mit dem „Sognon Uno" einer interessanten Cuvee aus 70% Cesane, 20% Sangiovese und 10% Montepulciano. Dieser Wein wurde sogar von Robert Parker Junior mit 90-91 von 100 Punkten bewertet. In wieweit sie nun selbst das Handwerk beherrscht oder versteht ist nicht übermittelt, aber dass sie überhaupt in dieser spannenden Richtung unterwegs ist, zeigt die Möglichkeit als Vivid Star mehr zu tun, als sein verdientes Geld zu verjubeln. Va bene Savanna!

SILVIA SAINT. Geboren am 12.2.1976 in Kyjoiv (Tschechien) unter dem bürgerliche Namen Silvia Tomcalova. Die gelernte Hotelfachfrau, die auch in einer Buchhandlung vorrübergehend gearbeitet hatte, war zunächst Model für Unterwäsche. 1996 wurde sie in ihrer Heimat als „Pet oft he Year" von der Zeitschrift Penthouse gewählt, zwei Jahre später war sie es bereits in der US-Ausgabe. Saint= die Heilige. Im Internet kann man sie auf facebook unter dem Namen Angela Lombardi anschauen...

SANDRINE. Geboren 1966 in Auberviiers (Frankreich). Ihre Mutter drehte selber Pornos, hieß die Tätigkeit ihrer Tochter in diesem Bereich nicht für gut. 1,70 m, begann 1988 mit dem Dreh von Pornos. Jobbte zunächst in der Werbebranche und wollte auf Model umsatteln, trotz zahlreicher Schauen reichte es nicht zum Durchbruch, und sie ließ Fotos von sich machen. Modefotos und Oben-ohne-Bilder. Für eine deutsche Firma drehte sie dann ihr Debut in Frankreich.

SAVANNAH. Geboren am 9.10.1970 in Misson Viejo, Kalifornien, verstarb durch Selbsttötung nach einem Autounfall am 11.7.1994. Bürgerlich Shanon Michele Wilsey drehte sie von 1987 bis 1991 rund 70 Pornofilme. Vivid, das Label wo eine Vertragsunterschrift eigentlich für eine jede Darstellerin die Absolution auf großes Renommee und üppiges Geldverdienen bedeutet, kündigte ihr wegen ihres Drogenkonsums und damit verbundenem unprofessionellen Umgangs mit ihrer Einsatzkraft. Nach einem Autounfall, durch den sie leichte Gesichtsverletzungen davontrug, soll sie sich wohl daheim im Affekt erschossen haben. Ein weiterer trauriger, hier vor allem völlig unnötiger Todesfall in der Branche.

KARIN SCHUBERT. Am 26.11.1944 wurde sie in Hamburg geboren. Sie hat Porno-Geschichte geschrieben. Erstens, weil es ungewöhnlich ist, dass eine Frau mit vierzig Jahren zum Porno kommt, zweitens weil es noch extraordinärer ist, wenn diese zuvor als seriöse Filmschauspielerin reüssiert hatte. Denn Frau Schubert spielte u.a. an der Seite von so illustren Schauspielern wie Richard Burton, Louis de Funés oder Yves Montand. 1985 konnte sie Angeboten der Porno-Branche nicht mehr widerstehen (keine Überraschung bei den Gagen die sie - zu Recht! - einstrich). Durch den Regisseur Joe d'Amato (der wiederum auch schon mit Klaus Kinski arbeitete) kam sie in die Porno-Szene, sie spielte in zwanzig Filmen mit. Ein Highlight war ihr Auftritt in „Born for Love 2", inszeniert von Sasha Alexander (alias Hans Moser), wo sie an der Seite einer Münchener Schauspielerin, die zum Porno kam - nämlich Sybille Rauch - ihren erotischen Einsatz hatte. Ein mir noch mehr im pornographischen Gedächtnis gebliebener Streifen ist jedoch „The Devil in Mr. Holmes" aus 1987 wo sie neben „Mr. Porno" John Holmes auch mit Amber Lynn, und Tracey Adams spielte, viel mehr an Porno-Evidenz war in einem Film kaum noch unterzubringen. Heute eher schwer vorstellbar, dass eine renommierte Schauspielerin aus Deutschland - die viel im Ausland gelebt und gedreht hat - in Pornos mitwirkt, wo doch mit dem Hintern wackeln auf diversen roten Teppichen für jeden weiblichen C-Promi heutzutage schon genügt, um sexy zu sein...

SANDRA SCREAM. Geboren als Zorena Dombrowski am 1.10.1968 in Kalifornien. Ihren Actname bekam sie durch ihre Orgasmus-Schreie. Die blonde Sexbombe wirkte in 39 Filmen von 1990 bis 1993 mit (Quelle: imdb). Danach arbeitete sie als Erotik-Tänzerin, womit sie 20.000 US Dollar pro Monat generierte. Sandra Sream sagte einmal: „Porno gab mir viel Power, es nahm eine Menge an Furcht und half mir, Selbstvertrauen zu bilden, entweder du lernst gut zu schwimmen in der Branche - oder du sinkst. Das Erwachsenenfilm-Geschäft machte mich zu einer mehr mitfühlenden, toleranteren Person, ganz egal wie abgefahren die anderen dort waren."

SEKA. Geboren als Dorothea Hundley Patton am 15.4.1954 in Radford, Virginia. Von 1978 bis 1986 drehte die Wasserstoffblondine in mehr als 100 Filmen mit. Sie galt als eine der ersten Porno-Queens (Spitzname: „The Platinum Princess"). Die Dame verlangt auch indirekt noch heute entsprechende Beschäftigung mit ihr, war sie doch für unzählige Fans der Anlass, dem Porno-Gewerbe aufgeschlossen gegenüber zu stehen.

NIKKI SINN. Geboren am 18.12.1967 in Des Moines, Iowa. Drehte von 1991 bis 2010. Ihr Vater war Zirkusclown, ihre Mutter Ballett-Artistin und bis Nikki sieben Jahre alt war zogen sie damit durch das Land. Ihre Begeisterung für sexuelle Dinge nahm früh ihren Lauf, konkret mit der Sichtung des Filmes „Rocky Horror Picture Show", den sie nach eigenen Angaben 250 Mal gesehen hat. Als 18-Jährige lebte sie mit einem männlichen Porno-Fan zusammen, der wiederum auch ihr Interesse an diesem Genre weckte. „Ich war schnell befähigt zu wissen wer was ist, und hatte meine Lieblingsdarsteller und Regisseure." Sie fand auch deutliche Worte, über Abstoßendes in der Branche, so etwa sexuelle Belästigung. Sie könne verstehen, dass Leute das mit diesem Business nicht assoziieren, doch dem sei faktisch so. Sie betonte jedoch, dass es ihr zum Glück nicht häufig passiert sei.

ANNIE SPRINKLE. Die lebende Legende des Porno-Biz schlechthin. Geboren am 23.7.1954 als Ellen F. Steinberg in Philadelphia, kommt sie recht früh nach New York. Arbeitet rund 20 Jahre lang als Hure und Pornodarstellerin. Nach ihrer Laufbahn agiert sie als sehr populäre Performance-Künstlerin, die verdatterten Herren in ihren Shows nicht nur ihre tanzenden, vollen Brüste aufführt, sondern auch Einblick in ihre Gebärmutter gewährte. Nichtsdestotrotz ging sie bald weiter auf ihrem Aufklärungsweg in sexuellen Dingen. Sie wird Porno-Feministin, hält Workshops ab und schreibt Bücher, von denen „Hardcore von Herzen" (hier in 2003 bei Edition Nautilus veröffentlicht) mit Bildern, Aufklärung, Hintergründen und auch praxisnahen Dinge aufwartet. So unter anderem mit dem Kapitel „Zwölf Schritte zur Heilung von Burnout bei Sex-Arbeiterinnen." Ohnehin ihr ein wichtiges Thema, verfasste sie doch schon 1992 in San Francisco ihre Dissertation über Sex-Arbeiterinnen bzw. deren Problemen. Sie ist meiner Meinung nach in jeder Hinsicht ein „offenes Buch", eine schon durchgeknallte Yankee-Frau mit Herz und Hirn! www.anniesprinkle.org

Und das Geheimnis ihres Künstlernamens? Ihr Onkel entdeckte eines Tages auf einem Friedhof in Baltimore einen Grabstein mit der Aufschrift „Annie M. Sprinkle, geboren 1864, verstorben 1881", mit nur siebzehn Jahren. Ellen Steinberg traf ein Familienmitglied der jungen Frau, und erfuhr, dass diese aus einem streng religiösem Hause kam und weder verheiratet war, noch die körperliche Liebe zuvor erfahren hatte. Das inspirierte die spätere Annie, sich so zu benennen. Sie brachte sogar Blumen an das Grab.

ILONA STALLER. Geboren am 26.11.1951, war sie so etwas wie die Vorläuferin der späteren Welle an ungarischen Pornostars, die es nach dem Fall des „eisernen Vorhangs" an die westeuropäischen Pornofleischtöpfe trieb. Ihr Spitzname „Cicciolina" (zu Deutsch; das Schnuckelchen, beam sie jedoch erst in Italien verpasst, wo sie sogar fünf Jahre im Römischen Parlament für die „Partito Radicale" saß). Bereits mit 13 Jahren modelte sie unbekleidet in Italien und moderierte Jahre danach die Sendung „Radio Luna". Nur ein Jahr 1991 bis 1992 war sie mit dem Künstler Jeff Koons verheiratet. Ihr Merkmal war ihr ständig hervorgeholter Minibusen (auch dieser erscheint heute „merkwürdigerweise" um einiges gewachsen...), versehen mit dem Victory-Zeichen. Auf ihrer Website (www.cicciolina.it) kann man - so des Italienischen mächtig - etliches über ihr Leben für die sexuelle Befreiung nachlesen. Sie war eine stete Grenzen-Sprengmeisterin und auch ihre nur zirka 1,50 m Körpergröße waren ihr da nicht hinderlich, für einen Pornofilm sicher außergewöhnlich. In den 1980ern erinnere ich mich an eine Szene, als sie mit Stirnband und Teddybär in ein Büro kommt und dort unversehens auf den Teppichboden uriniert. Über Ilona Staller, die auf jüngeren Bildern, genau

die Ausstrahlung und Persönlichkeit besitzt, an der es ihr damals noch teilweise mangelte, gibt es auch drei Bücher, darunter das 1988 im Goldmann Verlag München erschienene Buch „Cicciolina, warum mir das Ausziehen Spaß macht. Italiens berühmtester Sex-Star erzählt." Und mittlerweile gibt es zudem seit 2016 eine 57-minütige Dokumentation „La Cicciolina. Göttliche Skandalnudel", welche die interessante Laufbahn des „Schnuckelchen" nachzeichnet. Eindrucksvoll für mich hierin ein Satz ihres Sohnes: „Für mich liegt das besondere an meiner Mutter darin, dass sie die Grenzen einer sehr bigotten Zeit gesprengt hat."
SAMANTHA STRONG. Geboren am 9.6.1967 in Seattle, Washington. 1986 kam sie mit 19 Jahren eher zufällig zum Pornofilm. Die Frau mit dem womöglich hübschesten Gesicht der gesamten Porno-Industrie ließ Nacktfotos von sich machen, die ins „Penthouse" Magazin gelangten und dort wohlwollend von einem Porno-Regisseur gesichtet wurden. 1988 bekam sie bereits den AVN Award als bestes neues Starlet verliehen. Die Blondine, bei der 104 Filmeinträge in einer Datenbank stehen (sie drehte bis 1999) liebt französischen Rotwein, hat einen Song von Aerosmith („Walk this Way") als Lieblingssong angegeben (zum Glück also „richtige" Musik) und gab als größte Schwäche an, dass sie „alles viel zu ernst" nehme. Großartiges Zeugnis einer Frau aus dieser Szene, wie ich meine. Da ist es kein Zufall, dass die US Punkband The Squids ihr einen entsprechenden Song schrieb, nämlich - „The Greatest Film Actress". Angekommen, angenommen!
JAMIE SUMMERS. Als Denise Stafford am 8.5.1968 geboren. Die 1,65 m Blondine hatte den Spitznamen „The Brat" (das Gör/ die Göre) und war eben das freche Luder. Bereits mit 18 Jahren kam sie 1986 zum Pornofilm, dem sie bis 1993 - mit eben dann 25 Jahren - treu blieb. Schon ihren ersten Film drehte sie beim Vivid Label, die auch ihren Künstlernamen –neudeutsch - kommunizierten. Nicht unwesentlich trug in Deutschland ihre Teilnahme am 1989er Film „Born for Love 2" (u.a. mit Sibylle Rauch) bei, wenngleich die nicht Brustoperierte schon zuvor für reichlich Furore gesorgt hatte.
SHERI ST. CLAIRE. Geboren am 17.4.1954 in den USA, wirkte in 122 Filmen mit, in denen sie vor allem bei DP und Analszenen - im wahrsten Sinne des Wortes - Aufsehen erregte. 1986 erhielt sie einen AVN Award als „Best Actress" im Film „Corporate Asets" der 1985 erschien. 2007 kam sie in die Hall of Fame von AVN. Sheri drehte von 1983 bis 1995 und hat heute in Los Angeles eine Anlaufstelle für Hunde, was ich sehr schön finde. Von der Hundestellung zur Hundepflege ist eben oft nur ein Katzensprung...
PUMA SWEDE. Auch bei diesem lexikalen Eintrag benütze ich ihre Autobiographie auszugsweise, um so etwas mehr in die Tiefe zu gehen. Bürgerlich Johanna Jussilain. Eigentlich in Finnland geboren (präzise am 13.9.1976), kam sie rasch mit ihrer Familie nach Schweden. (Sie ist bitte nicht zu verwechseln mit Ingrid Swede (1969er), die zuvor zum Beispiel auch in Deutschland (Film „Gina Wild - Jetzt wird's schmutzig Teil 4") bekannt geworden war.) Puma, die selbst gerne auf ihren Süd Stockholmer Humor verweist ist 1,78m, wiegt nur 56 kg und hat operiere Brüste. Sie ist wild,

frech und ging einst nach L.A. um das zu werden was sie augenscheinlich und akustisch deutlich vernehmbar sein wollte - ein (Porno) Star. Das nimmt man ihr einfach auch gerne ab, da sie auch in ihrer Autobiographie als geradezu von trockener Ehrlichkeit geprägte Type auftritt. Bemerkenswert ist an diesem Buch „My life as a Pornstar", so man denn immer über auch leicht unästhetische Momente hinwegsehen kann, eine Liste von fünf Vorurteilen, denen sie in aller Schärfe begegnet. Diese und ihre Meinung möchte ich von daher gerne aufgreifen, wertungslos, soweit es mir eben möglich ist.

Dazu, dass angeblich alle Pornostars eine schlimme Vergangenheit haben, die von Missbrauch und sexuellen Übergriffen geprägt gewesen sei meint sie: „So falsch! Du findest mehr mit einer schlimmen Vergangenheit an einer Supermarktkassenschlange als in der Porno-Industrie. Ist etwa das „Linda Lovelace Syndrom" weiterhin im Geist der Leute? Die Leute haben offenbar ein Problem damit, zu akzeptieren, dass die meisten von uns einfach ihren Job lieben (…) Ich habe während meiner Jahre in der Industrie nur von zwei Mädchen gehört, dass sie Opfer von sexuellem Missbrauch waren." Das würde ich so gerne richtig einordnen können, und ihr so gerne glauben, kann es aber unter dem Strich nicht recht. Deshalb sei meine Frage gestattet: Ist in einer derart oberflächlichen körperlichen Art der Zusammentreffen von Pornostars eine Basis gegeben, damit hausieren zu gehen, sich als „missbraucht" zu outen? (Zudem erzählt sie, eher erheitert, dass ihr ihr gerne trinkender Vater, so sie denn als Kind nicht artig war, mit seinem Daumen und Zeigefinger tief in die Stirn gebohrt hatte…)

Ihr zweiter Punkt dem sie etwas entgegnen wollte, war das Gerücht, dass alle Darstellerinnen und Darsteller Drogen nehmen würden, um ihren Job auszuüben. „Sicherlich habe ich Joints am Set kreisen sehen, aber nie mehr als das. Natürlich hatten einige Pornostars auch durch anschaffen ihre Drogensucht finanziert, es ist schließlich unter dem Strich doch L.A., aber für gewöhnlich wurden sie dann aussortiert. Keiner möchte mit jemandem arbeiten, der Drogenprobleme hat. Jene von uns die wirklich professionell sind, brauchen keine Drogen - wir lieben unseren Job." Hier ziehen wiederum Parallelen zum Spitzensport herauf, der zum Teil zum „Spritzensport" mutierte, und zahlreiche Sportarten ergriffen hatte, vor allem die Rennradfahrer.

Der dritte Punkt war die von vielen Fans offensichtlich in deren Phantasie angeregte Vorstellung, dass Pornostars 24 Stunden und sieben Tage die Woche „scharf" seien. Und als „Nymphomaninnen" und sexsüchtig einzustufen sind. Sie antwortet darauf zuerst salomonisch „Wahr und falsch. Ich würde sagen, viele Pornostars sind extrascharfe Menschen", und dann einsichtig, selbstreflektierend: „Ich persönlich wurde des Öfteren als Nymphomanin bezeichnet und da steckt etwas Wahres drin. Aber wir sind keine Sexmaschinen." Da sei es eben auch für einen Darsteller erlaubt „to drop a Viagra"…Ansichtssache? Die letzten beiden Punkte waren der Einsatz von „Ersatz-Sperma" und der Übertragung sexueller Krankheiten. Bei letzterem verweist Puma Swede auf die steten Tests in der Branche und dass es sicherer sei mit einem Pornodarsteller zu schlafen, (sie nennt es natürlich etwas anders...) als jemand in einer Bar aufzugabeln. (Es sei die Frage erlaubt, weshalb man denn überhaupt eines von beidem anstreben sollte, doch schließt sie immerhin recht plausibel und befragt ihre staunenden Leser; „Hand aufs Herz, wie oft geht ihr euch testen? Niemals werden einige sagen - lasst euch testen!" (Aber, so gut wie dieses auch gemeint sein mag, auf den Lebensstil kommt es natürlich schon auch noch an, Frau Swede?) Dennoch, dieses Buch generell und Puma als autarke Person, die ihre „Porno-Queen" auch wirklich mit Herz und Hirn lebt, müssen hier von mir sehr positiv erwähnt werden. Allzu selten habe ich in jüngster Zeit so eine reflektierte und schlüssige Einstellung einer Darstellerin vernommen. Sie achtet auf sich selbst (lässt sich alle zwei Wochen auf HIV/ STD, Klamydien und Syphilis testen) hat Humor, ist geschäftstüchtig und kreativ und hat eine Haltung, ob man diese nun befürwortet oder nicht, die man bei den meisten Porno-Stars vermisst. Das „Loudmouth" mit der kessen Schnute und dem süffisanten Stockholmer Humor ist jedenfalls eher Vorreiterin denn Opfer. Und sie könnte zweifellos auch in zahlreichen anderen Berufen bestehen. Hej Puma, när ska vi träffas?

SUNSET THOMAS. Geboren als Diane Fowler am 19.2.1972 in Sikeston. Drehte unter ihrem richtigen Namen ihren ersten Film, der nichts mit Pornographie zu tun hatte. Über einen Besuch bei den AVN Awards lernte sie jemanden kennen, der sie ab 1992 ins BIZ brachte, wo sie die 1,65 m Blondine bis 2004 schaffte. Die von Regisseur Michael Ninn inszenierten Streifen „Sex" (1994) und „Latex" (1995) waren maßgebliche Gründe, ihrer weiten Bekanntheit. Sie ist übrigens die Tante der hier im Lexikon alphabetisch startenden Sunrise Adams, besitzt zwei Söhne und schrieb 2009 ihren Roman-Erstling „Anatomy of an Adult Film". Da sie in 1999 in einem Bordell quasi für jedermann sexuell zugänglich war, lässt sie direkt die unsere These von der Phantasie die zum realen Anfassen mutiert, wieder wenigstens leicht aufleben.

TAYLOR WANE. Geboren am 27.8.1968 in Gateshead, England. Begann ihre Porno-Laufbahn im Jahre 1989 (nachdem sie als Oben-ohne-Model gearbeitet hatte) und ist bis heute darin aktiv. 1994 war sie „Pet oft he Month" der Zeitschrift Penthouse. Auf die Frage, wie sie denn privat unterwegs sei, antwortete sie über sich in einem Interview „Sie ist eine geile Person. Bevor ich Filme drehte war ich eine Schlampe! Ich wollte alles bumsen was sich bewegte, ich bin kein Chamäleon und wechsle die Farbe - ich liebe Sex". (Warum nur nehme ich Porno-Aktricen derartig entwaffnende Aussagen über ihre fast stete Geilheit für bare Münze ab, während ich jenes Gebaren bei Schauspielern, Musikern oder Fußballern fast immer nur für abgestandene Gefälligkeitsfloskeln halte?) Ihre Website: www.taylorwane.com. Geradezu grausam erscheint aber ihre Interviewaussage vom März 1993 als sie beschrieb mit Trinity Loren zusammen zu leben, und sie diese „dead" wünsche, da Loren eine üble Frau sei und rachsüchtig. „Ich dachte sie sei meine beste Freundin, aber sie liebt es Leute zu kontrollieren und ich hatte für sie auch als Taylor Wane nichts weiter als das kleine Mädchen zu sein, die nichts zu anderen Leuten zu sagen hat." Was auch immer vorgefallen sein mag zwischen diesen beiden Frauen, es klingt ohnehin reichlich infantil, ist es im Endeffekt tragisch, denn nur fünf Jahre später verstarb die hier so - zu Recht oder nicht zu Recht sei völlig dahingestellt - beleidigte Trinity und es zwingt uns doch wohl nur alle zu dem ethischen Grundsatz; wirklich keinem Menschen etwas Schlechtes zu wünschen.

SARAH LOUISE YOUNG. Geboren am 15.4.1971 in Sidcup in der englischen Grafschaft Kent. Schon in früher Kindheit wurde die sehr Schüchterne aufgrund ihrer rasant wachsenden Brüste in der Schule aufgezogen (eine Art kleines Verbrechen wenn man so will, denn Kinder haben oft durch ihre übermäßige, natürlich noch unreflektierte Ehrlichkeit stets ein Verletzungspotential in sich). Doch irgendwann machte sie aus der „Not" eine Tugend. So wurde sie mit fünfzehn Jahren an einer Bushaltestelle von einem Agenten angesprochen, der sie zu Oben-ohne-Fotos für die englische „Sun" gewinnen konnte (was damals noch durch das Einverständnis ihrer Mutter legalisiert wurde). Dann entdeckte sie Hans Moser alias Sasha Alexander, der 1944 geborene Fotograf, der 1989 von Teresa Orlowski geschieden wurde. Dieser brachte sie genau in jenem Jahr zum Film, als in „Dirty Woman Part2" (mit Sandrine und Sibylle Rauch) ins öffentliche Bewusstsein trat und erst 1999 den letzten Film mit ihrer Mitwirkung auf den Markt warf. Denn es entstanden Sarah Young Erotik Shops und eine eigene Zeitschrift mit Verkaufsoptionen von Porno-DVDs („Blue Print"). Am 13.1.1991 ehelichte sie im Übrigen Hans Moser, diese Ehe ist aber seit langem geschieden. Sarah besitzt noch immer eine große Fan Base in der Bundesrepublik, die mehrfach Brustoperierte hat eben diesen naturgegebenen „geilen Schlafzimmerblick" und verzauberte damit ihr Porno-Publikum. Eine eigene Website gibt es auch (www.sarahyoung.com). Das Gerücht, dass sie in Amerika studiere ist hingegen, laut einem echten Insider - nichts als Unfug. Sie lebt nämlich zurückgezogen in Neuseeland.

ONA ZEE (aka Joanna Collins). Bürgerlich Ona Zimmermann. Geboren am 3.3.1954 in Los Angeles. Nach Mainstream-Pornos (ab 1985) verlagerte sie ihren Drehbereich immer mehr in Richtung SM, wo sie auch eine lehrreiche Reihe mit ihrem Ehemann Frank Zee als Sklave produzierte.

Und die weiblichen Edeljoker, die wir nicht vergessen wollen und dürfen sind:

Lizzy Borden, Veronica Brazil, Carol Conners, Tricia Deveraux, Olinka Hardiman, Raven, Samatha Fox, Gloria Leonard, Tiffany Clark, Lynn Le May, Chloe (Geboren am 14.11.1971 in Thousand Oaks/Kalifornien), Susie Nero, Tianna (Geboren am 30.11.1963 in South Bay, Kalifornien, drehte die kecke Blondine von 1989 bis 1995 zirka 184 Filme, die beweisen, wie arbeitsreich diese wenigen Jahre waren.) Stacy Donovan (Geboren am 9.10.1964. Ex Model, das in rund 130 Filmen mitwirkte), Jeanette Littledove (Geboren am 4.9.1966 in Cache, Oklahoma. 1985 bis 1990 im Business), Tiffany Lords, Tina Marie, Kelly Nichols, Rhonda Jo Petty, Candida Royalle, Georgina Spelvin,

Serena, Veronica Vera, Tricia Devereaux, Kelly Stafford, Lolo Ferrari (starb mit nur 37 Jahren durch Erwürgen oder Ersticken, grauenhaft, sie ließ 18 Brust-OPs über sich ergehen), Ava Devine, Torri Wells, Amanda Shear.

Spaßeshalber begeben wir uns nun noch einmal abseitig des Best of Lexikons auf ein eher spielerisches Best of Deutsche Darstellerinnen Spiel, auch um die Stärke von subjektivem Empfinden bei den Konsumenten nachzuspüren. Ich surfte im Netz und fand auf YouTube zwei Einträge über die angeblich besten Deutschen Pornodarstellerinnen. Ich entdeckte einige markante Dinge, so zum Beispiel, und das fundamentiere ich gleich noch, dass die Damen zwar fast alle aus Deutschland stammten, aber dies oft wirklich fast nur den Geburtsort betraf. Ich hingegen stellte meine Best of Deutsche Darstellerinnen Liste im Anschluss dagegen, soll heißen, bei mir kamen nur populäre, von mir verehrte Frauen in die Liste, die nicht nur (bis auf eine Ausnahme) hier geboren waren, sondern hier auch ihre pornographische Laufbahn absolvierten. Es kommt eben auf das Detail an. Bei den Pornostars aus der Bundesrepublik würde ja sonst das alte Dreigestirn von Teresa Orlowski, Sarah Young und Dolly Buster obsiegen, doch - und das ist im Grunde nicht wichtig, sondern nur im Zuge dieses kleinen Spiels - diese Drei kamen erst nach ihrer Volljährigkeit ins Land. Um nicht missverstanden zu werden, die Internationalität der Lebensläufe finde ich gut und interessant.

So sah nun die erste Best of Liste („top 10 pornstar German") aus, und ich erlaube mir gleich meine entdeckten Auffälligkeiten in Klammern hintenan zu führen:

10. Shyla Jennings (geboren 1989 in Stuttgart, shootete nach eigenen Angaben als Model mit 18 Jahren in Texas und lebt noch heute in den Staaten), 9. Sexy Cora (verstorben, geboren und gelebt hat sie in Berlin), 8. Nina Elle (1980 in Ludwigshafen geboren, wuchs sie in Georgia auf), 7. Anette Schwarz (geboren 1984 in Rheinland Pfalz), 6. Leonie Saint (geboren 1986 in Herne), 5. Katja Kassin (in Leipzig geboren, lebt hier), 4. Briana Banks (geboren 1978 in München, zog mit 4 Jahren zunächst nach London, dann nach L.A.), 3. Vivian Schmitt (1978 in Polen zwar geboren, lebt aber seit der Kindheit in Berlin und Hannover), 2. Amy Reid (1985 in Frankfurt geboren, ging es noch als Baby in die USA). 1. Madison Ivy (1989 in München geboren, wuchs auch sie in Texas auf.)

Hier die zweite Liste eines weiteren Users („10 hottest German Pornstars"):

10.Sandra Star (geboren in Berlin), 9. Amber Michaels (1968 in Bamberg geboren, wuchs sie in Miami auf), 8. Mrs. Deauxma (das Vollblutweib wurde 1960 in Würzburg geboren, lebt in San Antonio) 7. Nina Ell (siehe obige Liste!), 6. Anna Nova (1975 in Magdeburg zur Welt gekommen, lebt in der Bundesrepublik), 5. Shy Love (geboren 1978 in Wiesbaden, ging es im Alter von 7 Jahren bereits in die USA), 4. Katja Kassin (siehe oben!), 3. Amy

Reid (siehe oben!), 2. Briana Banks (siehe oben!), 1. Madison Ivy (siehe oben!).

Nun zum Abschluss meine Liste, wo wirklich alle hier in der Bundesrepublik aufwuchsen:
10. Karin Schubert, 9. Kelly Trump, 8. Sybille Rauch, 7. Carmen Rivera, 6. Desiree Barclay, 5. Dru Berrymore, 4. Lena Nitro, 3. Vivian Schmitt, 2. Angela Baron, 1. Gina Wild. (Und wenn es gelungen ist, die nicht aus Deutschland stammenden Teresa, Sarah, Dolly, Helen und Co kurz zu verdrängen, ist das wohl ganz realistisch, oder? Indes, trotzdem subjektiv.

Best of Filme

(In der Regel - selbstverständlich - von 1970 bis 2005, Ausnahmen bilden lediglich extrem teure Produktionen die nach unserem Untersuchungszeitraum herauskamen.)
Die wichtigsten, besten, erfolgreichsten, teuersten und bekanntesten Filme. Oder alles zusammen, doch Vorsicht an der DVD-Playerkante, auch hier wird eine leicht subjektive Natur zum Vorschein gelangen, sprich: es sind schon jene Filme, die mich am meisten beeindruckten und/oder im Gedächtnis heften blieben. Die Reihenfolge ergibt keine Wertung. Alles ist nämlich alphabetisch angeordnet. Hinter dem jeweils genannten Film gibt es bisweilen kleine Hinweise (Es wurden dann immerhin 86).

Africa Connection (BRD, 1999, Regie Dolly Buster, Linda Lingua)/ Alice in Wonderland (USA, 1976)/ Babylon Pink (1979, USA, Georgina Spelvin)/ Babyface (1972, USA, von Alex de Renzy, Amber Hunt)/ Backdoor Brides 2 (USA,1986, Tanya Fox, Tiffany Storm)/ Baron of Darkness (Venus- Award 1998)/ Behind the green door (1972, Marilyn Chambers. Die Psychobilly Band The Calamitiez aus Barcelona widmeten dem Film sogar einen eigenen Song gleichen Namens, in dem ein Teil der Filmmelodie eingebaut ist)/ Beyond the Denver Dynasty (USA, 1987, VTO Joanna Collins)/ Blazing Bedrooms (USA, 1987, Sharon Mitchell, Porsche Lynn)/ Born for Love Part 2 (1989)/ Blue Cabaret (1988, VTO)/ Brazilian Connection (USA, 1988, Joanna Collins, Buffy Davis)/ Caligula (1979)/ Cleopatra (Private, 2003, Julia Taylor, Laura Angel)/ Conquest (1997)/ Dancing Angels (VTO,1988, Nina Hartley, Amanda Shear)/ Debbie does Dallas (1979, USA, Bambi Woods)/ Deep Throat (1972, Linda Lovelace)/ Desiree the Joker of Love (VTO, 1987, Desiree Barclay, Biggi Mondi)/ Deviation (Private)/ Diamond Baby (1983, Ribu Film)/ Die Rivalin (BRD, 2001, Kelly Trump, Laura Angel, MMV)/ Divina the way of Fame (Julia Taylor, Goldlight-Film)/ Dragon Lady (Venus Award 1997, USA)/ Dreamquest (USA,2000, Wicked Pictures, von Brad Armstrong, mit Jenna Jameson, Sydnee Steele, Asia Carrera)/ Eiskalte Engel (MMV)/ Exzesse in der Schönheitsfarm-Wild Playgirls 2 (1984, Olinka Hardiman)/ Fashionistas (2002)/ Faust - Im Sog des Seelenfängers (Goldlight Productions, 2002)/ Flashpoint (1998, USA, Jill Kelly, Jenna Jameson)/ Getting L.A'D (USA, 1986, Amber Lynn, Nina Hartley)/ Gladiator (Private Film, 2002, Rita Faltayano)/ Foxy Lady Nr. 1 (BRD, 1985, Teresa Orlowski)/ Ginger on the Rocks (USA, 1985, von Suze Randall, mit Ginger Lynn, Amber Lynn, Erica Boyer)/ Grafenberg Spot (Ginger Lynn, Tracy Lords, 1985, USA)/ Herbertstraße- der Film (Vivian Angel, BRD, 2002, Touch Video)/ Hidden Obsessions (von Andrew Blake, USA, 1992, Janine Lindemulder)/ Hollywood Heartbreakers (Amber Lynn, 1985, USA)/ Houston 620 (Ex- Gang Bang Rekord, 1999, USA)/ Insatiable (USA, 1980, Marilyn Chambers)/ Island Fever (Tera Patrick, 2001, USA/ Inside Marylin Part 1 (1985, Olinka Hardiman)/ Inside Napoli (Italien, 1989, Oftly Video,Moana Pozzi)/ Jetzt wird's schmutzig Teil 3 (Gina Wild,

BRD, 199, Videorama)/ Josefine Mutzenbacher Teil 1 (1976)/ La dolce Vita-Liebe ohne Zukunft (Bambola, Goldlight Film, 2003)/ Latex (von Michael Ninn, 1995, USA. MMV)/ Lusty Layout (USA, 1986, Paradise Visuals Tiffany Storm, Lori Lovett)/ Made in Germany (Tracey Adams, Angela Baron, 1987)/ Manhunters (2006, Jessica Drake)/ Mätressen (VNM. Antonella de Lago)/ Loaded (2004, USA, Jesse Jane)/ Messalina- Kaiserin und Hure (von Joe d'Amato, 1996, MMV, Kelly Trump)/ Mrs. Robbins (VTO, 1988, Tracey Adams)/ Nena Teil 1 (USA, 1985, von Henri Pachard, mit Raven, Gloria Leonhard, Ribu Film)/ New Wave Hookers (USA, 1985, Traci Lords)/ Operation Desert Stormy (2007)/ Pandora's Mirror (1981, Veronica Hart)/ Painfull Cheeks (1994)/ Perfect (von Michael Ninn, 2002, Private)/ Pirates Teil 2 (Private Film, 2008)/ Pornohexe in Rot (Paradise Visuals, USA, Trinity Loren, Shanna Mc Cullough)/ Porn TV (VTO, 1990, Krystine de Beausseant)/ Ramboooh the Sex Platoon (USA,1987, Tracey Adams)/ Roccos Frischlinge Teil 3 (Rocco Siffredi, 2002, MMV)/ Romance X (Frankreich, 2000)/ Samba (Private, 1995)/ Sex World (1978, Anette Haven, Kay Parker)/ Stavros- der Film (Goldlight Productions, BRD, 1999)/ Seka's Fantasies (USA, 1982)/ Sexopolydas große Spiel der Lust (BRD, 1999, MMV)/ Sleepyhead (1973, mit Nina Russell)/ Skintight (USA, 1981, dt. Hauteng, Tabu Video, Lisa de Leeuw, Anette Haven)/ Taboo (1980, Juliet Anderson)/ Talk dirty to me (USA, 1980, Juliet Anderson)/ The Berlin Caper (VTO, Trinity Loren, 1989)/ The Dancers (1981, VCR, Georgina Spelvin, Vanessa del Rio)/ The Devil in Mr. Holmes (Paradise Visuals, 1987, Amber Lynn, Ilona Staller, Karin Schubert)/ The Final Truth (Private, 2001, Sophie Evans)/ The Devil in Miss Jones (USA, 1972), The most beautiful Girl in the World (Vivid, 2003, USA, Tawny Roberts)/ The Opening of Misty Beethoven (VCA, 1976, Gloria Leonhard)/ The Phantom of the Cabaret Teil 1 (Barbara Dare, 1989, USA)/ Top Mission XY (XY Video, Venus 1997)/ Tracy takes Tokyo (Tracy Lords, 1986)/ The Satisfiers of Alpha Blue (1981, USA, Sharon Mitchell, Annie Sprinkle)/ Upload (2007)/ Uninhipted (1995)/ Who's nailin Paylin? (USA, 2008, Lisa Ann).

Zusammenfassung und ein versuchter Ausblick

Porsche Lynn besitzt himmelblaue Augen, doch blauäugig im eigentlichen Sinne war sie nie. So äußerte sie sich 1987 wie folgt: „Diese alte Theorie, dass Frauen im Porno ausgebeutet würden, macht überhaupt keinen Sinn. Man muss eben ganz klar sagen, was man will und was nicht." Damit hatte sie zur zweiten Porno-Hochwelle markante und glaubwürdige Worte gesagt, die sie selbst und zahlreiche ihrer Kolleginnen auch vorlebten. Wie ein Relikt aus ferner Zeit klingt eine solche Aussage. Wirken doch heutige Aktricen eher maßgeblich „fremdgesteuert".

Ich kategorisiere noch einmal zunächst grob, das Wesen der Pornofilme und ihre Wirkung, in vier Viertel, eben konkret unterteilt auf die bei mir ohnehin untersuchten vier Jahrzehnte.

Das erste Viertel stellte den neuartigen, aufklärerischen Charakter des „Golden Age" dar. Den Weg aus der völligen Illegalität. Die deswegen immens wichtigen 70er Jahre. Humor, Erotik aber auch Drastik gab es in den bewegten Bildern, deren Inhalt man in der breiten Masse der Zuschauer nicht für möglich gehalten hatte. Der Wille zum Wissen trieb die plötzlich gar nicht mehr geächteten Konsumenten in die Kinos. Die Hintermänner dieser gigantischen Welle, die durch das Land schwappte, blieben jedoch nicht immer sehr populär. Wenn der Ex-FBI-Agent Roger Young konstatiert, dass sich 1971 in Las Vegas die drei maßgeblichen Herren Milton Luros, Robert DiBernando und Mike Thevis trafen, jene Pornographen, die laut Young „größer als jeder andere" gewesen seien, kommt man in Erklärungsnot, bzw. wird einem schnell klar, welche weit verzweigten Äste das Business seit eh und je austrieb. Diane Hanson, Insiderin des Porno-Business sagte über diese Zeit: „Das Pornobusiness war eine Art Geheimbund aus Hippies und Filmhochschulabgängern, die alle lieber irgendwo mitspielten, als kellnernd auf den Durchbruch in der großen Filmindustrie mit richtigen Filmen zu warten."1973 hier in der Bundesrepublik erst frei gegeben, war es wegen des Paragraphen 184 zwar verboten, doch aus dem nahen Skandinavien schwappte eben eine Menge herüber. Anfangs derart mächtig, dass die Hamburger „Zeit" 1971 bereits „das Ende der Pornographie" einzuläuten versuchte, noch vor seiner gesetzlichen Freigabe also... Doch, wie immer war Porno auch politisch behaftet, denn „Der Spiegel" notierte in seiner Ausgabe vom 1.11. 1971 („Porno Markt - Frau Saubermann an der Spitze"), dass vom Boom mit den nackten, teils bewegten Körpern „die SPD und die Gewerkschaft, Hamburger Großverleger und katholische Drucker sowie auch die DKP" (profitiere (n). Nicht nur „gewitzte Außenseiter" seien also Nutznießer vom „Schweinkram" (Bundeskanzler Willy Brandt) sondern, so „Der Spiegel": „Die SPD- eigene Auerdruckerei GmbH in Hamburg zum Beispiel druckt allwöchentlich 1,2 Millionen Exemplare „St. Pauli Nachrichten" und (die) „St. Pauli Zeitschrift sowie alle 14 Tage 800.000 Exemplare der „Sex-Palette" und des Magazins „tri". Nach allerlei Protesten vornehmlich christlicher Moralhüter und empfindlicher Genossen tarnt sich das Partei-Unternehmen neuerdings (...) als „Marianne Druck- und Verlagsanstalt GmbH." (Wobei das natürlich im wahren Sinne noch gar keinen Porno darstellte., Anmerkung des Verfassers.) Die Autorin Dagmar Herzog brachte es in ihrem Werk „Politisierung der Lust" zielgenau auf den Punkt, als sie über die bundesrepublikanische Sex-Welle referierte (in einer Phase, in der harte Pornofilme hier zum Teil zeitlich noch gar nicht erhältlich waren). „Im ganzen Land war man fasziniert vom Ehebruch, Sexbesessenheit wurde zu einer respektablen Freizeitbeschäftigung" und die gesamte BRD hätte sich in einen Vergnügungspalast verwandelt, der einen „unglaublichen Hunger nach Pornographie" hatte (Konträr dazu lese S. 87, Autor Guha).

Das zweite Viertel brachte in den 80ern durch das Erscheinen der VHS-Cassette („1976: JVC bringt den VHS-Videorekorder auf den Markt, Grahame-Smith) und den nun zusätzlich möglichen Erwerb einer VHS-Kamera zweierlei. Zum einen verschwand die große Kinoproduktion, wurden die Filme auf anderer Millimeterstärke gedreht und vor allem für den Verkauf und den Verleih von Videocassetten produziert, also aufs Band gespielt, verschwanden somit ins Private, Abgeschlossene. Zum anderen wurde die Dramatik durch die tödliche Immunschwächekrankheit Aids („HIV Positiv") in die Branche getragen, die nicht nur in die Gretchenfrage mündete, „Mit wem kann ich überhaupt noch risikofrei drehen?" Die Darstellerin Gloria Leonard schilderte diese Aids-Zeit schonungslos: „Gott, da war eine Zeit, etwa 1985, 1986 da war ich auf sechs Beerdigungen binnen vier Wochen. Unter den Ersten war Chuck Vincent und ein Typ mit dem ich arbeitete, Wade Nichols, der auch unter dem Namen Dennis Parker gedreht hatte." Die sinkenden Preise beim Videoverkauf waren zwar deutlich und unschön, aber was war dies alles gegen die pure Gefahr für die Darstellerinnen und Darsteller durch den Sex vor der Kamera ihr Leben zu riskieren? Die Branche hielt die Luft an, manövrierte sich immer wieder durch die Malaise, verpönte aber auch im kommenden Jahrzehnt (weitgehend) den Einsatz von Präservativen. John Holmes, sein Tod mit nur 43 Jahren in 1988 galt als abschreckendes Beispiel. Holmes alias John Wadd war der größte Pornostar, der mit etwa 3000 Frauen vor der Kamera geschlafen haben soll. Durch seine Drogensucht, und den damit einhergehenden Diebstählen, kam er immer weiter an sein Limit. Angesteckt hatte er aber wohl keine Frau. Vielleicht kann die überehrliche Annie Sprinkle, die hier auf ihr eigenes Inneres blicken lässt, mit ihren drastischen Worten, uns an dieser Stelle ein bisschen weiterhelfen:

„Meine Hämorrhoiden retteten mein Leben. Denn ich bin sicher, hätte ich mehr Analsex gehabt, hätte ich Aids bekommen. Ich meine, meine Muschi war aus Eisen zu jener Zeit. Damit konntest du alles machen. (...) Vielleicht war es nur pures Glück. Ich meine, Gott weiß, ich hatte viel Sex mit Leuten die Aids hatten. Ich trank deren Urin (...) Es macht mich nachdenklich, vielleicht war es ein Mirakel, ein absolutes Mirakel. „Vergessen werden dürfen auch in dieser Hinsicht nicht die Probleme durch die unterschiedlichen Gesetzgebungen zu jener Zeit. So war es in Los Angeles in den 80ern eben nicht gestattet, Pornos zu drehen. Die Vertreter des Genres waren somit zum Beispiel gezwungen nach San Francisco auszuweichen. Schließlich galt „pandering" als Verkuppeln, war unter schwere Strafe gestellt, und wurde als eine Form der (illegalen) Prostitution betrachtet. Die Einwände der Protagonistinnen, dass ja nicht nur sie (wie Prostituierte) dafür bezahlt werden würden, sondern auch der jeweilige Darsteller, fruchtete juristisch überhaupt nicht, und stimmte die ausschwärmende Polizei auch überhaupt nicht milde. Der 2013 mit 75 Jahren verstorbene Filmmacher Fred J. Lincoln polterte los: „Was für ein Bullshit. Menschen bekamen sieben Jahre Knast für Mord, und sie gaben uns zwanzig Jahre fürs Verkuppeln! Hätten sie das für Zuhälter festgelegt, niemand hätte mehr ein Zuhälter werden mögen, wer könnte das noch tun, wenn er zwanzig Jahre weggesperrt wird?! Jesus!" Und Miss Sharon Mitchell entsann sich der polizeilichen Verhöre wenigstens mit einem gewissen Spott: „Der Bulle fragte mich, was machst du wenn das alles hier vorbei ist mit dem Porno? (…) Er spuckte mir ins Gesicht (…) Wer bezahlt dich? Wer ist für die Filme verantwortlich? Und wie viel Geld hast du dafür bekommen?" Ich fühlte mich nicht sehr gut, aber ich war immer noch eine coole Sau. Ich sagte: „Du weißt, ich machte so viele Filme die ich schon wieder vergessen habe. Aber eine Flasche Champagner und ein Dutzend Rosen wären außergewöhnlich hilfreich, meine Erinnerungen wieder zu erlangen." (Erst im Spätsommer 1988 wurde das Verbot für Kalifornien juristisch gecancelt.) Schon 1988 erläuterte übrigens die Berliner Journalistin Christel Dormagen auf Geheiß eines anonym belassenen Philosophen, dass es zwei große historische Umbrüche in der Menschheitsgeschichte gegeben hatte, den „Wandel von der mündlichen zur Schriftkultur und den von der schriftlichen zur visuellen. „Und weiter, bereits weit vor dem Internet-Whatsapp, Smartphone, Webcam Zeitalter konstatiert: „Und wir befinden uns zurzeit mitten im Bildersturm."

Ich möchte hier noch einige der meinigen Gedankengänge hinzufügen. Da ich mich auch von der Autorin Erika Lust dazu fast genötigt sehe. In ihrem Buch „Porno für Frauen" schreibt sie zu Recht vom goldenen Zeitalter des Pornofilms in den 70er Jahren. Um dann auch wieder die folgenden 80er Jahre als beinahe nicht vorhanden abzutun. Als „Mainstreamporno" verwurstet sie nahezu alles, was nach den 70ern kam. Doch so einfach dürfen wir es uns meiner Meinung nach nicht machen. Auf Seite 62 schreibt sie in ihrem ansonsten in einigen Punkten inspirierenden Buch: „In den neunziger Jahren wurden Pornodarsteller wieder zu Stars, ein Status, den sie seit dem Boom in den Siebzigern verloren hatten. (…) Wer kennt nicht Tracy Lords, Ron Jeremy, Jenna Jameson, Asia Carrera oder Rocco Siffredi?" Gerade Lords, Jeremy und Siffredi stiegen aber schon in den 80ern in den pornographischen Olymp auf, und das eine bedingt immer auch das andere. In den 80er Jahren wurde das Meiste an Pornofilmen produziert (darunter auch sehr viele gute Qualitätspornos, vermutlich schlicht die höchste Anzahl an solchen.) Preisverleihungen für die Darsteller, Berichte in Fachmedien, das alles waren Resultate der 80er (die dann in den 90ern wirklich dem Starruhm einiger Aktricen durch Erotik Messen, Autogrammstunden, Live-Shows in Videotheken etc. förderlich waren). Das alles war in den 70er Jahren nicht vorhanden. Die Fans konnten die Stars allerhöchstens per Zufall vielleicht in den Kaschemmen und Discos von New York oder San Francisco antreffen. Und schon gar nicht im TV-Interview sehen. Vanessa del Rio begann in den 70ern, die experimentierfreudigste Zeit, unbeschwert wurden einige zu Leinwandstars, keine Frage. Aber ein Star wurde sie im Grunde erst später. (Marylin Chambers war vor den Pornofilmen durch Waschmittelwerbung berühmt geworden und eine Linda Lovelace wurde erst wohlhabend und ein Star, als sie ihre Bücher verlegen ließ, in denen sie auch noch behauptete, zum Porno mehr oder weniger gezwungen worden zu sein.) Wir wissen, dass die aussagekräftigsten (Kino!)-Streifen des Pornos wirklich aus den 70ern stammen, doch sollten wir dabei nicht unterschlagen, dass wir dabei stets von recht wenigen (!), nämlich immer denselben Streifen sprechen. Besehe sich jemand den Hauptbestand an Pornoheften und mit Low-Budget produzierten Filmmaterial aus den 70ern, würde er/sie schnell feststellen, dass es sich zum größten Teil um äußerst unerotisches, primitives Material handelt, und die meisten der involvierten Akteure eben alles andere als Stars oder begehrenswert waren. Vom Ästhetischen ausgehend in jedem Fall, und die allzu üppige Körper- und Intimbehaarung trug auch erheblich dazu bei. Was sich in den 80ern eben sehr änderte.

Das dritte Viertel waren dann die 90er Jahre, die vom Umfang noch einmal mit größter Kraftanstrengung für eine weltweite Popularitätsausbreitung sorgten. Immer mehr operierte Busen, immer perfektere Schminke und (junge) Körper, aufwendige Filme von großen Firmen, ständig neue Höhepunkte an Besucherrekorden und Ausstellungsflächen bei Erotik Messen von Las Vegas, Brüssel, Paris oder Berlin. Und dennoch: Es sollte das Dritte und letzte (noch) bedeutende Jahrzehnt des Pornofilms werden. John Stagliano, mit dem HIV-Virus infizierter Regisseur (und Ehemann von Tricia Deveraux) brachte mit seiner „Buttman" Filmreihe eine neue Art von Porno heraus, die sich „Gonzo" nennen sollte. Geringer Aufwand, knackige Hintern, alles aus der Hand gefilmt. Eine Innovation, die nicht missfiel, sondern im Gegenteil nicht zu Unrecht ein großes Publikumsinteresse wecken sollte. Auffällig war zudem die große mediale Präsenz, auch in Deutschland.

1993 entstand beim Privatsender VOX die Sendung „Liebe Sünde", die rund um die zahlreichen Fragen der Sexualität kreiste, und auch die Pornographie deutlich und häufig einbezog. 1994 wechselte die Show dann zum Sender Pro 7, während VOX sogleich mit der Sendung „Wa(h)re Liebe" aufwartete, und thematisch in derselben Richtung operierte. Frau Lilo Wanders (in Wirklichkeit Herr Ernie Reinhardt) moderierte diese Sendung von 1994 bis 2004, während die „Liebe Sünde" bereits Ende 2000 ihr Ende erfuhr (1998 hatte die Show sogar eine Printausgabe herausgegeben, die jedoch schnell - sicher nicht wegen des große Erfolges - wieder eingestellt wurde.) Als dritte Sex-Sendung im Bunde (natürlich nur im Privatfernsehen, die

Öffentlich-Rechtlichen bedienen nun einmal ein völlig anderes Publikum) entstand 1995 die Sendung „Peep!" Diese lief dann mit wechselnden Moderatorinnen bis ins Jahr 2000. Allein an diesen Zahlen wird also deutlich („Peep!" hatte immerhin bis zu 1,6 Millionen Zuschauer, vielleicht aber auch wegen der - milde ausgedrückt - amateurhaften Moderationen von Verona Feldbusch oder zuletzt „Naddel"), dass es eben in den 90ern Aufsehen erregte, journalistisch über Sex, Partnerschaft, käufliche Liebe und Porno zu berichten (und es durchaus etliche gute, teils nachdenklich stimmende Beiträge gab), dass es aber zur Jahrtausendwende damit eben nicht grundlos zu Ende ging.

Ein weiterer Beweis, dass der Mainstream deutlich touchiert wurde, aber eine wirkliche Nachhaltigkeit in der breiten Bevölkerung in Summe wenig vorhanden war, zumal es auch irgendwann seine Spannung verliert, schon wieder neue „Pornostars" künstlich interessant zu machen und aufzubauen, oder sich bierbauchigen, blassen „Swingern" mit ihren speziellen Interessen anzunehmen.

„Peep!" erhielt passenderweise übrigens zwei „Venus Awards" (1998 + 2000), eine Hand wusch zwar auch hier die andere, doch - siehe oben - ward es denn doch schlicht ausgereizt. Gefragt war in jener Sonntagabendsendung übrigens auch Dolly Buster (die auch in „Wahre Liebe" und „Liebe Sünde" ein gefragter Gast war), als Quizvorleserin („Ihr A, B oder Zeh" war legendär in gewissen Kreisen). Sie spielte zudem (u.a.) im proletarischen Kinofilm „Voll normaaal" (1994) und in der „Hawaii Connection" (1997) mit. Zudem nahm sie insgesamt vier Singles auf (eine, „Shake it up", sogar als Maxi auf Vinyl), drei davon in den 90er Jahren, u.a. als erstes „Make Love not War" in 1995. Irgendwie wurde damit zwar noch „gutes" Geld verdient, doch die Trostlosigkeit Porno und seine Protagonisten in alle Gesellschaftsschichten zu tragen, steckte bereits wie Motten in der abgetragenen, dereinst erotisierenden Kleidung. Warum gibt es denn diese TV Shows in dieser angeblich so „pornofizierten" Zeit nicht mehr?

Das vierte Viertel birgt nur noch den traurigen Rest an dem, was viele an Porno dereinst so liebten, das spannende Element, das heimelige Gefühl eines Außenseiter-Daseins, das lange Zeit untrügliche Gefühl, Anhänger einer speziellen Kunstform zu sein. Des Weiteren noch die Lust oder Gier nach sexuellen Neuigkeiten, die Korrelation von Geilheit und einem gewissen Niveau. Besorgte man sich hierzulande Mitte bis Ende der 90er, noch verbunden mit einer ziemlichen Aufregung, Autogrammkarten von Sarah Young, Teresa Orlowski, Helen Duval, Dolly Buster, Sybille Rauch oder deren Schwester Silvie (ohne dass ich diese Frauen zu stark idealisieren möchte), so kassierte man im neuen Jahrtausend auf Erotik Messen Autogramme von Mädels ein, von denen man zum großen Teil noch gar nichts gehört hatte. (Und die dann auf der nächsten Messe bereits wieder verschwunden waren, da der anberaumte Starkult sich eben partout nicht verwirklichen ließ, eine Sentenz oder ein Alleinstellungsmerkmal auch aufgrund der Flut an neuen (jungen) Frauen nicht zu erhaschen war.)

Nach oder vielmehr neben dem Abverkauf von DVDs, entstand mit dem schnellen Internet sowohl der Zugriff auf zahlreiche (auch mitunter kostenfreie) Porno-Websites, als auch auf sogenannte Web-Cam-Services, in denen der Nutzer (User) sich dann mit erotisch gebärdenden Girls in eine gewisse Verbindung über den heimischen PC begeben konnte. Galt schon spätestens in den 80er Jahren die Peepshow als verwerflich und durch den nur indirekten Kontakt als für die Frauen entwürdigend (für jüngere Leute: In Peepshows – die ihr nicht mehr kennen lernen konntet - drehte sich eine Plattform, auf der eine entkleidete Dame ihre Reize zeigte, während Männer durch Sichtklappen deren Treiben beobachten konnten. Der Besucher schmiss zum Beispiel 1 DM pro Minute ein, unterhielt dafür die freie Sicht auf Brüste und Vagina) so empfinde ich das „Web-Cam" Wesen als fast schon peinlich. Es bedeutet aber letztlich eine, wenn auch scheinheilige Wiederherstellung, von patriarchalischer Methodik. Der User bezahlt, und die Dame, die zumeist noch eine heranwachsende junge Frau knapp über 18 ist, erfüllt ihm dann seine „Wünsche."Sex ohne anfassen, Schnellimbiss-Sex ohne wirkliche gegenseitige Wahrnehmung. Eine Art pornographischer Untergang des Abendlandes. Und in den einschlägigen Porno-Portalen sehen wir dann dazu noch Diverses, schnell, hart, gnadenlos.

Ich mag nicht alles von heute wie ein greisenhafter Meckerkopf einfach komplett schlecht reden (wie meinte ein ehemaliger Bekannter zu mir: "Wenn die „Not" groß ist, reicht auch mal youporn…") auch ich hatte den Handlungspornos mitunter deutlich abgeschworen, und zu den Stellen vorgespult oder gezappt, die mich nun „brennender" interessierten, um auf „den Punkt zu kommen" könnte ich passend kalauern. Vor allem Semi- oder völlige Amateurfilme besaßen eine große, reizvolle Intensität. Wie dies auch Vanessa del Rio so vorzüglich treffend formulierte: „Wenn ich Pornos dazunehme (zum Onanieren, der Verfasser) - und ich kann mich da genauso reinsteigern wie ein Mann - dann lieber Amateurpornos, wo alles richtig verdorben ist und wirkt, als ob es wirklich passiert sei." Und trotzdem. Tritte in den Hodensack, (2003 gab es sogar Taucherpornos aus Tokyo, wo sich dann im Stehen auf dem Meeresgrund „vergnügt (?) wurde, wie sinnreich…), würgende Girls beim Oralverkehr, Darmwinde die ins Gesicht abgesondert werden, lecken unter Achselhöhlen, das Dehnen von allen verfügbaren Köperöffnungen, sodass man annehmen könnte hier läuft gerade eine Koch-Show in der ein Perlhuhn gefüllt wird, sowie weiterer Unfug sind mir nicht sinnvoll und vonnöten. Auch weil die darin vorkommenden Frauen mir wieder sehr deutlich als überredete Wesen erscheinen, die von ihrem aktuellen Freund dazu gedrängt wurden. (Und was für peinliche, sich aufspielende Narren sich unter jenen Typen befinden!) Allerdings wurde teilweise der berühmte „Wille zum Wissen" damit wieder - nur eben sehr unvermittelt und zu direkt - heraufbeschworen. Alles hatte im Pornofilm eigentlich schon sehr früh, mit dem Zankapfel des Analverkehrs zu tun. Am Anfang noch eine Sensation, ging es irgendwann zu Double Penetrationen über, auch zum Fisting usw. Camille Paglia erklärt und schildert dieses Tabuthema in zweierlei Hinsicht. Einerseits mehr oder weniger als Symbolik gedeutet („Der heterosexuelle Analverkehr, ein Hauptgegenstand der Pornographie, repräsentiert das Animalische und Unpersönliche der Sexualerfahrung. Mit der Abwendung der Gesichter voneinander werden Gefühl und Gesellschaft ausgeschaltet"), andererseits in für mich erstaunlicher Empathie für das homosexuelle Gebaren des Fistings, das nach und nach heute eben verstärkt in den heterosexuellen Bereich ging. Camilla Paglia: „...finde ich wieder in der im Lauf der siebziger Jahre aufkommenden Sexualpraxis einer homosexuellen Randgruppe, nämlich im sogenannten Fisting, dessen Anhänger die anale Penetration durch einen bis zum Ellenbogen mit Gleitcreme eingeriebenen männlichen Arm wünschen. Proktologen schlugen Alarm wegen der inneren Verletzungen, die sie behandeln mußten und die ein erstes Zeichen des in AIDS gipfelnden Zyklus der Ausschweifung waren. Vor zehn Jahren war ich tief beeindruckt von einem der ersten pornographischen Filme, die diese Praktiken zum Gegenstand hatten." schrieb sie 1990.

Es ist auch nicht meine Absicht, derzeitigen Darstellerinnen wie Julia Pink, Carla Cox, Jenny Appach oder Tiffany Angel ihre erotische, jugendhafte Attraktivität und Hübschheit in Zweifel zu ziehen, nur Persönlichkeiten früherer (Porno-)Tage sind sie nicht, und es wäre auch unfair das heute noch gerade von ihnen zu erwarten (das Patriarchat der Proleten hat leider zu deutlich obsiegt).

Wie es auch Alexander Osang im „Spiegel" (Nr. 21/2004) im ähnlichen Sinne beschrieb, besagten bloße Zahlen schon ziemlich präzise den schleichenden Verfall der Branche. Uralt Regisseur Hase Henry Pachard (mittlerweile verstorben) gab nicht nur bekannt für frühere Filmarbeiten 40.000 US-Dollar pro Streifen kassiert zu haben (und „heute" nur noch 800 US-Dollar) er nannte auch das zeitgemäße Motto: „Jede Woche ein neuer Arsch. „Jim South war zu jenem Zeitpunkt (mit seinen Söhnen) weiterhin der größte Porno-Scout in Amerika, mit 800 Darstellern im Repertoire. Interessant, dass sich die Zahlen im deutschen wie im amerikanischen nicht viel nehmen. 10.000 Dollar kostete ein „Film" 2004 noch im San Fernando Valley, inklusive Darstellern, Location, Regisseur. Später würde die DVD dann für etwa 10 Dollar zu erwerben sein. Hier in Deutschland ein ähnliches Bild, gebrauchte DVDs gab es für um die 5 Euro in der Videothek um die Ecke. Neue Filme (sogar Qualitätsprodukte von Hustler) gab es schon ab 6,99 Euro. Ein Insider, der nicht genannt werden möchte, schildert mir das aktuelle Szenario in einem Telefonat: „Wenn sie heute einen Porno drehen möchten, brauchen sie für Darsteller, Werbung, Mini Skript und Kameramann alles zusammen etwa 7.500 Euro. Wenn die DVD dann aber, wie es der Markt gerade noch hergibt, 10 Euro kostet, und sie etwa 250 Stück absetzen, können sie sich vorstellen wie „lohnenswert" das dann noch ist..." Und die deutsche Ausgabe des „Penthouse"-Magazin titelte treffend im Mai 2010: „Das Ende der Pornoindustrie."

Im Juli 2016 steht die Aktie des renommierten Porno-Konzerns Private Media Group bei 0,005 Euro. Das ist nicht mehr oder weniger als nicht einmal mehr präzise die Hälfte von einem Cent. Quo Vadis Pornofilm? Und 100.000 Exemplare verkaufte das Porno-Magazin Videostar Intim nach eigenen Angaben zwei Jahre nach seiner ersten Auflage (1987). Zwei Fakten die wohl bedenklich stimmen.

Andererseits ist das physikalische Gesetz, wonach Materie nicht verschwindet auch im Porno-Kosmos nicht aufgehoben. Das Geld wird eben heutzutage nur anders verdient. Nicht mehr durch aufwendige Drehs, gute Fotoserien, Magazine und gute Drehbücher, sondern mit dem kleinsten gemeinsamen Nenner der Neuzeit, dem Einschalten des Internets. Und so ist auch das anzusehende Porno-Material geworden, hart, schnell, lieblos, inhaltsleer. So schuf der 1978 geborene, und mittlerweile wegen Steuerbetrugs bestrafte Deutsche Fabian Tylmann mit der Firma Manwin die Portale „Youporn", „Pornhub" und „My Dirty Hobby", wo überwiegend Amateure Sex-Clips einsenden und online stellen. Wie „Die Welt" am 19.4.2015 berichtete, mit übergroßem, pekuniärem Erfolg: „Bis zu 450 Millionen Nutzer im Monat hätten seine Portale besucht, so Thylmann auf einer Konferenz im November 2014 in London. Der Umsatz der Gruppe mit rund 1200 Mitarbeitern habe bis zu einer halben Milliarde Euro im Jahr betragen", was eben gewiss nicht mit dem Ende von Pornographie einhergeht, höchstens mit dem schon erwähnten Niedergang einer bereits entstandenen Porno-Kultur. Das haptische Moment ist schlicht auf der Strecke geblieben, und dies ist weit mehr als ein unnötiges, zu vernachlässigendes Detail.

Es erinnert ein klein wenig an die Laufbahn von musikalischen Tonträgern. Die Vinyllangspielplatte schien in den 70er Jahren das Nonplusultra an Klangqualität, haptischem Vergnügen und Gefallen an den Covergestaltungen, die immer aufwändiger und artifizieller wurden (Ähnlich den großen Pornofilm Plakatpostern der Kinos aus jener Epoche. Und zuvor hatte man ja daheim Erotik und Pornofilme auf Super-8 angeschaut, mit dem knarzigen Abspielgeräusch, und der tatsächlich eingelegten Filmrolle) .Mitte der 80er Jahre begann der Siegeszug der CD (respektive der VHS-Cassette, auf den eindrucksvoll in der Hand liegenden buchähnlichen Hüllen, wurde die Erotik noch zumeist niveauvoll oder immerhin phantasiereich ins heimische Wohnzimmer getragen). Diese verbannte mit Versprechungen an Klangverbesserung, Platzspargründen und eben vermeintlich neuerer Technik wiederum die Vinylplatte ins fast völlige Abseits. Kleiner, schneller, fast überall verfügbar, war der Technikfreak versöhnt mit der CD und die Pornoindustrie auch, mit ihren Verleih- und Kaufcassetten im VHS-Format (die anderen beiden aufkommenden Systeme Video 2000 (technisch besser, aber teurer und vom Gewicht her schwerer, und Betamax wurden ziemlich unsanft und auch nicht unbedingt erwartet aus dem Feld geschlagen) in einem rechten Gleichklang. Das letzte Ende der Musikindustriekette in Richtung Schnelllebig- und Beliebigkeit, war dann das schnelle Internet. Nun konnten im neuen Jahrtausend Songs auf Halde auf die heimische Festplatte oder den MP3-

Player gelegt werden, in wilder Reihenfolge und Lautstärke, ohne entsprechende Angaben zu Produzenten oder Künstlern. Das reicht den meisten Menschen scheinbar eindeutig, und nun rollte also die CD deutlich in den Hintergrund der Käuferschichten. Doch auch wenn Downloads das meiste Geld für die Musikindustrie bedeuten, hat es die CD noch immer nicht völlig zerbröselt und ist sogar (etwa seit 2005) die Vinyl LP wieder in den Fokus der einstigen Abweichler-Konsumenten gelangt - und zahlreiche neue Käufer kamen sogar noch dazu. Und genau dies unterscheidet die Musikindustrie (die in ihrer Spitze auch nichts weiter als kaltblütig agierende Geschäftemacher sind (es lebe der Underground und die kleinen und kleineren Plattenlabels!) von dem Gebaren der einstigen „alten" Pornoindustrie. Hier kommt das Gute (Vinyl VS Aufwändige Pornofilme, Sammlerartikel, Kinoplakate, erwerbliche Filme mit Skript) eben nicht zurück, es marschiert der Internet-Schnellsex mit anonymen Figuren, bezieht man es nur einmal komplett auf den deutschen Markt. Heute gibt es eigentlich alles, nur ist es reine Phantasie anzunehmen, dass heutige Anhänger noch ihre gesellschaftliche Anerkennung und völlige Toleranz erlangen. Und auch sogenannte Alternative Pornos, die wirklich oftmals interessante psychologische Phänomene aufzeig(t)en (man denke nur an den Streifen „Berlin Avandgarde Extreme 1 - Die Vorleserin") haben es in dieser Landschaft natürlich nicht leichter zu reüssieren.

Fazit: So lange sich Erotik Messen mit besuchender Prominenz wie „Naddel", Dolly Buster, Tatjana Gsell (Sie war 2008 das erste „Gesicht der Venus" und Venus-Boss Sven Hurum ist noch heute angetan, damals „gleich eine sehr bekannte Persönlichkeit für uns zu gewinnen"), Rolf Eden (Venus 2008, 2009, 2013) oder Jürgen Drews (Venus 2009) rühmt, und nie mit in Bild und Ton festgehaltener Anwesenheit von Geschichtsprofessoren, Profisportlern, Charakterschauspielern oder Spitzenpolitikern, ist dieses rührende Projekt - den Porno als anerkanntes Mainstream-Produkt zu deklarieren - schlicht komplett unrealistisch. Denn „jede Berufsgruppe" wie Penthouse das lapidar behauptete, sehe ich dort eben (siehe oben) ganz bestimmt nicht. Gut, dass ich noch „Spitzenpolitiker" schrieb, denn es ist in der Zwischenzeit eine begrüßenswerte Öffnung in die Gesellschaft mit der Eröffnung der 21. Venus (2017) einhergegangen. Der CDU Politiker und Bundestagsabgeordnete Carsten Körber (36), der sich als bisexuell geoutet hat und Darsteller in Gruppensexpornos war, eröffnete diese Messe mit einer klaren Botschaft, die das Portal „24aktuelles.com" nachzeichnete. Körber hatte sich nämlich zuvor in einer Pressekonferenz wie folgt geäußert: „Pornokompetenz, Frühsexualisierung und geschlechtliche Vielfalt sind integrale Bestandteile unseres bunten Gesellschaftsentwurfs.", sowie: „Mein Ziel ist es, den Zuschauern zu vermitteln, dass auch physisch benachteiligte Menschen Spaß an der Sexualität haben können, denn der Einsatz für diskriminierte Minderheiten ist in unseren Zeiten extrem wichtig. Auch mit den Mitteln der Kunst." Dass er hierbei natürlich automatisch für ein von ihm betriebenes Porno-Portal wirbt, ist nur zweitrangig, die Botschaft ist klar und eindeutig und gipfelt in dem schönen Zusatz: „Unsere Partei steht für Vielfalt und ein buntes Miteinander. Dafür ist es notwendig, enger zusammenzurücken. Intoleranz und Ausgrenzung hingegen sind das Geschäft von AfD und Pegida. Diesen Rattenfängern werden wir harte Kante zeigen!". Erotik gegen die rechtsgerichtete AfD, das ist ein respektabler Ansatz. Auf einem Foto in jenem Bericht, sieht man Körber übrigens neben Bundeskanzlerin Angela Merkel posieren. Ja, das wäre der nächste Schritt, Europas mächtigste Frau auf der Venus-Messe, nur ein Traum? Ich meine ja.

Es bleibt also ein weltweiter Mikrokosmos den die Pornobranche mit sich schleppt, was teils unbefriedigend ist, aber teilweise ganz bewusst und unaufgeregt in Kauf genommen wird. Ganz ähnlich äußerte sich wie ich spät entdeckte auch Lorelei Lee, die Literatur an Universitäten in New York und San Francisco lehrt, als sie in einem Aufsatz schrieb: „Der amorphe Monolith, den wir „Pornografie" nennen, ist nur ein Mikrokosmos, der die Einstellung zur Sexualität, die von der Gesellschaft als Ganzes vertreten wird, reflektiert." Die vergeistigte Elite und die sexuell Ausbalancierten scheinen sexuellen Hilfsmitteln jedweder Art ziemlich abzuschwören. Oder eben sich dazu nicht zu bekennen. Dass Fußball-Profis sich bisweilen am Abend vor dem Spiel im Pay-Kanal Pornos auf dem Hotelzimmer ansehen darf z.b. somit natürlich nicht in Abrede gestellt werden. Die Pornographie, der Abzweig der reellen körperlichen erotischen Handlung, mit all ihrer überhaupt möglichen Verbreitung (öffentliche Werbung für Pornographie ist verboten!) ist Emotion, körperlicher und seelischer Ersatz, aber in erster Linie Geschäft und damit einhergehender (sehr gern verdeckter) Konsum.

Sehr klug und differenziert kann die Professorin für Filmwissenschaft der University of California, Linda Williams sich des Themas Anti (und Pro-) Porno nähern. Sie meint: „Die feministische Rhetorik der Widerwärtigkeit hat praktisch jede Diskussion über ein anderes Thema als über die Frage, ob Pornographie sein darf, verhindert." Und weiter: „Sich mit Pornographie befassen heißt nicht, sie zu mögen, sie gutzuheißen oder von ihr erregt zu werden (…) Es bedeutet vielmehr anzuerkennen, dass Pornographie, obwohl sie den Körper beinah viszeral (Med. für Eingeweide, Anmerkung des Verfassers) anspricht, fähig ist, den Körper „zu bewegen." Und Frau Williams zeigt sich auch an anderer Stelle ihres lohnenden Werkes „Hard Core" nicht verblendet, als sie festhält:

„(…) sie (die Pornographie) frauenfeindlich ist (ein Großteil ist es) oder sie Kunst ist (ein Großteil ist es nicht), ich möchte vielmehr fragen, was das für ein Genre ist, und was ihm seine Popularität verleiht. „Sie kreidet den Feministinnen (es sind auch Feministinnen unterwegs, die Pornos mögen, Anmerkung des Verfassers) der Anti-Pornographie-Kampagne in Amerika an, dass diese eben vorschnell bewerten, und die „Sexualität der Männer" mit dem Etikett „pornographisch" versehen, und jene der Frauen als „erotisch." Dass Bücher das Recht auf ihren eigenen Körper zusprechen", wollte die Feministin des NCAC (National Coalition Against Censorship) Betty Friedan festgehalten wissen, und die Rechtsanwältin Harriet Pilpel fügte Ende der

80er Jahre klug und weitsichtig hinzu: „Es ist einfach die Meinungsfreiheit zu bejubeln für Vorstellungen, mit denen wir übereinstimmen. Die Essenz der Meinungs- und Pressefreiheit ist jedoch, dass wir Gedanken schützen müssen, die wir hassen."

Camille Paglia kommt in ihrem provokanten, aber hervorragenden Werk „Die Masken der Sexualität" recht zügig zum Punkt, auf Seite 40 schreibt sie nämlich: „Die Pornographie erweitert unsere Kenntnis (solcher) Phantasien. Deshalb sollte man sie tolerieren, auch wenn es sinnvoll sein mag, ihre öffentliche Darbietung einzuschränken. Die Tätigkeit der Phantasie kann und darf nicht polizeilich überwacht werden. Die P. zeigt uns das dämonische Herz der Natur, jene unzerstörbaren Kräfte, die unter und hinter den gesellschaftlichen Konventionen am Werk sind. P. läßt sich nicht trennen von der Lust; die beiden durchdringen sich, weit mehr als die humanistische Kunstkritik zuzugeben bereit ist."

Ich zitiere erneut und noch einmal die Schauspielerin Senta Berger, mit Sätzen die ich ohnehin schon in diesem Buch platziert hatte, aber es ist einfach maßgebend und weiterhin von pragmatischer Relevanz. Senta Berger in 1987: „Gut an dem Gesetzentwurf (von der Zeitschrift EMMA im damaligen Kampf gegen Pornographie, Anmerkung des Verfassers) finde ich, dass er auf die Frauenfeindlichkeit in der Pornographie aufmerksam macht, verstärktes Hinsehen bewirkt. Aber auf der anderen Seite gehe ich davon aus, dass auch viele Frauen Pornos gut finden. Und viele Frauen geben sich auch für Pornographie her. Ich habe auch Angst, dass so ein Gesetz von den Rechten missbraucht werden könnte und dass wir in die Prüderie der 1950er Jahre zurückfallen." Auch das Essay im P.M. Magazin von 1999 nehme ich mir erneut zur Hilfe, weil es weise Worte transportiert, und das genau zur Jahrtausendwende, als billige Pornographie verstärkt aufzog und dieses vom in Deutschland in alle Zimmer getragenen Internet...

„Das Thema ist schon an der Wurzel ambivalent, und wird es wohl auch bleiben, trotz allmählicher Befreiung aus den körperfeindlichen Normen des Christentums und der bürgerlichen Moral (...) Wer sich davon (der Sexwelle, Anmerkung des Verfassers) belästigt oder überfordert fühlt, sollte daran denken: Die neue Pornoflut ist nur eine Facette des ohnehin hochaktuellen Themas der Informationsüberflutung. In Zukunft werden wohl alle lernen müssen, selbst zu entscheiden, was wir sehen oder hören wollen oder was nicht. Mit anderen Worten: lieber Selbstverantwortung übernehmen, als nach Verboten rufen!"

Deshalb bemühe ich noch das dritte Argument für den letztendlichen Verbleib der Pornographie im Privatleben der Gesellschaft, im Hinterstübchen des Eros; nicht nur, dass eine Verdammung und Gleichmachung immer undifferenziert und somit intolerant und unausgewogen ist, auch ist ein Abtauchen in die Illegalität immer mit sehr viel menschlichem Leid und Kontrollverlust(en) verbunden. Es ist doch hilfreich, dass sich die Darstellerinnen und Darsteller aktuell ausweisen und ablichten müssen (zumeist mit der aktuellen Tageszeitung als Beweis) und es eben keine neue Causa „Traci

Lords" mehr gibt, der das Einstampfen ihrer Filme dereinst in den 80ern auch millionenschwere Geldverluste nebst dem Skandal an sich mit sich brachte. Des Weiteren ist das Nieder- und das Unterschreiben von Verträgen, der Nachweis frischer HIV- und Hepatitis Tests ein weiterer Meilenstein, wenigstens nicht haltlos ins Porno-Business zu gelangen - und darin rechtlos zu versinken. Die Ex-Darstellerin Luissa Rosso (aus Thüringen), die vorwiegend wegen der besseren Entlohnung in Amerika arbeitete erzählte einmal, dass sie in Frankreich für eine deutsche Produktion gedreht habe, und diese ihren frischen HIV-Test gar nicht sehen wollten. Die Frage bleibt, wie repräsentativ diese Aussage ist, oder ob es sich „nur" um einen ziemlich schäbigen Einzelfall handelt. Der aber schon zu viel des Schlechten sein konnte.

Heute im Jahr 2017 (also immerhin zweiunddreißig Jahre nach meiner ersten Begegnung mit den stets ja doch irgendwie Wirkung habenden „Rein-Raus" Filmen, nun als geläuterter (lange Zeit oder für immer pornographisch Mann, der langsam auf die 50 zugeht) ist es mir völlig einleuchtend, dass Ginger Lynn und Amber Lynn und auch Tracey Adams keine Frauen wären, mit denen ich - selbst bei einer Verwirklichung allzu naiver Träume - eine dauerhafte Freude (über die ominösen dreißig Minuten hinaus...) gehabt hätte. Deren Leben und meines hatten und haben eben keinerlei Bezugspunkte, höchstens vielleicht der den meisten Menschen innewohnenden Lust auf Sex mit attraktiven Partnern (Nichtsdestotrotz bereue ich keinen einzigen Spermatropfen, den ich den Leinwand-Sex-Ikonen zu Ehren abgesondert habe - Make porn - not war!) Man muss eben doch besser immer alles in seiner Ganzheit sehen, und darf keineswegs unangenehme Begleiterscheinungen auf immer und ewig verdrängen. Es ist wie beim Humor, wie es der große Loriot ausdrückte „Die Wirkung ist positiv (lachen), die Ursache aber immer negativ."

Und, stehe ich etwa auf großmäulige, sexbesessene, vorwiegend ungebildete Partymäuse, die Koks nehmen, Steuern hinterziehen und anderen Unfug machen? (Der verkehrte Ansatz des „über den Kamm Scherens" lauert schon ein weiteres Mal gefahrvoll.) Als ich Amber Lynn mailte, dass ich ihr gerne einige wenige Fragen senden möchte, antwortete sie ohne jede Grußformel einfach nur:

„What is your financial compensation offer for a literary interview?" Das hatte ich noch nie erlebt, nun hatte ich also die Emailadresse vom Pornosymbol Amber Lynn, doch was sollte ich mit dieser nach diesem Satz von ihr noch anfangen?

Doch noch einmal: Wer suchet, der findet; ich kann bei der Anti-Porno-Publizistin Catherine MacKinnon genauso (wenige) gute und brauchbare Argumente finden, wie bei der Pro-Porno-Publizistin Linda Williams. Begeben wir uns also lieber in die Diskussion als in den Schmollwinkel. Und Linda Williams hat Recht, wenn sie äußert, dass „Pornographie kein monolithischer Block ist, dass sie eine Geschichte hat (...)" Der Autor hofft jedenfalls die Hauptstraßen, Nebenstraßen und Trampelpfade dieser Geschichte für die Leser befriedigend gegangen zu sein.

Für mich hat es sich nach Abschluss meiner Arbeit jedenfalls (vorerst einmal) ziemlich „entpornt" statt, dass ich mich noch sonderlich „pornofiziert" fühle. Die Eigenregie im Freizeit- und Sexualverhalten bleibt mir und allen anderen ja beibehalten, wir bestimmen selbst, wann wir unseren Gelüsten nachgehen, und vor allem; ob dafür Pornographie überhaupt benötigt wird. Und hie und da - wer wird denn heucheln - darf das schon sein, dass sie uns als Aphrodisiakum in bewegten Bildern nutzbar gemacht wird. Muss ja schließlich niemand wissen...Oder?

Verwendete Literatur, weiterführende Bibliothek

Annning, Nick/ Hebditch, David: „Porn Gold. Die Geschäfte mit der Pornographie" Jugend und Volk, Wien, 1989

Antonio, Eric „Die Porno-Mädchen von Kopenhagen" Moewing Verlag, München, 1970

Bischoff, Staf „Weibliche Sex-Phantasien", Stephenson Verlag, Flensburg, 1983

Borneman, Ernest „Sexuelle Marktwirtschaft" Fischer Verlage, Frankfurt, 1994

Borzillo, Carrie „Tera Patrick Sinner takes all: A Memoir of Love and Porn", Gotham Books, USA, 2011

Brüggemann, Jens „The Pornstars Project - A photographic insight into the pornbusiness", Skylight, Zürich, 2011

Carillo-Gailey, Ayn „Pornology, der Pornoführer für anständige Mädchen", Heyne Hardcore, München, 2009

Court, John H. „Pornographie. Anfang oder Ende der Freiheit" TVG Brunnen Gießen, 1980

Dines, Gail „Pornland. Wie die Pornoindustrie uns unserer Sexualität beraubt", Andre'Thiel Verlag, 2014

Buster, Dolly „Alles echt!" Knaur Verlag, München, 2000

Buster, Dolly „Hard Cut!" Roman, Knaur Verlag München, 2001

Buster, Dolly „Und damit: Buster!" Schwarzkopf & Schwarzkopf Berlin, 2004

„Coming out like a Pornstar. Essays on Pornography, Protection, and Privacy", Threel Media, Berkeley, USA, 2015"

Cornell, Drucilla „Die Versuchung der Pornographie" Suhrkamp Frankfurt, 1997

„Cumshots Höhepunkte der deutschen Pornofilme" Metronom Verlag, Kronberg, 2007

„Cumshots 2 Neue Ergüsse der deutschen Porno-Industrie" Metronom Verlag, Kronberg, 2009

Dane, Eva/ Schmidt, Renate (Hg.) „Frauen & Männer und Pornographie" Fischer Verlage Frankfurt, 1990

Dworkin, Andrea „Pornographie - Männer beherrschen Frauen", Emma Verlag, 1987

Ertel, Henning „Erotika und Pornographie. Repräsentative Befragung und psychophysiologische Langzeitstudie zu Konsum und Wirkung" München, 1990

Feige, Marcel „Alles über Porno" Schwarzkopf & Schwarzkopf Berlin, 2009

Flaßpöhler, Svenja „Der Wille zur Lust Pornographie und das moderne Subjekt", Campus Verlag, Frankfurt/ New York, 2007

Frings, Matthias (Hg.) „Fleisch und Blut. Über Pornographie" Rowohlt Verlag Hamburg, 1988

Gehrke, Claudia (Hg.) „Frauen und Pornografie", Konkursbuch Verlag Claudia Gehrke, Tübingen, 1988

Gernert, Johannes „Generation Porno" Fackelträger Verlag, Köln, 2010

Gittler, Ian „Pornstar" Simon & Schuster, New York, 1999

Grimme, Matthias (Hg.) „Käufliche Träume. Erfahrungen mit Pornografie" Rowohlt Hamburg, 1986

Hanson, Diane „Vanessa del Rio Fifty Years of Slighty Slutty Behavior" Taschen Verlag, Köln, 2016

Hilton, Chris „Der Hamster hat Schluckauf Die deutsche Pornoszene zwischen Klischee und Realität", Tacheles Verlag, Landsberg, 2015

Hofstadler, Beate/ Körbitz, Ulrike „Stielaugen oder scheue Blicke. Psychoanalytische Erhebungen zum Verhältnis von Frauen zu Pornographie", Brandes& Apsel, Frankfurt a.M., 1996

Hunt, Lynn (Hg.) „Die Erfindung der Pornographie..." Fischer Verlage, Frankfurt, 1994

Jameson, Jenna „Pornostar". Die Autobiographie, Heyne Verlag München, 2005

Jeremy Ron „Ein Mann und viertausend Frauen" Schwarzkopf & Schwarzkopf Verlag Berlin, 2007

Jong, Erica „Angst vorm Fliegen" Fischer Verlag, Frankfurt, 1976

Kappeler, Susanne „Pornographie Die Macht der Darstellung", Frauenoffensive München, 1988

Kolano, Uta „Kollektiv D`amour Liebe, Sex und Partnerschaft in der DDR", Jaron Verlag Berlin, 2012

Kutschinsky, Berl „Pornographie und Sexualverbrechen. Das Beispiel Dänemark" Kiepenheuer & Witsch Verlag, Köln 1972 (Deutsche Ausgabe)

Keßler, Christian „Die läufige Leinwand. Der amerikanische Hardcorefilm 1970 - 1985" Schmitz Verlag, Berlin, 2011

Kraemer, Till „Pornojahre" Schwarzkopf & Schwarzkopf, Berlin, 2013

Krotts, Dirty Bob „Naked Came the Pornstar", Great Britain, 2012

Kluge, Norbert (Hg.) „Der Liebe auf der Spur" Albanus Verlag, Düsseldorf 1989

Lening, Walter „de Sade. Bild Monographie", Rowohlt Taschenbuch Verlag, Reinbek, 10. Auflage 2007

Liefers, Jan Josef „Soundtrack meiner Kindheit", Rowohlt Taschenbuch Verlag, Reinbek, 2011

Lovelace, Linda „Die Wahrheit über Deep Throat" (Original Titel „Ich packe aus", 1980) beides im Heyne Verlag, München, 2005

Lovelace, Linda „Ich bin frei", Heyne Verlag, 1987

Lords, Traci Elizabeth „Underneath it all", Harper Collins, New York, 2004

Luigi, Stefano di „Pornoland", Knesebeck Verlag, München, 2004

Lust, Erika „X Porno für Frauen", Heyne Hardcore, München, 2009

Mäckler, Andreas „Skandal! Die autorisierte Bandbiographie der Spider Murphy Gang", Schwarzkopf & Schwarzkopf, Berlin, 2017

Meves, Christa/ Schirrmacher, Thomas „Ausverkaufte Würde? Der Pornographie-Boom und seine psychischen Folgen", Hänssler Verlag, Holzgerlingen, 2000

Miller, Henry „Stille Tage in Clichy" (1956) Rowohlt Taschenbuch, Reinbek, 1983

Millet, Catherine „Das sexuelle Leben der Catherine M." Goldmann Verlag, München, 2001

Monroe, Dave (Hg) „Porn. Philosophy for everyone", Blackwell, 2010

Mc Neil, Legs/ Osborne, Jennifer, „The Other Hollywood. The uncensored oral History of the Porn Film Industry", Reagan Books, New York, 2005

Paglia, Camille „Die Masken der Sexualität", DTV Verlag, München, 1995

Playboy „Das Playmate Buch - Alle Playmates aus fünf Jahrzenten, mit einer Einleitung von Hugh Hefner", Taschen Verlag, Köln, 1996

Preuß, Rolf „Die großen Sexualgeheimnisse in Wort und Bild" Stephenson Verlag, Flensburg, 11. Auflage, 1986

„Porno" Eine Anthologie, Fischer Verlag, Frankfurt, 2004

Riley, Patrick „The X-Rated Videostar Index 3", Prometheus Books, New York, 1999

Roche, Charlotte „Feuchtgebiete" Dumont Verlag, Köln, 5. Auflage 2008)

Roche, Charlotte „Schoßgebete" Piper Verlag, München, 2001

Rückert, Corinna Dr. „Die neue Lust der Frauen Vom entspannten Umgang mit der Pornographie", Rowohlt, Reinbek, 2004

Sade de, Marquis „Juliette oder die Vorteile des Lasters" (1796) 4. Auflage Ullstein Verlag, Berlin, 2014

Sanders-Greenfield, Timothy „XXX 30 Porn-Star Portraits", Bullfinch Press, New York, Boston, 2004, sowie die deutsche Fassung vom Heyne Verlag München, 2006

Schaffrath, Michaela „Ich, Gina Wild. Enthüllung" Heyne, München 2004/ zuvor bilderfrei bei My favorite book, Düsseldorf, 2001

Seeßlen, Georg „Der pornographische Film" Ullstein Verlag, Frankfurt-Berlin, 1990

Seeßlen, Georg „Erotik Ästhetik des erotischen Films. Grundlagen des populären Films", Schüren Verlag, Marburg, 1996

„Sex in Wien. Lust. Kontrolle. Ungehorsam", Ausstellungskatalog, Wien Museum, Metroverlag, 2016

Siegel, Philip „Porno in Deutschland", Belleville Verlag, München, 2010

Smith-Grahame, Seth „Das große Porno-Buch" Heyne Verlag, München, 2007

Snitow/Stansell/Thompson (Hg.) „Die Politik des Begehrens Sexualität, Pornographie und neuer Puritanismus in den USA", Rotbuch Verlag, Berlin, 1985

Southern, Terry „Der Super Porno", Roman, Rowohlt Verlag Hamburg 2003 (1970)

Sprinkle, Annie „Hardcore von Herzen" Nautilus, Hamburg, 2004

Strasser, Christoph „Harry S. Morgan - Der Meister der Pornographie" Ubooks Verlag, Diedorf, 2010

Steffen, Nicola „Porn Chic - Die Pornofizierung des Alltags" (DTV Premium, München 2014)

Strossen, Nadine „Zur Verteidigung der Pornographie" Haffmanns Verlag, Zürich, 1997

Svedberg, Annakarin „Er Pornografi skadelig?", Stig Vendelkaersforlag, Kopenhagen

Swede, Puma (Jan Ekholm) „My life as a Porn Star", Amazon, Leipzig, 2014

„The Feminist Porn Book Strategien der Lusterzeugung Band 1", Louisider Verlag, München, 2014

„The Feminist Porn Book Die Kunst, Lust zu vermitteln Band 2", Louisider Verlag, München, 2014

Trump, Kelly „Porno. Ein Star packt aus", Beluga New Media, Herten, 2005

Vinken, Barbara (Hg.) „Die nackte Wahrheit", DTV München, 1997

Willemsen, Roger „Das Hohe Haus. Ein Jahr im Parlament", Fischer Taschenbuch, Frankfurt, 2015

Williams, Linda „hard core", Stroemfeld Verlag, Basel-Frankfurt, 1995

Williams, Linda (Hg.) „Porn Studies" Duke University Press, Durham, 2004

Zühlke, Michael „23,5 CM harte Arbeit" Riva Verlag, München, 2012

Zeitschriften, Periodika:

Berliner Morgenpost, Blue Print, Blonde Magazin, Foxy Lady, Videostar Intim, Konkret, Plastic Bomb, Playboy, Penthouse, SEX MAG 10/11 2017, Stern View, Maxim, Der Spiegel, Hot Stuff, Stars & Stripes, Stern, Diskretes Deutschland (5/16), Venus Einkaufsführer (1998 - 2011), Venus Programme (2015, 2016, 2017).

Genutzte Internetquellen:

Wikipedia, imdb Datenbank, Spiegel-Online, B.Z, falksiemering.de, news.de, Brigitte, Jungle World

Zum Autor

Markus Franz, Jahrgang 1971, verfasste bisher zwei Bücher über den Fußballsport („Die Jungs von der Castroper Straße", Göttingen, 2005 und „Weißt Du noch?" Kassel, 2012), die ihm neben Radiointerviews auch Kritiken in sämtlichen Ruhrgebietszeitungen einbrachten. Sein Erstlingswerk ist im Übrigen ausverkauft, und stellt bis heute einen Vereinsrekord in Sachen veräußerter Bücher dar. Er arbeitete zudem als Lagerist, Verkäufer, Kabarettist und Spielervermittler im Fußball. Früher war er auch noch Pressesprecher in einem Berliner Oberligaverein. Seit 2011 verfasst er für das OX-Fanzine Kolumnen, schreibt Plattenreviews und führt darin Interviews (www.ox-fanzine.de).

Seit 1988 beschäftigt er sich mit der Pornographie, was u.a. in einer opulenten Sammlung an pornographischem Material mündete. Der Autor lebt, arbeitet und schläft in Berlin (und praktisch nie in Paris, London und Zürich).

Für euch sind zwei Dinge
Von köstlichem Glanz
Das leuchtende Gold
Und ein glänzender Schwanz
Drum wißt euch, ihr Weiber
Am Gold zu ergötzen
Und mehr als das Gold noch
Die Schwänze zu schätzen

(Auch Goethe war ein Pornograph)